AF556271

गतिमान

उत्तर प्रदेश

5 वर्ष 100 दिन

योगी सरकार

गतिमान उत्तर प्रदेश

5 वर्ष 100 दिन
योगी सरकार

डॉ. शीलवंत सिंह

प्रकाशक
प्रभात पेपरबैक्स
प्रभात प्रकाशन प्रा. लि. का उपक्रम
4/19 आसफ अली रोड, नई दिल्ली–110002
फोन : 23289777 • हेल्पलाइन नं. : 7827007777
इ–मेल : prabhatbooks@gmail.com ❖ वेब ठिकाना : www.prabhatbooks.com

संस्करण
2023

सर्वाधिकार
सुरक्षित

मूल्य
चार सौ पचानवे रुपए

मुद्रक
जापान आर्ट, दिल्ली

GATIMAN UTTAR PRADESH: 5 VARSH 100 DIN YOGI SARKAR
by Dr. Sheelwant Singh

Published by **PRABHAT PAPERBACKS**
An imprint of Prabhat Prakashan Pvt. Ltd.
4/19 Asaf Ali Road, New Delhi-110002

ISBN 978-93-5521-085-2

₹495.00

आनंदीबेन पटेल
राज्यपाल, उत्तर प्रदेश

राज भवन
लखनऊ - 226 027

20 जून, 2022

संदेश-1

मुझे यह जानकर अत्यन्त प्रसन्नता हुई कि डॉ. शीलवंत सिंह के विचारों का संकलन **'गतिमान उत्तर प्रदेश: 5 वर्ष 100 दिन योगी सरकार'** नामक पुस्तक के रूप में प्रकाशित किया जा रहा है।

"अतिथि देवो भव:" की विरासत को आगे बढ़ाते हुए प्रदेश की योगी सरकार ने लुप्त हो चुकी सांस्कृतिक विरासतों को भव्यता दी है। **'यू.पी. नहीं देखा तो, भारत नहीं देखा'** के वाक्य को चरितार्थ करती प्रदेश की योगी सरकार ने वैश्विक व राष्ट्रीय स्तर पर, प्रदेश की लोक कलाओं को ओ.डी.ओ.पी. के माध्यम से नई पहचान देने हेतु जो कदम उठाए हैं वह प्रदेश को आर्थिक व सांस्कृतिक रूप से सशक्त बनाएँगे।

मुझे पूर्ण विश्वास है कि यह पुस्तक युवाओं, किसानों, उद्यमियों, महिलाओं, अतिसंवेदनशील वर्गों के साथ-साथ समाज के सभी वर्गों को सरकार की नीतियों, कार्यक्रमों एवं योजनाओं से अवगत कराने में मील का पत्थर साबित होगी। साथ ही यह पुस्तक प्रदेश के गौरवशाली इतिहास व भौगोलिक परिस्थितियों से परिचय कराने में भी सहायक सिद्ध होगी।

पुस्तक के सफल प्रकाशन हेतु मैं अपनी हार्दिक शुभकामनाएँ प्रेषित करती हूँ।

आनंदीबेन
(आनंदीबेन पटेल)

दूरभाष : 0522-2236497 फैक्स : 0522-2239488 ईमेल : hgovup@nic.in वेबसाइट : www.upgovernor.gov.in

राजनाथ सिंह
RAJNATH SINGH

रक्षा मंत्री
भारत
DEFENCE MINISTER
INDIA

दिनांक : 25.06.2022

संदेश-2

मुझे यह जानकर हार्दिक प्रसन्नता हुई कि लखनऊ शहर के निवासी श्री शीलवंत सिंह द्वारा लिखित **'गतिमान उत्तर प्रदेश: 5 वर्ष 100 दिन योगी सरकार'** नामक पुस्तक प्रकाशित की जा रही है।

मुझे ज्ञात हुआ है कि इस पुस्तक में उत्तर प्रदेश के मुख्यमंत्री श्री योगी आदित्यनाथ जी के नेतृत्व में किए गए ऐतिहासिक कामों का पूरा खाका खींचा गया है।

पिछले पाँच वर्षों में श्री योगी आदित्यनाथ जी के नेतृत्व में उत्तर प्रदेश का बहुआयामी और समावेशी विकास हुआ है। कानून-व्यवस्था से लेकर प्रदेश की अर्थव्यवस्था में अभूतपूर्व सुधार आया है। जिस तरह का काम पिछले पाँच वर्षों में हुआ है उसने एक नए उत्तर प्रदेश के निर्माण की नींव रखी है।

मैं पुस्तक के लेखक को उत्तर प्रदेश के विकास की गाथा लिखने के लिए हार्दिक बधाई देता हूँ तथा इसके सफल प्रकाशन की कामना करता हूँ।

शुभकामनाओं सहित!

(राजनाथ सिंह)

Office : Room No. 104, Ministry of Defence, South Block, New Delhi-110011
Tel. : +91 11 23012286, +91 11 23019030, Fax : +91 11 23015403
E-mail : rmo@mod.nic.in

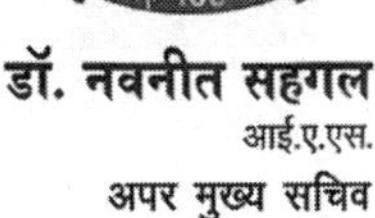

डॉ. नवनीत सहगल
आई.ए.एस.
अपर मुख्य सचिव

अर्द्धशा0पत्र सं0 : ....
सूचना विभाग, उ0प्र0 शासन
कार्या0 : जी-105, बी ब्लॉक
लोक भवन, लखनऊ
फोन : 0522-2226020, 2289930
0522-2226116
0522-2208321
ई–मेल : informationlko2018@gmail.com
दिनांक : ....

भूमिका

हर्ष का विषय है कि डॉ. शीलवंत सिंह के विचारों का संकलन **'गतिमान उत्तर प्रदेशः 5 वर्ष 100 दिन योगी सरकार'** नामक पुस्तक के रूप में प्रकाशित किया जा रहा है।

मा. मुख्यमंत्री जी के नेतृत्व में उत्तर प्रदेश सरकार **'सबका साथ, सबका विकास, सबका विश्वास, सबका प्रयास'** के मंत्र के साथ गाँव, गरीब, महिला, किसान, युवा सहित समाज के सभी वर्गों के कल्याण के लिए पूरी प्रतिबद्धता से कार्य कर रही है। इसके दृष्टिगत प्रदेश सरकार ने अनेक निर्णय लेकर उन्हें सफलतापूर्वक क्रियान्वित भी किया है। राज्य सरकार के प्रयासों के परिणामस्वरूप अब उत्तर प्रदेश, देश की दूसरी सबसे बड़ी अर्थव्यवस्था बनने की ओर अग्रसर है।

कोरोना कालखंड की चुनौतीपूर्ण परिस्थितियों में प्रदेश सरकार ने बेहतर कोविड प्रबंधन करके जीवन और जीविका को बचाने में सफलता प्राप्त की। राज्य सरकार के इन प्रयासों की सराहना मा. प्रधानमंत्रीजी तथा डब्ल्यू.एच.ओ. जैसी वैश्विक संस्था द्वारा भी की गयी।

उत्तर प्रदेश सरकार की विभिन्न उपलब्धियों को जन–जन तक पहुँचाने के उद्देश्य से पुस्तक **'गतिमान उत्तर प्रदेशः 5 वर्ष 100 दिन योगी सरकार'** का प्रकाशन सराहनीय प्रयास है। मुझे आशा है कि इस प्रकाशन में पाठकों के लिए उपयोगी सामग्री का समावेश किया जाएगा।

पुस्तक के सफल प्रकाशन हेतु मेरी हार्दिक शुभकामनाएँ।

5 जुलाई, 2022

(नवनीत सहगल)

जगद्गुरु स्वामी रामभद्राचार्य
कुलाधिपति
माननीय राष्ट्रपति द्वारा "पद्मविभूषण" से सम्मानित
Jagadguru Swami Rambhadracharya
Chancellor
Awarded Padma Vibhushan by the Hon'ble President

जगद्गुरु रामभद्राचार्य दिव्यांग
विश्वविद्यालय,चित्रकूट,उ0प्र0-210204
Jagadguru Rambhadracharya Divyanga
University, Chitrakoot , UP-210204
Mob. No.- +91-9450916650, +91-8085607376

शुभाशंसा

मुझे यह जानकर अत्यंत हर्ष हो रहा है कि श्री शीलवंत सिंह द्वारा प्रणीत पुस्तक, **'गतिमान उत्तर प्रदेश: 5 वर्ष 100 दिन योगी सरकार'** का प्रकाशन होने जा रहा है।

मुझे हार्दिक प्रसन्नता है कि इस पुस्तक में योगी सरकार की उपलब्धियों का संपूर्ण विवेचन विवेकपूर्ण ढंग से प्रस्तुत किया गया है।

विगत पाँच वर्षों से योगी सरकार प्रदेश में रामराज्य की कल्पना को अल्पना प्रदान करने हेतु निरंतर अग्रसर है। प्रदेश में सौहार्द, सुरक्षा, समानता, सुशासन और समावेशी विकास का स्वस्थ एवं सुरम्य परिवेश निर्मित करने का योगी सरकार ने अथक, अभिनव व सार्थक प्रयास किया है। माननीय योगी जी को कर्मयोगी के रूप में पाकर संपूर्ण जनमानस अपने को धन्य अनुभूत करते हुए प्रदेश को उत्तम प्रदेश बनाने में अपना योगदान देने के लिए सहर्ष उद्यत है।

मेरी शुभाशंसा सदैव योगी आदित्यनाथ, योगी सरकार एवं इस पुस्तक–प्रणेता के साथ है।

इतिमंगलमाशास्ते।

श्रीमद्राघवीयो जगद्गुरु

6 जुलाई, 2022 **रामानंदाचार्य स्वामी रामभद्राचार्य**

☎-05198-224263, 224230,224413 🖷-05198-224293 E-mail-jrhuniversity@yahoo.com Website-www.jrhu.com

अभिस्वीकृति

'गतिमान उत्तर प्रदेश: 5 वर्ष 100 दिन योगी सरकार' पुस्तक प्रदेश के यशस्वी मुख्यमंत्री के मार्गदर्शन में उत्तर प्रदेश के 5 वर्षों में शून्य से शिखर तक के चुनौतीपूर्ण सफर के सभी पक्षों को सारगर्भित करती है। इस पुस्तक में 'सबका साथ, सबका विकास और सबका विश्वास' के मूल मंत्र पर, पूर्ण मनोयोग से कार्य करती योगी सरकार द्वारा प्रदेश में अवसंरचना क्षेत्र में उठाए गए ठोस कदमों, नई सांस्कृतिक पहलों, प्रशासनिक व कानून-व्यवस्था में किए गए सुधारों, महिलाओं की सुरक्षा व सशक्तीकरण हेतु अपनाई गई नीतियों, कृषि के क्षेत्र में अपनाई गई नवाचारी पहलों के बारे में चर्चा की गई है। पुस्तक का विशेष आकर्षण, उत्तर प्रदेश जैसे विशाल राज्य की प्रगति का, 2017 से पूर्व तथा मार्च 2017 के बाद का तुलनात्मक अवलोकन है, जो पुस्तक की उपयोगिता को स्वत: ही बढ़ा देता है।

पुस्तक के लेखन संवाद के माध्यम से **पवन कुमार,** आई.ए.एस. जो कि भाषा विभाग में विशेष सचिव के साथ लेखक व उपन्यासकार हैं, के प्रति मैं अपना आभार व्यक्त करना चाहता हूँ। वहीं निजी स्तर पर अपने मित्रों और सहयोगियों **डॉ. कृति जी, डॉ. सारिका जी, अमित कुमार सिंह जी**, सौरभ कुमार श्रीवास्तव, पंकज यादव को पुस्तक की विषयवस्तु के निर्माण में सहयोग के लिए विशेष रूप से धन्यवाद देना चाहता हूँ, जो किसी भी प्रकार की सहायता के लिए हर स्थिति में सदैव तत्पर रहे। आँकड़ों, चित्रों, तथ्यों एवं सूचनाओं की अद्यतन जानकारी के लिए वीर सनातन पूर्णेन्दु राय, डॉ. पवन कुमार यादव, बी. के. सिंह, मृत्युंजय सिंह, डॉ. सुरेश कुमार गौतम, अंशु कुमार गुप्ता, डॉ. आलोक कुमार सिंह, सुमित श्रीवास्तव तथा राजीव कुमार की सक्रिय भूमिका रही।

उत्तर प्रदेश संस्कृत संस्थानम् के अध्यक्ष डॉ. वाचस्पति मिश्र के प्रति मेरी विशेष कृतज्ञता सदैव बनी रहेगी क्योंकि उनके द्वारा पुस्तक की विषयवस्तु से लेकर निर्माण कार्य

को सफलतापूर्वक क्रियान्वित करने के लिए मुझे सदैव प्रेरित किया। वरिष्ठ प्रशासनिक अधिकारी **दिनेश कुमार मिश्र** के रचनात्मक समर्थन के कारण ही यह पुस्तक अपना आकार ले पाई है। इस सृजनात्मक कार्य के लिए मैं उनका हार्दिक आभार व्यक्त करता हूँ।

पुस्तक के टंकण, लेआउट के निर्माण और सृजनात्मक कार्य के लिए **विकास कुमार श्रीवास्तव** एवं **चंद्रशेखर भट्ट** का अतुलनीय योगदान रहा है। मैं इन सबके प्रति हार्दिक आभार प्रकट करता हूँ।

शुभकामनाओं सहित!

डॉ. शीलवंत सिंह

विषय सूची

तुलनात्मक विषयवस्तु का आधार

"योगः कर्मसु कौशलम्"

(अर्थात् कर्मों में कुशलता ही योग है।)

- आधारभूत ढाँचा
- प्रदेश का पुरस्कार से सम्मान
- सरकारी योजनाओं में देश में अग्रणी/प्रथम स्थान
- देश का पहला राज्य
- कृषि और संबद्ध क्षेत्र में प्रथम
- उद्योग क्षेत्र में प्रदर्शन
- प्रमुख सूचकांकों में उत्तर प्रदेश का प्रदर्शन
- व्यक्तिगत उपलब्धि
- विविध

1 आधारभूत ढाँचा

- उत्तर प्रदेश सर्वाधिक **10 शहरों में मेट्रो रेल सेवा** देने वाला देश का पहला राज्य (5 शहरों में संचालित व 5 शहरों में निर्माणाधीन)
- उत्तर प्रदेश, **5 नए एक्सप्रेस-वे** का एक साथ निर्माण करनेवाला देश का पहला राज्य।
- उत्तर प्रदेश, **5 इंटरनेशनल एयरपोर्ट** का निर्माण करने वाला देश का पहला राज्य।

2 प्रदेश को पुरस्कार से सम्मान

- प्रधानमंत्री किसान **सम्मान निधि योजना** के क्रियान्वयन में उत्तर प्रदेश को देश में सर्वश्रेष्ठ प्रदर्शन का पुरस्कार मिला।
- इंडिया **स्मार्ट सिटीज अवार्ड-2020** में उत्तर प्रदेश को प्रथम पुरस्कार।
- भारत सरकार द्वारा उत्तर प्रदेश को 2 करोड़ रुपये का **कृषि निर्माण पुरस्कार**
- ई-टेंडरिंग प्रणाली में सर्वोत्तम परफार्मेंस हेतु अवार्ड।
- पंचायती राज्य संग्रहालय भारत सरकार द्वारा उत्तर प्रदेश को उत्कृष्ट प्रदर्शन हेतु **राष्ट्रीय ई-गवर्नेंस पुरस्कार।**

3 सरकारी योजनाओं में देश में अग्रणी/प्रथम स्थान

- **प्रधानमंत्री जनधन योजना** के क्रियान्वयन में, देश में प्रथम स्थान।
- **अटल पेंशन योजना** के क्रियान्वयन में, देश में प्रथम स्थान।
- **पी.एम. स्वनिधि योजना** के क्रियान्वयन में, देश में प्रथम स्थान।
- सौभाग्य योजना में **नि:शुल्क विद्युत कनेक्शन** देने में, देश में प्रथम स्थान।
- **व्यक्तिगत शौचालयों (इज्जतघर)** का निर्माण करने में, देश में प्रथम स्थान।
- **अटल पेंशन योजना** में अग्रणी।
- **ई-मार्केट प्लेस जेम** के माध्यम से सर्वाधिक **सरकारी खरीददारी** करने में देश में अग्रणी।

- **ई-संजीवनी पोर्टल** से मरीजों का इलाज करने में अग्रणी।
- गन्ना मूल्य भुगतान में अग्रणी।

4 देश का पहला राज्य

- **मंडी अधिनियम** में संशोधन करने वाला देश का पहला राज्य।
- सभी थानों में **महिला हेल्पडेस्क** की स्थापना करने वाला देश का पहला राज्य।
- **मानव वन्य जीव** संघर्ष को आपदा घोषित करने वाला देश का पहला राज्य।
- राज्य **स्वास्थ्य नीति** लागू करने वाला देश का पहला राज्य।
- **ई-चालान व्यवस्था** लागू करने वाला देश का पहला राज्य।
- **कौशल विकास नीति** लागू करने वाला देश का पहला राज्य।
- **स्टार्ट-अप फंड** स्थापित करने वाला देश का पहला राज्य।

5 कृषि और संबद्ध क्षेत्र में प्रथम

- **गन्ना, चीनी, गेहूँ** तथा **कुल खाद्यान्न** उत्पादन में देश में प्रथम स्थान।
- **आलू, हरी मटर व कुल सब्जी** उत्पादन में देश में प्रथम स्थान।
- **आम, आँवला व अमरूद** उत्पादन में देश में प्रथम स्थान।
- **दुग्ध** उत्पादन में देश में प्रथम स्थान।
- सर्वाधिक **पशुधन संख्या** के **साथ गौ-पालन** एवं **संरक्षण** में देश में प्रथम स्थान।

6 उद्योग क्षेत्र में प्रदर्शन

- **सेनिटाइजर, मास्क** व **एथेनॉल** के उत्पादन में, देश में प्रथम।
- **सूक्ष्म, लघु एवं मध्यम उद्योगों की स्थापना** में, देश में प्रथम।
- **ईज ऑफ डूइंग बिजनेस रैकिंग** में, देश में दूसरा स्थान (14 से घटकर)।

प्रमुख सूचकांकों में उत्तर प्रदेश का प्रदर्शन

- स्वच्छ सर्वेक्षण 2021 में **छठी रैंक** (वर्ष 2020 में 7वीं रैंक थी।)
- लीड्स (लॉजिस्टिक्स ईज अक्रॉस डिफरेंट्स) रैंकिंग 2021 में **छठी रैंक** (वर्ष 2020 में 13वीं रैंक थी।)।
- ईज ऑफ लिविंग सूचकांक 2020 में शीर्ष 50 शहरों की रैंकिंग में उत्तर प्रदेश के **8 जिले शामिल।**
- **नेशनल इंस्टीट्यूशन रैंकिंग फ्रेमवर्क 2021** में भारत के 10 शीर्ष संस्थानों (समस्त श्रेणी) में उत्तर प्रदेश के 2 संस्थान शमिल। (आईआईटी-कानपुर एवं बीएचयू-वाराणसी)
- ईज ऑफ डूइंग बिजनेस में प्रदेश को **अचीवर्स स्टेट** का स्थान मिला।

व्यक्तिगत उपलब्धि

- **श्रीति पांडेय :** गोरखपुर, उत्तर प्रदेश की इस युवा वैज्ञानिक को **अमेरिकी पत्रिका फोर्ब्स** ने एशिया के सर्वश्रेष्ठ युवा वैज्ञानिकों की सूची में रखा है।
- **गीतांजलि श्री :** भारतीय भाषा में पहली बार बुकर प्राइज जीतने वाली उत्तर प्रदेश की प्रथम महिला। **गीतांजलि श्री** मूल रूप से उत्तर प्रदेश के मैनपुरी की रहने वाली हैं।

9 विविध

- **सर्वाधिक कोरोना जाँच व टीकाकरण** करने वाला राज्य।
- **सर्वाधिक सरकारी नौकरी एवं रोजगार** देने वाला राज्य।
- **अयोध्या दीपोत्सव** ने स्थापित किया विश्व कीर्तिमान।
- **एक जनपद एक मेडिकल कॉलेज** की ओर बढ़ता उत्तर प्रदेश।

खंड–1

ऐतिहासिक विरासत एवं भौगोलिक–आर्थिक स्थिति

ऐतिहासिक विरासत को सँवारती व जन और
जीवन को गतिमान करती योगी सरकार

1. उत्तर प्रदेश की ऐतिहासिक विरासत

2. उत्तर प्रदेश की भौगोलिक एवं आर्थिक स्थिति

अध्याय 1

उत्तर प्रदेश की ऐतिहासिक विरासत

किसी देश का इतिहास तब महत्त्व रखता है, जब आनेवाली पीढ़ियाँ उस पर गर्व कर सकें और वे फख्र के साथ यह कह सकें कि हमारे पूर्वजों ने हर प्रकार की विषम परिस्थितियों में साहस व शौर्य का परिचय दिया और जब बात देश की सुरक्षा की आई तो वे बड़े-से-बड़ा बलिदान देने से पीछे नहीं हटे। जब देश का इतिहास महापुरुषों के गौरव-गान से परिपूर्ण हो तो वह नीरसता के स्थान पर जिज्ञासा उत्पन्न करता है और हमारा मार्गदर्शन भी करता है। अतः इतिहास का अध्ययन नीरस एवं पुराने तथ्यों और तिथियों का संकलन मात्र नहीं है, बल्कि वह अतीत का जीवंत प्रतिनिधित्व करता है, जिसका वर्तमान में बहुत महत्त्व है।

उपर्युक्त परिप्रेक्ष्य में उत्तर प्रदेश के इतिहास का संक्षेपण प्रस्तुत करने का प्रयास किया जा रहा है। प्रयास इसलिए कहा है, क्योंकि एक ओर यह प्रदेश शताब्दियों से उत्तर भारत की संस्कृति एवं कला तथा धर्म और समृद्धि का केंद्र बिंदु रहा है तो वहीं दूसरी ओर, शक्ति एवं राजनीति, साहस व शौर्य गाथाओं का गढ़ भी रहा है। यह क्षेत्र अपने गौरवशाली इतिहास को आँचल में समेटकर, वर्तमान को दृढ़ इच्छाशक्ति से जीने में विश्वास रखता है और जिसका भविष्य यहाँ के युवाओं की अपार ऊर्जा से निर्मित हो रहा है।

उत्तर प्रदेश का ज्ञात इतिहास लगभग 4,000 वर्ष प्राचीन है, जब आर्यों ने यहाँ अपना पहला कदम रखा। इस समय ही वैदिक सभ्यता का प्रारंभ हुआ, अर्थात् उत्तर प्रदेश का इतिहास वैदिक काल से उपलब्ध है। आर्यों ने गंगा-यमुना के मैदानी क्षेत्रों में अपनी बस्तियाँ बसाईं। उनका निवास-स्थान होने के कारण यह क्षेत्र **आर्यावर्त** के नाम से प्रसिद्ध हुआ।

विश्व की प्राचीनतम सभ्यताओं में से एक हड़प्पा सभ्यता का विस्तार पश्चिमी उत्तर प्रदेश तक विस्तारित था। प्रदेश में भूतत्व विभाग ने खुदाई के दौरान ऐसे प्रामाणिक साक्ष्य प्रस्तुत किए, जो यह दर्शाते हैं कि यह क्षेत्र सदैव ही मानव सभ्यता के केंद्र में रहा था।

उत्तर प्रदेश में मौजूद प्रामाणिक साक्ष्य : एक दृष्टि में

किसी भी देश/प्रदेश का इतिहास उसके प्रामाणिक साक्ष्यों से उन्नत व समृद्ध होता है। इस दृष्टि से, उत्तर प्रदेश में इतिहास के वर्गीकरण के, प्रत्येक आधार के प्रामाणिक साक्ष्य मौजूद हैं, जो निम्नवत् हैं:-

(अ) प्रागैतिहासिक काल के साक्ष्य

(i) **पुरापाषाणकालीन : इलाहाबाद (अब प्रयागराज)** की बेलन घाटी, **सोनभद्र** की सिंगरौली घाटी तथा **चंदौली** के चकिया नामक स्थान से पुरापाषाणकालीन सभ्यता के साक्ष्य मिले हैं।

(ii) **मध्यपाषाणकालीन : मिर्जापुर-सोनभद्र** के मोरहना पहाड़, बघहीखोर, लेखहिया, **प्रयागराज** के मेजा, करछना, फूलपुर, कोराँव, बारा तथा **प्रतापगढ़** के सरायनाहर, महदहा दमदमा आदि स्थलों से मध्यपाषाणकालीन संस्कृति के साक्ष्य मिले हैं।

(iii) **नवपाषाणकालीन : प्रयागराज** में बेलन घाटी स्थित कोल्डिहवा, महगड़ा तथा पंचोह स्थलों से तथा **मिर्जापुर, सोनभद्र** व **प्रतापगढ़** आदि जिलों के विभिन्न स्थलों से नवपाषाणकालीन सभ्यता के साक्ष्य मिले हैं।

उक्त स्थलों से प्राप्त साक्ष्य यह दर्शाते हैं कि इस कालखंड का मानव आग जलाने, कृषि व पशुपालन करने, मिट्टी के बरतन बनाने तथा उस पर चित्रकारी व पॉलिश करने, आवास बनाने, जानवरों की खालों से वस्त्र बनाने, मृतकों की अंत्येष्टि करने और आग पर भोजन पकाने आदि क्रियाओं से परिचित था।

(ब) आद्य-ऐतिहासिक काल के साक्ष्य

(i) **ताम्र-पाषाणिक : मेरठ** एवं **सहारनपुर** के पुरास्थलों से ताम्र पाषाणिक सभ्यता के साक्ष्य मिले हैं।

(ii) **ताम्र-कांस्य :** आलमगीरपुर (मेरठ), बड़ागाँव एवं हुलास (सहारनपुर), भटपुरा एवं मानपुरा (बुलंदशहर), मांडी गाँव एवं कैराना क्षेत्र (मुजफ्फरनगर) में ताम्र-कांस्य सभ्यता के साक्ष्य मिले हैं।

(iii) उत्तर सैंधव सभ्यता: आलमगीरपुर (मेरठ) तथा हुलास (सहारनपुर) स्थलों से उत्तर सैंधव सभ्यता के साक्ष्य मिले हैं। इसके अतिरिक्त कानपुर, उन्नाव, मिर्जापुर, मथुरा आदि जिलों से प्राप्त ताम्र वस्तुओं को उत्तर सैंधव सभ्यता से जोड़ा गया है।

उक्त स्थलों से प्राप्त साक्ष्य यह दर्शाते हैं कि इस कालखंड में मानव ने कपास की खेती करना तथा गाँवों में व्यवस्थित रूप से रहना सीख लिया था।

(स) ऐतिहासिक काल के साक्ष्य

(i) पूर्व या ऋग्वैदिक काल : इस काल में आर्य/वैदिक सभ्यता केवल पंजाब व सिंध क्षेत्र तक ही सीमित थी, अतः पूर्व या ऋग्वैदिक काल के साक्ष्य प्रदेश में नहीं हैं।

(ii) उत्तर वैदिक काल : इस समय तक आर्य/वैदिक सभ्यता का विस्तार उत्तर प्रदेश सहित लगभग समस्त उत्तरी भारत से बंगाल तक हो चुका था। उत्तर वैदिक काल का मुख्य केंद्र मध्य देश (उत्तर प्रदेश) था, जो सरस्वती से लेकर गंगा के दोआब तक विस्तृत था। इस क्षेत्र में **कुरु, पांचाल** जैसे विशाल राज्यों के अतिरिक्त छोटे-छोटे राज्य भी थे। सभी ने अपनी स्थायी राजधानियों एवं मौलिक शासन-प्रणालियों का विकास कर लिया था। कुरु राज्य का विस्तार मेरठ, दिल्ली व थानेश्वर तक था और उसकी राजधानी इंद्रप्रस्थ (दिल्ली के निकट इंद्रपाल) थी। राजा परीक्षित और जनमेजय इसी राज्य के राजा थे। पांचाल राज्य का विस्तार बरेली, बदायूँ, फर्रुखाबाद आदि क्षेत्रों तक था और उसकी राजधानी कांपिल्य थी। कुरु व पांचाल राज्य की महिमा वहाँ के महर्षियों के नाम लेने मात्र से ही स्पष्ट हो जाती है। ये नाम हैं-**महर्षि भरद्वाज, याज्ञवल्क्य, गुरु वशिष्ठ, गुरु विश्वामित्र, महर्षि वाल्मीकि आदि।**

उत्तर वैदिक काल के अंतिम चरणों में उत्तर प्रदेश दो बहुमूल्य महाकाव्यों **'रामायण'** एवं **'महाभारत'** का साक्षी बना। ये महाकाव्य भारत की सांस्कृतिक आस्था व मूल्यों की धरोहर हैं। इन महाकाव्यों की रचना की समयावधि को 'महाकाव्य काल' कहा गया। इस काल में कुरु व पांचाल राज्यों के अतिरिक्त कौशांबी, कौशल, काशी, विदेह, मगध, व अंग राज्य भी अस्तित्व में थे। रामायण कथा कौशल (अयोध्या) राज्य के इक्ष्वाकु वंश से संबंधित है, जबकि महाभारत की कथा हस्तिनापुर के कुरु वंश से। रामायण की रचना महर्षि वाल्मीकि ने ब्रह्मावर्त (बिठूर कानपुर) में की थी। महाभारत के रचनाकार महर्षि व्यास थे। इन दोनों महाकाव्यों से तत्कालीन समाज की आर्थिक, सामाजिक, धार्मिक तथा राजनीतिक स्थितियों की जानकारी मिलती है।

उत्तर प्रदेश में महाजनपद काल का विस्तार

बौद्ध ग्रंथ 'अंगुत्तरनिकाय' से ज्ञात होता है कि छठी शताब्दी ई.पू. के प्रारंभ में समस्त उत्तरी भारत 16 बड़े राज्यों में विभाजित था। यद्यपि ये राज्य उत्तर वैदिक कालीन राज्यों की अपेक्षा अधिक विस्तृत व शक्तिशाली थे। इन राज्यों के बीच उग्र प्रतिस्पर्धा ने इन्हें कभी न समाप्त होनेवाले संघर्ष करने के लिए बाध्य किया। अंततः एक राज्य का दूसरे राज्य में विलय होता गया; परंतु इनमें से कोई भी एक देश को राजनीतिक एकता के सूत्र में संगठित नहीं कर सका। इन 16 महाजनपदों में से 8 वर्तमान उत्तर प्रदेश वाले भू-भाग में अवस्थित थे, जिनका विवरण इस प्रकार है–

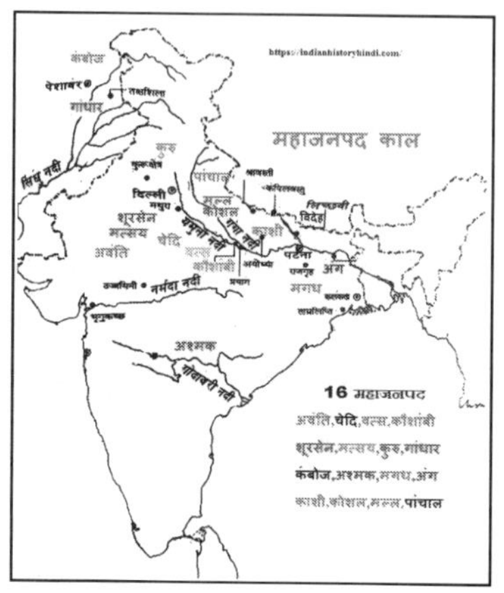

वर्तमान उत्तर प्रदेश में अवस्थित 8 महाजनपदों की स्थिति

क्र.सं.	राज्य	क्षेत्र	राजधानी
1.	कुरु	मेरठ, दिल्ली एवं थानेश्वर	इंद्रप्रस्थ, (दिल्ली के निकट इंद्रपाल)
2.	पांचाल	बरेली, बदायूँ एवं फर्रुखाबाद	अहिच्छत्र (बरेली के पास रामनगर) और कांपिल्य
3.	शूरसेन	मथुरा के आसपास का क्षेत्र	मथुरा
4.	वत्स	इलाहाबाद और इसके आसपास	कौशांबी (इलाहाबाद के निकट का क्षेत्र कौसम)
5.	कौशल	अवध	साकेत (अयोध्या) और श्रावस्ती
6.	मल्ल	जिला देवरिया	कुशीनगर (कसिया) और पावा (फाजिलनगर-पडरौना)
7.	काशी	वाराणसी	वाराणसी
8.	चेदि	बुंदेलखंड क्षेत्र	शुक्तिमति (संभवतः बाँदा के पास)

उत्तर प्रदेश जैन, बौद्ध व अन्य धर्मों के उद्‌गम स्थल के रूप में

उत्तर प्रदेश में जैन धर्म का विस्तार : वर्तमान उत्तर प्रदेश, जैन धर्म के तीर्थंकरों जैसे–पार्श्वनाथ, संभवनाथ, चन्द्रप्रभु की जन्म स्थली रहा है। जैन धर्म के 24वें तीर्थंकर महावीर स्वामी का जन्म वैशाली (बिहार) में हुआ था, लेकिन उनके अनुयायियों की

संख्या उत्तर प्रदेश में अधिक थी। उत्तरी भारत में जैन धर्म के दो प्रमुख केंद्र **मथुरा** व **उज्जैन** में से एक उत्तर प्रदेश में ही अवस्थित है। कुषाण काल में मथुरा, जैन धर्म का एक समृद्ध केंद्र था।

उत्तर प्रदेश में बौद्ध धर्म का विस्तार : उत्तर प्रदेश को बौद्ध धर्म का पालना कहलाने का गौरव प्राप्त है, क्योंकि बुद्ध के माता-पिता, उनके ज्ञान-प्राप्ति और महापरिनिर्वाण का संबंध उत्तर-प्रदेश के भू-भाग से रहा है। बुद्ध के पिता महाराज शुद्धोधन कपिलवस्तु के निर्वाचित राजा और गणतांत्रिक शाक्यों के प्रधान थे। कपिलवस्तु वर्तमान में उत्तर प्रदेश के सिद्धार्थ नगर जिले में अवस्थित है। उनकी माता माया देवी रामग्राम (गोरखपुर) के कोलिय गणराज्य की कन्या थीं। गौतम बुद्ध को ज्ञान की प्राप्ति बोधगया (बिहार में एक स्थान) में अवश्य हुई थी परंतु उन्होंने अपना पहला उपदेश सारनाथ (वाराणसी) में दिया। इसे 'धम्मचक्र प्रवर्तन' कहा गया। बुद्ध ने अपने उपदेश कौशल, वैशाली, कौशांबी एवं अन्य राज्यों में दिए। लेकिन उनके उपदेशों का सर्वाधिक प्रवाह कौशल देश की राजधानी श्रावस्ती में हुआ। 483 ई.पू. 80 वर्ष की अवस्था में कुशीनगर (देवरिया, उ.प्र.) में चुंद द्वारा अर्पित भोजन करने के पश्चात् महात्मा बुद्ध की मृत्यु हो गई, जिसे बौद्ध धर्म में 'महापरिनिर्वाण' कहा गया। बुद्ध काल में उत्तर प्रदेश में सात मुख्य गणराज्य थे–1. कपिलवस्तु के शाक्य, 2. सुसुमार पर्वत (चुनार) के भग्ग, 3. केसपुत्त के कलाम 4 रामग्राम के कोलिय, 5. कुशीनगर के मल्ल, 6. पावा के मल्ल, 7. पिप्पलिवन के मोरिय आदि। इस काल में उत्तर प्रदेश के नगरों का तेजी से विकास हुआ। उस समय उत्तर प्रदेश के प्रमुख विकसित नगर थे–काशी, कौशांबी, मथुरा, साकेत, श्रावस्ती, हस्तिनापुर, अहिच्छत्र आदि।

उत्तर प्रदेश में अन्य धर्मों की स्थिति : उत्तर प्रदेश की इस धरा को पावन करने में जितना योगदान गंगा, यमुना व सरस्वती जैसी पावन नदियों का है, उतना ही योगदान धार्मिक विविधताओं का है। यह प्रदेश न सिर्फ जैन और बौद्ध धर्म के संस्कारों व मूल्यों से संचरित है बल्कि यहाँ हिंदू धर्म के देवी-देवताओं जैसे-विष्णु, वासुदेव, सूर्य, कार्तिकेय, वराह, दुर्गा, लक्ष्मी आदि की प्राचीन मूर्तियाँ मथुरा से प्राप्त हुई हैं। हाल ही में सोंख (मथुरा) की खुदाई में कुषाणकालीन मंदिर मिला है, जो हिंदू धर्म का द्योतक है। उक्त आधार पर मथुरा को भारतीय मूर्तिकला की जन्म-स्थली कहना कोई अतिशयोक्ति नहीं होगी। हिंदू धर्म से संबद्ध विभिन्न कालों में निर्मित अन्य मंदिर वाराणसी, प्रयागराज, बलिया, गाजीपुर, झाँसी और कानपुर में भी देखने को मिलते हैं।

महान शासकों की भूमि उत्तर प्रदेश

उत्तर प्रदेश के इतिहास को महान बनाने में प्राचीन शासकों की महत्त्वपूर्ण भूमिका रही है। यह भू-भाग मगध जैसे साम्राज्य का हिस्सा रहा तो मौर्य काल की बृहद् संस्कृति व संस्कारों का केंद्र बिंदु भी रहा। इस भू-भाग ने **शुंग वंश, शक वंश, गुप्त वंश, गुप्तोत्तर काल, वर्धन वंश** से संबंधित शासकों का उत्कर्ष देखा तो उनकी अवनति का भी साक्षी

बना। आठवीं शताब्दी में कन्नौज पर (अर्थात् उत्तरी भारत पर) आधिपत्य स्थापित करने हेतु तत्कालीन तीन बड़ी शक्तियों–पाल, गुर्जर प्रतिहार व राष्ट्रकूटों के बीच त्रिपक्षीय संघर्ष रहा, जो लगभग 200 वर्षों तक चला। इस संघर्ष का विराम कन्नौज पर गुर्जर प्रतिहारों की अंतिम विजय के रूप में हुआ। मिहिरभोज, महिपाल, महेंद्रपाल आदि इसी वंश के प्रसिद्ध शासक थे। इनमें से भोज सर्वाधिक शक्तिशाली व प्रमुख शासक था। गुर्जर प्रतिहारों ने नौवीं व दसवीं शताब्दी तक उत्तर-भारत की सत्ता को समृद्ध कर शांतिपूर्वक संचालित किया। 1018 ई. में महमूद गजनवी ने गुर्जर प्रतिहारों को पराजित कर यहाँ की शांति व समृद्धि को खंडित कर दिया।

जयचंद की पुत्री संयोगिता व पृथ्वीराज चौहान की प्रेम गाथा की स्मृति आज भी उत्तर प्रदेश में सम्मान पाती है। वहीं दूसरी ओर, जयचंद द्वारा पृथ्वीराज चौहान से बदला लेने के लिए मुहम्मद गोरी का साथ देना, इस विश्वासघाती प्रसंग को भी प्रदेश व देश के इतिहास में जगह दी गई है। 1194 ई. में गोरी ने चंदावर (इटावा) के युद्ध में जयचंद को भी नहीं बख्शा और इस प्रकार धीरे-धीरे मध्य देश तुर्कों के हाथ में आ गया।

उत्तर प्रदेश में दिल्ली सल्तनत की स्थिति एवं महत्त्वपूर्ण निर्माण कार्य

दिल्ली सल्तनत का इतिहास 1194 ई. में मुहम्मद गोरी के सत्ता में आने से लेकर 1526 ई. में बाबर द्वारा मुगल वंश की स्थापना तक रहा। इस काल को **दिल्ली सल्तनत या सल्तनत साम्राज्य** कहा जाता है। दिल्ली सल्तनत में क्रमशः गुलाम वंश, खिलजी वंश, तुगलक वंश, शर्की वंश व लोदी वंश के शासकों ने अपने समय, काल, परिस्थितियों के अनुसार कार्य किए, जिसमें से खिलजी और तुगलक शासकों का विस्तार उत्तर प्रदेश तक रहा। सल्तनत काल के दौरान उत्तर प्रदेश में हुए महत्त्वपूर्ण निर्माण कार्यों को निम्न तालिका में देखा जा सकता है–

निर्माण कार्य	अवस्थिति	निर्माण	स्थापना वर्ष
अटाला देवी मसजिद	जौनपुर	इब्राहिम शाह शर्की	1408 ई.
झंझरी मसजिद	जौनपुर	इब्राहिम शाह शर्की	1430 ई.
लाल दरवाजा मसजिद	जौनपुर	मुहम्मद शाह शर्की	1430 ई.
जामी मसजिद	जौनपुर	हुसैन शाह शर्की	1470 ई.
आगरा शहर	आगरा	सिकंदर लोदी	1506 ई.
जौनपुर शहर	जौनपुर	फिरोजशाह तुगलक	1359 ई.

फिरोजाबाद	फिरोजाबाद	फिरोजशाह तुगलक	
जामा मसजिद	बदायूँ	इल्तुतमिश	

भक्ति आंदोलन के संतों की जन्मभूमि : उत्तर प्रदेश

छठी शताब्दी में भक्ति आंदोलन की शुरुआत तमिल क्षेत्र से हुई, जो कर्नाटक व महाराष्ट्र तक विस्तारित हुई। इस आंदोलन को दक्षिण भारत से उत्तर भारत की ओर लाने तथा स्थापित करने का कार्य स्वामी रामानंद एवं उनके शिष्यों ने किया।

भक्ति आंदोलन को उत्तर भारत पहुँचानेवाले **स्वामी रामानंद** का जन्म सन् 1299 में **प्रयाग में** हुआ था। उनकी शिक्षा प्रयाग व वाराणसी में हुई। वे भक्ति मार्ग पर चलते हुए मोक्ष की प्राप्ति को सबसे उत्तम साधन मानते थे। रामानंद ने समाज को मर्यादा पुरुषोत्तम राम व माता सीता की भक्ति करने के लिए प्रेरित किया। उनका संप्रदाय सभी जातियों के लिए खुला था इसलिए उनके प्रिय शिष्य भी समाज के सभी वर्गों का प्रतिनिधित्व करते दिखाई देते हैं। उदाहरणस्वरूप उनके प्रमुख शिष्य **रैदास** शूद्र जाति से थे, **कबीरदास** जुलाहा थे, **धन्ना** जाट जाति से, **सेना** नाई और **पीपा** राजपूत जाति से थे।

संत कबीर व उनकी शिक्षा : वाराणसी में जन्मे कबीरदास जी का एक जुलाहा दंपती नीरू एवं नीमा ने पालन-पोषण किया। कबीर ने राम, रहीम, हजरत, अल्लाह आदि को एक ही ईश्वर के अनेक रूप माना। उन्होंने समाज में व्याप्त जाति-प्रथा, धार्मिक कर्मकांड, बाह्य आडम्बर, मूर्ति-पूजा, जप-तप, अवतारवाद जैसे पूर्वाग्रहों का खुलकर विरोध किया तथा एकेश्वरवाद में अपनी आस्था व्यक्त की। कबीर ने निराकार ब्रह्म की उपासना को महत्त्व दिया। अत: वे निर्गुण भक्ति धारा के वाहक के रूप में देखे गए। कबीर ने पूरे समाज में एक ऐसी मिसाल प्रस्तुत की, जो अनूठी है। उन्होंने संत होते हुए भी पूर्णत: गृहस्थ जीवन का निर्वाह किया। कबीर के अनुयायी 'कबीरपंथी' कहलाए। कबीर के उपदेश 'सबद' सिक्खों के आदि ग्रंथ में संगृहीत हैं। कबीर की वाणी का संग्रह **'बीजक'** नाम से प्रसिद्ध है, जो उनके शिष्य धर्मदास द्वारा संकलित है।

श्रीमद्वल्लभाचार्य व उनकी शिक्षा : श्रीमद्वल्लभाचार्य का जन्म 1479 ई. में चंपारण्य (वाराणसी) में हुआ था। उन्होंने गंगा-यमुना के समीप अरैल नामक स्थान पर अपना निवास-स्थान बनाया और भक्ति-साधना पर विशेष जोर दिया। भक्ति को मोक्ष का साधन बतानेवाले श्रीमद्वल्लभाचार्य के मार्ग को **'पुष्टि मार्ग'** की संज्ञा दी जाती है। सूरदास वल्लभाचार्य के शिष्य थे।

गोस्वामी तुलसीदास व उनकी शिक्षा : उनका जन्म उत्तर प्रदेश के बाँदा जनपद में अवस्थित राजापुर गाँव में सन् 1532 में हुआ था। **'रामचरितमानस'** की रचना गोस्वामी तुलसीदास जी ने की। तुलसीदास मुगल शासक अकबर एवं मेवाड़ के शासक राणा प्रताप के समकालीन थे।

रैदास व उनकी शिक्षा : रैदास का जन्म उत्तर प्रदेश के वाराणसी जिले में हुआ था। वे लोगों के जूते सिलते और प्रभु के स्वरूप एवं उनकी लीला का गुणगान करते।

उत्तर प्रदेश का मुगल काल से संबंध

लोदी वंश के शासक सिकंदर लोदी के बाद इब्राहिम लोदी दिल्ली की गद्दी पर बैठा, जिसे बाबर ने सन् 1526 में **पानीपत** की **प्रथम** लड़ाई में परास्त कर **मुगल साम्राज्य** की स्थापना की। बाबर ने सन् 1529 में महमूद लोदी और बंगाल के सुल्तान नुसरतशाह को घाघरा के तट पर हराया और उसके बाद खानवा के युद्ध में राणा सांगा को पराजित कर अवध एवं कन्नौज पर अधिकार कर लिया, जिसके चलते मुगल काल का संबंध उत्तर प्रदेश से जुड़ जाता है। 1530 ई. में आगरा में बाबर की मृत्यु हो गई और उसके पुत्र हुमायूँ ने दिल्ली की गद्दी सँभाली, लेकिन उसे सूर वंश के संस्थापक शेरशाह सूरी के हाथों बुरी तरह पराजित होना पड़ा। इस प्रकार, 1545 ई. तक शेरशाह सूरी दिल्ली का शासक रहा। कालिंजर पर आक्रमण के दौरान तोप का गोला फट जाने से उसकी मृत्यु हो गई। शेरशाह की मृत्यु के पश्चात् 1555 ई. में हुमायूँ पुनः सक्रिय हो गया और दिल्ली की गद्दी सँभाली, 1556 ई. में वह अपने ही पुस्तकालय में गिरकर मृत्यु को प्राप्त हो गया। हुमायूँ की मृत्यु के बाद दिल्ली के शासक के रूप में हुमायूँ के पुत्र अकबर की ताजपोशी हुई।

अकबर के मुगल शासक बनने के साथ ही भारतीय इतिहास के एक नवीन युग, जो शांति, समृद्धि, सुदृढ़ प्रशासन, उदारता और हिंदू एवं मुसलिम संस्कृतियों के समन्वय का था, प्रारंभ हुआ। समन्वय की यह प्रक्रिया अकबर के उत्तराधिकारी जहाँगीर एवं शाहजहाँ के समय तक चलती रही। उत्कर्ष के इस काल में उत्तर प्रदेश को तत्कालीन मुसलमान इतिहासकारों ने ''हिंदुस्तान'' की संज्ञा प्रदान की। अकबर के नवरत्नों में से दो नवरत्न **टोडरमल** सीतापुर से और **बीरबल** कालपी से संबंधित थे। आगरा काफी लंबे समय तक मुगल शासकों की राजधानी रहा, जिसे बाद में शाहजहाँ ने दिल्ली स्थानांतरित कर दिया। शाहजहाँ के बाद औरंगजेब ने मुगल सत्ता अपने हाथों में ली। यह समय धार्मिक कट्टरता व अराजकता का रहा, जिसके चलते मुगल साम्राज्य के पतन की प्रक्रिया प्रारंभ हुई।

औरंगजेब के पश्चात् लगभग सभी मुगल बादशाह दुर्बल व अयोग्य सिद्ध हुए, जिस कारण से वे अपनी सत्ता को सँजोकर नहीं रख पाए। 1757 ई. तक वर्तमान उत्तर प्रदेश में पाँच स्वतंत्र राज्य स्थापित हो चुके थे, जो इस प्रकार हैं–

1. मेरठ तथा बरेली के उत्तर में नाजिद खान पठान सरकार।
2. मेरठ तथा दोआब क्षेत्र में रुहेलों के अंतर्गत रुहेलखंड।
3. फर्रुखाबाद के बंगश नवाबों के अंतर्गत मध्य दोआब क्षेत्र।
4. वर्तमान अवध तथा पूर्वी जिलों पर अवध के नवाब।
5. बुंदेलखंड पर मराठों का शासन।

उत्तर प्रदेश में मुगलकालीन स्थापत्य के नायाब उदाहरण

मुगलकालीन स्थापत्य	निर्माता
संभल की जामी मसजिद	बाबर
आगरा में निर्मित फतेहपुर सीकरी	अकबर
आगरा का किला	अकबर
आगरा में जहाँगीरी महल	अकबर
आगरा में एत्माद्दौला का मकबरा	नूरजहाँ बेगम
सिकंदरा (आगरा में) अकबर का मकबरा	जहाँगीर
सिकंदरा (आगरा में) मरियम-उज-ज़मानी का मकबरा	जहाँगीर
आगरा के किले में दीवाने-आम, दीवाने-खास व मोती मसजिद का निर्माण तथा ताजमहल	शाहजहाँ

आगरा से 36 कि.मी. दूर फतेहपुर सीकरी में पंचमहल, खासमहल, जोधाबाई महल, बीरबल महल, जामा मसजिद, बुलंद दरवाजा, शेख सलीम चिश्ती का मकबरा तथा इस्लाम खाँ का मकबरा आदि के निर्माण का कार्य अकबर ने कराया। इसके अतिरिक्त शेरशाह सूरी ने जिन चार महत्त्वपूर्ण सड़कों का निर्माण करवाया था उनमें से दो उत्तर प्रदेश से संबंधित हैं– 1. आगरा से बुरहानपुर तक, 2. आगरा से चित्तौड़गढ़ तक।

उत्तर प्रदेश में अवध के नवाबों का काल

उत्तर प्रदेश ने मुगलों के पतन के बाद अवध के नवाबों की शृंखला का विस्तार होते हुए भी देखा। सआदत खाँ जो अकबर के समय में सूबे का मुगल सूबेदार था, ने अवध के नवाब के रूप में शासन स्थापित किया, जो तीन पीढ़ियों यथा–सआदत खाँ (1724-39), सफदरजंग (1739-54) और शुजाउद्दौला तक चला। एक स्वतंत्र शासन व्यवस्था के रूप में स्थापित अवध के नवाब शुजाउद्दौला 1764 ई. में बक्सर के युद्ध में अंग्रेजों के हाथों पराजित हुए और यहीं से नवाबों की शक्तियों के संकुचन का क्रम प्रारंभ हुआ और देखते-देखते अवध के क्षेत्र कड़ा, इलाहाबाद, रूहेलखंड, निचले दोआब के क्षेत्र कंपनी के

कब्जे में चले गए। अवध के अंतिम नवाब वाजिद अली शाह के समय (1847-56 ई.) में अवध औपचारिक तौर से ब्रिटिश भारतीय साम्राज्य में मिला दिया गया। अवध के नवाबों की राजधानी लखनऊ थी जिसे उन्होंने मसजिदों और महलों का निर्माण कर सुंदर बनाया और मुसलिम संस्कृति, संगीत व कला के ऐश्वर्य के रूप में लखनऊ का विकास किया।

1857 के विद्रोह में उत्तर प्रदेश की भूमिका

प्राचीन इतिहास से वर्तमान तक उत्तर प्रदेश, देश की राजनीति व शासन सत्ता का सदैव ही केंद्र बना रहा। सन् 1857 में हुए प्रथम स्वतंत्रता आंदोलन की शुरुआत भी इसी राज्य (मेरठ) से हुई। मेरठ की तीसरी देशी घुड़सवार सेना के सैनिकों द्वारा चरबी वाले कारतूसों का इस्तेमाल करने से मना कर देने पर 9 मई, 1857 को अंग्रेजों ने 90 में से 85 सैनिकों की वरदी उतरवाकर जंजीरों में जकड़कर कैद कर लिया। इससे मेरठ में तैनात भारतीय सिपाहियों में विद्रोह की भावना भड़क गई और 10 मई, 1857 को उन्होंने अंग्रेजों के

विरुद्ध खुला विद्रोह कर दिया। सबसे पहले उन्होंने अपने साथियों को जेल से छुड़ाया और उनकी राह रोकनेवाले अंग्रेजी सैनिकों को मौत के घाट उतार दिया। तत्पश्चात् दिल्ली की ओर कूच किया। इन सैनिकों ने 11 मई, 1857 को दिल्ली पर कब्जा कर 12 मई, 1857 को अंतिम मुगल बादशाह बहादुरशाह द्वितीय को शासक घोषित किया व जलसी नामक समिति ने दिल्ली का प्रशासन सँभाला।

मेरठ और दिल्ली की घटनाओं के बाद उत्तर प्रदेश के अधिकांश भागों में विद्रोह की लहर दौड़ पड़ी। 5 जून, 1857 को नाना साहब को कानपुर का पेशवा घोषित किया गया और अवध के नवाब वाजिद अली शाह की बेगम हजरत महल ने अपने पुत्र बिरजिस कद्र को अवध का नवाब बना दिया। उत्तर प्रदेश के विद्रोह केंद्रों और उनके नेतृत्वकर्ताओं का विवरण इस प्रकार है-

केंद्र	नेतृत्वकर्ता
लखनऊ	बेगम हजरत महल
कानपुर	नाना साहब
बरेली	खान बहादुर खान
झाँसी	रानी लक्ष्मीबाई
प्रयागराज	लियाकत अली
कालपी	तात्या टोपे
मथुरा	देवी सिंह
मेरठ	कदम सिंह

सन् 1857 के स्वतंत्रता संग्राम को दबाने में ब्रिटिश सरकार कामयाब अवश्य हुई, परंतु उन्हें यह स्पष्ट संदेश मिल गया कि यह सिर्फ शुरुआत है, भारत अब संगठित प्रयासों के माध्यम से स्वराज प्राप्त करके रहेगा।

राष्ट्रवाद के विकास में देश का केंद्र बिंदु बना उत्तर प्रदेश

सन् 1857 के विद्रोह के बाद प्रदेश में अनेक धार्मिक-सामाजिक सुधार आंदोलनों, शिक्षा तथा समाचार-पत्रों व पत्रिकाओं का प्रसार हुआ, जिसने राष्ट्रवाद के विकास में अहम भूमिका निभाई। राष्ट्रवाद के इस विकास का केंद्र उत्तर प्रदेश बना, जिसके उदाहरण निम्न हैं–

- भारतेंदु हरिश्चंद्र ने उत्तर प्रदेश के वाराणसी से **'कवि वचन सुधा'** (1867) तथा **'हरिश्चंद्र मैगजीन'** (1872) का प्रकाशन किया।
- मुहम्मद कासिम ननौतवी एवं रशीद अहमद गंगोही ने 1867 में देवबंद, उत्तर प्रदेश में इसलामी मदरसे की स्थापना की। इस मदरसे में कुरान और हदीस की शिक्षा के साथ-साथ विदेशी शासकों के खिलाफ 'जिहाद' का नारा देने के उद्देश्य से दारुल उलूम या देवबंद आंदोलन की शुरुआत की गई।
- सर सैयद अहमद खाँ द्वारा स्थापित अलीगढ़ मुसलिम एंग्लो ओरिएंटल कॉलेज (1875) ने मुसलमानों में आधुनिक शिक्षा के प्रसार में अहम भूमिका निभाई।
- एनी बेसेंट ने बनारस में सन् 1898 में **सेंट्रल हिंदू कॉलेज** की स्थापना की, जो 1916 में मालवीय जी के प्रयासों से **बनारस हिंदू विश्वविद्यालय** बना।
- सन् 1861 में शिवदयाल साहब ने आगरा में 'राधास्वामी सत्संग' की स्थापना की।

भारतीय राष्ट्रीय कांग्रेस के अधिवेशन के आयोजन में उत्तर प्रदेश की भूमिका

सन् 1885 में एक अंग्रेज सिविल सर्वेंट ए.ओ. ह्यूम के प्रयासों से भारतीय राष्ट्रीय कांग्रेस की स्थापना की गई, जिसका मुख्य कार्य भारतीयों की माँगों को ब्रिटिश सरकार तक पहुँचाने हेतु संगठित प्लेटफॉर्म उपलब्ध कराना था। यह संगठन अंग्रेजों के हितों को ध्यान में रखकर बनाया गया था, परंतु आगे चलकर प्रतिवर्ष नियोजित ढंग से होनेवाले कांग्रेस अधिवेशनों के चलते भारतीय अपनी आवाज व्यापक व पुरजोर तरीके से रखने के साधन के रूप में इसके मंचों का प्रयोग करने लगे। उत्तर प्रदेश भी समय-समय पर राष्ट्रीय कांग्रेस के अधिवेशनों का साक्षी बना, जो इस प्रकार है–

वर्ष	भारतीय राष्ट्रीय कांग्रेस के अधिवेशन
1888	इलाहाबाद
1892	इलाहाबाद
1899	लखनऊ

1905	वाराणसी
1910	इलाहाबाद
1916	लखनऊ
1925	कानपुर
1936	लखनऊ
1964	मेरठ

विभिन्न राष्ट्रीय आंदोलनों का साक्षी बना उत्तर प्रदेश

भारतीय संस्कृति व नैतिक मूल्य जहाँ एक ओर सत्य, अहिंसा, प्रेम, करुणा तथा सदाचार के उदाहरणों से भरे हुए हैं, तो वहीं दूसरी ओर आवश्यकता पड़ने पर होनेवाले क्रांति आंदोलन व हड़तालों के भी श्रेष्ठ उदाहरण देखने को मिलते हैं। देश के विभिन्न भागों में होनेवाले राष्ट्रीय आंदोलनों का प्रभाव उत्तर प्रदेश पर भी पड़ा। यही कारण है कि स्वतंत्रता प्राप्ति के इस महायज्ञ में उत्तर प्रदेश भी आहुति डालने से पीछे नहीं हटा, जिसका विवरण इस प्रकार है–

खिलाफत आंदोलन–ब्रिटेन द्वारा तुर्की के खलीफा, जिसे संपूर्ण विश्व के मुसलमान अपना धार्मिक नेता मानते थे, से समस्त अधिकारों को छीन लिया गया। परिणामस्वरूप भारत के मुसलमानों ने इस कार्रवाई का विरोध करने के लिए संगठित होना प्रारंभ किया। गाँधी जी ने भी हिंदू-मुसलिम एकता को एक मंच पर लाने के लिए इसमें सहयोग देने का निर्णय लिया। 20 जून, 1920 को इलाहाबाद में गाँधी जी की अध्यक्षता में खिलाफत कमेटी की बैठक हुई, जिसमें खिलाफत आंदोलन के प्रस्ताव को पास किया गया।

असहयोग आंदोलन–1920–22 में चले असहयोग आंदोलन का प्रभाव उत्तर प्रदेश के गाँव-गाँव तक फैला, जिसके चलते स्कूलों, कॉलेजों, अदालतों, उत्सवों, समारोहों से विदेशी वस्तुओं का बहिष्कार और स्वदेशी अपनाने पर जोर दिया गया तथा स्वदेशी वस्तुओं का प्रचार किया गया।

चौरी-चौरा कांड–5 फरवरी, 1922 को एक भयानक भीड़ ने उग्रता में आकर चौरी-चौरा (गोरखपुर) में स्थित पुलिस स्टेशन को आग के हवाले कर दिया, जिसमें 22 पुलिसकर्मी जलकर मर गए। इस अमानवीय घटना से आहत होकर गाँधी जी ने 12 फरवरी, 1922 को समय से पूर्व ही असहयोग आंदोलन को वापस लेने की घोषणा कर दी।

स्वराज पार्टी का गठन–असहयोग आंदोलन की असमय वापसी के कारण सन् 1923 में चित्तरंजन दास एवं मोतीलाल नेहरू ने इलाहाबाद में स्वराज पार्टी की स्थापना की। इस पार्टी में विट्ठलभाई पटेल, मालवीय जी तथा एम.आर. जयकर भी शामिल थे। वर्ष 1923 के विधान परिषद् चुनाव में स्वराज पार्टी ने भाग लिया।

सविनय अवज्ञा आंदोलनः इस आंदोलन की शुरुआत 6 अप्रैल, 1930 को तब हुई, जब गाँधी जी ने अपने 78 सत्याग्रहियों के साथ दांडी के समुद्र-तट पर पहुँचकर नमक कानून तोड़ा। इस आंदोलन में उत्तर प्रदेश के लोगों ने बढ़-चढ़कर भाग लिया। यहाँ की जनता ने कई प्रकार के टैक्स देने से मना कर दिया। जयप्रकाश नारायण और शास्त्री जी के सहयोग से नेहरू जी ने इलाहाबाद से 'करबंदी का आंदोलन' छेड़ा, जिसके चलते नेहरू जी को दिसंबर 1931 में गिरफ्तार कर लिया गया। 5 मार्च, 1931 को गाँधी-इरविन समझौते के बाद इस आंदोलन को स्थगित कर दिया गया।

क्रांतिकारी आंदोलनों में उत्तर प्रदेश की सहभागिता

उत्तर प्रदेश युवाओं का प्रदेश रहा है। युवाओं के, देश की आजादी में योगदान को स्पष्ट करने के लिए उत्तर प्रदेश से बेहतर उदाहरण शायद ही कहीं देखने को मिले। यदि इस प्रदेश को क्रांतिकारियों का प्रदेश कहा जाए तो कोई अतिशयोक्ति नहीं होगी। इसके स्पष्ट प्रमाण निम्नवत् हैं-

सन् 1924 में कानपुर में **हिंदुस्तान रिपब्लिकन एसोसिएशन,** की स्थापना की गई जिसमें सदस्य के रूप में उत्तर प्रदेश के **रामप्रसाद बिस्मिल, चंद्रशेखर आजाद, शचींद्र सान्याल** जैसे क्रांतिकारी शामिल हुए। एसोसिएशन के सेनापति चंद्रशेखर आजाद थे और उसका मुख्यालय आगरा में था।

9 अगस्त, 1925 को लखनऊ के निकट काकोरी में ट्रेन से जानेवाले सरकारी खजाने को लूट लिया गया। उस घटना को **काकोरी कांड** के नाम से जाना जाता है। इस कांड में **पं. रामप्रसाद बिस्मिल, अशफाक उल्ला खाँ** तथा **रोशन सिंह** को फाँसी की सजा सुनाई गई।

उत्तर प्रदेश के शिव वर्मा तथा जयदेव कपूर के सहयोग से 8 अप्रैल, 1929 को **भगत सिंह** एवं **बटुकेश्वर दत्त** ने केंद्रीय असेंबली में बम फेंका। वह बम क्रांतिकारियों द्वारा स्थापित बम फैक्टरी में बनाया गया था।

सन् 1930 तक प्रायः सभी राष्ट्रवादी क्रांतिकारी या तो पकड़ लिये गए या इन गतिविधियों से दूर हटकर छुप गए, लेकिन **चंद्रशेखर आजाद** अंत तक नहीं पकड़े गए। 27 फरवरी, 1931 को वे इलाहाबाद के अल्फ्रेड पार्क में पुलिस से लड़ते हुए शहीद हो गए।

किसान आंदोलन के केंद्र में उत्तर प्रदेश

अवध क्षेत्र में सर्वप्रथम किसानों को जमींदारों और ताल्लुकेदारों के शोषण के विरुद्ध संगठित करने का प्रयास होमरूल लीग के कार्यकर्ताओं ने किया। इसके पश्चात् वर्ष 1918 में गौरी शंकर मिश्र, इंद्र नारायण द्विवेदी तथा मालवीय जी के प्रयासों से **उत्तर प्रदेश किसान सभा** का गठन हुआ। इस सभा को सशक्त करने का कार्य बाबा रामचंद्र,

झिंगुरी पाल सिंह तथा दुर्गापाल सिंह द्वारा किया गया। सन् 1920 के मध्य में बाबा रामचंद्र ने किसान आंदोलन को और अधिक मुखर बनाने के लिए प्रतापगढ़ में **अवध किसान सभा** का गठन किया। इस सभा ने 20 से 24 दिसंबर, 1920 के मध्य अयोध्या में एक विशाल रैली का सफलतापूर्वक आयोजन किया।

मदारी पासी नामक किसान के नेतृत्व में उत्तर प्रदेश के उत्तरी क्षेत्र (हरदोई, बहराइच, सुल्तानपुर, सीतापुर) में **एका आंदोलन** चलाया गया, जिसमें किसानों की मुख्य शिकायतें लगान में बढ़ोतरी और उपज के रूप में लगान वसूल करने की प्रथा को लेकर थीं। एका आंदोलन कांग्रेस के अहिंसक आंदोलन के प्रति पूरी तरह प्रतिबद्ध था।

जमींदारों, ताल्लुकेदारों का सामाजिक बहिष्कार करने के लिए प्रतापगढ़ जिले में **नाई-धोबीबंद आंदोलन** चलाया गया।

सन् 1936 में प्रो एन.जी. रंगा, इन्दु लाल याज्ञनिक व स्वामी सहजानंद के प्रयासों से लखनऊ में **अखिल भारतीय किसान सम्मेलन** का आयोजन किया गया तथा सम्मेलन में सामंतवाद के उन्मूलन तथा लगान व कर्जों में छूट की माँग रखी गई।

भारतीय राष्ट्रीय कांग्रेस के दौर में उत्तर प्रदेश

सन् 1935 के भारत सरकार अधिनियम के तहत वर्ष 1937 में प्रांतीय विधानसभाओं के चुनाव हुए, जिसमें कांग्रेस को पूर्ण बहुमत मिला। 228 विधानसभा सीटों में से 134 सीटें प्राप्त कर कांग्रेस ने अकेले सरकार बनाई। इस सरकार में प्रधानमंत्री (अर्थात् मुख्यमंत्री) **गोविंद बल्लभ पंत** बने।

प्रदेश के स्वरूप में परिवर्तन की एक झलक

- मुगलकाल के बाद प्रदेश के उत्तरी हिस्से के कई जिले अवध के नवाबों के अधीन, पश्चिम के कुछ जिले दिल्ली के नियंत्रण में तथा दक्षिण-पूर्व एवं पूर्व के कुछ जिले बंगाल प्रेसीडेंसी में थे। बाद में बंगाल प्रेसीडेंसी से प्रदेश के बाकी हिस्सों को अलग कर 'आगरा प्रेसीडेंसी' बनाई गई और 1836 में इसको संयुक्त प्रांत में मिला लिया गया।
- 1857 की क्रांति के बाद 1858 में दिल्ली डिवीजन को संयुक्त प्रांत से अलग करते हुए इसकी राजधानी आगरा से इलाहाबाद स्थानांतरित की गई और संयुक्त प्रांत तथा अवध के रूप में विस्तृत उत्तर प्रदेश को लेफ्टिनेंट गवर्नर एवं चीफ कमिश्नर के अधीन कर दिया गया।
- सन् 1877 तक अवध एवं संयुक्त प्रांत के प्रशासनिक और न्यायिक कार्य अलग-अलग रहे।
- 1877 में अवध और संयुक्त प्रांत को एकीकृत करके एक ले. गवर्नर के अधीन कर दिया गया और इस बृहद् क्षेत्र को संयुक्त प्रांत आगरा एवं अवध के नाम से जाना जाने लगा।

- सन् 1902 में इस बृहद् क्षेत्र को **"संयुक्त प्रांत आगरा एवं अवध"** कहा जाने लगा।
- सन् 1919 के भारत सरकार अधिनियम के प्रावधानों के तहत प्रदेश को ले. गवर्नर की जगह गवर्नर के अधीन कर दिया गया।
- सन् 1921 में प्रदेश की राजधानी इलाहाबाद से लखनऊ स्थानांतरित कर दी गई।
- सन् 1937 में इस प्रदेश का नाम छोटा करके संयुक्त प्रांत कर दिया गया।
- आजादी मिलने के लगभग ढाई वर्ष बाद 24 जनवरी, 1950 को इसको अपना वर्तमान नाम प्राप्त हुआ।
- 1 नवंबर, 1956 को इसका पुनर्गठन किया गया।
- 9 नवंबर, 2000 को प्रदेश के 13 पर्वतीय जिलों को अलग करके उत्तरांचल (अब उत्तराखंड) राज्य का गठन किया गया।
- अब तक इस प्रदेश ने देश को कुल आठ प्रधानमंत्री (जवाहरलाल नेहरू, लाल बहादुर शास्त्री, इंदिरा गाँधी, चौधरी चरण सिंह, राजीव गाँधी, वी.पी., चंद्रशेखर तथा अटल बिहारी वाजपेयी) दिए।
- वर्तमान प्रधानमंत्री श्री नरेन्द्र मोदी उत्तर प्रदेश की वाराणसी लोकसभा सीट से दो बार (2014 वे 2019) निर्वाचित हो चुके हैं।
- स्वतंत्रता के बाद संयुक्त प्रांत (उत्तर प्रदेश) की प्रथम राज्यपाल श्रीमती सरोजिनी नायडू बनीं। पं. गोविंद बल्लभ पंत प्रथम मुख्यमंत्री और पुरुषोत्तमदास टंडन प्रथम विधानसभा अध्यक्ष बने।

❑

अध्याय 2 उत्तर प्रदेश की भौगोलिक एवं आर्थिक स्थिति

उत्तर प्रदेश की भौगोलिक स्थिति

उत्तर प्रदेश भारत के उन राज्यों में से एक है, जो सीमावर्ती राज्य कहलाते हैं। यह भारत के गांगेय मैदानों में स्थित है। इसकी उत्तरी सीमा नेपाल के साथ अंतरराष्ट्रीय सीमा साझा करती है। नवंबर 2000 में उत्तराखंड की स्थापना से पूर्व इसकी उत्तरी सीमारेखा हिमालय पर्वत श्रृंखला से गुजरती हुई चीन के तिब्बती क्षेत्र से लगती थी; किंतु अब इसके उत्तर में स्थित उत्तराखंड की शिवालिक पहाड़ियाँ नेपाली सीमा से मिलती हैं। उत्तराखंड राज्य के गठन के बाद उत्तर प्रदेश के 13 पहाड़ी जिले नवगठित उत्तराखंड राज्य के अधीन हैं, जिनका क्षेत्रफल लगभग 53 हजार किलोमीटर और आबादी 1 करोड़ के आसपास है। यद्यपि देश के कुल भू-भाग में 8.9 प्रतिशत के मुकाबले अब इस राज्य का हिस्सा घटकर 7.3 प्रतिशत रह गया है, तथापि यह अब भी देश का चौथा सबसे बड़ा राज्य है। जनसंख्या की दृष्टि से यह अब भी देश का सबसे बड़ा राज्य है और देश की कुल आबादी में इसका हिस्सा 16.2 प्रतिशत है। जहाँ तक उत्तर प्रदेश की राजनीतिक सीमाओं का प्रश्न है, इसकी पश्चिमी व दक्षिण पश्चिमी सीमाएँ हरियाणा, दिल्ली और राजस्थान राज्यों की सीमाओं से मिलती हैं। मध्य प्रदेश इसके दक्षिण और बिहार इसकी पूर्वी सीमा से लगनेवाले राज्य हैं।

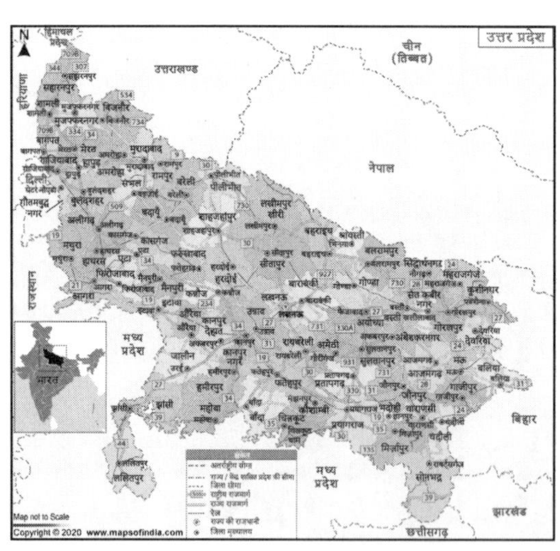

उत्तराखंड राज्य की स्थापना से पूर्व उत्तर प्रदेश को भौतिक (फिजिकली) और भूगर्भ (जियोलॉजीकल) विज्ञान की दृष्टि से तीन प्रकार के विशिष्ट क्षेत्रों में विभाजित किया जा सकता था, यथा-उत्तर में हिमालय क्षेत्र, मध्य में गंगा के मैदानी क्षेत्र और दक्षिण में प्रायद्वीपीय क्षेत्र; परंतु नए राज्य उत्तराखंड की स्थापना के उपरांत हिमालय क्षेत्र पूर्णतया अलग-थलग हो गया है। अब केवल भाबर और तराई के इलाके ही बचे हैं, जिन्हें 'उपहिमालयी क्षेत्र' के नाम से भी जाना जाता है। उत्तर प्रदेश का लगभग दो-तिहाई क्षेत्र गंगा के मैदानों से आच्छादित है, जो गंगा तथा इसमें मिलनेवाली नदियों द्वारा निर्मित है। यदि इस भू-भाग में सहारनपुर जनपद के उत्तरी भाग में शिवालिक श्रृंखला की तलहटी को छोड़ दिया जाए तो कोई भी स्थान इस क्षेत्र में समुद्र तल से 300 मीटर से अधिक ऊँचा नहीं है। समूचा क्षेत्र घनी आबादी वाला है और राज्य की अर्थव्यवस्था के लिए बहुत ही महत्त्वपूर्ण है। इस क्षेत्र में मिलनेवाली अधिकांश मिट्टी कछारी किस्म की है, जो काफी उपजाऊ होती है। सामान्यत: यहाँ पर साल भर में दो फसलें रबी और खरीफ क्रमश: बसंत एवं पतझड़ के मौसम में काटी जाती हैं। धान, गेहूँ, चना और मोटे अनाज तथा गन्ना इस क्षेत्र की प्रमुख फसलें हैं।

उपहिमालयी क्षेत्र

गंगा के मैदानों की उत्तरी पट्टी, जो पश्चिम में सहारनपुर से पूर्व में देवरिया तक फैली हुई है, भाबर और तराई कहलाती है, इसकी कुछ अपनी अलग विशेषताएँ हैं। भाबर का क्षेत्र सहारनपुर, बिजनौर तथा पीलीभीत जिलों के बीच पड़ता है। पहाड़ों से प्रचंड प्रवाह के साथ गिरनेवाले झरनों एवं नदियों के प्रवाह यहाँ पहुँचते-पहुँचते हल्के पड़ जाते हैं। ये झरने और नदियाँ अपने साथ ऊपरी भाग से गोल-मटोल कंकर लाते हैं, जिन्हें ये अपने पीछे छोड़ते जाते हैं। यह मार्ग पश्चिम में 34 किलोमीटर चौड़ा है, किंतु जैसे-जैसे पूर्व की ओर चलते हैं, यहीं पर हिमालय की नदियाँ और उपनदियाँ लुका-छिपी का खेल खेलते हुए कँकरीले क्षेत्र में विलुप्त होने के बाद आगे चलकर दलदल वाले मार्ग के रूप में प्रकट हो जाती हैं, जो तराई क्षेत्र कहलाता है। तराई दलदल वाला क्षेत्र है, जो भाबर के छोर से दक्षिण की ओर फैला हुआ है। तराई का क्षेत्र भूमि के निचले हिस्से तथा भारी वर्षा से निर्मित है। किसी जमाने में तराई का यह क्षेत्र 80 से 90 किलोमीटर चौड़ा था। तराई की सँकरी पट्टी सहारनपुर के उत्तरी भाग, बिजनौर, रामपुर, बरेली, पीलीभीत, खीरी, बहराइच, गोंडा, बस्ती, सिद्धार्थ नगर, गोरखपुर, महराजगंज, देवरिया तथा कुशीनगर जिलों से होकर गुजरती है। हाल ही में राज्य सरकार ने भूमि अधिग्रहण का कार्यक्रम चलाया था, जिसके परिणामस्वरूप तराई की पट्टी की चौड़ाई बहुत कम रह गई है। चावल, गेहूँ और गन्ना आदि भाबर तराई क्षेत्र की मुख्य फसलें हैं।

प्रायद्वीपीय क्षेत्र

उत्तर प्रदेश का धुर दक्षिणी भाग प्रायद्वीपीय शील्ड (ढाल से युक्त, परिरक्षित) है। भू-विज्ञान की दृष्टि से यह अधिकांशतः बहुत पुरानी चट्टानों से बना है, जिनके स्रोत अलग-अलग हैं। इसके पर्वत ठोस चट्टानों के जीवित बचे रहने का प्रतिनिधित्व करते हैं, जो अडिग रहीं और अपक्षीण नहीं हुईं। इस क्षेत्र के पूर्वी भाग में विंध्य पर्वतमाला है और पश्चिमी भाग में चट्टानों से पूर्ण पठारी भू-भाग है। इसके दक्षिण में विंध्याचल पर्वत है। विंध्याचल की संरचना तलछट चट्टानों से हुई है और इसमें रेतीले पत्थर, चूना पत्थर तथा स्लेटी पत्थर भी मिलते हैं। सामान्यतः इस पठार की ऊँचाई समुद्र तल से 300 मीटर से ऊपर नहीं है।

कुछ स्थानों पर इसकी ऊँचाई 450 मीटर तक भी पहुँच गई है। मिर्जापुर और सोनभद्र के जिलों में कैमूर और सोनपुर की पहाड़ियाँ समुद्र से लगभग 600 मीटर की ऊँचाई पर स्थित हैं। यह पहाड़ी क्षेत्र मुख्यतः बुंदेलखंडी ग्रेनाइट और नाइस से बना है। समूचे क्षेत्र में बुंदेलखंड मंडल, इलाहाबाद जिले की मेजा व करछना तहसील, समूचा मिर्जापुर जिला, गंगा का दक्षिणी भाग और वाराणसी जिले की चकिया तहसील के क्षेत्र शामिल हैं। इस पूरे भू-भाग में वर्षा बहुत कम होती है। भूमि विन्यास के कारण यह स्थान खेती के लिए अति उत्तम है। विगत कुछ वर्षों में जलाशयों का निर्माण करके पीने और सिंचाई के पानी की व्यवस्था की गई है। ज्वार, चना और गेहूँ इस क्षेत्र की प्रमुख फसलें हैं।

जलवायु

राज्य में **उष्णकटिबंधीय मानसून** के कारण औसत तापमान जनवरी में न्यूनतम 3-4 डिग्री सेल्सियस से लेकर मई-जून में अधिकतम 43-44 डिग्री सेल्सियस के आसपास रहता है। उपहिमालयी पट्टी, जो कि सहारनपुर से देवरिया तक फैली हुई है, में मौसम उमस भरा होता है। गंगा के मैदानों से नीचे आमतौर पर तापमान जनवरी में 3-4 डिग्री सेल्सियस तक गिर जाता है, जबकि मई-जून में पारा 43 डिग्री सेल्सियस तक चढ़ जाता है। सामान्य रूप से आगरा और झाँसी के जिलों में तापमान अधिकतम और बरेली में न्यूनतम रहता है।

राज्य के मौसम की स्थितियों को वर्ष भर में तीन प्रकार के विभिन्न मौसमों में देखा जा सकता है, अर्थात् अक्तूबर से फरवरी में सरदी, मार्च से मध्य जून तक गरमी और मध्य जून से सितंबर तक मानसून। सरदियाँ आमतौर पर बहुत ठंडी होती हैं। पश्चिमोत्तर जिलों में सरदियों के दौरान बहुत अधिक ठंड पड़ती है। फरवरी और मार्च के दौरान ओलावृष्टि सामान्य बात है। इस भू-भाग में बंजर और पथरीली जमीन होने के कारण दक्षिणी पहाड़ियों और पठार में बहुत गरमी पड़ती है, किंतु रातें सुहावनी होती हैं।

वर्षा

इस राज्य में होनेवाली कुल वर्षा का एक बड़ा भाग लगभग 83 प्रतिशत मई-जून से मध्य सितंबर के बीच होता है, जो मुख्यत: बंगाल की खाड़ी से उठनेवाले मानसूनी बादलों की देन होता है। शेष 17 प्रतिशत वर्षा उत्तर-पश्चिमी चक्रवातों के कारण होती है। आमतौर से उपहिमालयी क्षेत्र कहे जानेवाले इस क्षेत्र में औसत वार्षिक वर्षा 100 सें.मी. से अधिक होती है। दक्षिणी पहाड़ियों और पठार में लगभग 100 सें.मी. वर्षा होती है, किंतु जालौन और हमीरपुर जिलों तथा झाँसी और बाँदा जिले के कुछ भागों में अपेक्षाकृत कम वर्षा होती है। मैदानी क्षेत्रों में, गोरखपुर जिले में लगभग 56 वर्षा के दिन होते हैं, जिनमें अधिकतम औसत वर्षा 184.7 सें.मी. जबकि मथुरा में वर्षा के 32 दिनों के दौरान 54.4 सें.मी. बारिश होती है।

नदियाँ

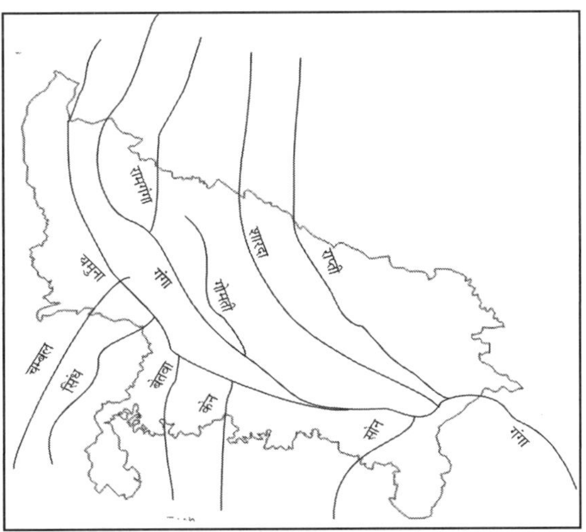

गंगा और यमुना उत्तर प्रदेश की प्रमुख नदियाँ हैं, जिनका उद्‍गम स्थल उत्तराखंड राज्य के क्रमश: गंगोत्री और यमुनोत्री ग्लेशियर हैं। धौली, पिंडार, अलकनंदा, मंदाकिनी इत्यादि जैसी छोटी-बड़ी नदियाँ गंगा में दाएँ किनारे पर मिलती हैं; जबकि रामगंगा, गोमती, घाघरा एवं काली, शारदा, राप्ती, गंडक आदि सहायक नदियाँ इसके बाएँ किनारे से इसमें मिलती हैं। गोमती को छोड़कर, जो कि पीलीभीत से निकलती है, बाएँ किनारेवाली अन्य सभी सहायक नदियों का स्रोत विंध्याचल और सतपुड़ा की पहाड़ियाँ हैं। चंबल, सिंध, बेतवा और केन, यमुना की प्रमुख सहायक नदियाँ हैं। गंगा और यमुना की इन सहायक नदियों के अलावा सई, कोसी, कल्याणी, चंद्रप्रभा, कर्मनाशा, रिहंद, बेलन और धसान जैसी कुछ अन्य नदियाँ भी इस राज्य में गंगा व यमुना से मिल जाती हैं। गंगा व यमुना का मिलन इलाहाबाद में होता है।

राज्य की जो नदियाँ हिमालय से निकलती हैं, वे साल भर पानी से भरी रहती हैं, किंतु विंध्याचल से निकलनेवाली नदियाँ प्राय: गरमियों में सूख जाती हैं। इसका कारण यह है कि गरमियों में हिमालय की बर्फ पिघलकर नदियों में पानी पहुँचाती रहती है और विंध्य क्षेत्र की तुलना में वहाँ वर्षा भी अधिक होती है।

मिट्टी

प्रदेश के पश्चिमी क्षेत्र में सहारनपुर, मेरठ, मुजफ्फरनगर, बिजनौर, मुरादाबाद, पीलीभीत, बरेली जिले में एक ही तरह की मिट्टी है। यहाँ की मिट्टी अधिकांशतः गहरी भूरी एवं कहीं चिकनी और कहीं बलुई है। यह मिट्टी छिछली है। इसमें कंकड़-पत्थर काफी पाए जाते हैं। सामान्यतः यह मिट्टी अम्लीय है। प्रदेश के पश्चिमी मैदानों की मिट्टी (सहारनपुर, मुजफ्फरनगर, मेरठ) गहरी और सामान्य से अधिक उर्वरा है। थोड़ा पूर्व की ओर आगे चलकर (बरेली, बिजनौर, मुरादाबाद, पीलीभीत) मिट्टी अधिक चिकनी है। पीलीभीत से आगे की ओर तो मिट्टी अम्लीय है, किंतु बाकी मिट्टी कुछ क्षारत्व लिये है।

प्रदेश के केंद्रीय क्षेत्र खीरी, हरदोई, लखनऊ, बाराबंकी, सीतापुर, आजमगढ़, कानपुर के आसपास चिकनी और बलुई चिकनी मिट्टी है, जिसमें थोड़ा अम्ल भी है। प्रदेश के पूर्वी क्षेत्र में गोरखपुर, बस्ती, महराजगंज, सिद्धार्थनगर तथा गोंडा क्षेत्र में दो प्रकार की मिट्टियाँ पाई जाती हैं, जिन्हें स्थानीय भाषा में 'मांट' और 'बंजर' कहा जाता है। नदी किनारे की मिट्टी को 'ढूह' कहते हैं। मांट मिट्टी चिकनी बलुई होती है और इसमें चूना अधिक होता है। इसकी जल धारण शक्ति अधिक होती है। बंजर मिट्टी चिकनी और बलुई चिकनी दोनों प्रकार की होती है। इसमें चूना अपेक्षाकृत कम होता है। उत्तरी पश्चिमी भाग में पाई जानेवाली मिट्टी में फॉस्फेट कम होता है। जौनपुर, आजमगढ़, मऊ जिलों में पोटाश की कमी है।

शुष्कतर भागों में ऊसर व रेह है। अलीगढ़, मैनपुरी, कानपुर, सीतापुर, उन्नाव, एटा, इटावा, रायबरेली और लखनऊ की मिट्टी ऊसर तथा रेह से प्रभावित है। प्रदेश के झाँसी तथा चित्रकूट धाम मंडल, मिर्जापुर, सोनभद्र जिले एवं इलाहाबाद (प्रयागराज) की करछना व मेजा तहसील तथा वाराणसी की चकिया तहसील में मिश्रित लाल व काली मिट्टी पाई जाती है। काली मिट्टी चिपचिपी तथा कैल्केरिया-युक्त और उर्वरा होती है। भीगने पर फैलती है और सूखने पर सिकुड़ती है। इन जिलों के ऊपरी पठारी भागों में लाल मिट्टी पाई जाती है। यह दो प्रकार की होती है—'परवा' और 'राकर'। परवा हलकी बलुई या बलुई चिकनी होती है, जबकि राकर अपक्षरित मिट्टी होती है।

क्षेत्रफल

उत्तर प्रदेश का इसके पुनर्गठन के पूर्व भौगोलिक क्षेत्रफल 2,94,411 वर्ग किलोमीटर था, जो अब घटकर 2,40,928 वर्ग किलोमीटर रह गया है। ऐसा नए राज्य उत्तराखंड को 53,483 वर्ग किलोमीटर का क्षेत्र हस्तांतरित हो जाने के कारण हुआ है। परिणामस्वरूप, राज्य का क्षेत्रफल भारत के कुल क्षेत्रफल के पहले के 8.9 प्रतिशत से घटकर 7.30 प्रतिशत रह गया है। तथापि, यह राज्य अभी भी भारत का चौथा सबसे बड़ा राज्य बना हुआ है। अन्य तीन राज्य, जिनका क्षेत्रफल इससे अधिक है, वे हैं-राजस्थान (10.41%), मध्य प्रदेश (9.38%) एवं महाराष्ट्र (9.4%)। इनका क्षेत्रफल देश की आबादी में और इन राज्यों के क्षेत्रफल के हिस्से से कम या बराबर है; जबकि उत्तर प्रदेश की स्थिति इसकी ठीक उलटी है। अपने क्षेत्रफल (7.3%) की तुलना में इसकी जनसंख्या का देश

की जनसंख्या में हिस्सा (16.2%) दोगुने से अधिक है। उत्तराखंड राज्य बनने से यह असंतुलन और भी बढ़ गया है, क्योंकि देश की जनसंख्या में उत्तर प्रदेश की जनसंख्या के अंश में मात्र 0.2% (16.4% से 16.2%) प्रतिशत की गिरावट आई, जबकि इसके क्षेत्रफल के अंश में आठ गुना, अर्थात् 1.6 प्रतिशत (8.9% से 7.3%) की कमी हुई।

भूमि

समस्त प्राकृतिक संसाधनों में भूमि सर्वाधिक महत्त्वपूर्ण एवं मूलभूत संसाधन है, क्योंकि यह सीमित है तथा इसका विस्तार नहीं किया जा सकता है। इसके अतिरिक्त, इस स्थिर संसाधन के उपयोग हेतु प्रतियोगी दावे किए जाते हैं। भूमि पर जनसंख्या के अत्यधिक दबाव, जो कि दिनोदिन बढ़ता जा रहा है, की दृष्टि से इसका अनुकूलतम उपयोग एक अपरिहार्यता बन गई है। यह उत्तर प्रदेश के लिए और भी अधिक आवश्यक है, क्योंकि यहाँ की जनसंख्या अन्य राज्यों की अपेक्षा सर्वाधिक है; जबकि क्षेत्रफल उनसे कहीं कम। यही कारण है कि 'कृषि' राज्य की अर्थव्यवस्था का सबसे महत्त्वपूर्ण एवं प्रभावशाली क्षेत्र बना हुआ है। ऐसी स्थिति में, यदि एक बहुत बड़ा क्षेत्र अप्रयुक्त रह जाता है तो स्पष्टतः यह एक गंभीर मामला हो जाता है। लगभग 27.5 लाख हेक्टेयर क्षेत्र, जिसमें लगभग 5 लाख हेक्टेयर खेती योग्य बेकार भूमि, लगभग 6 लाख हेक्टेयर ऊसर भूमि तथा 16.5 लाख हेक्टेयर चरागाह शामिल है, का उत्पादक उपयोग होना बाकी है। राज्य में वास्तविक बोया गया क्षेत्रफल 168.12 लाख हेक्टेयर है, जो कि उल्लिखित प्रतिवेदित क्षेत्र का लगभग 70 प्रतिशत है तथा वास्तविक बोए गए क्षेत्रफल में मात्र 51 प्रतिशत पर ही एक से अधिक बार बुआई की जाती है। अतः इससे यह जाहिर हो जाता है कि और भी अधिक भूमि में दोहरी फसल उगाने की स्पष्ट संभावना दिखाई देती है।

जल

उत्तर प्रदेश समृद्ध जल संसाधनों, यथा–भूमिगत जल संसाधन तथा भूतल जल संसाधन से भरा पड़ा है। तथापि, जल संसाधन के एक बड़े भाग का, जिसमें भूतल जल एवं भूमिगत जल दोनों सम्मिलित हैं, अभी तक समुचित उपयोग नहीं किया गया है। यह अनुमान लगाया गया है कि वर्ष 1999-2000 तक राज्य में उपलब्ध 125 लाख हेक्टेयर भूतल जल की अंतिम संभाव्यता के एक बड़े हिस्से, अर्थात् लगभग 42% का सदुपयोग करना बाकी है। इसी प्रकार, राज्य में भूमिगत जल के विकास का स्तर मात्र 56 प्रतिशत है और अभी भी एक बहुत बड़े भाग (44 प्रतिशत) का उपयोग प्रतीक्षित है। विभिन्न प्रयोजनों यथा–सिंचाई, पीने के लिए, औद्योगिक तथा अन्य प्रयोजनों के लिए पानी की बढ़ती हुई माँग को देखते हुए यह एक अत्यधिक महत्त्वपूर्ण एवं मार्मिक संसाधन बन गया है। इसके कारण राज्य को **राष्ट्रीय जल नीति** की तर्ज पर **राज्य जल नीति** बनानी पड़ी, ताकि

उपलब्ध जल संसाधनों को न केवल संरक्षित व व्यवस्थित रखा जा सके, बल्कि उनका अनुकूलतम उपयोग भी सुनिश्चित किया जा सके।

भूतल जल

भूतल जल का स्रोत वर्षा का पानी है। यह अनुमान लगाया गया है कि वर्षा से उपलब्ध कुल जल का लगभग 35 प्रतिशत वाष्प बनकर उड़ जाता है तथा लगभग 25 प्रतिशत मिट्टी में समा जाता है। शेष 40 प्रतिशत नदियों में चला जाता है, जिसका करीब 33 प्रतिशत ही सिंचाई के लिए उपयोग हो पाता है। ऐसा भौगोलिक दशा, जलवायु, मिट्टी आदि की परिसीमाओं के कारण होता है। जल उपलब्धता और राज्य की पाँच मुख्य नदियों (गंगा, गंडक, घाघरा, सोन तथा गोमती) के वार्षिक प्रवाह का आकलन जल संसाधन संगठन, भारत सरकार द्वारा किया गया है।

भूमिगत जल

उत्तर प्रदेश में भूमिगत जल की उपलब्धता के लिए मिट्टी में जल की पारगम्यता एवं भंडारण की विशेषताएँ काफी अनुकूल हैं; क्योंकि महीन खुरदरी मिट्टी तथा मोटे कंकड़ से बने एक्वीफर मोटे हैं और चिकनी मिट्टी की प्रतिशतता कम है। फिर से भराई के मुख्य साधन हैं-वर्षा का पानी, नहरों से रिसाव तथा सिंचित भूमि से अंत:सरण।

राज्य में भूमिगत जल की उपलब्धता एक क्षेत्र से दूसरे क्षेत्र में पर्याप्त रूप से भिन्न-भिन्न है। पश्चिमी क्षेत्र को सबसे ऊपर रखा गया है, जबकि बुंदेलखंड क्षेत्र को सबसे नीचे। उत्तर प्रदेश का राज्य भूमिगत जल विभाग राज्य स्तर की एक नोडल संस्था है, जो भूमिगत जल संसाधनों का सर्वेक्षण, आकलन, विकास प्रबंधन एवं संवर्धन का कार्य देखती है। इस विभाग के अनुसार, उत्तर प्रदेश में भूमिगत जल की निवल उपलब्धता लगभग 80.24 लाख हेक्टेयर मी. है। अप्रैल 2000 की स्थिति के अनुसार, लगभग 27.22 लाख हेक्टेयर मी. भूमिगत जल और विकास हेतु उपलब्ध है।

वनस्पति जगत्

वन एवं झाड़ियों के रूप में प्राकृतिक वनस्पतियों को एक महत्त्वपूर्ण संसाधन माना गया है, क्योंकि ये न केवल जल विभाजक (वाटरशेड), के संरक्षक के रूप में कार्य करती हैं, भूमि के कटाव को रोकती हैं तथा भूमिगत जल का फिर से भराव करती हैं, बल्कि एक स्वस्थ वातावरण तथा रोजगार के अवसर भी उपलब्ध कराती हैं।

उत्तराखंड राज्य बनने से पूर्व उत्तर प्रदेश में वन क्षेत्र कुल 33,994 वर्ग कि.मी. अर्थात् भौगोलिक क्षेत्रफल का 11.54 प्रतिशत था। 23,243 वर्ग कि.मी. का वन क्षेत्र उत्तराखंड में चले जाने के कारण अब उत्तर प्रदेश में 10,756 वर्ग कि.मी. (4.46 प्रतिशत) वन क्षेत्र ही रह गया है।

राज्य में अब उपलब्ध प्राकृतिक वनस्पतियाँ अधिकांशतः पर्णपाती हैं, जिनसे गरमी के आरंभ में पत्तियाँ झड़ने लगती हैं। वहीं सदाबहार वृक्ष भी हैं। इन्हें तीन श्रेणियों में बाँटा जा सकता है– (i) उष्णकटिबंधीय आर्द्र पर्णपाती वन, (ii) उष्णकटिबंधीय शुष्क पर्णपाती वन तथा उष्णकटिबंधीय कँटीले वन। इनके विषय में संक्षिप्त चर्चा क्रमिक रूप में अग्रांकित है।

(i) **उष्णकटिबंधीय आर्द्र पर्णपाती वन :** ऐसे वन उन क्षेत्रों में होते हैं, जहाँ औसतन 100 सें.मी. से 150 सें.मी. वर्षा होती है, औसत तापमान 26–27 डिग्री सेल्सियस के बीच होता है तथा नमी (आर्द्रता) बहुत अधिक होती है। स्पष्टतः ऐसे वन उपआर्द्रता एवं तराई वाले क्षेत्र तथा कुछ हद तक पूर्वी विंध्य क्षेत्र में ही पाए जाते हैं। ये दो प्रकार के होते हैं-केवल 'साल' के लगभग संपूर्ण वन, जो कि काफी ऊँचाई वाले क्षेत्र में होते हैं तथा नमी मिश्रित विभिन्न प्रकार के पर्णपाती प्रजातियों जैसे–बाँस, बेल, बेंत तथा अनेक प्रकार की सदाबहार झाड़ियाँ यथा–महुआ (बासिया लेटिफोलिया), गूलर (फिन्स ग्लोमिराटा) आदि। जामुन, आँवला, बेर, पलास, सेमल, ढाक, झिंगल आदि सबसे महत्त्वपूर्ण वृक्ष हैं।

(ii) **उष्णकटिबंधीय शुष्क पर्णपाती वन :** यद्यपि ऐसे वनों में भी 'साल' होता है, पर अधिकांश वृक्ष विभिन्न प्रकार की सूखी पर्णपाती प्रजाति के होते हैं, जिनमें महत्त्वपूर्ण हैं–अमलतास, बेल, अंजीर (फिग) आदि। इसके अतिरिक्त नीम, पीपल, शीशम, आम, जामुन, इमली (टेमरिंड), बबूल आदि, जो नदी के किनारे तथा नमी वाले अन्य क्षेत्र में पाए जाते हैं। इस तरह के वन सामान्यतः पश्चिमी, पूर्वी, केंद्रीय और मैदानी क्षेत्र के अन्य भागों में पाए जाते हैं। विंध्य क्षेत्र में कुछ हद तक सागौन भी पाया जाता है।

(iii) **उष्णकटिबंधीय कँटीले वन :** ऐसे वन राज्य के दक्षिण-पश्चिमी क्षेत्र के शुष्क भाग में ही पाए जाते हैं, जहाँ औसतन 50 से 70 सेंटीमीटर तक वर्षा होती है, औसत वार्षिक तापमान 25–27 डिग्री सेल्सियस रहता है और आर्द्रता 47 प्रतिशत से कम होती है। इस क्षेत्र में सामान्यतः बबूल, कँटीली फली तथा झाड़ वाली प्रजाति के वृक्ष पाए जाते हैं। इसके अतिरिक्त, फिलाई, खैर, कोकी, धामेम, नीम आदि यहाँ पाए जानेवाले अन्य महत्त्वपूर्ण वृक्ष हैं। इन वनों में औषधीय जड़ी-बूटियाँ पाई जाती हैं तथा रेजिन एवं गोंद वाले वृक्ष भी पाए जाते हैं।

जैसा कि पूर्वोल्लिखित है, उत्तर प्रदेश राज्य के पुनर्गठन के बाद राज्य में वन क्षेत्र काफी कम (4.46 प्रतिशत) रह गया है, जबकि भारत की राष्ट्रीय वन नीति के अनुसार कुल भूक्षेत्र का कम-से-कम 33 प्रतिशत वन क्षेत्र के अंतर्गत आना चाहिए। राज्य में वन क्षेत्र की स्थिति में सुधार लाने तथा राज्य को दुर्भाग्यपूर्ण स्थिति से उबारने के लिए वन विभाग द्वारा वन की अनेक भूमिकाओं एवं लाभों के बारे में जागरूकता फैलाने के लिए

बहुत सारी योजनाएँ, यथा–प्रौद्योगिकी के स्तर में सुधार, नियोजन क्षमता को सुदृढ़ करना, जनसहभागिता बढ़ाना, सरकारी एवं गैर-सरकारी संस्थाओं को शामिल करना तथा क्षेत्रीय सह-संबंधों को सुनिश्चित करना आदि प्रारंभ की गई हैं।

जीव-जंतु

राज्य में जीव-जंतुओं की बहुत सारी प्रजातियाँ यथा–स्तनधारियों (गाय, भैंस, चूहा, नेवला, बकरी, भेड़ आदि), मछली (रोहू, टेंगन, पडहिन, सिंधी, सौल आदि), जल उभयचर (मेढक व टोड), रेंगनेवाले जंतु (छिपकली, कोबरा, साँप, कछुआ, मगरमच्छ आदि) तथा पक्षी (चील, गिद्ध, मोर, कबूतर, तोता, मुर्गा) आदि हैं। तथापि, यहाँ इस चर्चा को जीव-जंतु जिनमें पशुधन तथा मत्स्य के संसाधन शामिल हैं, तक ही सीमित रखना उचित होगा, जो राज्य की कृषि प्रधान अर्थव्यवस्था के विकास के लिए महत्त्वपूर्ण है। इस संसाधन का महत्त्व इस तथ्य से स्पष्ट है कि राज्य की अधिकांश जनसंख्या ग्रामों में निवास करती है, जहाँ के अधिकांश लोग, विशेष रूप से छोटे व सीमांत किसान और समाज के अन्य कमजोर वर्ग के लोग इसी संसाधन पर पूर्णतः या आंशिक रूप से निर्भर हैं।

पशुधन

उत्तर प्रदेश देश में सबसे बड़ा दुग्ध उत्पादक राज्य है। देश के कुल दूध उत्पादन का 16 प्रतिशत दूध यहाँ उत्पादित होता है। जहाँ तक ऊन एवं अंडों के उत्पादन का संबंध है, देश में यह क्रमशः पाँचवें तथा सातवें नंबर पर है। यद्यपि इन उत्पादों का उत्पादन स्तर काफी प्रभावशाली है, किंतु इनकी कम उत्पादकता चिंता का विषय है। इन उत्पादों की बढ़ती हुई माँग को पूरा करने के लिए राज्य द्वारा कई प्रयास किए जा रहे हैं, जिससे कि उत्पादन स्तर बढ़ सके तथा इसे पंजाब एवं हरियाणा के बराबर लाया जा सके। पशुपालन के क्षेत्र में उपलब्ध क्षमताओं के वैज्ञानिक तथा अनुकूलतम दोहन के लिए अनेक योजनाएँ एवं कार्यक्रम आरंभ किए गए हैं, जिनमें बहुत से क्रियाकलाप, जैसे–पशुओं की नस्ल में सुधार करना, चारा संसाधन का विकास करना तथा उपचारात्मक एवं चिकित्सीय सुविधाएँ उपलब्ध कराकर पशुओं के स्वास्थ्य को बनाए रखना शामिल है।

मत्स्य क्षेत्र

राज्य में प्रवाही जल एवं स्थिर जल संसाधन के रूप में मत्स्य उत्पादन की बृहद् एवं विस्तृत संभावनाएँ हैं। प्रवाही जल संसाधन के अंतर्गत बारहमासी नदियाँ, सहायक नदियाँ, नाले तथा सिंचाई वाली नहरें आती हैं; जबकि स्थिर जल संसाधन के अंतर्गत जलाशय, प्राकृतिक झील, तालाब, ताल एवं बन्धियाँ आते हैं। तथापि मत्स्य उत्पादन के लिए स्थिर जल सर्वाधिक उपयुक्त तथा उपयोगी होता है। बहते हुए जल में सिर्फ मछली पकड़ना

आसान है, इसका उत्पादन नहीं। राज्य में बहते हुए जल संसाधन के रूप में करीब 28,500 किमी. लंबी नदियाँ/नहरें हैं। इसके अलावा, ठहरे हुए जल के रूप में कुल 4.32 लाख हेक्टेयर क्षेत्र उपलब्ध है।

उत्तर प्रदेश की आर्थिक स्थिति

किसी अर्थव्यवस्था के उच्चतर एवं सतत विकास के लिए आर्थिक व सामाजिक दोनों प्रकार की अवस्थापनाओं की आवश्यकता समान रूप से पड़ती है। इस संदर्भ में, उत्तर प्रदेश राज्य की स्थिति पिछड़ी हुई है राज्य में विकास की गति धीमी होने के प्रमुख कारण हैं-तीव्र गति से जनसंख्या वृद्धि, प्राकृतिक संसाधनों की कमी, प्रति कर्मकार औसत आय की न्यूनता, कर देय क्षमता में कमी, बचत व पूँजी निर्माण की कमी, सरकार द्वारा निजी वित्तीय संसाधन जुटाने में शिथिलता व आधारभूत संरचना की कमी आदि। उक्त स्थितियों के चलते उत्तर प्रदेश राज्य बीमारू राज्य की श्रेणी में शामिल है।

उत्तर प्रदेश आर्थिक समीक्षा, 2020-21 के अनुसार उत्तर प्रदेश की अर्थव्यवस्था में प्राथमिक क्षेत्र (कृषि व पशुपालन) का योगदान वर्ष 2019-20 में 23.0%, द्वितीय क्षेत्र (उद्योग) का योगदान 26% और तृतीयक क्षेत्र का योगदान (सेवा) 50.2% है, बावजूद इसके कृषि क्षेत्र पर राज्य की निर्भरता प्रत्यक्ष व परोक्ष रूप से बनी हुई है।

राज्य की **प्रति व्यक्ति आय** वर्तमान मूल्यों पर वर्ष 2019-20 में **65,704 रुपए** है, जो देश के औसत अनुमान से बहुत कम है। प्रति व्यक्ति आय किसी भी देश/प्रदेश की आर्थिक स्थिति मापने का सबसे बेहतर आधार है, जिसमें प्रदेश की स्थिति पिछड़ी हुई नजर आती है। निम्न प्रति व्यक्ति आय के चलते प्रदेश में आय में व्याप्त असमानता भी स्पष्ट दिखती है। निम्न प्रति व्यक्ति आय राज्य में निम्न जीवन स्तर की भी परिचायक है।

उत्तर प्रदेश राज्य **औद्योगिक दृष्टि** से एक **मध्यम श्रेणी** का राज्य है। यहाँ खनिजों, अवस्थापना सुविधाओं तथा पूँजी निवेश की कमी के कारण गैर-कृषि आधारित उद्योगों तथा लघु कुटीर उद्योगों का विकास अधिक हुआ है। सूती वस्त्र, चीनी, वनस्पति तेल आदि प्रदेश के कृषि आधारित उद्योग हैं। सीमेंट, कपड़ा, चमड़ा, शराब, कागज, गलीचा, रासायनिक पदार्थ, कृषि उपकरण तथा काँच आदि राज्य के अन्य प्रमुख उद्योग हैं।

प्रदेश के औद्योगिक विकास को गति देने के उद्देश्य से **प्रथम औद्योगिक विकास** प्राधिकरण के रूप में **'नोएडा'** की स्थापना वर्ष 1976 में की गई। नोएडा के बाद प्रदेश के अन्य जिलों में भी औद्योगिक विकास प्राधिकरणों की स्थापना की गई, जैसे–जौनपुर में **'सीडा'**, गोरखपुर में **'गीडा'**, भदोही में **'बीडा'**, नोएडा के पास **'ग्रेटर नोएडा'** आदि।

उत्तर प्रदेश में वस्तुओं के निर्यात की संभावनाएँ प्रबल हैं। आवश्यकता इस बात की है कि नियोजित ढंग से निवेश को आकर्षित किया जाए। साथ ही निर्यात प्रोत्साहन हेतु संगठित प्रयास किए जाएँ। इसी क्रम में उत्तर प्रदेश में वर्ष 1999 में निर्यात प्रोत्साहन ब्यूरो का गठन किया गया, जिसका परिणाम है ग्रेटर नोएडा और आगरा में एक्सपोर्ट प्रमोशन हेतु इंडस्ट्रियल पार्क की स्थापना, रत्न व आभूषण के निर्यात के प्रोत्साहन हेतु नोएडा में विशेष आर्थिक क्षेत्र एवं इलेक्ट्रॉनिक सॉफ्टवेयर के निर्यात को बढ़ावा देने हेतु मुरादाबाद में विशेष आर्थिक क्षेत्र की स्थापना। राज्य सरकार द्वारा घोषित राज्य के अन्य प्रमुख निर्यात जोन लखनऊ, कानपुर, वाराणसी, झाँसी व ललितपुर में स्थापित किए गए हैं, जिसके सकारात्मक परिणाम रोजगार-सृजन की दर में वृद्धि व प्रति व्यक्ति आय में वृद्धि के रूप में स्पष्ट देखने को मिलते हैं।

प्रदेश के विकास के क्रम में यह आवश्यक है कि राज्य के आय के स्रोत सतत बने रहने चाहिए। वर्तमान में राज्य की आय का मुख्य स्रोत **'राज्य वस्तु एवं सेवा कर'** है जो कि एक डेस्टिनेशन टैक्स है अर्थात् यह कर वस्तु को उत्पादित करने वाले राज्य को नहीं बल्कि वस्तु का उपभोग करने वाले राज्य को दिया जाता है। इस तथ्य से यह स्पष्ट हो जाता है कि राज्य की आबादी के पास बृहद् स्तर पर क्रय क्षमता है और अच्छी क्रय क्षमता का अर्थ है आय के स्तर में सुधार। राज्य की आय के अन्य स्रोतों में **भू-राजस्व कर, स्टांप तथा पंजीकरण शुल्क, राज्य उत्पाद शुल्क, बिक्री/व्यापार कर, वाहन कर, विद्युत कर तथा शुल्क आदि हैं।**

उत्तर प्रदेश के आर्थिक विकास को गति देने में प्रमुख औद्योगिक संस्थानों का भी महत्त्व है, जिसमें प्रमुख हैं—उत्तर प्रदेश औद्योगिक सहकारी संघ (1952), उत्तर प्रदेश वित्तीय निगम (1954), प्रादेशिक औद्योगिक व पूँजी निवेश निगम (1972), उत्तर प्रदेश राज्य औद्योगिक विकास निगम (1961), उत्तर प्रदेश निर्यात निगम लिमिटेड (1966), उत्तर प्रदेश इलेक्ट्रॉनिक्स निगम लिमिटेड (1976) आदि।

उत्तर प्रदेश देश का असीम संभावनाओं वाला प्रदेश है, जिसके चलते वर्तमान में यह प्रदेश **महाराष्ट्र के बाद दूसरा सर्वाधिक जी.डी.पी. वाला राज्य बन गया है तथा देश के 5 ट्रिलियन डॉलर के बनने के लक्ष्य में अकेले उत्तर प्रदेश 1 ट्रिलियन डॉलर की सहभागिता** करने के अपने लक्ष्य की ओर प्रयासरत है।

❑

खंड–2

गतिमान उत्तर प्रदेश के 5 वर्ष योगी सरकार

पाँच वर्षों का कार्यकाल नव-सृजन में योगी सरकार

भाग–1

सामाजिक सुरक्षा, शिक्षा, चिकित्सा एवं स्वास्थ्य

1. प्रदेश में कोविड–19 पर त्वरित कार्रवाई से निदान तक का सफर
2. उत्तर प्रदेश में सामाजिक न्याय और महिला सशक्तीकरण के बढ़ते कदम
3. शिक्षा, शिक्षक व साक्षरता के मूल्यों को सारगर्भित करता उत्तर प्रदेश
4. उत्तर प्रदेश में इंसेफेलाइटिस की इति व स्वास्थ्य क्षेत्र में जिम्मेदार बनता प्रदेश
5. युवाओं की उम्मीद और रोजगार के नए आयामों का विस्तार

शिक्षा, स्वास्थ्य, कानून-व्यवस्था एवं भयमुक्त समाज की प्रगति पर गतिमान योगी सरकार

अध्याय 1

प्रदेश में कोविड-19 पर त्वरित कार्रवाई से निदान तक का सफर

भगवान राम जब-जब समस्याओं से घिरे, तब-तब पवनपुत्र हनुमान ने उनकी समस्याओं का निदान किया, चाहे संजीवनी बूटी लाने का कार्य हो या फिर लंका जाकर अशोक वाटिका में माता सीता को प्रभु श्रीराम के आने का संदेश देना हो। संकट से निदान दिलानेवाले रामभक्त हनुमान को, इसीलिए संकटमोचन हनुमान कहा जाता है।

कलयुग के काल में जब कोविड-19 नामक महामारी ने संपूर्ण विश्व को अपनी चपेट में लिया तो न्यूक्लियर पावर के घमंड में चूर रहनेवाले देशों तथा सभ्य समाज की अगुवाई करनेवाले व मानवाधिकारों की दुहाई देनेवाले देशों में स्वास्थ्य सेवाओं की बदहाली ने संपूर्ण मानवता को शर्मसार कर दिया। इस विनाशकारी माहौल में लोग ये कहने लग गए थे कि इन देशों की आबादी के बराबर जनसंख्या वाले राज्य, उत्तर प्रदेश का सूरत-ए-हाल बहुत खराब होने वाला है। प्रदेश में न तो सशक्त स्वास्थ्य सेवाएँ हैं और न प्रशासनिक कौशल। यह राज्य कोविड-19 महामारी का केंद्र बिंदु बन जाएगा, लेकिन प्रदेश को इस स्थिति से उबारने के लिए कर्मठता व जनसेवा को अपना धर्म मानने वाले यशस्वी मुख्यमंत्री माननीय श्री योगी आदित्यनाथ जी का कुशल नेतृत्व मिला, जिससे प्रदेश न केवल कोविड-19 जैसी महामारी से निकलने में सक्षम रहा अपितु जनसहयोगी राज्य के रूप में भी देश में अग्रणी राज्य बनकर उभरा। इस परिप्रेक्ष्य में रामधारी सिंह दिनकर जी की ये पंक्तियाँ जनसेवा को अपना धर्म मानने वाले मुख्यमंत्री योगी आदित्यनाथ जी पर शत-प्रतिशत खरी उतरती हैं–

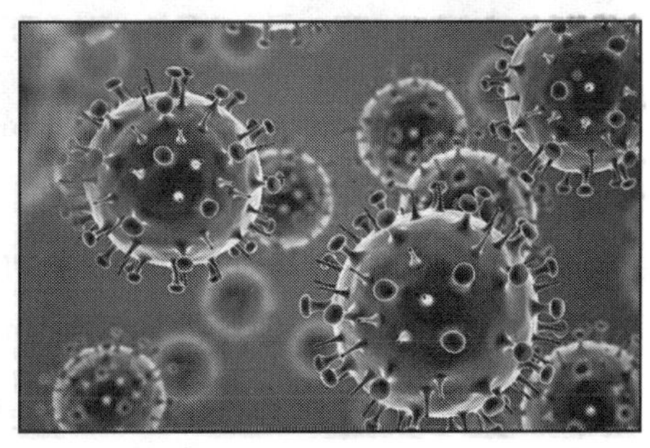

''भूखंड विजेता कौन हुआ?
अतुलित यश क्रेता कौन हुआ?

नव-धर्म-प्रणेता कौन हुआ?
जिसने न कभी आराम किया,
विघ्नों में रहकर नाम किया ।''

उत्तर प्रदेश सरकार के कोविड मैनेजमेंट का हर कोई कायल हो गया। WHO भी प्रदेश सरकार के कार्यों की सराहना करने में पीछे नहीं रहा। ऑस्ट्रेलियाई सांसद क्रेग केली ने तो यहाँ तक कह दिया कि **''योगी आदित्यनाथ हमें भी अव्यवस्था से उबार सकते हैं और उन्होंने कोरोना को अपने प्रभावशाली प्रबंधन से मात दे दी।''**

कोविड-19 पर प्रदेश सरकार की त्वरित कार्रवाई : एक दृष्टि में

प्रदेश सरकार ने कोविड के विरुद्ध अपनी व्यूहरचना को दो भागों में बाँटा–**पहला,** जाँच मशीन की उपलब्धता व **दूसरा,** जाँच कार्य में तेजी। उक्त दोनों विधियों पर प्रदेश सरकार ने निम्न प्रकार से कार्य किया–

(i) जाँच मशीनों की उपलब्धता: 4 मार्च, 2020 की तिथि उत्तर प्रदेश के समक्ष उस समय चुनौती बनकर आई, जब आगरा में कोरोना वायरस का संक्रमित मरीज पाया गया। उस समय तक प्रदेश में कोरोना वायरस की जाँच की कोई व्यवस्था नहीं थी। अत: नमूने को जाँच के लिए पुणे के 'नेशनल इंस्टीट्यूट ऑफ वायरोलॉजी' में भेजा गया। प्रदेश के मुखिया के लिए यह समय निर्णय लेने का था और उन्होंने बिजली की गति से कार्रवाई करते हुए प्रदेश सरकार के विमान को लखनऊ के चौधरी चरण सिंह हवाई अड्डे से गोवा के डैबोलिम हवाई अड्डे भेजा तथा गोवा से **TrueNat** टेस्टिंग मशीन को त्वरित मँगवाया।

(ii) जाँच कार्य में तेजी: TrueNat टेस्टिंग मशीन के प्रदेश में आने के बाद योगी सरकार ने कोविड संक्रमित लोगों की जाँच हेतु प्रदेश स्तर पर **एकीकृत कोविड कमान और नियंत्रण केंद्र** स्थापित किया तथा प्रदेश के प्रत्येक जिले में स्थापित एकीकृत कोविड कमान सेंटर को राज्य के नियंत्रण वाले केंद्र से जोड़ दिया, ताकि पूरे प्रदेश में एक प्रदेशव्यापी अभियान की शुरुआत की जा सके। इस प्रदेशव्यापी अभियान का उद्‌देश्य कोविड-19 के संदिग्ध मरीजों की पहचान करना, उनकी जाँच करना, उनके संपर्क में आए व्यक्तियों की पहचान कर उनकी भी जाँच कर कोविड-19 की प्रसार शृंखला को तोड़ना था।

योगी सरकार की अभेद्य व्यूह रचना (जाँच मशीन व जाँच कार्य) का परिणाम यह हुआ कि मार्च, 2020 के अंत तक जब देश के विकसित राज्य-महाराष्ट्र, दिल्ली, तमिलनाडु तथा केरल कोविड-19 से जूझ रहे थे, तब उत्तर प्रदेश कोरोना पर नियंत्रण करता नजर आ रहा था।

कोविड काल में प्रदेश सरकार की प्रवासी श्रमिकों के प्रति मानवीय दृष्टि

24 मार्च, 2020 की रात से देशव्यापी लॉकडाउन की घोषणा की गई ताकि कोरोना के प्रसार को नियंत्रित किया जा सके। उस समय प्रदेशवासी, जो काम, रोजगार व पढ़ाई जैसे कार्यों के लिए देश के अन्य राज्यों में प्रवास कर रहे थे, उनके लिए मुश्किल की घड़ी आ गई थी, क्योंकि वे अपने प्रदेश वापस आना चाहते थे। परिस्थितिवश उत्पन्न इस स्थिति से उबरने के लिए रातोरात प्रदेश सरकार ने अपने सभी प्रमुख अधिकारियों की टीम के साथ मिलकर सूझ-बूझ के साथ निम्न कार्य किए:-

- प्रदेश सरकार ने लॉकडाउन के कारण छुट्टी पर भेजे गए सभी बस चालकों और कंडक्टरों को उनके घरों से बुलाया और दूसरे दिन सुबह 1000 बसों के बेड़े को गाजियाबाद, नोएडा सहित दिल्ली की सीमा पर तैनात कर दिया, ताकि अपने प्रदेश लौटकर आनेवाले प्रवासियों को कोई समस्या न हो।
- प्रदेश सरकार ने एक और साहसिक कदम उठाते हुए दिल्ली समेत देश भर के अन्य राज्यों से प्रदेश के निवासियों को लाकर उन्हें उनके गाँव तक पहुँचाने की व्यवस्था का जिम्मा उठाया। इस दिशा में सबसे पहले हरियाणा राज्य से ढाई हजार कामगारों को लाया गया और 10 दिन के भीतर देश के विभिन्न हिस्सों से 10 हजार व्यक्तियों को प्रदेश के विभिन्न जिलों और विभिन्न गाँवों तक पहुँचाने का कार्य किया गया।
- योगी सरकार ने प्रदेश के उन विद्यार्थियों की भी सुध ली, जो राजस्थान के कोटा में प्रतियोगी परीक्षाओं की तैयारी के लिए गए थे। इन सहस्त्रों छात्र-छात्राओं को वहाँ से निकालकर वापस उनके घर पहुँचाने का कार्य किया गया। इस पूरी प्रक्रिया में रास्ते भर उनके खाने व अल्पाहार इत्यादि की पूरी व्यवस्था प्रदेश सरकार द्वारा की गई।
- जब केंद्र सरकार ने श्रमिक स्पेशल ट्रेनों का संचालन कर पूरे देश के मजदूरों को उनके घर पहुँचाने का निर्णय लिया तो केंद्र सरकार के इस निर्णय में प्रदेश सरकार ने भी बढ़-चढ़कर भाग लिया अर्थात् प्रदेश सरकार ने सभी मजदूरों को रेलवे स्टेशन से ले जाकर क्वारंटाइन सेंटर और उसके बाद उनके घर तक भेजे जाने का प्रबंध

किया। आँकड़ों के अनुसार 7 मई, 2020 तक प्रदेश सरकार ने 60 हजार मजदूरों को व **14 मई, 2020** तक 4 **लाख व्यक्तियों** को उनके घरों तक पहुँचाने का कार्य किया।

- प्रदेश सरकार ने जब देखा कि असंख्य मजदूर पैदल ही अपने परिवार को साथ लेकर अपने गंतव्य स्थलों को निकल पड़े हैं, ऐसे में कहीं उनका मानवता से विश्वास न उठ जाए कि किसी ने उनकी सुध तक नहीं ली; इस विकट परिस्थिति में, प्रदेश सरकार ने हर जिले की सीमा पर इन प्रवासियों की सहायता हेतु तथा आगे की यात्रा आरामदायक बनाने हेतु कैंप लगवाए; भोजन, पानी व दवाओं की व्यवस्था की, साथ ही उन्हें बस की सुविधा प्रदान की।
- 1 मई, 2020 को योगी आदित्यनाथ जी ने बाहर से आए हुए तथा स्थानीय मजदूरों के हित में एक महत्त्वपूर्ण आर्थिक-सामाजिक निर्णय लिया, जिसके तहत प्रत्येक श्रमिक को 1000 रुपए की सहायता राशि तथा सभी श्रमिकों तथा निर्धनों के लिए निःशुल्क राशन की व्यवस्था की गई।
- प्रदेश सरकार ने कोविड-19 के मैनेजमेंट हेतु जगह-जगह पर आइसोलेशन सेंटर व क्वारंटाइन सेंटर स्थापित किए तथा जिला व ब्लॉक स्तर पर नोडल अधिकारियों की नियुक्ति जैसे महत्त्वपूर्ण कदम उठाए। सरकार के कर्मचारी और अधिकारी भी 24 घंटे अपने दायित्वों का निर्वहन करते रहे। यह सब कुशल नेतृत्व के कारण ही संभव हो सका।

त्वरित जाँच व त्वरित इलाज के मूल मंत्र पर कार्य करती योगी सरकार

प्रदेश सरकार ने कोविड-19 से संक्रमित लोगों की त्वरित जाँच व इलाज हेतु निम्नलिखित रणनीति को अपनाया:-

त्वरित जाँच हेतु प्रदेश सरकार की रणनीतिः कोरोना की पहली लहर की शुरुआत में जहाँ उत्तर प्रदेश के **केजीएमयू में 23 मार्च, 2020 को 72 टेस्ट होते** थे, वहीं मात्र 15 दिन के भीतर योगी आदित्यनाथ की त्वरित कार्रवाई की वजह से एसजीपीजीआई, लखनऊ, मेरठ मेडिकल कॉलेज, सैफई ग्रामीण आयुर्विज्ञान संस्थान, बीआरडी मेडिकल कॉलेज गोरखपुर, झाँसी मेडिकल कॉलेज, केंद्र सरकार के अलीगढ़ व काशी हिंदू विश्वविद्यालयों को मिलाकर **प्रतिदिन 5000 से अधिक जाँचें होने लगीं**। यदि, कुल आँकड़ों पर नजर डाली जाए तो प्रदेश में 300 से अधिक कार्यशील प्रयोगशालाएँ हैं, जिनके माध्यम से जाँच प्रक्रिया को तीव्र व विश्वसनीय बनाया गया।

त्वरित इलाज हेतु प्रदेश सरकार की रणनीतिः कोरोना के प्रसार से लड़ने के लिए प्रदेश सरकार ने कंटेनमेंट जोन की पद्धति अपनाई। कंटेनमेंट जोन के अंतर्गत आने वाले सभी व्यक्तियों की जाँच, संक्रमित व्यक्तियों को अस्पताल में भरती कराना और इलाज जैसे महत्त्वपूर्ण कार्यों के निष्पादन में प्रदेश सरकार ने शीघ्रता दिखाई, जिसका परिणाम यह हुआ कि प्रदेश सर्वाधिक लोगों का वैक्सीनेशन करने वाला **देश का प्रथम राज्य बना**। 5 मई, 2020 से कोविड के बारे में ऑनलाइन सलाह देने हेतु **आयुष टेली कवच** की शुरुआत की गई। 1 जुलाई, 2020 से आरंभ हुए इस अभियान को व्यापक स्वरूप देते हुए प्रदेश सरकार द्वारा गठित 70 हजार सर्विलांस टीमों द्वारा घर-घर जाकर कोरोना संक्रमित मरीजों की पहचान कर और उन्हें आवश्यक दवाएँ प्रदान कर तथा गंभीर मरीजों को अस्पताल में भरती कराकर, इस संकट से लड़ने में निर्णायक भूमिका अदा की।

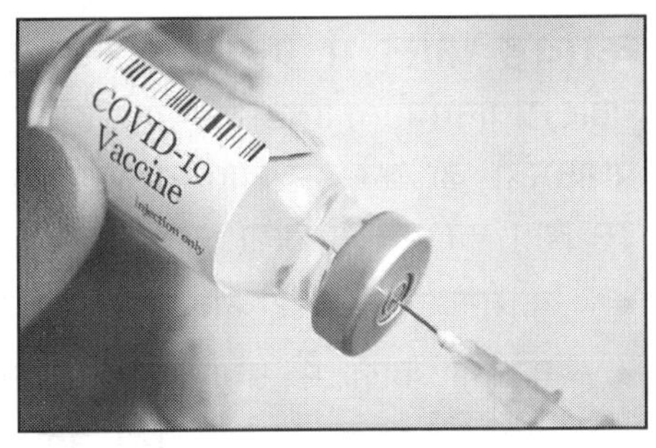

प्रदेश सरकार का जमीनी स्तर पर कार्य

कोरोना महामारी की दूसरी लहर का प्रकोप इतना भयंकर था कि इसकी चपेट में स्वयं मुख्यमंत्री जी भी आ गए। बावजूद इसके, बिना अपनी परवाह किए, प्रदेश के मुख्यमंत्री ने इस लड़ाई की कमान सीधे अपने हाथ में लेते हुए हर जिले का दौरा कर स्वास्थ्य सेवाओं की लगातार समीक्षा की। आवश्यकतानुसार ऑक्सीजन व आईसीयू की सुचारु एवं सुदृढ़ व्यवस्था कराई। परिणामस्वरूप जिस प्रदेश में कभी मात्र 400 वेंटिलेटर युक्त शैया थीं, वह संख्या बढ़कर 7 हजार से अधिक हो गई। आईसीयू की बढ़ती माँग को देखते हुए प्रदेश सरकार ने मरीजों के स्तरीकरण की नीति अपनाई। अस्पतालों को तीन समूहों में बाँटा गया-**(i) एल-1 श्रेणी** के अस्पताल में कम गंभीर (माइल्ड) मरीजों को रखा गया। **(ii) एल-2 श्रेणी के** अस्पताल में गंभीर (सीवियर) मरीजों को रखा गया तथा **(iii) एल-3 श्रेणी** के अस्पताल में अत्यधिक गंभीर (क्रिटिकल) मरीजों को रखा गया, ताकि किसी एक अस्पताल पर अतिरिक्त बोझ न बढ़ जाए। प्रदेश में ऑक्सीजन की बढ़ती माँग को पूरा करने के लिए मुख्यमंत्री जी ने जगह-जगह पर त्वरित गति से ऑक्सीजन प्लांट स्थापित करवाए। मुख्यमंत्री जी की इस पहल ने एक ओर प्रदेश को ऑक्सीजन आपूर्ति में सशक्त बनाया, तो वहीं दूसरी ओर प्रदेश को अन्य राज्यों में ऑक्सीजन आपूर्ति करने में भी सक्षम बनाया। एक वक्त ऐसा आया, जब प्रदेश के मुख्यमंत्री जी के पिता का स्वर्गवास हुआ, उन्हें अपने पिता जी को मुखाग्नि देने जाना था, यह उनका पुत्र धर्म निभाने का वक्त था, परंतु मुख्यमंत्री जी ने **पुत्रधर्म के स्थान पर राजधर्म को चुना** व इस महामारी में अपने सूबे को अकेला नहीं छोड़ा। स्वयं कोरोना संक्रमित होने के बावजूद

भी प्रदेश की जनता को इस महामारी से मुक्त कराने के अभियान में अपनी टीम के साथ और तेजी से जुट गए। मुख्यमंत्री जी के इस त्याग की मिसाल मिलना विरल है।

कोविड काल में प्रदेश ने रचा इतिहास

बतौर प्रधानमंत्री कोविड-19 को हमें **'आपदा में अवसर'** के रूप में देखना चाहिए। प्रधानमंत्री जी की इस बात से प्रेरणा पाकर मुख्यमंत्री योगी आदित्यनाथ जी ने शब्दशः इस बात को कर दिखाया, जो निम्नवत् हैः-

- कोरोना जाँच व टीकाकरण करने में प्रदेश ने पहला स्थान हासिल किया।
- कोरोना काल में सर्वाधिक निःशुल्क खाद्यान्न वितरित करने एवं भरण-पोषण हेतु भत्ता देने वाला अग्रणी राज्य बना।
- सेनिटाइजर और मास्क उत्पादन में देश का अग्रणी राज्य बना।
- 10 करोड़ से अधिक कोविड जाँच करने वाला देश का पहला राज्य बना।
- प्रतिदिन 2.75 लाख कोरोना जाँच करने वाला देश का पहला राज्य बना।
- लखनऊ में प्लाज्मा बैंक की स्थापना की गई।
- 1.80 लाख कोविड बेड की उपलब्धता प्रदेश में की गई।
- 64,000 से अधिक कोविड हेल्पडेस्क की स्थापना की गई।
- सभी मेडिकल कॉलेजों एवं जिला चिकित्सालयों में आइसोलेशन वार्ड की सुविधा उपलब्ध कराई गई।
- प्रदेश के सभी जनपदों में नियंत्रण कक्ष एवं काल सेंटर की स्थापना की गई।
- निजी लैब में 600 रुपए में कोरोना टेस्टिंग की सुविधा दी गई।
- प्रत्येक जनपद में TrueNat जाँच सुविधा, वेंटिलेटर, पल्स ऑक्सीमीटर, पी.पी.ई. किट व ऑक्सीजन की उपलब्धता हेतु कार्य किया गया।
- कोविड टेस्ट सेंटर की जानकारी के लिए 'मेरा कोविड केंद्र' नामक ऐप व कोविड-19 से बचाव हेतु जानकारी के लिए 'आयुष कवच' व फ्रंट लाइन कोरोना वारियर्स को संक्रमण से बचाने के लिए 'चिकित्सा सेतु ऐप' जैसी तकनीक आधारित सेवाओं का प्रारंभ किया गया।
- टीकाकरण के लिए 2.50 लाख लीटर स्टोरेज क्षमता के 1300 वैक्सीन कोल्ड स्टोरेज की स्थापना की गई।

उक्त उपलब्धियों के चलते वर्तमान में, उत्तर प्रदेश विश्वपटल पर सर्वत्र प्रशंसा का पात्र बन गया है। इन उपलब्धियों के पीछे मुख्यमंत्री आदित्यनाथ जी के कुशल नेतृत्व, रैपिड टेस्टिंग और माइक्रो मैनेजमेंट का हाथ है।

❑

उत्तर प्रदेश में सामाजिक न्याय और महिला सशक्तीकरण के बढ़ते कदम

यत्र नार्यस्तु पूज्यन्ते रमन्ते तत्र देवता अर्थात् जहाँ नारी की पूजा होती है, वहाँ देवता निवास करते हैं। जहाँ नारी शक्ति की पूजा नहीं होती है उनका सम्मान नहीं होता है वहाँ किए गए समस्त कर्म निष्फल हो जाते हैं। नारी गरिमा और सम्मान को दर्शाने वाले इस श्लोक का अनुसरण करते हुए योगी सरकार ने प्रदेश की महिलाओं और बेटियों के सम्मान, सुरक्षा और स्वावलंबन की दिशा में जमीनी स्तर पर तेजी से कार्य किए हैं, और निरन्तर इस दिशा में कार्य जारी है, जिसका परिणाम है कि प्रदेश की जनता में संतोष और सुरक्षा का वातावरण दृष्टिगोचर हो रहा है। प्रदेश की पूर्व सरकारों के कार्यकाल में, महिला सुरक्षा व उनकी आर्थिक, सामाजिक व राजनीतिक सशक्तीकरण की गति सुस्त रही। शायद, ऐसा इसलिए कि महिलाएँ व बच्चियाँ उनकी प्राथमिकता सूची में निम्न पायदान पर थीं, तभी प्रदेश में आम-जन की शिकायत रहती थी कि यह प्रदेश **महिलाओं के लिए सुरक्षित नहीं है।** महिलाओं के प्रति होने वाले अपराधों में प्रदेश की छवि खराब थी, साथ ही लचर कानून व्यवस्था के चलते महिलाओं को कानून का दरवाजा खटखटाने व न्याय माँगने में संकोच होता था और वे चुपचाप अपने ऊपर होने वाले अपराधों को सहती रहती थीं। पूर्व सरकारों में इस संवेदनशील विषय को लेकर दृढ़ इच्छाशक्ति की कमी स्पष्ट दिखती थी। कौन भूल सकता है पूर्व मुख्यमंत्री की उस पंक्ति को, जब उन्होंने मंच से कहा था कि **''लड़कों से गलतियाँ**

हो ही जाती हैं।'' इस प्रकार की मानसिकता रखने वाली पूर्व सरकारों से महिला सुरक्षा व सशक्तीकरण की दिशा में कोई उम्मीद रखना, स्वयं को अँधेरे में रखने जैसा है।

परन्तु वर्ष 2017 में भाजपा की सरकार आने के बाद प्रदेश के वातावरण में परिवर्तन

की लहर अनुभव की गई। मुख्यमंत्री योगी आदित्यनाथ जी ने महिलाओं और बेटियों को सुरक्षित समाज व भयमुक्त प्रदेश देने के अपने वादे को पूरा करने के लिए कमर कस ली और अपने पहले अभिभाषण में उन लोगों को सख्त चेतावनी दी, जो महिलाओं व बेटियों के सम्मान को कलंकित करने की कुचेष्टा करते हैं। ऐसे मनचलों और शोहदों पर नकेल कसने के लिए प्रदेश के सभी जनपदों में **एंटी रोमियो स्क्वाड** का गठन किया गया, जिसका प्रमुख कार्य स्कूल, कॉलेज, पार्क, मॉल, कॉफी हाउस, सिनेमाघर, रेलवे और बस स्टेशनों पर होने वाली छेड़खानी, अश्लील टिप्पणियों तथा दुर्व्यवहार और यौन अपराधों पर त्वरित कार्रवाई करना और दोषियों को कड़ी सजा दिलवाना है। योगी जी का यह कदम इसलिए सराहनीय है क्योंकि प्राय: ऐसा देखा गया है कि किसी अप्रिय घटना के घटित होने के पीछे मुख्य कारण प्रारंभ में की गई ईवटीजिंग के प्रति नजरअंदाजी ही है। दोषियों को लगने लगता है कि उनका कोई विरोध नहीं कर रहा है। अत: उन्हें बड़ी घटना को अंजाम देने में कोई संकोच नहीं होता। इसलिए प्रारंभ में होने वाली इन घटनाओं को अनदेखा करने के स्थान पर दोषियों को प्रारंभिक स्तर पर ही सजा देने की व्यवस्था **एंटी रोमियो स्क्वाड** में की गई है। सरकार के इस कदम से बेटियों के माँ-बाप निश्चिंत हो गए हैं, क्योंकि अब उनकी बेटियों की सुरक्षा की जिम्मेदारी प्रदेश की योगी सरकार व उनके चाक-चौबंद पुलिस प्रशासन के कंधों पर है।

मिशन शक्ति : नारी सुरक्षा, सम्मान व स्वावलंबन का आधार

महिलाओं व बालिकाओं के प्रति होने वाले सभी प्रकार के अपराधों के प्रति उत्तर प्रदेश की भाजपा सरकार अत्यंत गंभीर है। स्वयं मुख्यमंत्री योगी आदित्यनाथ जी बार-बार कह चुके हैं कि प्रदेश में कानून तोड़नेवालों को क्षमा नहीं किया जाएगा और साथ ही यह भी बार-बार कहा कि स्त्रियों की सुरक्षा के साथ खिलवाड़ करने वालों को क्षमा नहीं किया जाएगा। अपने इसी संकल्प को आगे ले जाते हुए मुख्यमंत्री जी ने वर्ष 2020 में **मिशन शक्ति** का शुभारंभ किया। उन्होंने नवरात्र के पवित्र अवसर पर प्रदेश की मातृशक्ति को संबल प्रदान करने हेतु इस अभियान को आरंभ किया था। उन्होंने इस मिशन के बारे में लिखा था कि-"**नारी शक्ति का प्रतीक है। हमारी सनातन परंपरा में नारी पूजनीय है। नवरात्रि का अनुष्ठान इसी का द्योतक है। आवश्यकता है कि हम नई**

पीढ़ी को अपनी संस्कृति का वाहक बनाएँ, उनमें स्त्री के प्रति सम्मान और स्वावलंबन की भावना का प्रसार करें। मिशन शक्ति इसी दिशा में एक प्रयास है।"

मिशन शक्ति का **प्रथम चरण 'स्त्रियों की सुरक्षा'** पर केन्द्रित था, जिसके अंतर्गत पूरे राज्य में स्थापित 1535 पुलिस स्टेशनों में शिकायत लेकर आने वाली महिलाओं के लिए अलग से एक कमरे की व्यवस्था की गई है जिसमें महिला सुरक्षाकर्मी ही उनकी शिकायत सुनेंगी तथा उनकी शिकायत पर जल्द ही कार्रवाई करेंगी। साथ ही मिशन शक्ति के प्रथम चरण में महिलाओं को परेशान करने वाले शोहदों की काउंसिलिंग की भी व्यवस्था की गई है और यदि काउंसिलिंग के बाद भी उनमें सुधार नहीं होता है तो, उस स्थिति में ऐसे असामाजिक तत्त्वों का सामाजिक बहिष्कार किया जाएगा, जैसे कि उनके पोस्टर सड़कों और चौराहों पर लगाना आदि। इस अभियान के अंतर्गत **एंटी रोमियो स्क्वाड, यूपी पुलिस 112** और **महिला हेल्पलाइन 1090** को कार्रवाई करने का अधिकार दिया गया है। प्रदेश सरकार के अनुसार मिशन शक्ति अभियान के तहत आगामी वर्षों में की जाने वाली कुल पुलिस भरतियों (1.50 लाख) का **20% महिला पुलिस कर्मियों** की भरती की जाएगी। मुख्यमंत्री जी इस अभियान के प्रति कितने गंभीर हैं इस बात की पुष्टि तब होती है जब प्रदेश के सभी स्कूल, कॉलेज में मिशन शक्ति कार्यक्रम को सक्रियता से पहुँचाने का आदेश मुख्यमंत्री जी द्वारा दिया गया। मिशन शक्ति का **दूसरा चरण अंतरराष्ट्रीय महिला दिवस (8 मार्च)** के अवसर पर वर्ष 2021 में प्रारंभ हुआ। इस बीच राज्य सभा में गृह मंत्रालय की स्थायी समिति जिसके अध्यक्ष आनन्द शर्मा (राज्य सभा सांसद, कांग्रेस) थे, ने एक प्रतिवेदन, जिसका संबंध महिलाओं और बच्चों पर होने वाले अपराधों और अत्याचारों के विरुद्ध था, को राज्य सभा के पटल पर दिनांक 10 अगस्त, 2021 को प्रस्तुत किया, जिसमें पृष्ठ संख्या 14 पर उत्तर प्रदेश सरकार द्वारा महिलाओं और बच्चों के लिए उठाए गए कदमों की भूरि-भूरि प्रशंसा की गई है। इसमें लिखा गया है कि **"समिति उन सभी कदमों की प्रशंसा और सराहना करती है जो महिलाओं को हिंसा से बचाने के लिए उत्तर प्रदेश सरकार ने उठाए हैं, जिसमें सिंगल विंडो सिस्टम शामिल है और साथ ही यह अनुशंसा की जाती है कि महिलाओं और बच्चों की सुरक्षा के लिए**

विविध विभागों के साथ समायोजन स्थापित कर अन्य राज्य भी कदम उठाएँ।'' राज्य सभा के पटल पर प्रदेश सरकार के उठाए कदमों की प्रशंसा तथा अन्य राज्यों को उत्तर प्रदेश सरकार से सीखने की अनुशंसा करना योगी सरकार को बेहतर ढंग से कार्य करने के लिए प्रेरित करेगा।

मिशन शक्ति के **तीसरे चरण** (21 अगस्त से 31 दिसंबर 2021 तक की अवधि हेतु) में, राज्य की योगी सरकार ने कई नवीन पहलों और गतिविधियों को क्रियान्वित किया, जिसमें महिला सुरक्षा, गरिमा और सशक्तीकरण को प्राथमिकता दी गई है। मिशन शक्ति के तीसरे चरण में शामिल प्रमुख पहलें निम्नवत् हैं-

- मुख्यमंत्री कन्या सुमंगला योजना के तहत 1.50 लाख लड़कियों को ऑनलाइन मनी ट्रांसफर किया गया।

- बदायूँ जिले में **वीरांगना अवंतीबाई बटालियन परिसर** का शिलान्यास किया गया।
- मिशन शक्ति के पहले व दूसरे चरणों में अनुकरणीय कार्य करने वाली 75 महिला अधिकारियों को सम्मानित किया गया।
- 59,000 ग्राम पंचायत भवनों में मिशन शक्ति कक्ष का शुभारंभ किया गया।
- 1 लाख स्वयं सहायता समूहों का गठन किया गया।
- 84.79 करोड़ रुपए की लागत से **1286 थानों में पिंक टॉयलेट** का निर्माण किया गया।
- संभाग मुख्यालय व गौतमबुद्ध नगर में सुरक्षित शहर परियोजना का क्रियान्वयन किया गया।
- महिला पुलिस कर्मियों की बीट पुलिस अधिकारियों के रूप में पोस्टिंग का प्रावधान किया गया।
- यूपी में **महिला बटालियन के 2982 पदों** पर विशेष भरती किए जाने का प्रावधान किया गया।
- शहरी क्षेत्रों में महिला उपनिरीक्षकों की तैनाती की गई।
- सभी पुलिस लाइनों में **बालवाड़ी केन्द्र** की स्थापना का फैसला किया गया।
- महिला विद्यालयों में हेल्थ क्लब्स का निर्माण और कोएड कॉलेजों में लड़कियों के लिए हेल्थ क्लब का निर्माण व प्राथमिक उपचार प्रशिक्षण दिए जाने का कार्य किया गया।

मिशन शक्ति का **चौथा चरण** 11 अप्रैल 2022 को प्रारंभ हुआ। इस चरण का केंद्र बिंदु **महिलाओं व बच्चों की सुरक्षा व सम्मान** पर केंद्रित है। अभियान के इस चरण में 30 जून 2022 तक लगातार स्वावलंबन कैंप, जागरूकता कार्यक्रम, मेगा इवेंट जैसे विशेष कार्यक्रमों का आयोजन किया जा रहा है। सरकार की कोशिश है कि सभी वर्गों की महिलाओं और बेटियों के उत्थान हेतु प्रारंभ की गई सरकारी योजनाओं का लाभ उन्हें मिल सके, इस बात को ध्यान में रखते हुए प्रदेश में कार्यक्रमों की विस्तृत रूपरेखा तैयार की गई। जिलाधिकारी और डीपीओ किशोरियों व महिलाओं से दो घंटे तक संवाद स्थापित कर यौन शोषण, लैंगिक असमानता, घरेलू हिंसा, कन्या भ्रूण हत्या, कार्यस्थल पर लैंगिक भेदभाव और दहेज उत्पीड़न जैसे मुद्दों पर बात करेंगे। साथ ही इन मुद्दों पर महिलाओं व बेटियों को संरक्षण, सुरक्षा व सुझाव भी देंगे।

मिशन शक्ति के उक्त चरणों के क्रियान्वयन ने प्रदेश में महिलाओं को सुरक्षा और सम्मान का एहसास दिलाया है, जिसकी वो हकदार हैं।

प्रदेश की राजनीति में महिलाओं का बढ़ता कद

महिला सशक्तीकरण, महिलाओं को राजनीतिक रूप से सशक्त किए बिना संभव नहीं है। इस बात को केंद्र में रखते हुए प्रदेश की योगी सरकार ने राजनीतिक क्षेत्र में महिलाओं की भागीदारी बढ़ाने हेतु व्यापक स्तर पर प्रयास किए हैं, जिसके चलते निम्न परिणाम प्राप्त हुए हैं-

2021 में चुनाव	चुनी गई महिलाओं का %
नए ग्राम प्रधान	54%
जिला पंचायत अध्यक्ष	56%
ब्लॉक प्रमुख	54%

उन्हीं सुधारों का परिणाम है कि 18वीं उत्तर प्रदेश विधान सभा के कुल 403 सदस्यों में **महिला विधायकों की संख्या 47 है,** जबकि 17वीं विधान सभा में महिला विधायकों की संख्या 44 थी।

उत्तर प्रदेश सरकार द्वारा सामाजिक न्याय हेतु प्रारंभ की गई प्रमुख पहलें

सशक्त समाज की स्थापना, सामाजिक न्याय की अवधारणा पर केंद्रित होती है। देश अथवा प्रदेश सरकार की संवेदनशीलता समाज के उन वर्गों के लिए सर्वाधिक होनी चाहिए जिनके साथ समाज पीढ़ी-दर-पीढ़ी अन्याय करता आ रहा है या उन्हें उनके अधिकारों से जो देश के संविधान ने उन्हें देश का नागरिक होने के फलस्वरूप दिए हैं, से वंचित रखा है, उनका शोषण किया है।

प्रदेश में सामाजिक न्याय स्थापित करने हेतु प्रदेश सरकार ने दिव्यांगजनों के स्वाभिमान की रक्षा हेतु विभाग का नाम **'विकलांगजन विकास विभाग'** से परिवर्तित कर **'दिव्यांगजन सशक्तीकरण विभाग'** किया। पहली बार दिव्यांगजनों की समस्याओं का निराकरण करने हेतु तथा उन्हें विभागीय कल्याणकारी योजनाओं के बारे में जानकारी उपलब्ध कराने हेतु **हेल्पलाइन नंबर 18001801995** जारी किया गया है। प्रदेश सरकार ने दिव्यांग भरण-पोषण योजना की मासिक अनुदान राशि 300 रुपए प्रतिमाह से बढ़ाकर **500 रुपए प्रतिमाह** करने का निर्णय किया है।

प्रदेश के गरीबों, वंचितों, महिलाओं और जरूरतमंदों को सस्ता, सुलभ और त्वरित न्याय दिलाने के लिए **'टेली लॉ सर्विस कॉमन सर्विस सेंटर्स'** की स्थापना की गई जिसके तहत प्रदेश में 500 केंद्रों की स्थापना की जा रही है ताकि **पैरा लीगल वालेंटियर्स** की मदद से लोगों को फोन पर ही न्यायिक सलाह/सुविधाएँ प्राप्त हो सकें। प्रदेश सरकार ने बुजुर्गों की सहायता हेतु **सवेरा कार्यक्रम** प्रारंभ किया है जिसके अंतर्गत प्रदेश के **7,33,770 लाख बुजुर्गों** को पंजीकृत किया गया है।

उपर्युक्त के अतिरिक्त प्रदेश की योगी सरकार द्वारा संवेदनशील वर्गों के लिए प्रमुखता से जो कार्य किए जा रहे हैं, वे निम्नवत् है-

- 218 फास्ट ट्रैक कोर्ट की स्थापना की गई है ताकि पॉक्सो से जुड़े मामलों की त्वरित सुनवाई की जा सके।
- महिलाओं को त्वरित न्याय दिलाने के लिए पृथक 81 मजिस्ट्रेट स्तरीय न्यायालयों एवं 81 अपर सत्र न्यायालय प्रदेश में क्रियाशील किए गए हैं।
- प्रदेश की 1.80 करोड़ महिलाओं-बालिकाओं को **बेटी बचाओ-बेटी पढ़ाओ योजना** के अंतर्गत लाभान्वित किया गया है।
- प्रदेश में गिरते लिंगानुपात की चिन्ताजनक स्थिति को दृष्टिगत रखते हुए कन्या भ्रूण **हत्या** के विरुद्ध प्रभावी कार्रवाई करने के लिए राज्य सरकार द्वारा **मुखबिर योजना** की शुरुआत की गई है।

योगी राज में नहीं होगी कन्या भ्रूण हत्या
यूपी में कन्या भ्रूण हत्या रोकने के लिए बनेगा अलग थाना
लिंग चयन प्रतिषेध अधिनियम (PCPNDT ACT) के तहत करेगा काम
STF की तर्ज पर होगी कार्रवाई, राज्यस्तर पर बनेगा विशेष सेल
up.bjp.org/ /BJP4UP/ 7505403403

- 1 लाख से अधिक महिलाओं को राज्य सरकार द्वारा सरकारी नौकरी दी गई है।
- 8.50 करोड़ महिलाओं को मिशन शक्ति अभियान के तहत जागरूक किया गया है।
- 55,964 महिलाओं को **बैंकिंग कॉरस्पोंडेंट सखी** के रूप में नियुक्त किया गया है ताकि वे आर्थिक रूप से आत्मनिर्भर होने के साथ-साथ समाज में अपनी अलग पहचान बना सकें।
- प्रदेश की 2 लाख से अधिक महिलाओं को **पीएम स्वनिधि योजना** के माध्यम से लाभान्वित किया गया है अर्थात् ऐसी महिलाएँ जो रेहड़ी-पटरी पर सामान बेचती हैं या फिर अन्य छोटा-मोटा काम करती हैं, उन्हें बैंक से 10 हजार रुपए तक का कर्ज लेने की सुविधा इस योजना के माध्यम से दी गई है। यदि पहली बार में लिए गए कर्ज को समय पर चुका दिया जाता है तो पीएम स्वनिधि योजना के लाभार्थी दूसरी व तीसरी बार क्रमश: 20 हजार व 50 हजार रुपए तक का बैंक से ऋण प्राप्त कर सकते हैं।
- प्रदेश की 29,44,659 महिलाओं को 500 रुपए मासिक निराश्रित महिला पेंशन दिए जाने की व्यवस्था की गई है।
- 1.67 करोड़ गरीब महिलाओं को **प्रधानमंत्री उज्ज्वला योजना** के तहत नि:शुल्क गैस कनेक्शन दिया जा चुका है।
- प्रदेश की 9.91 लाख बेटियों को **मुख्यमंत्री कन्या सुमंगला योजना** के तहत लाभान्वित किया गया है।
- 1.52 लाख से अधिक कन्याओं का **मुख्यमंत्री सामूहिक विवाह योजना** के माध्यम से विवाह संपन्न किया जा चुका है। इस योजना का क्रियान्वयन समाज कल्याण विभाग के माध्यम से किया जा रहा है जिसका मुख्य उद्देश्य ऐसे परिवार जो गरीबी के कारण समय से अपनी पुत्रियों का विवाह कराने में सक्षम नहीं हैं और जिसके कारण वे परेशान रहते हैं, उनको राहत देना है। इस योजना के तहत सरकारी खर्च पर गरीब पात्र व्यक्तियों की पुत्रियों की शादी **सामूहिक विवाह कार्यक्रम** में की जाती है। इस योजना की खास बात यह रही कि पूरे प्रदेश में हुए इस समारोह के **मंडपों में मंत्र और आयतें एक साथ गूँजीं अर्थात् एक ही मंच पर हिन्दू और मुस्लिम कन्याओं की शादी की गई। इस सामूहिक विवाह समारोह में मुस्लिम समुदाय के लोगों ने भी बढ़-चढ़ कर हिस्सा लिया।** पहले इतनी बड़ी संख्या में मुस्लिम समुदाय के लोग सामूहिक विवाह योजना में पंजीकरण नहीं कराते थे। सभी वर्गों यथा-अल्पसंख्यक, पिछड़ा

वर्ग, अनुसूचित जाति/जनजाति व सामान्य वर्ग के लोगों की सहभागिता के साथ इस आयोजन ने समरसता की नई मिसाल पेश की।

योगी सरकार के प्रथम कार्यकाल (2017 से 2022) में किए गए प्रयासों से स्पष्ट है कि माननीय मुख्यमंत्री जी महिला सशक्तीकरण व सामाजिक न्याय की स्थापना हेतु प्रयासरत है। इन प्रयासों का सुखद परिणाम यह है कि **मार्च-2017 से अब तक जितने भी मामले/शिकायतें (अलग-अलग विषयों से संबंधित) दर्ज की गई थीं उनमें से 99.7% शिकायतों का निवारण किया जा चुका है।** यह आँकड़े प्रदेश की योगी सरकार को उनके दूसरे कार्यकाल (2022 से 2027) के लिए अवश्य प्रेरित करेंगे।

❑

अध्याय 3

शिक्षा, शिक्षक व साक्षरता के मूल्यों को सारगर्भित करता उत्तर प्रदेश

"बुद्धिर्यस्य बलं तस्य"

(अर्थात् जिसके पास बुद्धि है, शक्ति उसी के पास है।)

किसी राष्ट्र का निर्माण अचानक नहीं होता। **राष्ट्र का निर्माण सामर्थ्यवान, संस्कारवान, चरित्रवान मानव पूँजी** द्वारा ही संभव है और **ऐसी मानव पूँजी का निर्माण शिक्षा के गर्भ से होता** है, परंतु लंबे समय तक देश के पराधीन होने के कारण पराधीनता के कालखंड में सबसे ज्यादा नुकसान अगर किसी क्षेत्र को हुआ तो वह शिक्षा क्षेत्र था। उम्मीद थी कि देश आजाद होगा और आजादी के बाद भारत की शिक्षा व्यवस्था को वही ऊँचाइयाँ मिलेंगी, जहाँ वह **नालंदा विश्वविद्यालय** के कालखंड में था। **आचार्य द्रोण, गुरु वशिष्ठ, गुरु बृहस्पति, गुरु शंकराचार्य, गुरु रामकृष्ण परमहंस व कौटिल्य** जैसे महान विद्वत्जनों की परंपरा वाले भारत देश में शिक्षा व्यवस्था प्रत्येक सरकार की प्राथमिकता सूची में स्थान प्राप्त करती है। बावजूद इसके भारत की शिक्षा व्यवस्था ने समाज को जोड़ने के स्थान पर बाँटने का काम किया है। उदाहरणस्वरूप–मातृभाषा बनाम क्षेत्रीय भाषा का प्रश्न, वैज्ञानिक बनाम आध्यात्मिक शिक्षा पर बल तथा रोजगारपरक शिक्षा बनाम डिग्रीपरक शिक्षा व्यवस्था। इन सभी बंधनों में फँसी हमारी शिक्षा व्यवस्था समाज के सशक्तीकरण, एकीकरण व वैज्ञानिक दृष्टिकोण को अपनाने में बाधक रही।

केंद्र की मोदी सरकार व प्रदेश की योगी सरकार ने देश की शिक्षा व्यवस्था को, वर्तमान आवश्यकताओं व भविष्य की चुनौतियों से निपटने हेतु भावी पीढ़ी को तैयार

करने के उद्देश्य से **राष्ट्रीय शिक्षा नीति के नए स्वरूप** को अपनाया है। इस नीति के निर्माण में बहुत गंभीरता से विचार किया गया, क्योंकि यह नीति भारत के सुनहरे भविष्य की नींव रखने का कार्य करेगी। अतः सरकार ने लगभग 2 लाख से अधिक सुझावों पर विशेषज्ञों से सलाह-मशविरा कर राष्ट्रीय शिक्षा नीति का फाइनल स्वरूप तैयार किया। इस नीति में सरकार ने शिक्षा के ग्लैमराइजेशन के स्थान पर शिक्षा के वास्तविक उद्देश्यों को अपनाने पर जोर दिया है, जैसे-शिक्षा का स्वरूप सर्वांगीण हो, खंड-खंड न हो। शिक्षा का स्वरूप समेकित हो तथा शिक्षा ऐसी होनी चाहिए, जो विद्यार्थी की प्रतिभा को पहचानकर उसे उच्च शिखर तक ले जाए। नई शिक्षा नीति में बहुत सारी ऐसी मौलिक बातों का समावेश किया गया है। राष्ट्रीय शिक्षा नीति के माध्यम से देश की शिक्षा व्यवस्था का स्वरूप बदलेगा, जो देश के सभी क्षेत्रों को बृहद् स्तर पर प्रभावित करेगा। इस नई शिक्षा नीति से एक ओर रोजगार, उत्पादन, समृद्धि और विकास पर व्यापक प्रभाव पड़ेगा, तो वहीं दूसरी ओर यह लोगों के चरित्र को सुंदर बनाने व मानवीय मूल्यों के वर्धन को भी प्रेरित करेगा, जिससे समाज में नकारात्मक घटनाओं की संख्या में कमी आएगी। राष्ट्रीय शिक्षा नीति का एक व्यापक उद्देश्य भारत को पुनः विश्वगुरु के स्थान पर प्रतिष्ठित करना भी है।

मजबूत शिक्षा व्यवस्था की ओर कदम बढ़ाता उत्तर प्रदेश

योगी सरकार ने जब प्रदेश की बागडोर सँभाली तब, शिक्षा व्यवस्था कई प्रकार की समस्याओं जैसे-नकलबाजी का रैकेट, शिक्षक भरती में धाँधली, पेपर लीक मामले, प्राथमिक विद्यालयों की बदहाल स्थिति, स्कूलों में मूलभूत सुविधाओं का अभाव, विद्यार्थियों के नामांकन की धीमी दर व ड्रापआउट बच्चों की संख्या में वृद्धि, पोषक आहार के नाम पर मिलने वाले मिड-डे मील की गुणवत्ता पर प्रश्नचिह्न आदि। इन सभी समस्याओं को विरासत में पाने के बावजूद भी माननीय मुख्यमंत्री जी विचलित नहीं हुए, अपितु स्वयं प्रदेश की शिक्षा व्यवस्था को दुरुस्त करने हेतु शिक्षाविदों से राय-मशविरा कर इस क्षेत्र में व्यापक सुधार हेतु निम्न कदम उठाए-

- ऑनलाइन शिक्षा पद्धति को विकसित किया जाना।
- ई-कंटेंट लाइब्रेरी को विकसित किया गया।
- प्राथमिक शिक्षा के पुनरुद्धार हेतु **ऑपरेशन कायाकल्प योजना** प्रारंभ की गई, जिसके तहत सवा लाख से अधिक प्राथमिक विद्यालयों का विकास किया गया।
- **डेढ़ लाख शिक्षकों और शिक्षणेतर कर्मियों की भरती** की गई और भरती प्रक्रिया को भी पारदर्शी बनाया गया।
- प्रत्येक विद्यालय में पुस्तकालय की स्थापना की गई।
- 15 हजार परिषदीय विद्यालयों में अंग्रेजी माध्यम से शिक्षण कार्य प्रारंभ कराया गया।

- माध्यमिक शिक्षा के स्तर पर भी ढाई सौ इंटर कॉलेज खोले गए, अध्यापकों के नए पद सृजित किए गए।
- **बालिकाओं की शिक्षा स्नातक तक मुफ्त** की गई और आत्मरक्षार्थ जूडो के प्रशिक्षण की व्यवस्था की गई।
- उच्च शिक्षा के क्षेत्र में प्रदेश सरकार ने **8 नए विश्वविद्यालय, 77 राजकीय महाविद्यालय और 25 मॉडल राजकीय महाविद्यालयों की स्थापना की** है।

- राज्य के **15 विश्वविद्यालयों में 'पं. दीनदयाल उपाध्याय शोध पीठों' की स्थापना** की गई।
- राज्य में निजी विश्वविद्यालय खोलने की राह आसान की गई।
- व्यावसायिक शिक्षा में आईटीआई की संख्या और बढ़ाई गई और 5 नए पेशों को शिक्षण कार्य से जोड़ा गया।
- प्रदेश सरकार की प्राथमिकता में मेडिकल कॉलेज खोलना भी है। साथ ही एमबीबीएस और एमडी की सीटों में भी वृद्धि की गई।

उक्त पहलों के अतिरिक्त मुख्यमंत्री योगी आदित्यनाथ जी स्वयं सरकारी विद्यालयों में जाकर निरीक्षण करने का कार्य बड़ी तत्परता से करते हैं, ताकि प्रदेश का भावी भविष्य अर्थात् युवा पीढ़ी शिक्षा के प्रति होते मोहभंग से किनारा कर सके।

नई शिक्षा नीति के तहत समेकित मूल्यांकन पद्धति को अपनाता उत्तर प्रदेश

केंद्र सरकार द्वारा लागू की गई नई शिक्षा नीति के आधार पर प्रदेश सरकार ने व्यापक स्तर पर अनेक नवीन कार्यक्रमों की शुरुआत की है, जिसके अंतर्गत राज्य और निजी विश्वविद्यालयों में छात्रों के मूल्यांकन की प्रणाली को अपनाया जाएगा। मूल्यांकन की 6 विधियाँ सुझाई गई हैं–

1. शैक्षणिक मूल्यांकन
2. कौशल मूल्यांकन
3. शारीरिक मूल्यांकन
4. व्यक्तिगत मूल्यांकन
5. बहिर्मुखी मूल्यांकन
6. स्व–मूल्यांकन

इन 6 सांकेतिक सिद्धांतों को अपनाकर छात्रों का समेकित मूल्यांकन किया जाएगा, तत्पश्चात् उनकी क्षमता के अनुरूप कार्य क्षेत्र में उनकी सेवाएँ ली जाएँगी। इससे न केवल छात्रों की क्षमता का मूल्यांकन हो सकेगा, बल्कि उच्च शिक्षा प्राप्ति के बाद छात्रों को रोजगार के लिए भटकना भी नहीं पड़ेगा। साथ ही प्रदेश को कुशल मानव पूँजी भी प्राप्त हो सकेगी, जो न केवल प्रदेश, बल्कि राष्ट्र-निर्माण में अपनी पूर्ण ऊर्जा तथा मनोयोग के साथ योगदान देने में समर्थ होगी।

स्कूलों की भौतिक संरचना को सँवारने में प्रयासरत योगी सरकार

शिक्षा को सुचारु रूप प्रदान करने हेतु यह आवश्यक है कि स्कूल की भौतिक संरचना इस प्रकार हो कि बच्चों का स्कूल में सर्वांगीण विकास हो सके और वे स्कूल आने के लिए प्रेरित और प्रोत्साहित हो सकें। योगी सरकार ने प्रदेश के खस्ताहाल स्कूलों की इमारतों को सुधारने व अनिवार्य आधारभूत संरचना के मानकों को पूरा करने हेतु भौतिक संसाधनों की उपलब्धता स्कूलों को मुहैया कराने में कोई कसर नहीं छोड़ी है। इस विषय में योगी सरकार ने निम्न कार्य किए हैं–

- प्राथमिक स्कूलों के बच्चों को बेहतर शिक्षा के साथ पोषणयुक्त भोजन उपलब्ध कराने हेतु मिड-डे मील की बेहतर व्यवस्था का संचालन अनवरत रूप से किया जा रहा है।
- पठन-पाठन का सुंदर वातावरण तैयार करने की हरसंभव कोशिश की जा रही है जैसे-स्कूलों में शौचालय, पेयजल, खेल का मैदान, लाइब्रेरी व स्कूल की दीवारों को सजाने हेतु बड़े पैमाने पर कार्य किया जा रहा है।
- प्राथमिक स्तर के स्कूली बच्चों को निःशुल्क पुस्तकें, ड्रेस, स्वेटर, जूते-मोजे आदि देने का भी पुख्ता इंतजाम किया जा रहा है, ताकि प्रदेश के बच्चे केवल और केवल शिक्षा प्राप्त करने में अपनी ऊर्जा लगाएँ।
- पिछड़े ग्रामीण क्षेत्रों में रह रहे अभिभावक, मुख्यमंत्री जी की शिक्षा के प्रति समर्पण भाव की नीति देखकर अपने बच्चों को स्वयं शिक्षा प्राप्त करने के लिए स्कूल भेज रहे हैं।
- स्कूलों को अच्छी सड़कों से जोड़ना व मौसमी आपदाओं से स्कूलों को होने वाली क्षति, जैसे-जल भराव का संकट आदि से निजात दिलाने के लिए मुख्यमंत्री जी द्वारा व्यापक दिशा-निर्देश दिए गए हैं।

उक्त प्रयासों के माध्यम से योगी सरकार प्रदेश की शिक्षा व्यवस्था को उत्कृष्टता प्रदान करने हेतु हरसंभव प्रयास कर रही है।

बालिकाओं व अनुसूचित जाति/जनजाति की पढ़ाई का ध्यान रखती योगी सरकार

प्राय: देखने को मिलता है कि शिक्षा तक सभी पहुँचना चाहते हैं, परंतु एक वर्ग विशेष तक ही सभी साधन सीमित होने के कारण एक बड़ा तबका, विशेषकर बालिकाएँ व अनुसूचित जाति/ जनजाति के बच्चों तक शिक्षा रूपी उजाला नहीं पहुँच पाता। अत: वे अशिक्षा की काली स्याही को ही अपनी किस्मत मानकर बैठ जाते हैं। प्रदेश की योगी सरकार ने इस समस्या की सुध लेते हुए प्रदेश के विकास खंडों में बालिका छात्रावास के निर्माण का कार्य बहुत तेजी से करवाया है, ताकि आशा की किरणें, प्रदेश की बेटियाँ शिक्षा प्राप्त करने में आ रही समस्याओं से इतर अपना भविष्य सँवार सकें। इन छात्रावासों में अत्यल्प खर्चे में बालिकाएँ सुरक्षित एवं स्वस्थ ढंग से शिक्षा अर्जन में सक्षम हो पाएँगी। इसी क्रम में प्रदेश सरकार अनुसूचित जनजाति के छात्रों के लिए कौशल विकास का विशेष अभियान चलाकर उन्हें आत्मनिर्भर भारत का कुशल सिपाही बना रही है। इसके अंतर्गत सभी आईटीआई संस्थानों में नि:शुल्क प्रशिक्षण की व्यवस्था की गई तथा 5 नए कोर्सों की शुरुआत इस दिशा में प्रशंसनीय प्रयास है। शिक्षा प्राप्ति के मार्ग में आ रही सबसे बड़ी रुकावट परिवारों की आर्थिक अक्षमता है। इसको सुधारने हेतु प्रदेश के श्रमिकों के बच्चों को नि:शुल्क शिक्षा प्रदान करने हेतु, प्रदेश के 18 मंडलों में **अटल आवासीय विद्यालय** की स्थापना कर आर्थिक अक्षमता वाले गरीब परिवारों के बच्चों को सीधा शिक्षा के मंदिर अर्थात् स्कूलों से जोड़ा गया है। इतना ही नहीं, सरकार ने अपनी मेधा के बल पर यूपी बोर्ड में अच्छे अंक अर्जित कर प्रदेश का नाम रोशन करनेवाले छात्रों के गाँवों तक **ए.पी.जे. अब्दुल कलाम गौरव पथ** का निर्माण कराकर न केवल मेधावी छात्रों के परिश्रम और उनकी मेधा का सम्मान किया, बल्कि उस गाँव का भी अघोषित रूप से कायाकल्प किया है। प्रदेश सरकार का यह प्रयास अत्यंत सराहनीय है।

नकल माफियाओं का काल बनी योगी सरकार

योगी सरकार के पहले कार्यकाल में प्रो. दिनेश शर्माजी को उपमुख्यमंत्री के साथ-साथ प्रदेश के शिक्षा विभाग का दायित्व मिला तो उन्होंने प्रदेश की बदहाल व भ्रष्ट शिक्षा व्यवस्था को अपने निशाने पर रखा और प्रदेश में शिक्षा और परीक्षा में शुचिता की नींव रखी। इस क्रम में उन्होंने सबसे पहले संगठित नकल व्यवस्था, जिसके तीन प्रारूप मौजूद थे, पर लगाम लगाई। संगठित नकल व्यवस्था का **पहला प्रारूप** पढ़े-लिखे बेरोजगार युवकों को परीक्षार्थी के स्थान पर बैठाकर प्रश्न-पत्र हल करवाया जाता था। इस प्रारूप पर नकेल कसने के लिए प्रदेश सरकार ने सख्तीपूर्वक नियम लागू करवाए, अर्थात् प्रवेश-पत्र

के साथ पहचान–पत्र की पात्रता को अनिवार्य कर दिया। नकल करने का **दूसरा प्रारूप** नकल माफिया द्वारा प्रश्न–पत्र को हासिल कर, उसे सॉल्व कर नकलचियों तक पहुँचाने का था। इस प्रारूप पर नकेल कसने हेतु निम्न प्रयास किए गए–

- प्रश्न–पत्र के 3 सेट तैयार कराए गए।
- प्रश्न पत्रों के सेट, परीक्षा केंद्रों तक पहुँचाने की प्रक्रिया सख्त व जवाबदेहपूर्ण बनाई गई।
- प्रश्न–पत्रों की सुरक्षा हेतु प्रदेश सरकार ने एसटीएफ की भी सहायता ली ताकि प्रश्न पत्रों को नकल माफियाओं की पहुँच से सुरक्षित रखा जा सके।

नकल करने का **तीसरा प्रारूप**, मेधावी छात्र–छात्राओं की उत्तर पुस्तिका का पन्ना बदलकर दूसरे परीक्षार्थी की उत्तर पुस्तिका में लगा दिया जाना है। उप–मुख्यमंत्री प्रो. दिनेश शर्मा इस बारे में कहते हैं कि–"पूर्व में ऐसा भी देखने में आया है कि मेधावी छात्र–छात्राओं ने फेल होने के बाद आत्महत्या तक कर ली है।" नकल के इस प्रारूप की जड़ें नष्ट करने के लिए प्रतियोगी परीक्षाओं की तर्ज पर उत्तर पुस्तिका की डिकोडिंग की व्यवस्था को अपनाया गया है। उत्तर प्रदेश में नकल कराने हेतु परीक्षा केंद्रों की खिड़कियों पर भीड़ का जमावड़ा लगना आम बात है परंतु योगी सरकार ने इस **सार्वजनिक नकल व्यवस्था** को रोकने के लिए तकनीक का सहारा लेते हुए निम्न प्रयास किए–

- परीक्षा केंद्रों की वीडियो रिकॉर्डिंग की व्यवस्था की गई।
- जीपीएस सिस्टम से एक परीक्षा केंद्र से दूसरे परीक्षा केंद्र की दूरी निकाली गई।
- परीक्षा केंद्र, उसी स्कूल को बनाया गया, जहाँ चारदीवारी व भौतिक संरचना मजबूत हो, अर्थात् परीक्षा केंद्र बनने की अर्हता हेतु स्कूल में सीसीटीवी कैमरे लगे होने चाहिए, साथ ही स्कूल में जनरेटर या इनवर्टर की व्यवस्था हो, ताकि लाइट जाने पर भी सीसीटीवी कैमरा बंद ना हो।

उक्त प्रयास उत्तम शिक्षा व सकारात्मक उद्देश्यों की प्राप्ति हेतु किए जा रहे हैं, इसलिए प्रदेश सरकार की सफलता की गारंटी निश्चित है।

"असतो मा सद्गमय, तमसो मा ज्योतिर्गमय।"

❑

उत्तर प्रदेश में इंसेफेलाइटिस की इति व स्वास्थ्य क्षेत्र में जिम्मेदार बनता प्रदेश

स्वस्थ शरीर में स्वस्थ मस्तिष्क निवास करता है। यदि कोई संक्रमण, जो तेज बुखार और सिरदर्द से शुरू होकर मस्तिष्क को प्रभावित करते हुए साँसों को थाम के रख दे तब क्या हो? ऐसे संचारी रोग की चपेट में आकर प्रदेश का पूर्वांचल क्षेत्र विशेषकर गोरखपुर और उसके आसपास के जनपद पिछले 3 दशकों से मौत का तांडव देख रहे थे। इस संचारी रोग का नाम जापानी **इंसेफेलाइटिस** था, जो नौनिहालों से उनकी जिंदगी छीनकर उन्हें मौत के आगोश में भेज देता था। इस रोग की भयावहता का अंदाजा इस बात से लगाया जा सकता है कि जो बच्चे जीवित बच जाते थे उनका उम्र के साथ मानसिक विकास नहीं हो पाता था। वे उम्र के साथ बड़े तो हो जाते थे परंतु मानसिक विकास शून्य रहता था अर्थात् वे मानसिक रूप से अक्षम हो जाते थे जिससे, वे अपनी जिंदगी के साथ-साथ अपने परिवारवालों के कष्ट का कारण बन जाते थे। ऐसे बच्चों की देखभाल में समय व पैसे दोनों ही लगते थे परंतु सीमित आयवाले परिवारों के लिए यह सब कुछ कर पाना संभव नहीं हो पाता था। इसीलिए तो लोग दबी जुबान में कहते थे- ''इस बीमारी में भाग्यशाली वो है, जो परलोक सिधार गया हो।'' इस संचारी रोग से होने वाली मौतों का प्रमुख कारण इन बच्चों की नियति नहीं, बल्कि उत्तर प्रदेश की पूववर्ती सरकारों द्वारा स्वास्थ्य सेवाओं के समावेशी विकास का अभाव व राज्य की जीडीपी का स्वास्थ्य सेवाओं में न्यून व्यय रहा है। वर्तमान में विज्ञान ने इतनी प्रगति कर ली है कि बीमारियों का इलाज ढूँढ़ना, उन पर

रिसर्च करना, दवाओं और टीकों को तैयार करना, सब कुछ संभव है, परंतु इसे संभव बनाने के लिए राजनीतिक इच्छाशक्ति का होना भी अति आवश्यक है, इसलिए जब प्रदेश में 2017 में योगी सरकार ने सत्ता सँभाली तो इस बात का बीड़ा उठाया कि इस संचारी रोग इंसेफेलाइटिस से एक भी बच्चे की मौत नहीं होने दी जाएगी। इसी का परिणाम रहा कि आज संपूर्ण क्षेत्र लगभग इंसेफेलाइटिस से मुक्त हो चुका है।

गोरखपुर में इंसेफेलाइटिस की पहचान पहली बार वर्ष 1978 में हुई थी। धीरे-धीरे यह बीमारी पूरे पूर्वांचल में फैलकर महामारी बन गई। बच्चों की मौतों का आँकड़ा बढ़ता रहा और सरकारें सोती रहीं। लगभग 20 वर्ष बाद यानी 1998 के चुनाव में 26 वर्षीय योगी आदित्यनाथ जी गोरखपुर लोकसभा क्षेत्र से पहली बार सांसद निर्वाचित हुए तो उन्होंने अपने क्षेत्र में फैली इस काल रूपी बीमारी पर लोकसभा के सत्र में सवाल उठाकर देश का ध्यान इंसेफेलाइटिस महामारी की ओर आकर्षित किया। वे पूर्वांचल के लोगों को इंसेफेलाइटिस से मुक्ति दिलाने के लिए लगातार संघर्ष करते रहे। उनके इन प्रयासों को सफलता उस समय मिली, जब वर्ष 2017 में विधानसभा चुनावों में भाजपा को पूर्ण बहुमत मिला और योगी आदित्यनाथ प्रदेश के मुख्यमंत्री नियुक्त हुए और इंसेफेलाइटिस के विरुद्ध अपने संघर्ष में जुट गए।

योगी सरकार का इंसेफेलाइटिस के विरुद्ध अभियान

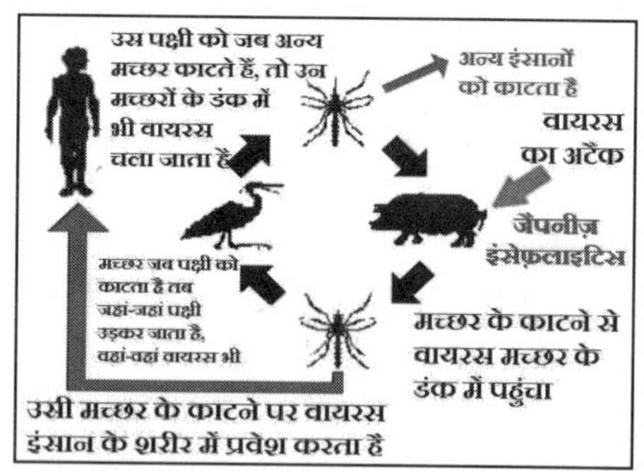

एक्यूट इंसेफेलाइटिस सिंड्रोम एवं जापानी इंसेफेलाइटिस की प्रभावी रोकथाम एवं नियंत्रण हेतु योगी सरकार ने युद्धस्तरीय अभियान चलाया, जिसके अंतर्गत प्रत्येक वर्ष तीन चरणों में संचारी रोग नियंत्रण अभियान चलाया गया। विशेष रूप से स्कूली छात्रों, महिलाओं एवं ग्राम प्रधानों को इस महामारी रूपी रोग के प्रति जागरूक किया गया। साथ-ही-साथ ग्रामीण क्षेत्रों में सफाई एवं शुद्ध पेयजल का प्रयोग करने हेतु लाखों लोगों को जागरूक किया गया। आशा कार्यकर्त्ता एवं आंगनबाड़ी कार्यकत्रियों को इस अभियान का प्रमुख योद्धा बनाया गया अर्थात् उन्हें जागरूक कर, यह जिम्मेदारी दी गई कि वे इस महामारी के विरुद्ध अधिक-से-अधिक लोगों को जागरूक बनाएँ और ऐसा हुआ भी। इसी जागरूकता के परिणामस्वरूप रोग की प्रारंभिक अवस्था में ही लोगों ने निकट के उपचार केंद्रों में जाना प्रारंभ कर दिया।

इंसेफेलाइटिस के घटते आँकड़े

योगी सरकार की उपलब्धि स्वास्थ्य विभाग के आँकड़ों से स्पष्ट होती है कि इस महामारी को नियंत्रित करने में योगी सरकार का टीकाकरण अभियान मील का पत्थर साबित हुआ है। इस टीकाकरण अभियान के अंतर्गत उन छूट गए बच्चों, जिनकी आयु 1 से 15 वर्ष की है, उन बच्चों को भी कवर किया गया। योगी सरकार का यह टीकाकरण अभियान आँकड़ों के माध्यम से अपनी सफलता की गाथा स्वयं लिख रहा है, जो निम्नवत् है–

वर्ष	चयनित जनपद	टीकाकरण का लक्ष्य	टीकाकरण की उपलब्धि	लक्ष्य के सापेक्ष उपलब्धि
मई 2017	38	88,62,413	91,95,952	102%
अप्रैल 2018	38	31,81,729	33,96,330	106%
फरवरी 2019	38	26,11,155	26,82,863	102%

उक्त उपलब्धि के आँकड़ों को कोविड–19 महामारी ने अवश्य प्रभावित किया, परंतु दृढ़ संकल्पी माननीय मुख्यमंत्री योगी आदित्यनाथ जी ने एक ओर कोविड के विरुद्ध नए अभियान का शंखनाद किया, तो वहीं दूसरी ओर इंसेफेलाइटिस मुक्त प्रदेश के अपने वादे को, जो उन्होंने प्रदेश की जनता से किया था, को भी पूरा करने में अपनी ओर से कोई कसर नहीं छोड़ी।

इंसेफेलाइटिस को हराने में चिकित्सकीय आधारभूत संरचना के विकास में तत्पर योगी सरकार

योगी सरकार ने इंसेफेलाइटिस को मात देने के लिए प्रदेश में चिकित्सकीय आधारभूत संरचना को विकसित करने का भी कार्य किया, जो निम्नवत् है–

- प्रदेश में एक्यूट इंसेफेलाइटिस सिंड्रोम एवं जापानी इंसेफेलाइटिस के रोगियों के उपचार हेतु गोरखपुर व बस्ती मंडल के जनपदों में तथा बहराइच व लखीमपुर खीरी के जिला एवं संयुक्त चिकित्सालयों में पीआईसीयू में 102 वेंटिलेटर युक्त शैया उपलब्ध थीं जो मरीजों की संख्या की तुलना में पर्याप्त नहीं थीं। अतः योगी सरकार ने इस स्थिति को सुदृढ़ करने के लिए ब्लॉक स्तर पर 15 चिकित्सालयों में तीन वेंटिलेटर शैया सहित मिनी पीआईसीयू को क्रियाशील किया। वर्तमान में रोगी व वेंटिलेटर शैया अनुपात की स्थिति पहले से बेहतर हुई है।
- प्रदेश सरकार ने लखनऊ एवं देवीपाटन मंडल के समस्त जनपद एवं बाराबंकी जनपद में ब्लॉक स्तर पर इंसेफेलाइटिस ट्रीटमेंट सेंटर स्थापित किए, ताकि किसी भी बहुमूल्य जीवन को चिकित्सकीय आधारभूत संरचना की कमी के चलते गँवाया न जाए, बल्कि प्रत्येक जीवन को बचाया जा सके।

- बीआरडी मेडिकल कॉलेज, गोरखपुर इंसेफेलाइटिस के इलाज में शत-प्रतिशत रिजल्ट दे रहा है। यही कारण है कि इस मेडिकल कॉलेज की चिकित्सकीय क्षमता को बढ़ाने के लिए माननीय मुख्यमंत्री जी ने शैया, वेंटिलेटर, मल्टी पैरा मॉनीटर व इंफ्यूजन पंप की संख्या में वर्ष 2017 की तुलना में वृद्धि की है, जो निम्नवत् है–

संयंत्र का नाम	वर्ष 2017 में संख्या	वर्तमान में कुल संख्या
शैया	264	428
वेंटिलेटर	58	71
मल्टी पैरा मॉनीटर	45	168
इंफ्यूजन पंप	60	143

उक्त सुधारों के माध्यम से प्रदेश की योगी सरकार ने एक्यूट इंसेफेलाइटिस सिंड्रोम व जापानी इंसेफेलाइटिस रोगों पर नियंत्रण हेतु जो क्रांतिकारी सुधार किए, आज उनका परिणाम बेहद सुखद है। योगी सरकार ने प्रदेश में चिकित्सकीय आधारभूत सुधार कर जो परिणाम प्राप्त किए हैं, उन पर दृष्टि डालना नितांत आवश्यक है–

वर्ष	भरती हुए मरीजों की संख्या		रोगियों की मृत्यु की संख्या	
	एक्यूट इंसेफेलाइटिस सिंड्रोम	जापानी इंसेफेलाइटिस	एक्यूट इंसेफेलाइटिस सिंड्रोम	जापानी इंसेफेलाइटिस
2016	3,911	442	641	74
2017	4,724	693	655	93
2018	3,077	329	248	30
2019	2,036	235	122	21

उक्त तालिका से स्पष्ट है कि विगत वर्षों में इंसेफेलाइटिस से मरनेवाले मरीजों की संख्या में भारी कमी आई है। ये सब उपलब्धियाँ प्रदेश सरकार की नियोजित नीति व टीम वर्क का कमाल हैं। प्रदेश सरकार के अथक प्रयासों से उस महामारी को काबू में किया गया है, जो वर्ष 1978 के दौर से प्रदेश के मासूम बच्चों की किलकारियों को मौत के मातम में बदल रही थी। योगी सरकार को उन माँओं का आशीर्वाद मिला, जिनके बच्चों को प्रदेश सरकार की योजनाबद्ध नीतियों ने बचाया।

स्वास्थ्य क्षेत्र में जिम्मेदार बनता उत्तर प्रदेश

लगभग 24 करोड़ की आबादी वाले प्रदेश में पिछली सरकारों के मुकाबले योगी सरकार ने स्वास्थ्य इंफ्रास्ट्रक्चर को सशक्त बनाने व स्वास्थ्य सुविधाओं की उपलब्धता को समावेशी

रूप देने के लिए उच्च स्तरीय प्रयास किए हैं। प्रदेश सरकार ने जमीनी स्तर पर प्रत्येक नागरिक को बेहतर स्वास्थ्य सुविधाएँ मिल सकें, इस ओर तेजी से कार्य किया है, जिसका प्रत्यक्ष उदाहरण कोरोना संक्रमण की पहली और दूसरी लहर पर सरकार द्वारा सधी नीति के द्वारा नियंत्रण करना व उन बीमारियों जिनके कारण अक्सर हजारों लोगों की मौतें होती हैं उनके निवारण हेतु मजबूत स्वास्थ्य तंत्र को विकसित करना है।

मुख्यमंत्री योगी आदित्यनाथ ने स्वास्थ्य सुविधाओं को बेहतर बनाने की दिशा में तेजी से कदम बढ़ाते हुए प्रदेशवासियों को स्वस्थ जीवन जीने के अधिकार की ढेर सारी सौगात दी हैं, जो निम्नवत् हैं–

योगी सरकार : स्वास्थ्य इंफ्रास्ट्रक्चर के क्षेत्र में नई पहल

- **अटल बिहारी वाजपेयी चिकित्सा विश्वविद्यालय,** लखनऊ का निर्माण कार्य प्रारंभ।

- गोरखपुर व रायबरेली जनपद में एम्स (AIIMS) की स्थापना का कार्य प्रगति पर है।
- गोरखपुर में **महायोगी गुरु गोरखनाथ आयुष विश्वविद्यालय** का निर्माण कार्य प्रारंभ।
- प्रदेश के 16 जनपदों में पीपीपी मॉडल पर मेडिकल कॉलेजों की स्थापना की प्रक्रिया प्रारंभ।

- 5 जिला चिकित्सालयों-1. अयोध्या 2. बहराइच 3. बस्ती 4. फिरोजाबाद 5. शाहजहाँपुर को उच्चीकृत कर मेडिकल कॉलेज बनाया गया। एटा, हरदोई, प्रतापगढ़, फतेहपुर, सिद्धार्थ नगर, देवरिया, गाजीपुर एवं मिर्जापुर में नए मेडिकल कॉलेजों का निर्माण। इन कॉलेजों में अकादमिक सत्र 2021-2022 से MBBS की पढ़ाई प्रारंभ।

- पहले मैटरनल I.C.U. की स्थापना।
- मेडिकल कॉलेज झाँसी, गोरखपुर, मेरठ, प्रयागराज, कानपुर, आगरा में सुपर स्पेशिएलिटी विभाग की स्थापना।
- प्रदेश के 1104 जन औषधि केंद्रों में सस्ती दर पर दवाएँ उपलब्ध।

- 102 व 108 एंबुलेंस सेवा के तहत 4,470 एंबुलेंस संचालित तथा एंबुलेंस सेवा में रिस्पांस टाइम को 15 मिनट करने के लिए 108 का विस्तार कर 2,200 एंबुलेंस संचालित।
- गंभीर रोगियों के लिए 250 ए.एल.एस. एंबुलेंस संचालित।
- 8,424 हेल्थ एंड वेलनेस सेंटर संचालित।
- 55 जनपदों में निःशुल्क डायलिसिस की सुविधा।
- 68 जनपद चिकित्सालयों में निःशुल्क सी.टी. स्कैन की सुविधा।
- 170 मोबाइल मेडिकल यूनिट सेवा संचालित।

योगी सरकार : प्रमुख बीमारियों के निवारण हेतु सफल प्रयास

- रोटा वायरस वैक्सीन एवं मीजल्स रुबेला वैक्सीन को नियमित टीकाकरण में शामिल करते हुए 7 करोड़ 57 लाख बच्चों का टीकाकरण।
- **मिशन इंद्रधनुष** के तहत 93.7% बच्चे प्रतिरक्षित।
- प्रदेश सरकार ने अन्य संक्रमण पर समय रहते काबू पाने के लिए लखनऊ में 'इंस्टीट्यूट ऑफ वायरोलॉजी एंड इन्फेक्शन डिजीजेज' के तहत बायो सेफ्टी लेवल-4 लैब की स्थापना का निर्णय लिया।
- प्रदेश में मधुमेह रोग पर लगाम लगाने के लिए SGPGI में उन्नत मधुमेह केंद्र की स्थापना की गई।

स्वास्थ्य क्षेत्र की योजनाओं में सफलता

- **प्रधानमंत्री मातृ वंदना योजना** से 40 लाख से अधिक माताएँ लाभान्वित।
- गरीबों के निःशुल्क इलाज हेतु **मुख्यमंत्री स्वास्थ्य सुरक्षा कोष** का गठन।
- **प्रधानमंत्री सुरक्षित मातृत्व अभियान** के अंतर्गत प्रदेश सरकार द्वारा वित्तीय वर्ष 2017 से जुलाई 2021 तक कुल 1581 कैंप आयोजित किए गए, जिनमें 3,99,348 उच्च जोखिम वाली गर्भवती महिलाओं का चिह्नीकरण किया गया।
- प्रत्येक माह की 21 तारीख को प्रदेश सरकार द्वारा **खुशहाल परिवार दिवस** का आयोजन किया जा रहा है, जिसका उद्देश्य दंपतियों को परिवार नियोजन की स्थायी व अस्थायी, दोनों प्रकार की विधियों से परिवार नियोजन की सेवाएँ उपलब्ध कराना है।
- **आयुष्मान योजना** के तहत योगी सरकार ने लाखों की संख्या में गरीब परिवारों को लाभान्वित किया है। इस योजना के अंतर्गत अब तक प्रदेश के लगभग 6 करोड़ 25 लाख से अधिक लाभार्थियों को लाभ दिया जा चुका है। वहीं 1 करोड़ 44 लाख से अधिक लोगों को **आयुष्मान भारत प्रधानमंत्री जन आरोग्य योजना** का **गोल्डन कार्ड** जारी किया जा चुका है।

स्वास्थ्य क्षेत्र में नवीन तकनीकों का अनुप्रयोग

- SGPGI लखनऊ में **स्टेम सेल रिसर्च सेंटर**, **बोन मैरो ट्रांसप्लांट सेंटर**, **लीवर ट्रांसप्लांट सेंटर** एवं **60 बेड का ट्रॉमा सेंटर** क्रियाशील है।
- प्रदेश में **रोबोटिक सर्जरी की शुरुआत**, **इमरजेंसी मेडिसिन** एवं **रीजनल ट्रांसप्लांट सेंटर** निर्माणाधीन स्थिति में है।
- SGPGI में इंस्टीट्यूट ऑफ डायबिटीज एंड इंडोक्राइनोलॉजी विभाग के नाम से एक नए विभाग की स्थापना।
- KGMU में प्रदेश का प्रथम **इंटीग्रेटेड स्पाइन सेंटर** एवं **स्पोर्ट्स मेडिसन विभाग**, **ऑर्थोप्लांट यूनिट** एवं **पीडियाट्रिक ऑर्थोपीडिक** विभाग की स्थापना।
- प्रदेश के पहले **ह्यूमन मिल्क बैंक** की स्थापना KGMU लखनऊ में की गई।
- KGMU में प्लास्टिक सर्जरी विभाग के अंतर्गत बर्न एंड रिकंस्ट्रक्टिव यूनिट की स्थापना की गई।
- KGMU में **रोबोट सर्जरी यूनिट** की स्थापना शीघ्र।
- कैंसर के इलाज हेतु सुपर स्पेशिएलिटी कैंसर संस्थान, लखनऊ की स्थापना, जिसमें 54 बेड की सुविधा है। भविष्य में बेड की संख्या 500 व उसके पश्चात् 1200 तक किए जाने का प्रावधान किया गया है।
- **ई-संजीवनी टेलीमेडिसन एंड्रायड बेस एप्लीकेशन** के माध्यम से कोविड-19 महामारी के दौर में रोगियों को घर बैठे चिकित्सकों से नि:शुल्क परामर्श की सेवा उपलब्ध कराई गई।

निश्चित तौर पर प्रदेश सरकार ने जिस तरीके से चिकित्सकीय सेवाओं के क्षेत्र में नए कीर्तिमान रचे हैं, उससे उत्तर प्रदेश चिकित्सा पर्यटन का एक नया केंद्र बनकर उभरा है। ❑

युवाओं की उम्मीद और रोजगार के नए आयामों को विस्तार देता उत्तर प्रदेश

युवा शक्ति परिवर्तन की दशा और दिशा को संचालित करती है। नवीन ऊर्जा से भरे युवा ही, नवीन सृजनात्मकता और विकास की राह के द्वार खोलते हैं, और योगी आदित्यनाथ जी स्वयं ऐसी ही ऊर्जा से ओत-प्रोत हैं, जिन्होंने उत्तर प्रदेश के समस्त युवाओं को अपने आभामंडल से प्रभावित किया है। मार्च 2017 में जब प्रदेश के मुख्यमंत्री के रूप में योगी आदित्यनाथ जी ने प्रदेश की सत्ता सँभाली तो किसी ने यह कल्पना भी नहीं की होगी कि एक संन्यासी पृष्ठभूमि से आए हुए मुख्यमंत्री बीमारू राज्य के रूप में प्रसिद्ध, कमजोर कानून व्यवस्था वाले इस पिछड़े प्रदेश को **युवाओं को सर्वाधिक रोजगार के अवसर देने वाले राज्य के रूप में स्थापित** कर देंगे। अपने दृढ़ संकल्प और कठिन परिश्रम से योगी सरकार ने अपने प्रथम कार्यकाल में जो कर दिखाया है वह पूर्व के वर्षों में कभी नहीं हुआ। आज **उत्तर प्रदेश की पहचान देश की शीर्ष अर्थव्यवस्था, शीर्ष निवेश प्राप्तकर्ता, शीर्ष मैन्युफैक्चरिंग हब के रूप में होती है।** साथ ही वर्तमान उत्तर प्रदेश उच्च **गुणवत्तापूर्ण** अवसंरचना व सांस्कृतिक पर्यटन के केंद्र बिंदु के रूप में स्वयं को विकसित कर रहा है।

पूर्व की सरकारों के कार्यकाल में उत्तर प्रदेश ने **प्रतिभा पलायन** का वह दौर देखा है, जब 18 की उम्र पार करते ही प्रदेश के युवा, रोजगार के साथ-साथ शिक्षा

और कौशल विकास की तलाश में देश के महानगरों की ओर कूच कर जाते थे। अपनों से दूर, तमाम विसंगतियों के बीच प्रदेश के होनहार नौजवान दूसरे राज्यों में आजीविका हेतु संघर्ष करते नजर आते हैं और फिर धीरे-धीरे वहीं के होकर रह जाते हैं। उनकी अकूत मेधा दूसरे राज्यों में अवसंरचना निर्माण, कारखानों में उत्पादन करते, निजी कंपनियों को सेवा देते या फिर असंगठित क्षेत्रों में काम करते प्रयुक्त होती। योगी सरकार ने इस दुष्चक्र में फँसे प्रदेश के युवाओं को, प्रदेश में ही रोजगार के बेहतर अवसर देने हेतु नई कार्य-योजना तैयार की है, जिसके परिणामस्वरूप प्रदेश में नौजवानों के लिए केवल नौकरी और रोजगार सृजन के स्तर पर ही कार्य नहीं हो रहा है, अपितु उनमें रोजगार, स्वरोजगार, कौशल विकास के जरिए अपनी मिट्टी से प्रेम और प्रदेश को हर क्षेत्र में अग्रणी बनाने की भावना का भी संचार किया जा रहा है।

प्रदेश के युवाओं को सशक्त करती अभ्युदय कोचिंग योजना

प्रदेश के युवा अपनी पढ़ाई पूरी करने के पश्चात् अपने भविष्य को आकार देने और आर्थिक रूप से सशक्त बनने के उद्देश्य से प्रतियोगी परीक्षाओं की तैयारी करने की रणनीति बनाते हैं। इस दौरान उन्हें भटकाव के कठिन दौर से गुजरना पड़ता है। प्रदेश सरकार ने युवाओं की इन समस्याओं को संज्ञान में लेते हुए एक महत्त्वपूर्ण निर्णय लिया, जो **अभ्युदय कोचिंग योजना** के रूप में परिणत हुआ। इस योजना के अंतर्गत प्रदेश के प्रत्येक मंडल पर मेडिकल, इंजीनियरिंग, बैंकिंग, यूपीएससी और एसएससी समेत अन्य प्रतियोगी परीक्षाओं के लिए योग्य मार्गदर्शन, बिना किसी शुल्क के उपलब्ध कराने की व्यवस्था की गई है। **48 लाख से ज्यादा छात्रों के पंजीकरण और 2 करोड़ से अधिक युवाओं द्वारा अभ्युदय की वेबसाइट का अवलोकन, स्वतः ही अभ्युदय की सफलता को दर्शाते हैं।** आने वाले समय में इस योजना के माध्यम से प्रदेश के युवा जो आर्थिक तंगी के चलते अपने सपनों को उड़ान नहीं दे पाते, इस योजना का लाभ उठाकर सिविल सेवा, मेडिकल और इंजीनियरिंग के क्षेत्रों में यूपी के नौजवानों के दबदबे को कायम करेंगे।

मेडिकल क्षेत्र में रोजगार सृजन की नवीन पहलें

राज्य में स्वास्थ्य सेवाओं की स्थिति को सर्वोत्तम बनाने के लिए मेडिकल एजुकेशन के क्षेत्र में युवाओं को बेहतर अवसर उपलब्ध कराने के लिए प्रदेश की योगी सरकार प्रयासरत है जिसके अंतर्गत प्रदेश के राजकीय मेडिकल कॉलेजों में एमबीबीएस की 938 सीटें,

पीजी की 172 सीटें, निजी क्षेत्र में 1550 यूजी एवं पीजी तथा डिप्लोमा में 461 सीटों की बढ़ोतरी की गई है। साथ ही मेडिकल एजुकेशन के महत्त्व को ध्यान में रखते हुए राजकीय नर्सिंग कॉलेज, कानपुर, मेरठ व झाँसी में बीएससी नर्सिंग पाठ्यक्रम शुरू किया गया है। राज्य के मेडिकल कॉलेजों व विश्वविद्यालयों में ईडब्ल्यूएस के तहत सीट में बढ़ोतरी करते हुए आर्थिक रूप से कमजोर वर्ग के लिए सरकार द्वारा आरक्षण व्यवस्था लागू की गई है जो एक स्वागत योग्य कदम है। **गोरखपुर व रायबरेली में एम्स की स्थापना** होने से प्रदेश सरकार युवाओं की क्षमता का बेहतर उपयोग करने में सक्षम हो सकेगी, अर्थात् मेडिकल व्यवस्था में व्यापकता लाने से एक ओर प्रदेश में मरीज–डॉक्टर अनुपात में सुधार होगा तो वहीं दूसरी ओर युवाओं के लिए मेडिकल क्षेत्र में रोजगार के सशक्त मार्ग भी प्रशस्त होंगे।

उच्च शिक्षा के क्षेत्र में नवीन पहलों से जुड़ता प्रदेश का युवा

योगी सरकार के कार्यकाल में प्रदेश में, उच्च शिक्षा के स्वरूप में बड़ा परिवर्तन देखने को मिल रहा है। शोध के क्षेत्र में विश्वविद्यालयों में तेजी से काम हो रहा है। प्रदेश को जल्द ही **28 नए विश्वविद्यालय** मिलने जा रहे हैं। **51 राजकीय महाविद्यालयों की स्थापना की** जा रही है। इंडस्ट्री, कौशल विकास जैसी विधाओं के लिए भी विश्वविद्यालय स्थापित किए जा रहे हैं। साथ ही उच्च शिक्षा प्राप्त करने वाले छात्रों को पाठ्य सामग्री ऑनलाइन उपलब्ध कराने हेतु **डिजिटल लाइब्रेरी** की शुरुआत की गई है, जिसमें 23 विश्वविद्यालयों के विशेषज्ञों और 1700 शिक्षाविदों व तकनीकी विशेषज्ञों के योगदान से 73,463 से अधिक ई–कंटेट, पोर्टल पर छात्रों को निःशुल्क उपलब्ध कराए गए हैं। इस डिजीटल लाइब्रेरी में हिंदी व अंग्रेजी भाषाओं में **ई–कंटेट** मौजूद है। उच्च शिक्षा के क्षेत्र में प्रदेश सरकार द्वारा की गई उक्त नवाचारी पहलों का परिणाम है कि प्रदेश के युवा रिसर्च व कौशल विकास के क्षेत्र में बेहतर प्रदर्शन कर रहे हैं।

फिल्म सिटी का निर्माण, प्रदेश में रोजगार के खुलते द्वार

फिल्म जगत् अत्यंत ही मनमोहक और आकर्षित करने वाला क्षेत्र है, जिससे जुड़ने का सपना, उसमें कैरियर बनाने व बुलंदियाँ हासिल करने का सपना लगभग सभी युवक–युवतियों का होता है। परंतु इसके लिए उन्हें मायानगरी मुम्बई जाकर अपने हुनर व किस्मत को आजमाना पड़ता है। परंतु अब प्रदेश के युवाओं को मुम्बई का रुख न करना पड़े और प्रदेश में ही उनकी कला, उनके हुनर को पहचान मिले, इस उद्देश्य से नोएडा में, दुनिया की सबसे आधुनिक और विशाल फिल्म सिटी निर्माणाधीन है। 1000 एकड़ में विकसित

होने वाली इस फिल्म सिटी में युवाओं को वीएफएक्स, एनिमेशन और गेमिंग इंडस्ट्री के नए प्लेटफार्म से जुड़ने का मौका मिलेगा, साथ ही रोजगार के नए अवसरों जैसे-स्पॉट ब्वाय, मेकअप आर्टिस्ट, स्क्रिप्ट राइटर, कैमरामैन जैसे हजारों रोजगारों के नए विकल्प सृजित होंगे। यूपी अब फिल्म इंडस्ट्री के क्षेत्र में उत्तर भारत के राज्यों का प्रतिनिधित्व करेगा। यह सब संभव हुआ है प्रदेश के मुख्यमंत्री योगी जी के विजन से।

प्रदेश में क्षेत्रीय कलाओं व उत्पादों पर आधारित रोजगार के नए अवसर सृजित करती योगी सरकार

उत्तर प्रदेश देश की सर्वाधिक युवा प्रतिभा से संपन्न प्रदेश है। साथ ही प्रदेश में व्याप्त लोक कलाएँ इतनी समृद्ध हैं कि ये प्रदेश में रोजगार सृजन करने का मुख्य केंद्र बन सकती हैं। इसी उद्‌देश्य से योगी सरकार ने प्रदेश की क्षमता अर्थात् क्षेत्रीय कलाओं और कारीगरों को सशक्त करने का ब्लू प्रिंट तैयार किया है ताकि प्रदेश में सृजनात्मक कार्यों को नयी पहचान मिल सके। प्रदेश की योगी सरकार, क्षेत्रीय कलाओं व उत्पादों पर केंद्रित रोजगार के नए अवसरों का सृजन निम्न प्रकार से कर रही है-

1. **विश्वकर्मा श्रम सम्मान योजना :** उत्तर प्रदेश सरकार द्वारा प्रारम्भ इस योजना का उद्‌देश्य प्रदेश के युवाओं को बढ़ईगिरी, सिलाई, लोहार, सोने से जुड़े काम, मिट्टी के बर्तनों के काम और मीट की दुकान चलाने जैसे पारंपरिक व्यवसायों में प्रशिक्षण देने में मदद करना है ताकि वे स्वरोजगार की दिशा में अग्रसर हो सकें।
2. **प्रशिक्षण व टूलकिट वितरण को बढ़ावा :** कोरोना काल में राज्य में मजदूरों के बढ़ते प्रवास के चलते उन्हें आजीविका के स्थिर स्रोत उपलब्ध कराने हेतु प्रदेश की योगी सरकार ने प्रशिक्षण और टूलकिट वितरण का कार्य व्यापक स्तर पर किया। राज्य सरकार की इस पहल से प्रदेश में रोजगार और आय सृजन के मार्ग प्रशस्त हुए।
3. **'एक जिला एक उत्पाद' योजना में 20 नए कृषि उत्पादों को जोड़ने की नवीन पहल :** सरकार की इस पहल से न केवल किसानों की आय दोगुनी करने में मदद मिलेगी, अपितु प्रदेश में निवेश को आकर्षित करने का सामर्थ्य बढ़ेगा। इससे प्रदेशवासियों की छिपी प्रतिभाओं को निखारने और रोजगार की संभावनाओं के अवसर बढ़ाने में मदद मिलेगी।

4. **प्रदेश का हथकरघा व हस्तशिल्प उद्योग रोजगार की अपार संभावनाओं से युक्त : मेक इन इंडिया** पहल से प्रेरित होकर राज्य सरकार ने यूपी के संपन्न हथकरघा और हस्तशिल्प उद्योगों को नई दिशा देने हेतु **आत्मनिर्भर भारत** अभियान के तहत मिलने वाले विशेष आर्थिक पैकेज से राज्य के हथकरघा और हस्तशिल्प क्षेत्र में उद्यमशीलता की भावना की शुरुआत की है। साथ ही अन्य नवीन पहलों को भी अपनाया है, जैसे-दस्तकार चौपाल, यूपी के कपड़ा मंत्रालय का एक इनिशिएटिव है जिसका उद्‌देश्य वाराणसी के विभिन्न शिल्पों के कारीगरों को संवेदनशील बनाना है। गुरु-शिष्य परम्परा के माध्यम से प्राचीन हस्तशिल्प में प्रशिक्षण देने के लिए अनुभवी कारीगरों और युवा पीढ़ी को एक साथ लाया जा रहा है ताकि पीढ़ी-दर-पीढ़ी प्राचीन हस्तशिल्पों का संरक्षण हो सके तथा वे सशक्त रोजगार का माध्यम बन सकें। प्रदेश सरकार ने ई-कॉमर्स के माध्यम से राज्य के हथकरघा उत्पादों के प्रचार-प्रसार एवं उत्पादों की पहुँच को सुनिश्चित करने में महत्त्वपूर्ण भूमिका निभाई है। साथ ही बुनकरों को कंप्यूटर/डिजिटल साक्षरता का कौशल देकर अग्रणी फैशन डिजाइनरों के साथ हथकरघा समूहों को काम करने का सुअवसर दिया जा रहा है। उक्त पहलें अवश्य ही उत्तर प्रदेश राज्य के सांस्कृतिक उत्पादों को पहचान देंगी, कौशल विकास को नई ऊँचाइयाँ देंगी, साथ ही प्रदेश को आत्मनिर्भर यूपी के रूप में स्थापित करेंगी, जहाँ युवा अपने हुनर के दम पर स्वरोजगार हेतु प्रेरित होंगे।

प्रदेश के औद्योगिक विकास से सृजित होते नए रोजगार

योगी सरकार के कार्यकाल में देश की दूसरी सबसे बड़ी अर्थव्यवस्था वाले राज्य उत्तर प्रदेश में व्यवसाय, निवेश व उत्पादन करना अब आसान हुआ है जिसके चलते प्रदेश **'ईज ऑफ डूइंग बिजनेस' सूचकांक में दूसरे स्थान पर आ गया है।** परिणामस्वरूप प्रदेश के औद्योगिक क्षेत्र में तीव्र गति से निवेश व रोजगार के अवसर सृजित हो रहे हैं, जो निम्नवत् हैं-

1. **डिफेंस औद्योगिक कॉरिडोर की स्थापना :** वर्ष 2018 में योगी सरकार के प्रथम कार्यकाल में आयोजित इनवेस्टर्स समिट में प्रदेश में डिफेंस औद्योगिक कॉरिडोर की स्थापना की घोषणा की गई थी। इस मेगा प्रोजेक्ट में 50 हजार करोड़ रुपए के निवेश से लगभग 2.5 लाख लोगों को रोगजार के नए अवसर प्राप्त होंगे।
2. **गोरखपुर जिले में 1500 करोड़ रुपए के निवेश की परियोजना :** उत्तर प्रदेश के गोरखपुर जिले में 1500 करोड़ रुपए के निवेश के साथ रोजगार सृजन की अपार संभावनाएँ उत्पन्न हुई हैं जो निम्नवत् हैं-

निवेश	राशि	रोजगार क्षमता
आदित्य बिड़ला ग्रुप	700 करोड़ रुपए	2000
मेसर्स अंकुर उद्योग प्रा.लि.	366.32 करोड़ रुपए	1000
गैलेंट इस्पात लि.	117 करोड़ रुपए	210
कोको कोला बॉटलिंग प्लांट	200 करोड़ रुपए	500
13 इंडस्ट्री भीटी रावत में स्थापित	170 करोड़ रुपए	1400

एमएसएमई क्षेत्र व ओडीओपी : प्रदेश में रोजगार सृजन का नया केंद्र

उत्तर प्रदेश संभावनाओं का प्रदेश है जहाँ निवेश व रोजगार की स्थिति पहले से बेहतर हुई है। प्रदेश की योगी सरकार प्रदेश की क्षमता को पहचान कर उन क्षेत्रों को प्राथमिकता दे रही है जो निर्यात व रोजगार सृजन दोनों ही आधारों में श्रेष्ठ हैं जैसे–एमएसएमई क्षेत्र को 2.16 लाख करोड़ की वित्तीय सहायता देकर 2 करोड़ रोजगार के सृजन का लक्ष्य निर्धारित किया गया है। ओडीओपी योजना में 8,875 करोड़ रुपए के ऋण वितरित कर 25 लाख रोजगार सृजन का लक्ष्य है। ओडीओपी के 11,296 उत्पाद अमेजन की वेबसाइट पर उपलब्ध हैं जो इस योजना की सार्थकता को सिद्ध करता है।

महिलाओं को रोजगार के नए अवसर देती प्रदेश की योगी सरकार

यूपी सरकार के प्रोत्साहन और समर्थन से प्रदेश की महिलाओं को आय के वैकल्पिक स्रोतों जैसे–हस्तशिल्प और हथकरघा के क्षेत्र में सृजित होने वाले रोजगार के नए अवसरों से जुड़ने का मौका मिला। इसके लिए प्रदेश सरकार ने पर्याप्त ट्रेनिंग प्रोग्राम्स, स्किल डेवलपमेंट वर्क शॉप जैसी नवाचार पहलों का व्यापक रूप से आगाज किया। साथ ही महिला उद्यमियों को **मुद्रा** और **राष्ट्रीय ग्रामीण आजीविका मिशन** जैसी राष्ट्रीय योजनाओं से होने वाले लाभों के प्रति जागरूक किया है। परिणामस्वरूप प्रदेश की महिलाओं को कौशल वृद्धि और कमाई का एक विश्वसनीय और आत्मनिर्भर स्रोत मिला है। प्रदेश की 58,758 ग्राम पंचायतों में महिलाओं को बैंकिंग कॉरस्पोंडेंट सखी के रूप में तैनात कर ग्रामीण क्षेत्रों में महिला रोजगार की एक नई राह खोली गई है। अगले कुछ दिनों में 1 लाख 22 हजार बैंकिंग सखी भरती करने का लक्ष्य है। यही नहीं पोषाहार वितरण में सेल्फ हेल्प ग्रुप की महिलाओं की नियुक्ति की गई। सरकारी योजनाओं से जुड़े कार्यों को स्वयं सहायता समूह की महिलाओं को सौंपा जा रहा है। प्रदेश सरकार का लक्ष्य है कि प्रदेश की एक करोड़ महिलाओं को 10 लाख सेल्फ हेल्प ग्रुप से जोड़ा जाए। यह लक्ष्य भी, यह सरकार जल्द हासिल कर लेगी।

प्रदेश में सरकारी नौकरियों में बढ़ते अवसर

सरकारी नौकरियाँ देने में **पारदर्शी व्यवस्था** का अपनाया जाना, योगी सरकार की प्रमुख उपलब्धियों में से एक है। प्रदेश सरकार ने अपने प्रथम कार्यकाल में लगभग 5 लाख से अधिक पात्र नौजवानों को सरकारी नौकरियाँ दी हैं, जो पूरी तरह विवादमुक्त रहीं। वरना कभी वो भी समय था जब एक भरती होती थी और दर्जनों विवाद खड़े हो जाते थे। योग्यता रखने के बावजूद भी युवाओं के सरकारी नौकरी पाने के सपने, भ्रष्ट हो चुके प्रशासनिक तंत्र की भेंट चढ़ जाते थे। प्रदेश की योगी सरकार ने भरती प्रक्रिया का ऐसा मजबूत और अभेद्य सिस्टम तैयार किया है जिसे भ्रष्टाचार स्पर्श भी नहीं कर सकता। प्रदेश में मार्च 2017 से सितम्बर 2021 की समयावधि तक सरकारी नौकरियों में भरती की स्थिति निम्नवत रही–

सरकारी नौकरियाँ	संख्या
उत्तर प्रदेश लोक सेवा आयोग	32,685
उत्तर प्रदेश अधीनस्थ सेवा चयन आयोग	18,585
उत्तर प्रदेश उच्च शिक्षा आयोग	1,924
उत्तर प्रदेश माध्यमिक शिक्षा चयन बोर्ड	15,004
उत्तर प्रदेश पीसीएल/विद्युत सेवा आयोग	6,507
उत्तर प्रदेश पुलिस भरती एवं प्रोन्नत बोर्ड	1,43,445
बेसिक शिक्षा विभाग	1,25,987

उत्तर प्रदेश मिशन रोजगार योजना, 2021

5 दिसम्बर, 2020 को प्रारम्भ **मिशन रोजगार योजना** के तहत उत्तर प्रदेश प्रशासन, लोगों को सार्वजनिक और निजी क्षेत्रों में रोजगार खोलने में मदद कर रही है। इसमें वे लोग भी शामिल हैं जिन्होंने लॉकडाउन अवधि में छँटनी के दौरान अपनी नौकरी खो दी थी। प्रदेश सरकार ने दिसम्बर 2020 से मार्च 2021 के बीच राज्य के लगभग 50 लाख पढ़े-लिखे और बेरोजगार उम्मीदवारों के लिए रोजगार के अवसर पैदा किए हैं। इस योजना के तहत इच्छुक आवेदक ऑनलाइन आवेदन कर सकते हैं, साथ ही इसमें स्वरोजगार के अवसर भी शामिल हैं।

मनरेगा में रोजगार की स्थिति

मनरेगा के जरिए उत्तर प्रदेश सरकार ने सर्वाधिक कार्य दिवस सृजित कर एक नया कीर्तिमान रचा है। साथ ही करीब 1.5 करोड़ मजदूरों को रोंजगार देकर यह सुनिश्चित किया है कि प्रदेश सरकार समाज के सबसे आखिरी पंक्ति में खड़े व्यक्ति की आजीविका को लेकर कितनी गंभीर है।

उद्यम सारथी ऐप-स्वरोजगार की दशा में नया कदम

उत्तर प्रदेश की वर्तमान स्थिति में स्वरोजगार की बात करें तो, प्रदेश सरकार इस क्षेत्र में विशेष तौर से कार्य कर रही है। स्वरोजगार और उद्यम से जुड़ी जानकारी और मार्गदर्शन के लिए उत्तर प्रदेश के युवाओं को अब कहीं भटकना नहीं पड़ता। सरकार ने **उद्यम सारथी ऐप** लॉन्च किया है। स्वरोजगार की विधा से जुड़ी हर जानकारी अब युवाओं को मोबाइल के एक क्लिक पर मिल रही है। सुखद अनुभूति होती है कि प्रदेश के ऊर्जावान और प्रतिभाशाली युवा, उद्यम सारथी ऐप का अधिकतम प्रयोग कर स्वयं के साथ प्रदेश को भी आगे बढ़ाने का कार्य कर रहे हैं। प्रदेश के युवाओं में नई सोच पनप रही है, अब वे नौकरी माँगने वाले की जगह, नौकरी देने वाले बन रहे हैं।

भाग–2

पर्यटन, भाषा, संस्कृति और संस्कृत

6. उत्तर प्रदेश : संस्कृत और संस्कृति के क्षेत्र में गढ़ता नया अवसर
7. धार्मिक-सांस्कृतिक स्थल : अयोध्या और काशी का उन्नयन
8. गौ-संरक्षण और संवर्धन को मिला नया गौ पालक

संस्कृत एवं संस्कृति तथा संस्कार को नवीन आयाम देती योगी सरकार

अध्याय 6

उत्तर प्रदेश : संस्कृत और संस्कृति के क्षेत्र में गढ़ता नया अवसर

उत्तर प्रदेश जनसंख्या की दृष्टि से भारत का सर्वाधिक बृहद जनसंख्या वाला राज्य है जिस पर भारतवर्ष की विविधताओं में एकता की उक्ति चरितार्थ होती है। अपने देश की एकता जितनी प्रकट है, उसकी विविधताएँ भी उतनी ही प्रत्यक्ष हैं। भारतवर्ष के नक्शे को ध्यान से देखने पर यह साफ दिखाई पड़ता है कि इस देश के तीन भाग प्राकृतिक दृष्टि से बिल्कुल स्पष्ट हैं। सबसे पहले तो भारत का उत्तरी भाग है जो हिमालय के दक्षिण से लेकर विंध्याचल के उत्तर तक फैला हुआ है। उसके बाद विंध्य से लेकर कृष्णा नदी के उत्तर तक का वह भाग है, जिसे हम 'दक्कन का पठार' कहते हैं। इसके दक्षिण में, कृष्णा नदी से लेकर कुमारी अंतरीप तक का जो भाग है, वह प्रायद्वीप जैसा है। अचरज की बात है कि प्रकृति ने भारत के जो ये तीन खंड किए हैं, वे ही भारतवर्ष के इतिहास के भी तीन क्रीड़ास्थल रहे हैं। पुराने समय में उत्तर भारत में जो राज्य कायम किए गए, उनमें से अधिकांश विंध्य की उत्तरी सीमा तक ही फैलकर रह गए। विंध्य को लाँघकर उत्तर भारत को दक्षिण भारत से मिलाने की कोशिशें तो बहुत की गईं, मगर इस काम में कामयाबी किसी-किसी को ही मिली। कहते हैं, पहले-पहल अगस्त्य ऋषि ने विंध्याचल को पार करके दक्षिण के लोगों को अपना संदेश सुनाया था। फिर भगवान श्रीरामचंद्र ने लंका पर चढ़ाई करने के सिलसिले में विंध्याचल को पार किया। महाभारत के काल में उत्तरी और दक्षिणी भारत के अंश एक राज्य के अधीन थे या नहीं, इसका कोई पक्का सबूत नहीं मिलता। लेकिन भगवान रामचंद्र ने उत्तरी

और दक्षिणी भारत के बीच जो एकता स्थापित की थी, वह महाभारत-काल में भी कायम थी और दोनों भागों के लोग आपस में मिलते-जुलते रहते थे।

धरती की रूपरेखा और जलवायु का प्रभाव उस पर बसनेवाले लोगों के शरीर और मस्तिष्क दोनों पर पड़ता है। पहाड़ और रेगिस्तान की जिंदगी जरा मुश्किल होती है। यही कारण है कि उनमें बसनेवाले लोग आजाद तबीयत के होते हैं, क्योंकि प्रकृति की कठिनाइयों को झेलते-झेलते उनका शरीर कड़ा और मन साहसी एवं निर्भीक हो जाता है। इसके विपरीत नदियों के पठारों में रहनेवाले लोग किसान तबीयत के हो जाते हैं क्योंकि पठार की जमीन उपजाऊ होती है और वहाँ रहने वालों को जीने के लिए ज्यादा मेहनत करने की जरूरत नहीं होती। यही कारण है कि बंगाल, बिहार और उत्तर प्रदेश के किसान वैसे तगड़े नहीं होते जैसे राजस्थान के राजपूत या उत्तर-पश्चिमी भारत के औसत सिख और पठान लोग होते हैं। जलवायु एवं क्षेत्रीय सुविधा के अनुसार ही लोगों के पहनावे और खान-पान में भी भेद हो जाता है जो भारत में बहुत ही प्रत्यक्ष है। पोशाकें जीवंतता को प्रभावित करती हैं। रंगीन व चमकीले वस्त्रों की आभा और सादे रंगों की क्रांति दोनों के ही अपने अर्थ हैं जैसे-लाल रंग के कई मायने हैं, लाल रंग किसी विवाहिता के लिए शुभ है तो रास्ते पर राहगीरों के लिए इसका अलग संकेत है। यदि चर्चा धार्मिक स्थलों की हो तो देवियों का श्रृंगार सदा ही लाल रंग से किया जाता है, इस तरह पोशाकें और रंग भी भारतीय होने में विशिष्टता रखते हैं।

'यू.पी. नहीं देखा तो इंडिया नहीं देखा' को चरितार्थ करने के भाव में विविधता समाहित है जिसका सबसे बड़ा लक्षण यह है कि हमारे देश में अनेक प्रकार की भाषाएँ बोली जाती हैं और इनके कारण हम आपस में भी अजनबी के समान हो जाते हैं। उत्तर भारत में तो गुजरात से लेकर बंगाल तक की जनता के बीच खूब संपर्क हुआ है, इसलिए वहाँ भाषा-भेद की कठिनाई उतनी नहीं अखरती। भाषा-भेद की समस्या जरा कठिन है और उसका हल तभी निकलेगा, जब विभिन्न भाषाओं का अच्छा प्रचार हो। सौभाग्य की बात है कि इस दिशा में काम शुरू हो गए हैं और कुछ समय बीतते-बीतते हम इस बाधा पर भी विजय प्राप्त कर लेंगे। भारतीय होने के नाते हमारे लिए यह गर्व की बात है कि भिन्न-भिन्न भाषाओं के भीतर बहने वाली हमारी भावधारा एक है तथा हम प्राय: एक ही तरह के विचारों और कथा-वस्तुओं को लेकर अपनी-अपनी बोली में साहित्य-रचना करते हैं। रामायण और महाभारत को लेकर भारत की प्राय: सभी भाषाओं के बीच अद्‌भुत एकता मिलेगी, क्योंकि ये दोनों काव्य सबके उपजीव्य रहे हैं। इसके अलावा, संस्कृत और प्राकृत में भारत का जो साहित्य लिखा गया था, उसका प्रभाव भी सभी भाषाओं की जड़ में काम कर रहा है। विचारों की एकता जाति की सबसे बड़ी एकता होती है।

हमारी एकता का एक दूसरा प्रमाण यह है कि उत्तर या दक्षिण, चाहे जहाँ भी चले जाइए, आपको जगह-जगह एक ही संस्कृति के मंदिर दिखाई देंगे, एक ही तरह के लोगों से मुलाकात होगी जो चन्दन लगाते हैं, स्नान-पूजा करते हैं। तीर्थ-व्रत में विश्वास करते

हैं इनके अलावा दूसरे तरह के लोग भी मिलेंगे जो नई रोशनी को अपना लेने के कारण इन बातों को कुछ शंका की दृष्टि से देखते हैं। उत्तर भारत के लोगों का जो स्वभाव है, जीवन को देखने की उनकी जो दृष्टि है, वही स्वभाव और वही दृष्टि दक्षिणवालों की भी है। भाषा की दीवार के टूटते ही उत्तर भारतीय और दक्षिण भारतीय के बीच कोई भी भेद नहीं रह जाता और वे आपस में एक-दूसरे के बहुत करीब आ जाते हैं।

धार्मिक विश्वास की एकता मनुष्यों की सांस्कृतिक एकता को जरूर पुष्ट करती है। इस दृष्टि से एक तरह की एकता तो वह है जो हिंदू-समाज में मिलेगी, जो मुसलिम-समाज में मिलेगी, जो पारसी या ईसाई समाज में मिलेगी। लेकिन धर्म के केंद्र से बाहर जो संस्कृति की विशाल परिधि है, उसके भीतर बसनेवाले सभी भारतीयों के बीच भी एक तरह की सांस्कृतिक एकता है, जो उन्हें दूसरे देशों के लोगों से अलग करती है। संसार के हर एक देश पर अगर हम अलग-अलग विचार करें तो हमें पता चलेगा कि प्रत्येक देश की एक निजी सांस्कृतिक विशेषता होती है, जो उस देश के प्रत्येक निवासी की चाल-ढाल, बातचीत, रहन-सहन, खान-पान, तौर-तरीके और आदतों से प्रदर्शित होती है। चीन से आनेवाला आदमी विलायत से आनेवालों के बीच नहीं छिप सकता और यद्यपि अफ्रीका के लोग भी काले ही होते हैं, मगर वे भारतवासियों के बीच नहीं खप सकते। भारतवर्ष में भी यूरोपीय पोशाकों का खूब चलन है, लेकिन यूरोपीय लिबास में सजे हुए सौ हिन्दुस्तानियों के बीच एक अंग्रेज को खड़ा कर दीजिए, वह आसानी से अलग पहचान लिया जाएगा। इसी तरह भारत के हिंदू ही नहीं, बल्कि हिंदुस्तानी, ईसाई, पारसी और मुसलमान भी भारत से बाहर जाने पर आसानी से पहचान लिये जाते हैं कि वे हिंदुस्तानी हैं और यह बात कोई आज पैदा नहीं हुई है, बल्कि इतिहास के किसी भी काल में भारतवासी ही थे जो अन्य देशों के लोगों के बीच खप नहीं सकते थे। यही वह सांस्कृतिक एकता या शक्ति है, जो भारत को एक रखे हुए है। यही वह विशेषता है जो उन लोगों में पैदा होती है जो एक देश में रहते हैं, एक तरह की जिंदगी बसर करते हैं और एक तरह के दर्शन और एक तरह की आदतों का विकास करके एक राष्ट्र के सदस्य हो जाते हैं।

भारतीय राज्यों में उत्तर प्रदेश एक बृहद जनसंख्या वाला प्रदेश है। इसकी भूमि पर विश्व को नवीन दिशा दिखाने वाले महापुरुषों ने जन्म लिया है, जिनमें पुरुषों में उत्तर श्रीराम और संपूर्ण जगत् को गीता का ज्ञान देने वाले जगद्गुरु श्रीकृष्ण अवतरित हुए हैं। इसी भूमि पर विभिन्न धर्मों की भी उत्पत्ति हुई है, जिसमें बौद्ध धर्म और जैन धर्म आज विश्व प्रमुख हैं। योगी आदित्यनाथ जी की शासन व्यवस्था में धर्म का सरंक्षण मुख्य रूप से शामिल रहा है। जैसा कि सर्वविदित है कि योगी जी स्वयं संन्यासी होकर समाज और राष्ट्र को विभिन्न सांसारिक आडंबरों से निर्लिप्त होते हुए राज्य के प्रति अपना कर्त्तव्य और धार्मिक आस्था में अडिग रहते हुए कर्त्तव्यपरायणता का पाठ सिखा रहे हैं। यह उनकी धर्म के प्रति अटूट आस्था का ही परिचायक है और उनका यही उद्देश्य समाज में प्रत्येक धर्मावलंबी के लिए भी है, जिससे वह अपने सांसारिक कर्त्तव्यों के

साथ-साथ अपने आध्यात्मिक कर्त्तव्यों का भी निर्वहन उतनी ही निष्ठा से करें। भारत की विविधता और बहुधार्मिक आस्था का सम्मान करते हुए योगी आदित्यनाथ जी प्रदेश में विभिन्न धर्मों के समन्वय हेतु कई योजनाओं को भी संचालित कर रहे हैं, जो अयोध्या धाम, कुशीनगर, मथुरा और ब्रजधाम की होली, मुख्य धार्मिक परंपराओं और प्रदेश की सांस्कृतिक पृष्ठभूमि को वैश्विक पटल पर स्थापित करने से संबंधित हैं। इसके साथ ही विभिन्न गतिविधियाँ प्रदेश की सांस्कृतिक विरासत को और भी समृद्ध करने का कार्य कर रही हैं। वर्ष 2017 में अपने प्रथम कार्यकाल के प्रथम वर्ष में अयोध्या में दिवाली का भव्य उत्सव मनाया गया। इस कार्यक्रम के अंतर्गत सरयू नदी के तट पर तेल के दीये जलाने का सर्वाधिक बृहद आयोजन किया गया, जिसने प्रदेश को राष्ट्र स्तर पर ही नहीं अपितु वैश्विक स्तर पर आकर्षण का केंद्र बनाया और गिनीज बुक ऑफ वर्ल्ड रिकार्ड में स्थान दिलाया। अपने कार्यकाल के दौरान योगी आदित्यनाथ जी ने प्रदेश की सांस्कृतिक और धार्मिक विशिष्टता को और भी जीवंत किया है, जिसने विश्व के सुप्रसिद्ध विद्वानों को भी अपनी ओर खींचा है। अयोध्या की अंतरराष्ट्रीय स्तर पर मान्यता और पहचान को सुनिश्चित करने के लिए श्री योगी जी ने भगवान राम की जन्मभूमि पर उनके 14 वर्ष के वनवास से वापस आने के उपलक्ष्य में आयोजित किए जानेवाले दीपोत्सव के सांस्कृतिक, धार्मिक और आध्यात्मिक उत्सव जैसे अन्य कार्यों के आयोजन की परियोजनाओं का शुभारंभ किया। 'त्रेता युग' की इस पौराणिक घटना को आयोजित करने में वर्ष 2020 की वैश्विक महामारी भी बाधा न बन सकी और कोरोना वायरस दिशा-निर्देशों का पालन करते हुए 5.84 लाख से अधिक मिट्टी के दीये जलाए गए और लेजर व साउंड शो जैसी तकनीकियों के द्वारा सरयू नदी का तट रोशनी से जगमगा उठा, इसके साथ ही निर्माणाधीन राम मंदिर पर भी 21,000 दीयों से दीपोत्सव मनाया गया। श्री योगी आदित्यनाथ जी द्वारा प्रदेश की सांस्कृतिक और धार्मिक पहचान को वैश्विक स्तर पर लाने के लिए अपने कार्यकाल में विभिन्न परियोजनाओं की शुरुआत कराई गई है जिसमें अयोध्या दीपोत्सव के अतिरिक्त मथुरा-वृंदावन की होली भी सम्मिलित है। वर्ष 2018 में जब रसोत्सव में भाग लिया तो भक्ति और रस के समागम ने प्रदेश में एक नवीन ऊर्जा का संचार किया और होली की परंपरा को आगे बढ़ाने के अपने प्रयास को आकार देने में योगदान दिया। वृंदावन की होली अपनी अनूठी विशेषता रखती है जो श्रीकृष्ण और उनकी संगिनी श्रीराधा द्वारा मनाई जाती रही। श्री राधा-कृष्ण के जीवन से संबंधित घटनाक्रम जैसे 'रास और होली' अत्यंत ही विशेष समझी जाती हैं। इन्हीं की जीवन घटनाओं पर आधारित मधुबनी शैली भी सुप्रसिद्ध है। इसलिए जब श्री योगी आदित्यनाथ जी के द्वारा इनके जीवन से जुड़ी महत्त्वपूर्ण घटनाओं का आयोजन किया गया तो यह वैश्विक आकर्षण का केंद्र बना और इस प्रयास के द्वारा **एक भारत श्रेष्ठ भारत** के विचार को भी बल प्राप्त हुआ। इसमें सामूहिक विवाह योजना भी सम्मिलित है। इस योजना के अंतर्गत प्रत्येक जोड़े पर 51 हजार की धनराशि

खर्च की जाती है। यह सामूहिक विवाह उन सभी गरीब परिवारों को योगी जी की ओर से पुत्री के विवाह हेतु एक सहायता है। इसमें बिना किसी जाति-भेद अथवा सामुदायिक, धार्मिक भेद के, समाज के सभी धर्म, सभी जातियाँ सामूहिक रूप से सम्मिलित होकर अपने-अपने रीति-रिवाजों के अनुसार इस योजना से लाभान्वित हो रही हैं। अपने कार्यकाल के 5 वर्षों के दौरान योगी जी ने ऐसे 11 हजार से अधिक जोड़ों को वैवाहिक सूत्र द्वारा परिवार के रूप में समाज में स्थापित किया है, साथ ही, सामाजिक समरसता व सौहार्द बढ़ाने के लिए वे बिना किसी भेदभाव के गरीब परिवारों की सहायता कर रहे हैं।

भारतीय संस्कृति का सवंर्धन उसके राज्यों की विविधता और बहुरंगी संस्कृति का ही परिणाम है, उत्तर प्रदेश संपूर्ण भारतवर्ष में अपनी संस्कृति की एक विशेष पहचान रखता है, जिसे श्री योगी आदित्यनाथजी के शासन में फलने-फूलने की विशेष दशाएँ प्राप्त हुई हैं, अपने प्रथम कार्यकाल के दौरान, उन्होंने राज्य के संस्कृति संरक्षण हेतु राज्य संग्रहालय अभिलेखागार, सांस्कृतिक केंद्र, आर्ट गैलरी, जैसी सांस्कृतिक विरासत को समृद्ध बनाने हेतु नवीन पहलों और विभिन्न स्टार्ट-अप नीतियों को लागू करने का कार्य किया है।

यूरोप के देशों, विशेषकर जर्मनी, फ्रांस और रूस के विद्वान संस्कृत का अभ्यास करने लगे थे और उन्होंने अपनी भाषाओं में अनगिनत ग्रंथ लिख डाले थे। हमारे देश में आकर अथवा ग्रंथों को वहीं मँगवाकर उनके मंथन में वे इतने दत्तचित्त हुए कि बहुत-सी चीजों के प्रति हमारे देश के लोगों का ध्यान भी पहले-पहल उन्होंने ही आकर्षित किया। हमारे देश से कितनी हस्तलिखित पुस्तकें वे ले गए। आज यूरोप के किसी-किसी संग्रहालय में तो इतने संस्कृत-प्राकृत ग्रंथ मौजूद हैं, जितने हिंदुस्तान में भी विरले ही स्थानों पर हैं। उन्होंने संस्कृत का अभ्यास केवल मनोविनोद के लिए नहीं किया। इस भाषा के ज्ञान पर ही आज के यूरोपीय भाषाविज्ञान की नींव पड़ी है। संस्कृत का अभ्यास करने पर ही उन्होंने उसमें और यूरोपीय भाषाओं में वह संबंध देखा, जिससे वे संस्कृत, फारसी, लातिनी, यूनानी, स्लाव, केल्ती इत्यादि भाषाओं को एक वंश की बतला सके। इसी ज्ञान ने संसार में सभी भाषाओं के अध्ययन का एक दूसरा नया और व्यापक कारण प्रस्तुत कर दिया। भाषा द्वारा मनुष्यमात्र के भूले इतिहास को जानने का एक प्रशस्त और अचूक रास्ता मिल गया। आज इसी रास्ते पर चलकर खोज करते हुए वे मानव समाज के उस अतीत का, जो बहुत कुछ भुलाया जा चुका था, चित्र खींच सके हैं और उसे हमारे सामने पुनर्जीवित करके दिखला सके हैं। पश्चिमी विद्वानों द्वारा संस्कृत के अभ्यास ने केवल भारतवर्ष के लिए ही नहीं, सारे संसार के लिए भाषा-विज्ञान और पुरातत्त्व, इन दो नए प्रकार की विद्याओं की नींव डाली, और आज इनकी बड़ी-बड़ी और सुंदर इमारतें तैयार हो गई हैं और दिन-प्रतिदिन नई इमारतें उस नींव पर बनती जा रही हैं। वह भाषा-विज्ञान यूरोप के लिए और संसार के लिए इस विषय में एक नई चीज है कि इसमें तुलनात्मक दृष्टि से विभिन्न भाषाओं के विकास और प्रगति की समीक्षा की जाती है और व्यापक

नियम ढूँढ़ के निकाले जाते हैं। आज से न मालूम कितने वर्षों पूर्व व्याकरण और निरुक्त इस देश में पराकाष्ठा तक पहुँचा दिए गए थे। संस्कृत भाषा में वह शक्ति है कि आज के नए-से-नए विचारों और भावों को वह आसानी से व्यक्त कर सकती है और आज भी, जब हम किसी भी बोलचाल की भाषा में उन्हें व्यक्त करना चाहते हैं तो संस्कृत शब्दों की ही शरण लेते हैं। आरंभ में यह भाषा इतनी शक्तिशाली या इतनी परिमार्जित नहीं रही होगी। हमारे पूर्वजों ने छानबीन करके और भाषा के विकास के नियमों का अध्ययन करके ही इसे संस्कृत बनाया और तब उन नियमों को व्याकरण का रूप दिया, जो आज भी इसका नियंत्रण करते हैं। प्रदेश की योगी सरकार ने संस्कृत भाषा को समृद्ध और तकनीकी शिक्षा से जोड़कर इसे अर्थाजन का माध्यम बनाने के प्रयास किए हैं। अपने प्रथम कार्यकाल के दौरान संस्कृत भाषा संबंधी स्कूल और डिग्री कॉलेजों में लगभग 242 करोड़ और 30 करोड़ क्रमशः की सहायता धनराशि उपलब्ध कराने का कार्य किया है और संस्कृत शिक्षा को बढ़ावा देने के लिए काशी विद्यापीठ में 21 करोड़ रुपए की धनराशि प्रदान किये जाने का प्रावधान किया है तथा लगभग इतनी ही सहायता धनराशि संपूर्णानंद वाराणसी को भी देने का प्रावधान किया गया है। भाषा का विकास इसी प्रकार होता है और हमारे पूर्वजों ने ऐसे समय में इन नियमों को रूप दे दिया था, जब शायद संसार में अन्य किसी भाषा को वैसा रूप नहीं मिला था। योगी आदित्यनाथ जी के शासन काल में संस्कृत भाषा को सम्मान देने और इसे वर्तमान में रोजगारपरक बनाने हेतु सिविल सेवा की कोचिंग निःशुल्क रूप से छात्रवृत्ति सहित दी जा रही है। जिसका संचालन केंद्र लखनऊ में है तथा अन्य जिलों में भी इस प्रयास का आरंभ किया जा रहा है।

जैसा कि स्वयं योगी जी के कथनानुसार संस्कृत भाषा भारत के डीएनए में है। शब्दों के उच्चारण के विज्ञान की हमारे यहाँ बड़ी उन्नति हुई थी और उसी के आधार पर व्याकरण की सृष्टि हुई थी। हमारी वर्णमाला अद्भुत है। अन्य सभी भाषाओं में भी साहित्य है, वर्णमाला है, पर जितनी बारीकी के साथ स्वरों का अभ्यास हमारी वर्णमाला के बनाने में किया गया है उतनी बारीकी और वैज्ञानिकता किसी दूसरी वर्णमाला में नहीं है। जितने प्रकार की ध्वनियाँ हो सकती हैं, सबके लिए अक्षर होने चाहिए और एक ध्वनि के लिए एक ही अक्षर होना चाहिए। यह गुण केवल संस्कृत वर्णमाला में ही है, अन्य किसी भी वर्णमाला में नहीं। यह चमत्कार अनजाने नहीं हो गया। उस विद्या का विधिपूर्वक अभ्यास किया गया, तभी वह इतनी परिपूर्ण और सुंदर बन सकी। हम भारतवासियों, विशेषकर हिंदुओं के संबंध में एक धारणा है कि हमारे पूर्वजों ने हमारा इतिहास नहीं लिख छोड़ा है और हमको अपने अतीत का पूरा ज्ञान नहीं था और न है। कुछ हद तक यह बात सही है। उन्होंने इतिहास का प्रकार दूसरा रखा है और उसका उद्देश्य भी आज के इतिहास लिखनेवालों से कुछ अलग ही है। आज की परिभाषा में जो कुछ दिन-प्रतिदिन होता है, उसकी तालिका रखना ही इतिहास कहलाता है। इसमें सब प्रकार की घटनाओं का उल्लेख हो सकता है, पर विशेषतः सामाजिक और राजनीतिक

विषयों का ही समावेश होता है। इतिहासवेत्ता प्राचीन काल की जानकारी से भविष्य के लिए कुछ पथ-प्रदर्शन खोज निकालने का प्रयत्न करते हैं और इसी को इतिहास के विज्ञान का नाम दिया जाता है। यह यूरोप में भी बहुत पुराना नहीं है, वहाँ पुरानी चीजों की रक्षा की गई है और उनको वहाँ के लोग अपना गौरव मानते हैं, उनसे अपने अतीत का ज्ञान प्राप्त कर प्रचारित करते हैं। हमारे पूर्वजों ने, व्यक्ति विशेष या घटना विशेष से जो भला-बुरा हुआ और उससे मानव समाज को जो लाभ पहुँचा अथवा सीखने को मिला, उसी पर अधिक ध्यान दिया। उदाहरणार्थ पुराणों को ही लीजिए। सब एक समय के नहीं हैं और न एक आदमी ने ही सबको लिखा या बनाया होगा पर सब में सूक्त का ही जिक्र है। यह ठीक वैसा ही है, जैसे यूरोप के सभी देशों के इतिहास के ग्रंथों का लिखनेवाला कोई एक ही आदमी कहा गया होता अथवा सब एक ही समय के लिखे बताए गए होते! इस तरह हमारे पूर्वजों की कृतियों का संरक्षण बहुत कुछ हुआ है, न कि उनके अपने नाम और जीवन के वृत्तांतों का। शायद यह सोचा गया कि मानव समाज के लिए कृतियों का अधिक महत्त्व है। कर्त्ता की जीवनी मनोरंजक होने के साथ ही कुछ सिखा भी सकती है, पर उसका उतना महत्त्व नहीं, जितना उन कृतियों से लोगों को क्या लाभ और हानि हो सकती है, इसके ज्ञान से होने की संभावना है। इसी दृष्टि से हमारे पूर्वजों ने प्रत्येक घटना का, चाहे वह व्यक्ति विशेष के जीवन में हो, चाहे जनता के जीवन में हो, चाहे वह राजनीति विषयक हो अथवा तत्त्व ज्ञान विषयक, मूल्य आँका है और उससे जो निष्कर्ष निकाला जा सकता है, वह हमारी सीख के लिए उन्होंने रख छोड़ा है। इसी प्रकार प्राचीन के संरक्षण और नवीन इतिहास गढ़ने का जो कार्य योगी आदित्यनाथजी द्वारा किया जा रहा है उसे आने वाली पीढ़ियाँ सदा ही स्मरण रखेंगी।

संस्कृत के अभ्यास ने आज के आधुनिक अर्थ के भारतीय इतिहास का निर्माण करने में भी बड़ी सहायता पहुँचाई है। यह इतिहास गौरवपूर्ण है। मानव जाति के विकास के तीन मुख्य स्थान प्राचीन काल में पाए गए हैं, जहाँ उसके चिह्न और कृतियाँ मिलती हैं और उनके अध्ययन से पुरातत्त्व का पता लगाकर उस समय के समाज-गठन, रहन-सहन, कला, विद्या इत्यादि की रूपरेखा तैयार की गई है। इन तीनों में एक भारतवर्ष है। यह मानना पड़ेगा कि इस आधुनिक इतिहास को तैयार करने का श्रेय प्रायः पाश्चात्य विद्वानों को ही है। उन्होंने ही हमारे पुरातत्त्व को ढूँढ़ निकालने का बीड़ा उठाया और बहुत कुछ कर दिखाया। आज तो बहुतेरे भारतीय विद्वान भी ऐसे हैं, जो उनसे टक्कर लेते हैं और बहुत से विषयों में जिनकी खोज अधिक व्यापक, अधिक सूझवाली और अधिक ठीक समझी जाती है। ऐसा होना स्वाभाविक भी है, क्योंकि वे स्वभावतः उन चीजों के समझने की अधिक शक्ति रखते हैं। किसी भी देश के, विशेषतः भारत के सामाजिक और सांस्कृतिक जीवन की वह गहरी जानकारी, जो उससे संबंध रखनेवाले लेखों और दूसरी सामग्रियों की ठीक-ठीक व्याख्या के लिए आवश्यक है, देश की संतान को ही हो सकती है, विदेशियों को नहीं। यह तथ्य श्री योगी आदित्यनाथ जी की कार्यशैली को पूर्णरूपेण परिलक्षित करता है, उत्तर प्रदेश की सांस्कृतिक धरोहर को सँजोने व अति

प्रभावी बनाने में वे महत्त्वपूर्ण कार्य कर रहे हैं। एक संत होने के आधार पर वे समाज में संस्कारों की भूमिका और महत्त्व को भली भाँति समझते हैं। अतः उन्होंने अपने शासन काल में बाल शिक्षा और संस्कृत शिक्षा पर अधिक जोर दिया। केवल उस समय के ज्ञान के लिए आवश्यक नहीं है, जिसको हम प्राचीन भारत कह सकते हैं। उसके बाद मध्यकालीन भारत की भाषाएँ और आज की प्रचलित भाषाएँ भी उसी संस्कृत की संतानें हैं और आज भी आवश्यकता पड़ने पर उसी की शरण लेती हैं। उसके ज्ञान और विशेषकर वैसे ज्ञान के लिए, जो इस प्रकार की खोज में उपयोगी हो सके, संस्कृत का पठन-पाठन अत्यंत आवश्यक प्रमाणित हुआ है और आए दिन उसकी सार्थकता प्रमाणित होती रहती है। संस्कृत सबसे पुरानी भाषा है, जिसकी जड़ें भारतीय परंपराओं से जुड़ी हैं लेकिन वर्तमान समय में यह सबसे कम बोली जाने वाली भाषा बन चुकी है। भारत की अनुसूचित भाषाओं में से एक संस्कृत को उत्तराखंड की दूसरी आधिकारिक भाषा का दर्जा मिला हुआ है। कर्नाटक, मध्य प्रदेश, राजस्थान, उत्तर प्रदेश और उड़ीसा के कई इलाकों में भी बातचीत के दौरान संस्कृत के शब्दों का इस्तेमाल होता है उत्तर प्रदेश में तो संस्कृत भाषा के संवर्धन हेतु पूर्ण-स्वायत्त संस्कृत संस्थान भी संचालित किया जा रहा है जो कि राज भाषा विभाग के अंतर्गत कार्यरत है। यह संस्कृत संस्थान राज्य में स्थापित संस्कृत विश्वविद्यालयों की संस्कृत संवर्धन हेतु सहायता भी करता है और इसके साथ ही संस्थान विभिन्न भारतीय ग्रंथों के संदर्भ में अपनी समझ बढ़ाने और भारतीय संस्कृति का ज्यादा बेहतर तरीके से अध्ययन कार्य भी लगातार कर रहा है। यह सर्वमान्य तथ्य है कि भारतीय और दुनिया की कई भाषाओं में संस्कृत के शब्द प्रचलित हैं जैसे-संस्कृति के मूल शब्द गौ से अंग्रेजी शब्द काऊ, मातृ से अंग्रेज शब्द मदर, अक्ष से अंग्रेजी शब्द एक्सिस, नाम से अंग्रेजी शब्द नेम, अष्ट से ऐट, धाम से अंग्रेजी शब्द डोमिसाइल, महा से अंग्रेजी शब्द मेगा, मृत से अंग्रेजी शब्द मर्डर आदि ऐसे अनेकों अंग्रेजी शब्दों के मूल में संस्कृत भाषा का उपयोग बहुत ही सहजता से किया जाता है।

संस्कृति किसी समाज में गहराई तक व्याप्त गुणों के समग्र स्वरूप का नाम है, जो उस समाज के सोचने, विचारने, कार्य करने के स्वरूप में अंतर्निहित होता है। संस्कृति का शब्दार्थ है उत्तम या सुधरी हुई स्थिति। मनुष्य स्वभावतः प्रगतिशील प्राणी है। वह बुद्धि के प्रयोग से अपने चारों ओर की प्राकृतिक परिस्थिति को निरंतर सुधारता और उन्नत करता रहता है। ऐसी प्रत्येक जीवन-पद्धति, रीति-रिवाज, रहन-सहन आचार-विचार, नवीन अनुसंधान और आविष्कार, जिससे मनुष्य पशुओं और जंगलियों के दर्जे से ऊँचा उठता है तथा सभ्य बनता है, सभ्यता संस्कृति का अंग है। सभ्यता से मनुष्य के भौतिक क्षेत्र की प्रगति सूचित होती है, जबकि संस्कृति से मानसिक क्षेत्र की प्रगति सूचित होती है। मनुष्य केवल भौतिक परिस्थितियों में सुधार करके ही संतुष्ट नहीं हो जाता। वह भोजन से ही नहीं जीता, शरीर के साथ मन और आत्मा भी है। भौतिक उन्नति से शरीर की भूख मिट सकती है, किंतु इसके बावजूद मन और आत्मा तो अतृप्त ही बने रहते हैं। इन्हें संतुष्ट करने के लिए मनुष्य अपना जो विकास और उन्नति करता है, उसे संस्कृति कहते हैं। मनुष्य

की जिज्ञासा का परिणाम धर्म और दर्शन होते हैं। सौंदर्य की खोज करते हुए वह संगीत, साहित्य, मूर्ति, चित्र और वास्तु आदि अनेक कलाओं को उन्नत करता है। सुखपूर्वक निवास के लिए सामाजिक और राजनीतिक संघटनों का निर्माण करता है। इस प्रकार मानसिक क्षेत्र में उन्नति की सूचक उसकी प्रत्येक सम्यक् कृति संस्कृति का अंग बनती है। इनमें प्रधान रूप से धर्म, दर्शन, सभी ज्ञान-विज्ञानों और कलाओं, सामाजिक तथा राजनीतिक संस्थाओं और प्रथाओं का समावेश होता है, उत्तर प्रदेश राज्य बहु-संस्कृति को समाहित किए संपूर्ण भारत का प्रतिनिधित्व करता है।

इस अनोखे राज्य की संस्कृति जिसमें विशेष तौर पर राजधानी लखनऊ के संदर्भ में यह कहा जाता है कि 'पहले आप-पहले आप' का अदब है जो कि किसी अन्य जिले अथवा संपूर्ण देश के किसी और स्थान पर नहीं है। श्री योगी आदित्यनाथ जी के शासन में इस संस्कृति को और भी विस्तारित किया गया है, जिसमें उत्तर भारत के भीतर फली-फूली अरबी, फारसी एवं उर्दू के शब्दों से निर्मित संगीत गायन विधा, 'गज़ल, दादरा, ख्याल और ठुमरी' के कलाकारों को बेगम अख़्तर पुरस्कार से सम्मानित किया जा रहा है जिससे समाज की समरसता और एकता को बल मिल रहा है। एक समाज या वर्ग के सदस्य के रूप में मानवों की सभी उपलब्धियाँ उसकी संस्कृति से प्रेरित कही जा सकती हैं। कला, संगीत, साहित्य, वास्तुविज्ञान, शिल्पकला, दर्शन, धर्म और विज्ञान सभी संस्कृति के प्रकट पक्ष हैं। तथापि संस्कृति में रीति-रिवाज, परंपराएँ, पर्व, जीने के तरीके और जीवन के विभिन्न पक्षों पर व्यक्ति विशेष का अपना दृष्टिकोण भी सम्मिलित है। इस प्रकार संस्कृति मानवजनित मानसिक पर्यावरण से संबंध रखती है, जिसमें सभी अभौतिक उत्पाद एक पीढ़ी से दूसरी पीढ़ी को प्रदान किए जाते हैं। समाज वैज्ञानिकों में एक सामान्य सहमति है कि संस्कृति में मनुष्यों द्वारा प्राप्त सभी आंतरिक और बाह्य व्यवहारों के तरीके समाहित हैं। ये चिह्नों द्वारा भी स्थानांतरित किए जा सकते हैं, जिनमें मानव समूहों की विशिष्ट उपलब्धियाँ भी समाहित हैं। इन्हें शिल्प कलाकृतियों द्वारा मूर्त रूप प्रदान किया जाता है। वस्तुतः, संस्कृति का मूल केंद्रबिंदु उन सूक्ष्म विचारों में निहित है, जो एक समूह में ऐतिहासिक रूप से उनसे संबद्ध मूल्यों सहित विवेचित होते रहे हैं। संस्कृति किसी समाज के वे सूक्ष्म संस्कार हैं, जिनके माध्यम से लोग परस्पर संप्रेषण करते हैं, विचार करते हैं और जीवन के विषय में अपनी अभिवृत्तियों और ज्ञान को दिशा देते हैं। संस्कृति हमारे जीने और सोचने की विधि में हमारी अंतःस्थ प्रकृति की अभिव्यक्ति है। यह हमारे साहित्य में, धार्मिक कार्यों में, मनोरंजन और आनंद प्राप्त करने के तरीकों में भी देखी जा सकती है। संस्कृति एक समाज से दूसरे समाज तथा एक देश से दूसरे देश में बदलती रहती है। इसका विकास एक सामाजिक अथवा राष्ट्रीय संदर्भ में होने वाली ऐतिहासिक एवं ज्ञान संबंधी प्रक्रिया व प्रगति पर आधारित होता है। उदाहरण के लिए, हमारे अभिवादन की विधियों में, हमारे वस्त्रों में, खाने की आदतों में, पारिवारिक संबंधों में, सामाजिक और धार्मिक रीति-रिवाजों और मान्यताओं में पश्चिम से भिन्नता है।

यदि स्पष्ट तौर पर अवलोकन करें तो प्रतीत होता है कि किसी भी देश के लोग अपनी विशिष्ट सांस्कृतिक परंपराओं के द्वारा ही पहचाने जाते हैं।

संस्कृति और सभ्यता दोनों शब्द प्रायः पर्याय के रूप में प्रयुक्त किए जाते हैं। फिर भी दोनों में मौलिक भिन्नता है और दोनों के अर्थ अलग-अलग हैं। संस्कृति का संबंध व्यक्ति और समाज में निहित संस्कारों से है और उसका निवास उसके मानस में होता है। दूसरी ओर, सभ्यता का क्षेत्र व्यक्ति और समाज के बाह्य स्वरूप में है। सभ्य का शाब्दिक अर्थ है, जो सभा में सम्मिलित होने योग्य हो। इसलिए, सभ्यता सभ्य व्यक्ति और समाज के सामूहिक स्वरूप को आकार देती है। संस्कृति और सभ्यता में भी वही भेद है। प्रारंभ में मनुष्य आँधी-पानी, सर्दी-गर्मी सब कुछ सहता हुआ जंगलों में रहता था, शनैः शनैः उसने इन प्राकृतिक विपदाओं से अपनी रक्षा के लिए पहले गुफाओं और फिर क्रमशः लकड़ी, ईंट या पत्थर के मकानों की शरण ली। अब वह लोहे और सीमेंट की गगनचुंबी अट्टालिकाओं का निर्माण करने लगा है। प्राचीन काल में यातायात का साधन सिर्फ मानव के दो पैर ही थे। फिर उसने घोड़े, ऊँट, हाथी और रथ का आश्रय लिया। अब वह मोटर और रेलगाड़ी के द्वारा थोड़े समय में बहुत लंबे फासले तय करता है, हवाई जहाज द्वारा आकाश में भी उड़ने लगा है। पहले मनुष्य जंगल के कंद, मूल और फल तथा आखेट से अपना निर्वाह करता था। बाद में उसने पशुपालन और कृषि के आविष्कार द्वारा आजीविका के साधनों में उन्नति की। पहले वह अपने सब कार्य शारीरिक शक्ति से करता था। फिर उसने पशुओं को पालतू बनाकर उनकी शक्ति का उपयोग हल और गाड़ी आदि में करना सीखा। अंत में उसने हवा, पानी, वाष्प, बिजली और अणु की भौतिक शक्तियों को वश में करके ऐसी मशीनें बनाईं, जिनसे उसके भौतिक जीवन में कायापलट हो गई। मनुष्य की यह सारी प्रगति सभ्यता कहलाती है।

परिमार्जित होती सभ्यता ही विकास की ओर अग्रसर समाज की द्योतक है, इसी दिशा में बढ़ते हुए प्रदेश की सभ्यता को और भी समृद्ध करने में श्री योगी जी ने अनेक महत्त्वपूर्ण कार्य किए हैं जिसमें श्रद्धालुओं के लिए कैलाश मानसरोवर की यात्रा हेतु अनुदान धनराशि 50 हजार से बढ़ाकर 1 लाख कर दी गई है। यह धनराशि प्रति व्यक्ति हेतु तय की गई है। सभ्यता के विकास को इंगित करती हुई लंबी दूरी की सुगम यात्रा द्वारा संस्कृति और परंपराओं को संरक्षित करने तथा मानव के आध्यात्मिक विकास को बढ़ावा देने के लिए प्रदेश की सरकार ने सिंधु दर्शन अनुदान धनराशि भी 20 हजार प्रति व्यक्ति तय की है। इन दुर्लभ यात्राओं हेतु अनुदान राशि बढ़ाने से श्रद्धालु को आवागमन की सुविधाएँ प्राप्त हुई हैं।

संस्कृति सीखी और प्राप्त की जाती है, अर्थात् मानव के द्वारा संस्कृति को प्राप्त किया जाता है। इस अर्थ में कुछ निश्चित व्यवहार हैं, जो जन्म से या आनुवंशिकता से प्राप्त होते हैं। व्यक्ति कुछ गुण अपने माता-पिता से प्राप्त करता है लेकिन सामाजिक-सांस्कृतिक व्यवहारों को पूर्वजों से प्राप्त नहीं करता है, वे पारिवारिक सदस्यों से सीखे जाते हैं,

इन्हें वह समूह से और समाज से, जिसमें वह रहता है उससे सीखता है। यह स्पष्ट है कि मानव की संस्कृति शारीरिक और सामाजिक वातावरण से प्रभावित होती है, जिनके माध्यम से वे कार्य करते हैं। संस्कृति संचयी होती है संस्कृति में शामिल विभिन्न ज्ञान एक पीढ़ी से दूसरी पीढ़ी तक हस्तांतरित किया जा सकता है। जैसे-जैसे समय बीतता जाता है, ज्यादा-से-ज्यादा ज्ञान उस विशिष्ट संस्कृति में जुड़ता चला जाता है, जो जीवन में परेशानियों के समाधान के रूप में कार्य करता है, पीढ़ी-दर-पीढ़ी आगे बढ़ता रहता है। यह चक्र बदलते समय के साथ एक विशिष्ट संस्कृति के रूप में बना रहता है। संस्कृति परिवर्तनशील होती है, ज्ञान, विचार और परंपराएँ नई संस्कृति के साथ अद्यतन होकर जुड़ते जाते हैं। समय बीतने के साथ ही किसी विशिष्ट संस्कृति में सांस्कृतिक परिवर्तन भी संभव होते जाते हैं।

संस्कृति गतिशील होती है, कोई भी संस्कृति स्थिर या स्थायी नहीं होती है। जैसे-जैसे समय बीतता है, संस्कृति निरंतर बदलती है और उसमें नए विचार और नए कौशल जुड़ते चले जाते हैं और पुराने तरीकों में परिवर्तन होता जाता है। यह संस्कृति की विशेषता है, जो संस्कृति की संचयी प्रवृत्ति से उत्पन्न होती है। संस्कृति हमें अनेक प्रकार के स्वीकृत व्यवहारों के तरीके प्रदान करती है। यह बताती है कि कैसे एक कार्य को संपादित किया जाना चाहिए, कैसे एक व्यक्ति को समुचित व्यवहार करना चाहिए। संस्कृति एक ऐसी व्यवस्था है, जिसमें विभिन्न पारस्परिक भाग एक-दूसरे पर आश्रित हैं। यद्यपि ये भाग अलग होते हैं, किंतु संस्कृति को पूर्ण रूप प्रदान करने में वे एक-दूसरे पर आश्रित होते हैं और जीवन चक्र में प्रत्येक व्यक्ति जब अपनी वृद्धावस्था की ओर बढ़ रहा होता है, तो आश्रितता एक अपरिहार्य स्थिति हो जाती है, परिवर्तित होती संस्कृति में आज समाज का यह वर्ग हाशिए पर है, लेकिन प्रदेश की योगी सरकार ने इनकी अवस्था के सुधार हेतु अति महत्त्वपूर्ण कार्य किए हैं, जिनमें मासिक पेंशन एक अभिन्न हिस्सा है। संस्कृति और सभ्यता को एक पीढ़ी से दूसरी पीढ़ी तक पहुँचाने में इस वर्ग की ही भूमिका है, किंतु जैसा कि सर्वविदित है परिवर्तन की प्रक्रिया में कुछ भी पूर्वावस्था में स्थिर नहीं रहता। अतः इनके प्रति सामाजिक सुरक्षा का दायित्व अधिक होता है। अतः **अटल पेंशन योजना** के माध्यम से लगभग 37 लाख पात्र लोगों को इस पेंशन का लाभ दिया जा रहा है और इसमें उत्तर प्रदेश राज्य देश में प्रथम स्थान पर है। राज्य सरकार स्वयं अपने प्रदेश के वृद्ध एवं विपन्न कलाकारों, जिनकी संख्या लगभग 321 है, को रु. 2,000/- की धनराशि प्रतिमाह पेंशन के रूप में प्रदान कर रही है।

भारतीय संस्कृति विश्व की सर्वाधिक प्राचीन एवं समृद्ध संस्कृति है। अन्य देशों की संस्कृतियाँ तो समय की धारा के साथ-साथ नष्ट होती रही हैं, किंतु भारत की संस्कृति आदिकाल से ही अपने परंपरागत अस्तित्व के साथ अजर-अमर बनी हुई है। इसकी उदारता तथा समन्वयवादी गुणों ने अन्य संस्कृतियों को समाहित तो किया है, किंतु अपने अस्तित्व के मूल को सुरक्षित रखा है। तभी तो पाश्चात्य विद्वान अपने देश की संस्कृति को समझने हेतु पहले भारतीय संस्कृति को समझने का परामर्श देते हैं। भारतीय संस्कृति

विश्व की प्राचीनतम संस्कृतियों में से एक है। मध्य प्रदेश के भीमबेटका में पाए गए शैलचित्र, नर्मदा घाटी में की गई खुदाई तथा कुछ अन्य नृवंशीय एवं पुरातत्त्वीय प्रमाणों से यह सिद्ध हो चुका है कि भारत भूमि आदि मानव की प्राचीनतम कर्मभूमि रही है। सिंधु घाटी सभ्यता के विवरणों से भी प्रमाणित होता है कि आज से लगभग पाँच हजार वर्ष पहले उत्तरी भारत के बहुत बड़े भाग में एक उच्च कोटि की संस्कृति का विकास हो चुका था। इसी प्रकार वेदों में परिलक्षित भारतीय संस्कृति न केवल प्राचीनता का प्रमाण है, अपितु वह भारतीय अध्यात्म और चिंतन की भी श्रेष्ठ अभिव्यक्ति है। उपलब्ध प्रमाणों के आधार पर भारतीय संस्कृति को रोम, यूनान, प्राचीन मिस्र, असीरिया एवं बेबीलोनिया जैसी संस्कृतियों के समकालीन माना गया है।

भारतीय संस्कृति की एक महत्त्वपूर्ण विशेषता यह है कि हजारों वर्षों के बाद आज भी यह संस्कृति अपने मूल स्वरूप में जीवित है। भारत में नदियों तथा वट, पीपल जैसे वृक्षों, सूर्य तथा अन्य प्राकृतिक देवी-देवताओं की पूजा-अर्चना का क्रम शताब्दियों से चला आ रहा है। देवताओं की मान्यता, हवन और पूजा-पाठ की पद्धतियों की निरंतरता भी आज तक अप्रभावित रही है। वेदों और वैदिक धर्म में करोड़ों भारतीयों की आस्था और विश्वास आज भी उतना ही है, जितना हजारों वर्ष पूर्व था। गीता और उपनिषदों के संदेश हजारों साल से हमारी प्रेरणा और कर्म का आधार रहे हैं। किंचित परिवर्तनों के बावजूद भारतीय संस्कृति के आधारभूत तत्त्वों, जीवन मूल्यों और वचन पद्धति में एक ऐसी निरंतरता रही है, कि आज भी करोड़ों भारतीय स्वयं को उन मूल्यों एवं चिंतन प्रणाली से जुड़ा हुआ महसूस करते हैं और उससे प्रेरणा प्राप्त करते हैं। भारतीय संस्कृति की सहिष्णु प्रकृति ने उसे दीर्घ आयु और स्थायित्व प्रदान किया है। इसका सर्वोत्तम उदाहरण उत्तर प्रदेश है जहाँ योगीजी की शासन व्यवस्था में संस्कृति को संरक्षण देने के लिए कुंभ मेले का आयोजन पूर्व की किसी भी अन्य सरकार की तुलना में बहुत बेहतर किया गया। संसार की किसी भी संस्कृति में शायद ही इतनी सहनशीलता हो, जितनी भारतीय संस्कृति में पाई जाती है। भारतीय हिंदू किसी देवी-देवता की आराधना करें या न करें, पूजा-हवन करें या न करें, आदि स्वतंत्रताओं पर धर्म या संस्कृति के नाम पर कभी कोई बंधन नहीं लगाए गए। इसीलिए प्राचीन भारतीय संस्कृति के प्रतीक हिंदू धर्म को धर्म न कहकर कुछ मूल्यों पर आधारित एक जीवन-पद्धति की संज्ञा दी गई है और हिंदू का अभिप्राय किसी धर्म विशेष के अनुयायी से न लगाकर भारतीय से लगाया गया है। भारतीय संस्कृति के इस लचीले स्वरूप में जब भी जड़ता की स्थिति निर्मित हुई तब किसी-न-किसी महापुरुष ने इसे गतिशीलता प्रदान कर इसकी सहिष्णुता को एक नई आभा से मंडित कर दिया। श्री योगी आदित्यनाथ जी का नेतृत्व भी इसी तथ्य को सुनिश्चित करता है, जिसके परिणामस्वरूप प्रदेश की जनता के साथ-साथ संपूर्ण देश ऐसे कर्मठ योगी में अपने भविष्य के नेतृत्वकर्ता को देखता है क्योंकि भारतीयों की मूल जड़ें आज भी **सनातन धर्म** से ही जुड़ी हैं भले ही वे किसी भी समूह के क्यों न हो, और यही कारण है कि प्रदेश का

प्रत्येक व्यक्ति योगी जी के प्रशासन में स्वयं को संतुष्ट पा रहा है और भविष्य के शीर्ष नेता की छवि में उन्हें गढ़ रहा है।

भारतीय संस्कृति की सहिष्णुता एवं उदारता के कारण उसमें ग्रहणशीलता की प्रवृत्ति को विकसित होने का अवसर मिला। वस्तुतः जिस संस्कृति में लोकतंत्र एवं स्थायित्व के आधार व्यापक हों, उस संस्कृति में ग्रहणशीलता की प्रवृत्ति स्वाभाविक रूप से ही उत्पन्न हो जाती है। हमारी संस्कृति में यहाँ के मूल निवासियों की समन्वय की प्रक्रिया के कारण ही बाहर से आने वाले शक, हूण, यूनानी एवं कुषाण जैसी प्रजातियों के लोग भी घुल-मिल कर अपनी पहचान खो बैठे। भारत में इसलामी संस्कृति का आगमन अरबों, तुर्कों और मुगलों के माध्यम से हुआ। इसके बावजूद भारतीय संस्कृति का पृथक् अस्तित्व बना रहा और नवागत संस्कृतियों से कुछ अच्छी बातें ग्रहण करने में भारतीय संस्कृति ने संकोच नहीं किया। उत्तर प्रदेश राज्य में उर्दू भाषा को दूसरी कार्यकारी भाषा का दर्जा मिलना इस तथ्य का प्रमाण है। ठीक यही स्थिति यूरोपीय जातियों के आने तथा ब्रिटिश साम्राज्य के कारण भारत में विकसित हुई ईसाई संस्कृति पर भी लागू होती है। यद्यपि ये संस्कृतियाँ अब भारतीय संस्कृति का अभिन्न अंग हैं, तथापि भारतीय इसलाम एवं भारतीय ईसाई संस्कृतियों का स्वरूप विश्व के अन्य इसलामी और ईसाई धर्मावलंबी देशों से कुछ भिन्न है। इस भिन्नता का मूलभूत कारण यह है कि भारत के अधिकांश मुसलमान और ईसाई मूलतः भारतभूमि के ही निवासी हैं। संभवतः इसीलिए उनके सामाजिक परिवेश और सांस्कृतिक आचरण में कोई परिवर्तन नहीं हो पाया और भारतीयता ही उनकी पहचान बन गई।

भारतीय संस्कृति में आश्रम-व्यवस्था के साथ धर्म, अर्थ, काम और मोक्ष जैसे चार पुरुषार्थों का विशिष्ट स्थान रहा है। वस्तुतः इन पुरुषार्थों ने ही भारतीय संस्कृति में आध्यात्मिकता के साथ भौतिकता का एक अदभुत समन्वय कर दिया। हमारी संस्कृति में जीवन के ऐहिक और पारलौकिक दोनों पहलुओं से धर्म को संबद्ध किया गया था। धर्म उन सिद्धांतों, तत्त्वों और जीवन प्रणाली को कहते हैं, जिससे मानव जाति परमात्मा प्रदत्त शक्तियों के विकास से अपना लौकिक जीवन सुखी बना सके तथा मृत्यु के पश्चात् जीवात्मा शांति का अनुभव कर सके। शरीर नश्वर है, आत्मा अमर है, यह अमरता मोक्ष से जुड़ी हुई है और मोक्ष पाने के लिए अर्थ और काम के पुरुषार्थ करना भी जरूरी है। इस प्रकार भारतीय संस्कृति में धर्म और मोक्ष का आध्यात्मिक संदेश एवं अर्थ और काम की भौतिक अनिवार्यता परस्पर संबद्ध है। आध्यात्मिकता और भौतिकता के इस समन्वय में भारतीय संस्कृति की वह विशिष्ट अवधारणा परिलक्षित होती है, जो मनुष्य के इस लोक और परलोक को सुखी बनाने के लिए भारतीय मनीषियों ने निर्मित की थी। अयोध्या का दीपोत्सव जो कि त्रेता युग की पौराणिक घटना ''श्री राम द्वारा रावण वध और 14 वर्ष के वनवास को पूरा कर, वापस अयोध्या अपनी जन्मभूमि पर लौटकर आने के उपलक्ष्य

में मनाया जाता रहा है, को वर्ष 2020 की वैश्विक महामारी के निर्देशों का पालन करते हुए 5.84 लाख से अधिक मिट्टी के दिये जलाकर मनाया गया, जिसे गिनीज बुक ऑफ वर्ल्ड रिकॉर्ड में शामिल किया गया है। सुखी मानव-जीवन के लिए ऐसी चिंता विश्व की अन्य संस्कृतियाँ नहीं करतीं। साहित्य, संगीत और कला की संपूर्ण विधाओं के माध्यम से भी भारतीय संस्कृति के इस आध्यात्मिक एवं भौतिक समन्वय को सरलतापूर्वक समझा जा सकता है। भौगोलिक दृष्टि से भारत विविधताओं का देश है, फिर भी सांस्कृतिक रूप से एक इकाई के रूप में इसका अस्तित्व प्राचीनकाल से बना हुआ है। इस विशाल देश में उत्तर का पर्वतीय भू-भाग, जिसकी सीमा पूर्व में ब्रह्मपुत्र और पश्चिम में सिंधु नदियों तक विस्तृत है, साथ ही गंगा, यमुना, सतलज की उपजाऊ कृषि भूमि, विंध्य और दक्षिण का वनों से आच्छादित पठारी भू-भाग, पश्चिम में थार का रेगिस्तान, दक्षिण का तटीय प्रदेश तथा पूर्व में असम और मेघालय का अतिवृष्टि का सुरम्य क्षेत्र सम्मिलित है। इस भौगोलिक विभिन्नता के अतिरिक्त इस देश में आर्थिक और सामाजिक भिन्नता भी पर्याप्त रूप से विद्यमान है। वस्तुतः इन भिन्नताओं के कारण ही भारत में अनेक सांस्कृतिक उपधाराएँ विकसित होकर पल्लवित और पुष्पित हुई हैं।

अनेक विभिन्नताओं के बावजूद भी भारत की पृथक् सांस्कृतिक सत्ता रही है। हिमालय संपूर्ण देश के गौरव का प्रतीक रहा है, तो गंगा-यमुना और नर्मदा जैसी नदियों की स्तुति यहाँ के लोग प्राचीन काल से करते आ रहे हैं। राम, कृष्ण और शिव की आराधना यहाँ सदियों से की जाती रही है। भारत की सभी भाषाओं में इन देवताओं पर आधारित साहित्य का सृजन हुआ है। योगी आदित्यनाथ जी के द्वारा मथुरा-वृंदावन में आयोजित होने वाली होली को वैश्विक पटल पर पहचान दिलाने के प्रयास अपने कार्यकाल के प्रथम वर्ष में ही किये जाने लगे जिससे श्रीकृष्ण और उनकी संगिनी श्रीराधा के जीवन की घटनाओं को प्रसारित कर विदेशी विद्वानों और पर्यटकों को आध्यात्मिक सांस्कृतिक कार्यों के द्वारा आकर्षित किया जा सके उत्तर से दक्षिण और पूर्व से पश्चिम तक संपूर्ण भारत में जन्म, विवाह और मृत्यु के लगभग एक समान संस्कार प्रचलित हैं। विभिन्न रीति-रिवाजों, आचार-व्यवहार और तीज-त्योहारों में भी समानता है। भाषाओं की विविधता अवश्य है, फिर भी संगीत, नृत्य और नाट्य के मौलिक स्वरूपों में आश्चर्यजनक समानता है। संगीत के सात स्वर और नृत्य के तीन ताल संपूर्ण भारत में समान रूप से प्रचलित हैं। भारत अनेक धर्मों, सम्प्रदायों, मतों और पृथक् आस्थाओं एवं विश्वासों का महादेश है, तथापि इसका सांस्कृतिक समुच्चय और अनेकता में एकता का स्वरूप संसार के अन्य देशों के लिए विस्मय का विषय रहा है।

संस्कृति जीवन से निकट से जुड़ी है। यह कोई बाह्य वस्तु नहीं है और न ही कोई आभूषण है, जिसे मनुष्य प्रयोग कर सके। यह केवल रंगों का स्पर्श मात्र भी नहीं है। यह वह गुण है, जो हमें मनुष्य बनाता है। संस्कृति के बिना मनुष्य ही नहीं रहेंगे।

संस्कृति परंपराओं, विश्वासों, जीवन की शैली, आध्यात्मिक व भौतिक पक्ष से निरंतर जुड़ी है। यह हमें जीवन का अर्थ और जीवन जीने का तरीका सिखाती है। मानव ही संस्कृति का निर्माता है और साथ ही संस्कृति मानव को मानव बनाती है। संस्कृति का एक मौलिक तत्त्व है, धार्मिक विश्वास और उसकी प्रतीकात्मक अभिव्यक्ति। हमें धार्मिक पहचान का सम्मान करना चाहिए, साथ ही सामयिक प्रयत्नों से भी परिचित होना चाहिए और श्री योगी आदित्यनाथ जी के द्वारा अपनी दूरदृष्टि और नेतृत्व कौशल से इसे प्रमाणित किया जा रहा है– अपने दूसरे कार्यकाल के दौरान प्रथम सौ दिवसीय कार्य-योजना में जनजातीय संग्रहालय की स्थापना, कबीर अकादमी, मगहर के नवनिर्मित भवन का संचालन आदि– ऐसे ही उदाहरण प्रस्तुत करतां है। अंत:धार्मिक विश्वासों की बातचीत को प्राय: 'अंत: सांस्कृतिक वार्तालाप' कहा जाता है। विश्व जैसे-जैसे जुड़ता चला जा रहा है, हम अधिक-से-अधिक वैश्विक हो रहे हैं आज हम यह नहीं सोच सकते कि जीने का एक ही तरीका होता है और वही सत्य मार्ग है। सह-अस्तित्व की आवश्यकता ने विभिन्न संस्कृतियों और विश्वासों के सह-अस्तित्व को भी आवश्यक बना दिया है। इसलिए इससे पहले कि हम इस प्रकार की कोई गलती करें, अच्छा होगा कि हम अन्य संस्कृतियों को भी जानें और साथ ही अपनी संस्कृति को भी भली प्रकार समझें। सत्यं, शिवं और सुंदरं, ये तीन शाश्वत मूल्य हैं, जो संस्कृति से निकट से जुड़े हैं। यह संस्कृति ही है, जो हमें दर्शन और धर्म के माध्यम से सत्य के निकट लाती है। यह हमारे जीवन को कलाओं के माध्यम से सौंदर्य प्रदान करती है और सौंदर्यानुभूतिपरक मानव बनाती है। यह संस्कृति ही है, जो हमें नैतिक मानव बनाती है और अन्य मानवों के निकट संपर्क में लाती है और इसी के साथ हमें प्रेम, सहिष्णुता और शांति का पाठ पढ़ाती है।

किसी देश की संस्कृति उसकी संपूर्ण मानसिक निधि को सूचित करती है। यह किसी खास व्यक्ति के पुरुषार्थ का फल नहीं, अपितु असंख्य ज्ञात तथा अज्ञात व्यक्तियों के भगीरथ प्रयत्न का परिणाम होती है। राज्य की योगी सरकार इसी उद्देश्य से **ग्लोबल इनसाइक्लोपीडिया ऑफ द रामायण** के अंतर्गत 10 ग्रंथों का प्रकाशन कर रही है। देश में रहने वाले सभी नागरिक अपनी सामर्थ्य और योग्यता के अनुसार संस्कृति के निर्माण में सहयोग देते हैं। संस्कृति की तुलना ऑस्ट्रेलिया के निकट समुद्र में पाई जाने वाली मूँगे की भीमकाय चट्टानों से की जा सकती है। मूँगे के असंख्य कीड़े अपने छोटे घर बनाकर समाप्त हो गए। फिर नए कीड़ों ने घर बनाए, उनका भी अंत हो गया। इसके बाद उनकी अगली पीढ़ी ने भी यही किया और यह क्रम हजारों वर्ष तक निरंतर चलता रहा। आज उन सब मूँगों के नन्हे-नन्हे घरों ने परस्पर जुड़ते हुए विशाल चट्टानों का रूप धारण कर लिया है। संस्कृति का भी इसी प्रकार धीरे-धीरे निर्माण होता है और उसके निर्माण में हजारों वर्ष लगते हैं। मनुष्य विभिन्न स्थानों पर रहते हुए विशेष प्रकार के सामाजिक वातावरण, संस्थाओं, प्रथाओं, व्यवस्थाओं, धर्म, दर्शन, लिपि, भाषा तथा

कलाओं की परख करके अपनी विशिष्ट संस्कृति का निर्माण करते हैं। भारतीय संस्कृति की रचना भी इसी प्रकार हुई है।

प्रत्येक व्यक्ति का अपना सामाजिक-सांस्कृतिक परिवेश होता है, जिसमें वह विकास करता है। मनुष्य जिस समाज और परिवेश में जीता है, वही उसका पर्यावरण है। हवा, पानी, मिट्टी, पेड़-पौधों से लेकर छोटे-से-छोटे प्राणिमात्र के लिए और स्वयं मनुष्य के विकास में सांस्कृतिक पर्यावरण का बहुत महत्त्व है। संस्कृति किसी भी समाज की आत्मा है। यह मनुष्य के सामाजिक जीवन का प्राण है। इसके अंतर्गत मानव-जीवन के विविध क्रियाकलाप, आचार-विचार, आहार-विहार इत्यादि आते हैं। विशेष रूप से, वे उदात्त गुण, जो मानव-जाति में सर्वत्र पाए जाने पर भी, एक समाज-विशेष में विशेष रूप से दिखाई देते हैं। उस समाज विशेष के लोग अपने जीवन में इन उदात्त गुणों पर अधिक बल इसीलिए देते हैं, कि ये उनके समाज की अमूल्य निधि हैं। संस्कृति मनुष्य को संस्कार देती है, उसकी चेतना का परिष्कार कर उसे सामान्य प्राणी से विशिष्ट बनाती है। मनुष्य तथा समाज का सर्वांगीण विकास उसकी संस्कृति में ही निहित है। अत: उसकी संस्कृति उसके विकास की पहचान भी है। संस्कृति और संस्कार दोनों शब्द एक-दूसरे के निकटवर्ती हैं। संस्कृति को साध्य माना जा सकता है। संस्कार इसके साधन हैं। संस्कृति से जीवन की पूर्णता का बोध होता है। संस्कार ऐसे विधि-विधान हैं, जो मनुष्य-जीवन को पूर्णता की ओर ले जाते हैं। इस विचार से यह कहा जा सकता है कि संस्कृति संस्कारों का संगठन है। इस परिप्रेक्ष्य में डॉ. विद्यानिवास मिश्र का यह कथन उचित है कि संस्कृति एक प्रकार की संस्कारात्मक परिणति है। वस्तु हो, मनुष्य हो या मनुष्य का कोई व्यवहार, सबका विशिष्ट उद्देश्य से जब परिष्कार किया जाता है या परिष्कार की संकल्पना की जाती है, तो वह वस्तु, वह मनुष्य या उसका व्यवहार सभी सुसंस्कृत हो जाते हैं। संस्कृति को मनुष्य रचता है। यह जितना सही है, उतना ही सही यह है कि संस्कृति मनुष्य को रचती है। इतिहास, समाज-संगठन, धर्म, नीति, शिक्षा, दर्शन, विज्ञान, कला और साहित्य आदि संस्कृति के सार्वभौम तत्त्व मनुष्य ने ही रचे हैं। वह देखता है, सोचता है, विचार करता है, और रचता है। उसके सामने ऋषियों का आदेश है 'मनुर्भव:' अर्थात् मनुष्य बन। यह आदेश सामान्य मानव-प्राणिमात्र के विशिष्ट अथवा संस्कारित सुसंस्कृत मनुष्य बनने के लिए है। क्योंकि संस्कृति ही हमें वह बनाती है, जो हम हैं। इस विचार से संस्कृति एक सृजनात्मक ऊर्जा है।

विश्व-संस्कृति के संदर्भ में भारतीय संस्कृति पर विचार करते समय यह उल्लेखनीय है कि भारतीय संस्कृति के कुछ आदर्श ऐसे हैं, जो विश्व की किसी भी संस्कृति में नहीं मिलते। ये आदर्श हैं सहिष्णुता, उदारता और महानता। इन्हीं उच्चादर्शों ने अतीत के हजारों वर्षों से भारतीय संस्कृति को सुरक्षित रखा और उसकी परंपरा को निरंतर आगे बढ़ाया। राज्य में योगी आदित्यनाथ के शासन में संस्कृति और संस्कृत को बढ़ावा देने हेतु बहुआयामी कार्यों का संपादन किया जा रहा है। भारतीय संस्कृति का अनुशीलन करने पर विदित होता है कि अतीत

के युगों और परिस्थितियों में उसकी अंत:धारा निरंतर आगे बढ़ती रही। विश्व की विभिन्न संस्कृतियों के संदर्भ में यदि उसके विकासक्रम का अध्ययन किया जाए तो स्पष्ट होता है कि अत्यंत विकट और प्रतिकूल परिस्थितियों में भी उसने अपने अस्तित्व की अक्षुण्णता को सदा बनाए रखा। विदेशी आक्रमणों तथा शासन सत्ता में निरंतर परिवर्तनों के बावजूद भी उसकी सांस्कृतिक परंपरा कभी अवरुद्ध नहीं हुई, अपितु उसने विभिन्न धर्मों की अवधारणाओं को अपने अंदर समाहित कर स्वयं को परिपुष्ट और समृद्ध बनाए रखा। भारत में प्राचीन काल से ही अनेक जातियों और विभिन्न उपजातियों की असमान संस्कृतियों में एकता स्थापित करने की जटिल समस्या समय-समय पर उपस्थित होती रही है। किंतु भारतीय संस्कृति के समन्वयात्मक दृष्टिकोण ने ही उसे सबल बनाया। उपर्युक्तानुसार निरंतर विरोधात्मक परिस्थितियों, जीवन-मूल्यों तथा आचार-विचारों में विभिन्नता और परंपरागत मान्यताओं की अनेकता में एकता स्थापित करके भारतीय संस्कृति ने विश्व-संस्कृति के इतिहास में अपना प्रतिष्ठित स्थान सदैव से बनाए रखा है।

संस्कृत, संस्कृति और संस्कार तीनों एक ही सिक्के के पहलू हैं। कृ धातु से परिष्कृत होकर जो भाषा संस्कारित है, वह संस्कृत है। जो संस्कारित कार्य हैं, वह संस्कार हैं और जो कार्य जीवनचर्या में आबद्ध रहते हैं अर्थात् 'जीवनभर साथ चलते हैं वह संस्कृति' कहलाती है। संस्कृति अर्थात् व्यवहार, आचार-विचार। संस्कृत ही संस्कृति का आधार स्तंभ है। भारतीय संस्कृति में चार वर्ण (हिंदू, क्षत्रिय, वैश्य, शूद्र), सोलह संस्कार (गर्भाधान, पुंसवन, सीमांतोनयन, जातकर्म, नामकरण, निष्क्रमण, अन्नप्राशन, मुंडन, विद्यारंभ, कर्णभेद, यज्ञोपवीत, वेदारंभ, केशांत, समावर्तन, विवाह और अंत्येष्टि संस्कार), चार पुरुषार्थ (धर्म, अर्थ, काम, मोक्ष) यह सब संस्कृत में ही वर्णित हैं। संस्कृत केवल भाषा नहीं, अपितु धर्म, संस्कृति और जीवनचर्या का आधार स्तंभ है। भारतीय संस्कृति में भारतीय संस्कारों का जो महत्त्व है, वह सब संस्कृत में वर्णित है। वेद, पुराण, अर्थशास्त्र, मनुस्मृति आदि ये सब संस्कृति के आधार स्तंभ ही हैं। इसीलिए कह सकते हैं कि संस्कृत से ही संस्कृति है। योगी आदित्यनाथ के शासन में विभिन्न संस्कृत विश्वविद्यालयों का जीर्णोद्धार किया गया है जो कि प्रदेश की संस्कृति और देश हेतु सांस्कृतिक धरोहर के संरक्षण का कार्य है और भविष्य में देश की बागडोर सँभालने की उनकी क्षमता का पूर्वानुमान भी है। जैसा कि कहा गया है कि **परोपकाराय सतां विभूतय:** सज्जनों का जीवन परोपकार के लिए होता है। संस्कृत में सूक्तियों के माध्यम से बड़ी-से-बड़ी बात को समझाया गया है। संस्कृत देववाणी है, अन्य भाषाओं की जननी है जिसके उच्चारण करने मात्र से मनुष्य शतायु हो जाता है। उस पवित्र भाषा संस्कृत के बिना संस्कृति की कल्पना करना अकल्पनीय है। संस्कृत है, तो ही संस्कृति जीवित है। संस्कृत ही समाज-निर्माण के कार्य को गति दे रही है।

❑

धार्मिक-सांस्कृतिक स्थल : अयोध्या और काशी का उन्नयन

उत्तर प्रदेश की धरा पौराणिक काल से ही धर्म और अध्यात्म की प्रचुर उर्वरा शक्ति वाली रही है। भारतवर्ष ही नहीं, वरन् पूरे **विश्व की प्राचीनतम जीवंत नगरी काशी (वाराणसी)** यहीं है। युगों से काशी की अक्षुण्ण पहचान इसकी धार्मिक और आध्यात्मिक संस्कृति से ही है। वैश्विक सनातन संस्कृति के प्रणेता और सार्वजनिक जीवन के हर रूप में आदर्श और विष्णु अवतारी मर्यादा पुरुषोत्तम **भगवान श्रीराम की जन्मभूमि अयोध्या** इसी प्रदेश का मानबिंदु है। जीवन के हर पथ पर मार्गदर्शक महाग्रंथ **'श्रीमद्भगवद्गीता'** के माध्यम से पूरे विश्व को निष्काम कर्म का ज्ञान देनेवाले भगवान श्रीकृष्ण की जन्मभूमि **मथुरा** भी उत्तर प्रदेश की धार्मिक व आध्यात्मिक विरासत की गहरी जड़ों का प्रमाण है। **पूरे जगत् को मानवता, अहिंसा, प्रेम, करुणा और दया का पाठ पढ़ानेवाले भगवान बुद्ध की प्रिय धरा भी यहीं पर है।** महात्मा बुद्ध के प्रारंभिक जीवन (कपिलवस्तु), प्रथम ज्ञानोपदेश (सारनाथ) से लेकर महापरिनिर्वाण (कुशीनगर) तक की यात्रा का साक्षी यही प्रदेश बना है। **शिवावतारी महायोगी गुरु गोरखनाथ** ने गूढ़ समझे जाने वाले विशद योग के क्रियाशील पक्ष अर्थात् क्रियात्मक योग को लोक कल्याण के लिए अर्पित करने के ध्येय से इसी प्रदेश की **गोरखधरा (गोरखपुर)** को अपनी तपोस्थली बनाया। अध्यात्म की धार्मिक संस्कृति सदैव लोककल्याण के लक्ष्य को ही समर्पित रही है और उत्तर प्रदेश इसका केंद्र बिंदु रहा है।

राम मंदिर, अयोध्या

यह राज्य वैदिक ऋचाओं के सामगान की धरती है। ध्यान, उपासना व यज्ञ की पुण्य भूमि प्रयाग व गंगा-यमुना-सरस्वती का तीर्थराज मिलन 'संगम' यहीं है, 16 हजार ऋषि-मुनियों की तपोस्थली का साक्षी यही प्रदेश है। यही कारण है कि जब वर्ष 2014 में **प्रधानमंत्री श्री नरेंद्र मोदी** ने वाराणसी अर्थात् काशी को अपना निर्वाचन क्षेत्र चुना तो यही कहा कि- **''मुझे माँ गंगा ने बुलाया है।''** तभी जन-जन में इस आशा का संचार हो गया था कि यह सरकार, तीर्थों के विकास की दिशा में नए कीर्तिमान रचेगी और वर्तमान में यह देखने को मिल भी रहा है। इस कार्य को भव्यता और तीव्र गति देने में प्रदेश के **मुख्यमंत्री योगी आदित्यनाथ** ने भी अपनी ऊर्जा, ज्ञान व अनुभव को शामिल कर तीर्थों के विकास का एक ऐसा खाका खींचा, जो प्रदेश को **'उत्तम प्रदेश'** में परिणत करने के साथ-साथ **'तीर्थ प्रदेश'** के रूप में भी स्थापित कर देगा।

अयोध्या का भव्य राम मंदिर : निर्माण कार्य व उसकी प्रगति

माननीय सुप्रीम कोर्ट के 9 नवंबर, 2019 के निर्णय के पश्चात् जब राम मंदिर निर्माण का मार्ग प्रशस्त हुआ, तब केंद्र व प्रदेश सरकार ने श्रद्धालुओं की आस्था और उनके धैर्य को नमन किया व सुप्रीम कोर्ट के फैसले को त्वरित अमली जामा पहनाते हुए सर्वप्रथम फरवरी 2020 में नृपेंद्र मिश्र जी की अध्यक्षता में **श्रीराम जन्मभूमि तीर्थ क्षेत्र ट्रस्ट** का गठन किया। तत्पश्चात् 5 अगस्त, 2020 को प्रधानमंत्री मोदी ने मंदिर के भूमि पूजन में विधिवत् पूजा-अर्चना कर रामलला व साधु-संतों का आशीर्वाद लिया। जब यह मंगल कार्य हो रहा था, तब देश व प्रदेश दोनों में कोविड-19 महामारी का प्रसार था, बावजूद इसके, केंद्र व राज्य सरकार ने एक ओर मानव जीवन को बचाने के लिए वैज्ञानिक पहलों के साथ कदमताल की, वहीं दूसरी ओर कोविड-19 के नियमों का पालन करते हुए राम मंदिर निर्माण के स्वरूप को भी सजीव बनाए रखा।

कोविड संकट व अन्य मुश्किलें, जैसे-मंदिर परिसर को मिली 67 एकड़ भूमि के अतिरिक्त शेष 43 एकड़ भूमि को अधिगृहीत करने में, मंदिर को मजबूती देने के लिए नींव की गहराई की नीति बनाने में, मंदिर परिसर में लगने वाले पत्थर, जो राजस्थान के भरतपुर जिले की खदान से आने थे, उसके खनन कार्य पर रोक लगने से, मंदिरों की दीवारों पर धार्मिक चित्रों, कथाओं को उकेरने के कार्य में धीमी प्रगति आदि चिंताओं ने प्रदेश के मुख्यमंत्री जी के हौसले को लेशमात्र भी प्रभावित नहीं किया, बल्कि प्रदेश सरकार ने अयोध्या तीर्थ विकास हेतु अपनी कमर कस ली, जिसका परिणाम है कि वर्ष 2023 के अंत तक रामलला का मंदिर तैयार हो जाएगा और लोगों को दर्शन करने का सुअवसर मिल पाएगा, जबकि पूरे परिसर के निर्माण का कार्य वर्ष 2025 तक पूरा होने की संभावना है।

110 एकड़ में फैले पूरे मंदिर परिसर में रामलला का भव्य मंदिर, जो 10 एकड़ में बनेगा, उसके वास्तु में गर्भगृह का निर्माण, 5 मंडपों वाले तीन मंजिला मंदिर, जिसकी

ऊँचाई 161 फीट है, के निर्माण का कार्य तेजी से हो रहा है, साथ ही मंदिर परिसर में संग्रहालय, गेस्ट हाउस, अभिलेखागार, रिसर्च सेंटर, सभागार, गौशाला, यज्ञशाला व प्रशासनिक भवन आदि के निर्माण कार्य में विशेषज्ञों की टीम दोनों शिफ्टों में 24 घंटे कार्य कर रही है, ताकि देश-विदेश के सभी जिज्ञासुओं, श्रद्धालुओं, सनातन धर्म में आस्था रखनेवालों की भावनाओं के साथ न्याय किया जा सके।

मंदिर निर्माण का कार्य लार्सन एंड टुब्रो जैसी योग्य व विश्वसनीय कंपनी को दिया गया है। परियोजना पर निगरानी करने का कार्य टाटा कंसल्टिंग इंजीनियर्स को सौंपा गया है। मंदिर परिसर की नींव तैयार करने की जिम्मेदारी IIT दिल्ली, IIT रुड़की, IIT गुवाहाटी समेत देश की अन्य सर्वश्रेष्ठ संस्थाओं के वरिष्ठ इंजीनियरों को दी गई है। इन इंजीनियरों ने वाइब्रो टेक्नोलॉजी का इस्तेमाल करते हुए मंदिर की नींव में कुल 44 लेयर्स डाले और प्रत्येक लेयर की मोटाई 8 इंच रखी, ताकि भूकंप जैसी प्राकृतिक आपदाओं से मंदिर को किसी प्रकार की क्षति न पहुँचे। मंदिर की दीवारों पर धार्मिक थीम उकेरने का कार्य दिल्ली के इंदिरा गांधी आर्ट सेंटर्स के आर्टिस्टों ने सँभाला है। इस प्रकार अयोध्या नगरी को उसकी वास्तविक पहचान दिलाने का जो बीड़ा प्रदेश के मुख्यमंत्री जी ने उठाया है, वह निश्चित ही असाधारण व अद्‌भुत है। **अयोध्या** की पावन नगरी ने वर्ष 2021 में दीपोत्सव अर्थात् दीप जलाने का **'गिनीज वर्ल्ड रिकॉर्ड'** बनाया। यह रिकॉर्ड 12 लाख दीप एक साथ जलाने पर बना, जिसमें 9 लाख दीप सरयू नदी के तट पर और 3 लाख दीप शहर के अन्य हिस्सों में जलाए गए। इस अद्‌भुत दृश्य ने देखनेवालों को आश्चर्य में डाल दिया और ऐसा प्रतीत हुआ, मानो प्रभु श्रीराम के आगमन की खुशी में पूरी अयोध्या नगरी खुशियों के सागर में गोते लगा रही है। यह सब संभव हुआ है-समावेशी सोच और दृढ़ संकल्पी मा. मुख्यमंत्री जी के कारण। अयोध्या में आयोजित 'दीपोत्सव कार्यक्रम' के साथ-साथ श्रीलंका से आए सांस्कृतिक समूह द्वारा रामलीला का मंचन किया गया। यह प्रयास एक ओर रामलीला जैसी लुप्त हो रही कला को सजीवता देगा तो वहीं दूसरी ओर आज के युवाओं को जो अदृश्य दुनिया (वर्चुअल वर्ल्ड) के शिकंजे में फँसे हैं, को मुक्त कराने का कार्य करेगा। माननीय मुख्यमंत्रीजी ने पौराणिकता व आधुनिकता के मध्य सामंजस्य बैठाते हुए सरयू नदी के तट पर लेजर शो का आयोजन कराया, जिसके चलते बच्चे, बूढ़े, जवान सब आनंदित हो उठे।

अयोध्या नगरी का सौन्दर्यीकरण व आधुनिकीकरण

अयोध्या नगरी, जो आस्था का केंद्र है, को एक भव्य स्वरूप देने के लिए अयोध्या के सभी प्रमुख मार्गों पर रामायणकालीन ऋषियों के नाम पर द्वार बनाने की योजना क्रियान्वित की जा रही है। साथ ही संपूर्ण विश्व को इस महान तीर्थ स्थल से जोड़ने के लिए 600 एकड़ भूमि पर **मर्यादा पुरुषोत्तम श्रीराम एयरपोर्ट** का निर्माण किया जा रहा है। साथ ही, अयोध्या नगरी में बस स्टेशन, जो अंतरराष्ट्रीय स्तर का होगा, को मूर्त रूप देने की योगीजी की कटिबद्धता साकार होने को है। अयोध्या नगरी को हरियाली का केंद्र बनाने

के उद्देश्य से मुख्यमंत्रीजी ने रामायणकालीन 27 हजार वृक्षों का रोपण करने का निर्णय लिया है और इन पेड़ों की देखभाल का भी उचित प्रबंधन किया जाएगा।

अयोध्या नगरी में अंतरराष्ट्रीय संग्रहालय और रिवरफ्रंट के निर्माण के साथ-साथ अंतरराष्ट्रीय रामलीला केंद्र तथा सांस्कृतिक मंच का निर्माण कार्य तेजी से हो रहा है। इस अध्यात्म भूमि को ज्ञान भूमि के रूप में युगों-युगों से जाना जाता रहा है। इस स्वरूप को आधुनिक रूप में प्रस्तुत करने हेतु विश्वविद्यालय के निर्माण को महत्त्व दिया गया है, जिसके चलते **राजर्षि दशरथ स्वशासी चिकित्सा महाविद्यालय** को पूर्णता प्रदान की जा रही है।

प्रदेश सरकार ने **'पंचकोसी परिक्रमा मार्ग'** को सौंदर्यीकृत कर अयोध्या आने वाले तीर्थ यात्रियों को सुगमता की अनुभूति प्रदान की है। मल्टी लेवल पार्किंग तथा विभिन्न उद्योगों के निर्माण के कारण अयोध्या आर्थिक रूप से भी फल-फूल रही है। योगी सरकार ने अयोध्या नगर की मूलभूत आवश्यकताओं को भी आधुनिक बनाने की दृष्टि से जहाँ भूमिगत सीवर प्रणाली के निर्माण हेतु भारी निवेश किया है, वहीं सरयू में गिरने वाले मल तथा जल के शुद्धीकरण हेतु सीवेज ट्रीटमेंट प्लांट की स्थापना पर विशेष ध्यान केंद्रित कर पर्यावरण का खासा खयाल रखा है। जैसा कि हम जानते हैं कि, श्रीराम के जीवन से जुड़े सभी तीर्थ स्थलों को अयोध्या से जोड़ा जा रहा है। इस दिशा में 4 लेन सड़कों का निर्माण किया जा रहा है। इसके अतिरिक्त अयोध्या के सभी मंदिरों के सौंदर्यीकरण, उनके एप्रोच मार्गों के विस्तार तथा पैदल पथ के सौंदर्यीकरण का कार्य योगी जी के दिशा-निर्देशन में पूर्ण हो चुका है।

शिव नगरी वाराणसी के कायाकल्प का नया दौर

वाराणसी के सांसद और देश के प्रधानमंत्री के रूप में श्री नरेन्द्र मोदी जी को वर्ष 2014 व वर्ष 2019 में लगातार दो बार काशी के लोगों से अथाह प्रेम मिला और यहीं से काशी में संरचनात्मक परिवर्तनों का एक नया अध्याय जुड़ना प्रारंभ हो गया। इन परिवर्तनों को संजीवनी उस दिन मिली जिस दिन उत्तर प्रदेश में योगी सरकार ने शपथ ली। काशी विश्वनाथ मंदिर के जिस परिसर को देखकर 6 फरवरी, 1916 में दिए गए अपने भाषण में महात्मा गाँधी ने कहा था- "जब हमारे मंदिरों की दशा इतनी खराब है तो हमारे स्वराज की दशा कैसी होगी? हम लोग जब अपने पवित्र काशी विश्वनाथ मंदिर समेत इस काशी नगरी को स्वच्छ और सुंदर नहीं रख सकते तो फिर हम अपने स्वराज को कैसे स्वरूप देंगे?" इस बात को बीते 100 वर्ष से अधिक का समय हो गया है, गाँधीजी के इस मर्म को मोदी और योगी सरकार ने समझा और दृढ़ संकल्पी होकर काशी नगरी व काशी विश्वनाथ मंदिर के परिसर के पुरातन गौरव को पुनः प्राप्त करने का बीड़ा उठाया। इसी क्रम में योगी

काशी विश्वनाथ कोरिडोर, वाराणसी

सरकार का पहला कदम काशी मंदिर का जीर्णोद्धार करना था। पुरानी नींव पर खड़े नए निर्माण के रूप को आज जो भी देखता है, दाँतों तले उँगली दबा लेता है। आँखों को सहसा भरोसा नहीं होता कि क्या यह वही काशी और विश्वनाथजी का परिसर है? देवादिदेव महादेव की नगरी का जो अभिनव रूप वर्तमान सरकार ने दिया है, वह अद्‌भुत, अतुलनीय, अविस्मरणीय है। आज कल-कल बहती पावन गंगा मैया अब अपने किनारे से बाबा विश्वनाथ की मंगलकारी छवि को नित्य निहारती हैं। घंटे-घड़ियाल की झंकृत करने वाली मंगलमय ध्वनि गाड़ियों के हॉर्न से होने वाले मानसिक कष्ट से निदान दिलाती है। मंदिर परिसर का दायरा अब गंगा किनारे **मणिकर्णिका** और **ललिता घाट** तक लगभग साढ़े पाँच लाख वर्गफीट में विस्तृत कर दिया गया है। जिस परिसर की गलियों में पूर्व में दो लोग एक साथ नहीं चल सकते थे, महादेव के दर्शन करने में असुविधा होती थी, आज वही परिसर 5 लाख वर्गफीट के विशाल काशी विश्वनाथ धाम के रूप में निर्मित हो चुका है, जहाँ दो लाख से ज्यादा लोग परिसर में एक साथ खड़े होकर काशी की चिर पुरातन और नित नवीन होती आध्यात्मिक भावधारा में स्नान कर सकते हैं। विश्वनाथ धाम का एक किनारा अब सीधे माँ गंगा के कल-कल प्रवाह को स्पर्श करता है, जिसके कारण अविनाशी काशी के अधिपति भूतभावन भगवान विश्वनाथ के ज्योतिर्लिंग के दिव्य दर्शनों की छटा देखते ही बनती है।

कहते हैं कि काशी के महाश्मशान पर स्वयं बाबा विश्वनाथ ही नश्वर जीवन के कानों में तारक मंत्र देते हैं। इस महाश्मशान की होली के हुरियारों समेत सभी श्रद्धालुओं को विश्वनाथ गलियारे ने नई बैठकी और नया मंच दे दिया है। मकराना और चुनार के लाल-गुलाबी पत्थरों से निर्मित नवद्वारों के बीच स्थित भगवान की आकर्षक मनोहारी छवि, अद्‌भुत साज-सज्जा, महान स्थापत्य और सुंदर कला-कलेवर समेटे संपूर्ण काशी को नई पहचान और नया आँगन दे रही है। अपनी पूर्णता और भव्यता के साथ भारत के सर्वाधिक सुंदर और सुव्यवस्थित केंद्रों में गिने जा रहे आध्यात्मिक और सांस्कृतिक धाम के रूप में विश्वनाथ मंदिर परिसर नया आकार ले चुका है। दूसरी ओर **'काशी के कोतवाल' कालभैरव मंदिर** के चारों ओर भी गलियारा परियोजना साकार हो रही है, ताकि भक्तजन सीधे कोतवाल के दर्शन कर भगवान तक पहुँच सकें। कालभैरव मंदिर के समीप स्थित टाउन हॉल के विकास पर भी तेजी से काम हो रहा है, ताकि इसे शहर के सबसे आकर्षक व्यावसायिक केंद्र के रूप में विकसित किया जा सके।

वर्ष 2014 और 2017 में भारत और उत्तर प्रदेश की जनता ने जिस विशाल जनमत के द्वारा राजनीतिक परिवर्तन के नए युग का सूत्रपात किया, उसी का परिणाम है कि संसार की सबसे पुरातन नगरी काशी की सड़कों और वीथिकाओं के सम्मुख पसरी सारी कालिमा मिट गई है। बिजली के तारों से पटे मार्ग अब खुली हवा में साँस ले रहे हैं। गलियों के दशकों पुराने सीवर अब साफ हो चले हैं, गंगा किनारे प्राचीन घाटों से लेकर अध्यात्म और सत्संग से गुंजायमान रहने वाली गलियों में 'स्वच्छ भारत अभियान' का असर प्रत्यक्ष रूप से देखने को मिल रहा है। जिसकी कल्पना भी किसी ने नहीं की थी,

वे सारे कार्य, काशी में तेजी से संपन्न हो चले हैं। दशकों से टाले जा रहे कार्य, जैसे बिजली, टेलीफोन, केबल समेत तारों के सारे जंजाल, जो नगर की खूबसूरती पर टाट का पैबंद थे, को इस पुरातन नगरी में भूमिगत कर दिया गया है। पूरे नगर में दुपहिया और चार पहिया वाहनों की पार्किंग के लिए चुने हुए स्थानों पर बहुमंजिला इमारतें तैयार की गई हैं, जहाँ लिफ्ट के जरिए गाड़ियों को ऊपर की मंजिलों तक ले जाने की सुविधा है।

काशी में एक बहुत बड़ी समस्या ट्रैफिक जाम की है। एक समय था कि लाल बहादुर शास्त्री अंतरराष्ट्रीय हवाई अड्डे से वाराणसी की ओर रुख करते ही, काशी दर्शन का सारा उत्साह ठंडा पड़ने लगता था। लेकिन वर्तमान में उत्तर प्रदेश को 'उत्तम प्रदेश' बनाने वाली योगी सरकार ने हवाई अड्डे से काशी तक की यात्रा को बेहद सुगम व सुहावना बना दिया है। मात्र 20 मिनट में फर्राटा भरती गाड़ियाँ अनेक उपरिगामी सेतु से होते हुए विश्वनाथ धाम तक पहुँचने लगी हैं। यही परिवर्तन वाराणसी के ऐतिहासिक रेलवे स्टेशन पर भी देखने को मिलता है, जहाँ उपरिगामी सेतु का कार्य पूर्ण होने से घंटों जाम में फँसे रहनेवाले दैनिक यात्रियों को राहत मिली है। सारनाथ के पास आशापुर रेलवे क्रॉसिंग पर उत्तर प्रदेश सेतु निगम की ओर से बेहद कम समय में निर्मित एक ऐसा सेतु बनाया गया है, जिसने यातायात की समस्या को नियंत्रित किया है। वाराणसी के चारों ओर शानदार चमकती, सनसनाती रिंग रोड ने इस शहर के बाहरी ग्रामीण इलाकों में बुनियादी ढाँचे के विकास के महानतम् युग का सूत्रपात कर दिया है। योगीराज में 24 घंटे चकाचक बिजली की उपलब्धता ने ग्रामों में नई क्रांति की बुनियाद रख दी है, जिसमें सामान्य जन को अपनी पीढ़ियों का सुनहरा भविष्य साफ दिखने लगा है।

रुद्राक्ष कंवेंशन सेंटर, वाराणसी

काशी धर्म-अध्यात्म और परंपरा के साथ कला-संस्कृति-शिल्प के हुनर का भी शहर है। इसकी सदियों पुरानी धरोहरों को सुरक्षित रखने, उसे नए-नवेले तरीके से युवा पीढ़ी के समक्ष प्रस्तुत करने के लिए **रुद्राक्ष कन्वेंशन सेंटर** का निर्माण काशी के सांस्कृतिक विकास में मील का पत्थर माना जा रहा है। जापान के सौजन्य से 186 करोड़ रुपए की लागत में इसका निर्माण कार्य पूर्ण हो चुका है। प्रधानमंत्रीजी उत्सवी माहौल में इसका भव्य लोकार्पण भी कर चुके हैं। साथ ही, सैकड़ों लोग यहाँ एक साथ सांस्कृतिक कार्यक्रमों, कला प्रदर्शनी, नृत्य-नाट्य आदि का आनंद लेना प्रारंभ कर चुके हैं। इसके विशाल सभागार में 1500 से ज्यादा लोग एक साथ बैठ सकते हैं। शिवलिंग की आकृति में भव्यतम निर्माण के साथ काशी की सांस्कृतिक धड़कन के रूप में 'रुद्राक्ष कन्वेंशन सेंटर' अब नूतन हस्ताक्षर है।

भारत अध्ययन केंद्र, वाराणसी

वैदिक विज्ञान केंद्र, वाराणसी

प्रधानमंत्रीजी ने भारत की ज्ञान परंपरा को उसके वास्तविक रूप में प्रकट करने के लिए काशी हिंदू विश्वविद्यालय में **भारत अध्ययन केंद्र** के निर्माण की प्रेरणा दी, वहीं मुख्यमंत्री योगीजी की प्रेरणा से काशी हिंदू विश्वविद्यालय में **वैदिक विज्ञान केंद्र** की भव्य स्थापना का कार्य पूर्ण हो चुका है।

सचमुच, वाराणसी नगरी अपने कर्मवीर नायकों की मदद से पुनः संसार रूपी पुरुष के मस्तक का श्रृंगार बन गई है। भारत की सांस्कृतिक राजधानी होने का उसके अतीत का गौरव उसे मानो वापस मिल गया हो। काशी का पुनरुद्धार इस बात का जीवंत साक्षी है कि आतंक, असहिष्णुता और अनाचार के बूते भारत के सनातनी समाज और उसकी धर्म और संस्कृति को मिटाया नहीं जा सकता। काशी उन सभी के स्वागत के लिए अभिनव तीर्थ बनकर पुनः तैयार खड़ा है जो इसके आँगन में जल रही ज्ञान, भक्ति और अध्यात्म की ज्योति के प्रकाश में विश्व मानवता के सुंदर स्वर्णिम भविष्य की रूपरेखा गढ़ने की आकांक्षा पालकर आगे बढ़ रहे हैं।

❑

अध्याय 8

गौ संरक्षण और संवर्धन को मिला नया गौ पालक

गौ से प्राप्त उत्पादों की महत्ता केवल दूध, गौमूत्र का औषधिक प्रयोग, गोबर की जैविक खाद से लेकर धार्मिक क्रियाकलाप तक ही सीमित नहीं है, बल्कि 21वीं सदी के विज्ञान ने प्रमाणित कर दिया है कि गौवंश, रोजगार के साथ-साथ वैकल्पिक ऊर्जा के प्रमुख स्रोत के रूप में उभकर सामने आया है।

योगी आदित्यनाथ जी गाय के बछड़े के साथ

कृषि, ऋषि, गाय एवं गंगा हमारे भौतिक एवं प्राकृतिक जीवन की समृद्ध विरासत हैं। गौ आधारित हमारी जीवनशैली, हमारी मान्यताओं ने ही हमारी वैभवशाली संस्कृति को खड़ा किया है। गौमाता हमारी भौतिक और आध्यात्मिक उन्नति का मूल आधार हैं। गायों से हमारे भौतिक पक्ष से कहीं अधिक आस्था जुड़ी हुई है। मनुष्य का ऐतिहासिक विकास इस तथ्य को प्रमाणित करता है कि उसे प्राप्त धन, बल, अन्न और कीर्ति यह सब गौमाता प्रदत्त ही तो है। इनका संरक्षण और संवर्धन हमारा पवित्र कर्त्तव्य है। सनातन काल से ही हमारे घरों में गौमाता सौभाग्य और आरोग्य का सूचक रही हैं। गाय को मनुष्य अपना धन मानता था और रामायण, महाभारत काल से लेकर प्राचीन, मध्य और आधुनिक काल में गाय वस्तु-विनिमय प्रणाली का माध्यम थी। गौ उत्पादों की महत्ता दूध, दही, घी, मक्खन मनुष्य के शारीरिक और मानसिक स्वास्थ्य के लिए तो सर्वोत्तम है ही, वरन् गोमूत्र का प्रयोग कई जटिल रोगों में भी प्रामाणिक औषधि के रूप में प्रयोग होता है, जिसने गौमाता की महत्ता को वर्तमान युग में भी स्थापित किया है। उसी के दिए हुए बछड़ों से हम खेती करते हैं और उसी के गोबर से हमारी फसलों

खेत-खलिहान समृद्ध होते हैं। इस प्रकार से हर कालखंड में गायें हमारी राष्ट्रीय अर्थव्यवस्था का प्रमुख आधार रही हैं।

वर्तमान भारत में भले ही ट्रैक्टर द्वारा खेती प्रचुरता से हो रही है, लेकिन परंपरागत तरीके से होने वाली खेती में बैलों की उपयोगिता आज भी बनी हुई है। छोटे और मध्यम श्रेणी के किसानों के लिए तो बैल ही खेत जोतने के साधन हैं। एक अनुमान के अनुसार वर्तमान में देश में कृषि कार्य में लगभग 8 करोड़ बैल प्रयुक्त होते हैं। यदि ये नहीं होंगे तो हमें इनके बदले 2 करोड़ ट्रैक्टर्स की आवश्यकता होगी, जिनकी लागत लगभग 40 हजार करोड़ रुपए होगी। इन ट्रैक्टर्स को चलाने के लिए 64 हजार करोड़ रुपयों का डीजल प्रतिवर्ष क्रय करना पड़ेगा। पेट्रोल के लिए विदेशी निर्भरता एवं विदेशी मुद्रा की परावलंबता का मूल्य भी चुकाना होगा। यांत्रिक खेती ने बैलों को खेतों से बाहर कर दिया है, इस कारण किसान के घरों में बैल की उपयोगिता नहीं रही। साथ ही देशी गाय की दूध उत्पादन क्षमता कम होने से किसान को उसका रखरखाव महँगा पड़ने लगा है। चराई की भूमि का खत्म होना भी इसका एक कारण है, जिसकी वजह से किसानों ने घरों से गाय को छोड़कर दूध के लिए भैंस को अपना लिया है।

पहले एक समय था, जब गाँवों में प्रत्येक किसान के घर में गाय होती थी और कस्बों के घरों में भी गौ पालन को महत्त्व दिया जाता था। शहरीकरण ने धीरे-धीरे कस्बों के घरों से गाय को दूर किया और फिर यांत्रिक खेती ने गाय को किसान से भी दूर कर दिया। कई सालों से यह स्थिति बनी हुई थी कि गाँव के किसान खुद अपने गौवंश को गौशाला में छोड़कर चले जाते।

पूर्ववर्ती सरकारों की उपेक्षा के चलते, भगवान राम और कृष्ण की जन्मभूमि पर गौमाता की दुर्दशा देखकर कोई भी व्यथित हो सकता था। यही कारण है कि वर्ष 2017 में योगी सरकार के सत्ता सँभालते ही प्रदेश में गौ संरक्षण को प्राथमिकता दी गई। अवैध बूचड़खानों को बंद किया गया और गौवध निवारण का सख्त कानून बनाया गया। इसके साथ ही सभी जनपदों में 2-2 बृहद गौवंश संरक्षण केंद्र की स्थापना की गई। उत्तर प्रदेश में गायों की संख्या जहाँ लगभग 1.9 करोड़ है, वहीं भैंसों की संख्या करीब 3.3 करोड़ है। प्रदेश को निराश्रित पशुओं की समस्याओं से निजात दिलाने के लिए प्रदेश सरकार अथक प्रयास कर रही है। सरकार ने **गौ संरक्षण अभियान** के तहत प्रदेश के 5,150 गौ संरक्षण केंद्रों में 11.84 लाख निराश्रित गोवंशों में से 5.26 लाख से अधिक गोवंशों को संरक्षित किया है और इनके भरण-पोषण हेतु कार्पस फंड भी सृजित किया गया है।

इसके साथ ही **मुख्यमंत्री निराश्रित गोवंश सहभागिता योजना** के तहत लगभग 78,008 गोवंश पशुपालकों को सौंपे गए हैं। प्रदेश के 1,178 कुपोषित बच्चों के परिवारों को 1184 गायें उपलब्ध कराई गई हैं। ऐसे परिवारों को प्रत्येक माह गाय के भरण-पोषण

के लिए 900 रुपए की आर्थिक सहायता भी प्रदान की जा रही है। इन गायों के समुचित भरण-पोषण के लिए लगभग 3444 'भूसा बैंक' स्थापित किए गए हैं। जिनमें लगभग 11.56 लाख क्विंटल भूसे की व्यवस्था की गई है। इसके अतिरिक्त मंडी परिषद् द्वारा 22.62 करोड़ रुपए की धनराशि गौशालाओं को आवंटित की गई है। इन सब के पीछे सरकार की मंशा यही है कि सबका पोषण करनेवाली गौमाता किसी भी हाल में भूखी न रहने पाए।

उत्तर प्रदेश पशुपालन विभाग की ओर से प्रदेश भर में विशेष अभियान चलाकर पालतू पशुओं की **'ईयर टैगिंग'** भी की जा रही है। यह अपने आप में एक विशेष प्रकार का अभियान है, जिसके द्वारा पशुओं को भी पहचान से जुड़ी सेवाओं की सुविधाएँ प्राप्त होती हैं। यह 'ईयर टैग' पशुओं के लिए आधार कार्ड जैसा है, जिसमें उसके मालिक की पहचान, नस्ल और वर्तमान स्थिति की पूरी जानकारी ऑनलाइन उपलब्ध होगी। बस, 'ईयर टैग' के नंबर पर क्लिक करने के साथ पशुओं का पूरा डाटा ऑनलाइन उपलब्ध होगा। प्रदेश भर में 2 करोड़ 23 लाख से अधिक पालतू पशुओं की टैगिंग की जा चुकी है, जिनमें 98.34 लाख से अधिक गौवंश हैं। योगी सरकार द्वारा वर्तमान समय में 16 नगर निगमों में गौशालाओं को रुपए 17.52 करोड़ रुपए निर्गत किए गए हैं।

गाय का गोबर सिर्फ उपले, खाद या बायोगैस बनाने के ही काम नहीं आता, बल्कि ये कमाई का जरिया भी बन सकता है। इसी गोबर से रोजमर्रा के लिए उपयोगी कई कमाल की चीजें भी बन सकती हैं। आज गौवंशों के गोबर व मूत्र से कई मूल्यवर्धित वस्तुएँ बनाई जा रही हैं, जैसे—गोबर का गमला, लक्ष्मी-गणेश की मूर्ति, कलमदान, कूड़ादान, मच्छर भगाने वाली अगरबत्ती, जैव रसायनों का निर्माण, मोमबत्ती एवं अगरबत्ती स्टैंड आदि शामिल हैं। आज गोबर से बना गमला भी काफी लोकप्रिय हो रहा है। इस गमले में मिट्टी भरकर पौधा लगाइए और जब भी पौधे को जमीन में लगाना हो तो इस गमले को ही जमीन में गाड़ दीजिए। इससे पौधा नष्ट नहीं होगा और पौधे को गमले के रूप में गोबर की खाद भी मिल जाएगी।

कोरोना काल में प्रदेश के कारीगरों को रोजगार देने के उद्देश्य से 'माटीकला बोर्ड' की ओर से 'माटीकला मेले' का आयोजन किया गया था। इस सफल आयोजन में न सिर्फ माटी के दीपों की धूम रही, बल्कि गोबर के दीपों और लक्ष्मी-गणेश की भी रिकॉर्ड बिक्री हुई। इसके साथ ही योगी सरकार ने कोरोना काल के बाद दीपावली में पंचगव्य से बने उत्पादों का प्रचार-प्रसार करने के लिए **'अबकी दीवाली देसी वाली'** के तहत लोगों को प्रोत्साहित किया। फिरोजाबाद के स्वर्ग आश्रम में आज गोकाष्ठ का प्रयोग हो रहा है। इससे गरीब से गरीब व्यक्ति भी अपने परिजनों का विधिवत तरीके से अंतिम संस्कार कर सकने में सक्षम होगा तथा गौ संरक्षण और संवर्धन का पुनीत कार्य भी संभव

हो सकेगा। इस दिशा में अग्रसर होते हुए गौ सरंक्षण हेतु 14 नवीन पशु चिकित्सालयों का भी निर्माण किया गया है और गोरखपुर में पशु चिकित्सा विज्ञान महाविद्यालय स्थापित करने की दिशा में भी कार्य किया जा रहा है। इन सारी प्रक्रियाओं के पीछे प्रदेश सरकार की मंशा सीधे तौर पर गौ संरक्षण से जुड़े लोगों की आय में वृद्धि करने की है।

सरकार की तरफ से अधिक-से-अधिक रोजगार सृजन के लिए मनरेगा को भी गौ-आश्रय स्थलों से जोड़ा गया है। इन गौ-आश्रय स्थलों पर जैविक खाद के उत्पादन का कार्य तेजी से किया जा रहा है। जैविक खादों के इस्तेमाल से हानिकारक पेस्टिसाइड का प्रयोग रुकेगा, जिसका सीधा फायदा गाँव, गरीब और किसानों को मिलेगा, साथ ही कई लाइलाज व जानलेवा बीमारियों से लोगों को बचाया जा सकेगा।

भौतिक-वैज्ञानिक उपलब्धियों के आधार पर विश्व के अग्रणी देशों में शामिल सभ्यताएँ भी गौ माता की महान आध्यात्मिक 'ओरा' को धीरे-धीरे पहचान रही हैं। मानसिक एवं आत्मिक शक्ति एवं शांति के लिए विदेशों में लोग पैसे देकर गौ के साथ समय बिता रहे हैं, उन्हें दुलार रहे हैं। जल्द ही वह समय भी आएगा, जब लोग सेवा और सहचर के लाभों से भिज्ञ होकर गौ को अपने निवास और कार्यक्षेत्र में भी स्वीकारेंगे। यदि मानवीय संवेदनाओं के साथ मानवीय संसाधनों का सर्वोत्तम प्रयोग करना है तो भारत ही नहीं, समूचे विश्व को गौमाता की शरण में आना ही पड़ेगा।

❑

भाग–3

कृषि, अवस्थापना और औद्योगिक विकास

9. सड़क एवं वायु परिवहन में गतिमान उत्तर प्रदेश
10. उत्तर प्रदेश अर्थव्यवस्था की सुदृढ़ होती नई दिशाएँ
11. उत्तर प्रदेश के अन्नदाता : खाद, खरीद, सिंचाई और खेती में आत्मनिर्भरता के पथ पर अग्रसर
12. उत्तर प्रदेश अर्थव्यवस्था के विकास का इंजन : ओडीओपी योजना (स्वरोजगार के सृजन का गढ़ता अवसर)
13. उत्तर प्रदेश में बिजली, पानी व स्वच्छता अभियान हेतु समग्र प्रयास
14. खाद्य प्रसंस्करण के क्षेत्र में सशक्त होता उत्तर प्रदेश
15. उत्तर प्रदेश : रक्षा क्षेत्र में बढ़ते कदम
16. उत्तर प्रदेश की गतिमान अर्थव्यवस्था (1 ट्रिलियन लक्ष्य प्राप्ति के विषयगत क्षेत्र)

चित्रकूट हवाई अड्डा CHITRAKOO
594 किमी.
शाहजहांपुर
बदायूं
उद्योग, रोजगार और कृषि की
क्षमता और दक्षता को गतिमान
करती योगी सरकार

सड़क एवं वायु परिवहन में गतिमान उत्तर प्रदेश

सड़कें किसी भी देश की आर्थिक समृद्धि के प्रतीक के रूप में देखी जाती हैं, जोकि देश के विकास-द्वार को खोलती हैं। वास्तव में सड़क और विकास एक-दूसरे के पूरक हैं। जो देश/प्रदेश जितना अधिक सड़क निर्माण के संजाल को विस्तार देगा वह विकास के झूले में उतनी ही ऊँची पेंग बढ़ाएगा, जबकि इसके विपरीत, यदि किसी सरकार ने सड़कों के निर्माण को प्राथमिकता नहीं दी, तो वहाँ का विकास ठप हो जाएगा, यानी सड़क बनाने वाली सरकार ही देश/प्रदेश को, विकास के पथ पर अग्रसर कर सकती है।

केंद्रीय परिवहन एवं सड़क मंत्री **श्री नितिन गडकरी** ने सड़क निर्माण के महत्त्व को बजट सत्र 2022-23 में स्पष्ट करते हुए कहा था कि-**''अमेरिका अमीर है, क्योंकि अमेरिकी सड़कें अच्छी हैं।''** इसलिए सड़क निर्माण के कार्य को तीव्रता देने के लिए केंद्र सरकार ने जमीनी स्तर पर प्रयास किए हैं, जैसे-**प्रधानमंत्री ग्राम सड़क योजना, भारतमाला योजना, स्वर्णिम चतुर्भुज योजना व राष्ट्रीय राजमार्गों का निर्माण**, विस्तार व सुदृढ़ीकरण करने के साथ-साथ वर्तमान आवश्यकताओं को ध्यान में रखते हुए **एक्सप्रेस-वे** के निर्माण को प्राथमिकता दी है। जिसका परिणाम है कि **आज भारत, अमेरिका के बाद विश्व का दूसरा सर्वाधिक सड़क नेटवर्क वाला देश बन गया है**, इसके साथ सड़क निर्माण के कार्य में भी पहले की तुलना में तीव्रता आई है।

उत्तर प्रदेश सरकार ने भी सड़क निर्माण कार्यों को अपनी प्राथमिकता सूची में रखा है, क्योंकि ग्रामीण अर्थव्यवस्था पर आधारित प्रदेश में जब तक गाँव को शहरों व जिला मुख्यालयों से तथा प्रदेश को राजधानी से नहीं जोड़ा जाएगा, तब तक प्रदेश में व्याप्त सामाजिक-आर्थिक विषमता, जो पश्चिम से पूर्वांचल तथा बुंदेलखंड क्षेत्र के बीच पसरी है, का समाधान नहीं हो पाएगा। इसलिए देश की सबसे बड़ी आबादी वाले सूबे के कर्मठ मुख्यमंत्री जी ने कठिन परिस्थितियों (कोविड महामारी) के बावजूद भी प्रदेश के चहुँमुखी

विकास के लिए गुणवत्तापूर्ण सड़कों के निर्माण को अपना ध्येय बनाया तथा एक्सप्रेस-वे के निर्माण को प्राथमिकता दी, जिसमें **पूर्वांचल एक्सप्रेस-वे** परियोजना प्रमुख है। 341 किमी. लंबी व 8 लेन वाली यह परियोजना प्रदेश के पूर्वी क्षेत्र, जैसे- सुल्तानपुर, अम्बेडकर नगर, अमेठी और अयोध्या के साथ-साथ आर्थिक रूप से कम विकसित जनपदों, जैसे बाराबंकी, आजमगढ़, मऊ और गाजीपुर को, प्रदेश की राजधानी लखनऊ से जोड़ने का कार्य करेगा। पूर्वांचल एक्सप्रेस-वे के महत्त्व को इस बात से समझा जा सकता है कि यह एक्सप्रेस-वे न केवल प्रदेश के कृषि आधारित पूर्वी जिलों को सीधे राजधानी से जोड़ने का कार्य करेगा बल्कि **302 किमी. लंबे आगरा लखनऊ एक्सप्रेस-वे** और **165 किमी. लंबे आगरा ग्रेटर नोएडा यमुना एक्सप्रेस-वे के जरिए राष्ट्रीय राजधानी दिल्ली से भी कनेक्ट करेगा।** यह कनेक्टिविटी कृषि उत्पादों व शीघ्र खराब होने वाले उत्पादों की आपूर्ति शृंखला में होने वाली देरी को कम कर खाद्य मुद्रास्फीति को नियंत्रित करेगा। परिणामस्वरूप किसानों के उत्पाद बरबाद होने से बचेंगे तथा उनकी आय को बढ़ाने में भी अहम भूमिका निभाएगा।

पूर्वांचल एक्सप्रेस-वे

पूर्वांचल एक्सप्रेस-वे से **91 किमी. लंबे गोरखपुर लिंक एक्सप्रेस-वे** को जोड़ने का कार्य प्रगति पर है, जिसके अंतर्गत जनपद गोरखपुर के गोरखपुर बाईपास एन.एच.-22, ग्राम जैतपुर के पास से इसे पूर्वांचल एक्सप्रेस-वे से जोड़ा जाएगा।

विकास का मार्ग खोज रहे बुंदेलखंड के लोगों को मुख्यमंत्री योगी जी ने **बुंदेलखंड एक्सप्रेस-वे** का तोहफा दिया है जिसका शिलान्यास स्वयं प्रधानमंत्री श्री नरेंद्र मोदी ने चित्रकूट धाम आकर किया। 296 किमी. लंबा बुंदेलखंड एक्सप्रेस-वे चित्रकूट, बाँदा, महोबा, हमीरपुर, जालौन, औरैया और इटावा जैसे जनपदों के सर्वांगीण विकास को बढ़ावा देगा, अर्थात् यह एक्सप्रेस-वे बुंदेलखंड क्षेत्र को सड़क मार्ग के जरिए राष्ट्रीय राजधानी दिल्ली से जोड़ेगा, जिससे दिल्ली पहुँचने में लगने वाले समय व ऊर्जा, दोनों की खपत घटने से प्रदूषण को नियंत्रित करने में सहायता मिलेगी। वर्तमान में यह एक्सप्रेस-वे 4 लेन वाला है, परंतु भविष्य की आवश्यकताओं को देखते हुए इसे 6 लेन में परिवर्तित किए जाने की भी योजना है।

बुंदेलखंड एक्सप्रेस-वे

पर्यावरणीय मंजूरियों संबंधी तमाम दिक्कतों के दूर होने के बाद **594 किमी. लंबे गंगा-एक्सप्रेस-वे** को नया जीवन मिल गया है। प्रदेश सरकार के अनुसार, वर्ष 2025 तक यह प्रोजेक्ट पूरा हो जाएगा। यह एक्सप्रेस-वे पश्चिमी उत्तर प्रदेश के मेरठ जनपद

को पूर्वी उत्तर प्रदेश के प्रयागराज जनपद से जोड़ेगा। यह एक्सप्रेस-वे 13 बड़े औद्योगिक जनपदों जैसे-मेरठ, गाजियाबाद, हापुड़, बुलंदशहर, अमरोहा, संभल, बदायूँ, शाहजहाँपुर, हरदोई, उन्नाव, रायबरेली, अमेठी, प्रतापगढ़ एवं प्रयागराज जनपद को कनेक्ट करेगा। गंगा **एक्सप्रेस-वे** के दूसरे चरण को मंजूरी मिलने पर इस एक्सप्रेस-वे का विस्तार प्रदेश के सबसे पूर्वी छोर अर्थात् बिहार की सीमा से लगे बलिया जनपद तक हो जाएगा, तो यह एक्सप्रेस-वे देश का सबसे लंबा (करीब 900 किमी.) एक्सप्रेस-वे बन जाएगा। इस ड्रीम प्रोजेक्ट को पहली बार वर्ष 2007 में मायावती सरकार ने प्रस्ताव स्वरूप रखा था, परंतु इलाहाबाद हाई कोर्ट ने वर्ष 2009 में पर्यावरण संबंधी मंजूरियों के कारण इसे खारिज कर दिया था क्योंकि यह प्रोजेक्ट गंगा बेसिन में था। इस प्रकार यह प्रोजेक्ट ठप हो गया था, परंतु योगी सरकार ने प्रोजेक्ट पर पुनः कार्य किया और गंगा नदी के तट से 10 किमी. दूर से एक्सप्रेस-वे को ले जाने का फैसला किया, परिणाम आज सबके सामने है। यह एक्सप्रेस-वे एग्रीकल्चर और इंडस्ट्रियल गतिविधियों का हब बनने जा रहा है।

गंगा एक्सप्रेस-वे

अन्य कार्य

प्रदेश सरकार के सड़क निर्माण विजन में अभी और भी नायाब प्रोजेक्ट हैं जो धरातल पर लागू होने के दिशा में अग्रसर हैं जैसे-686 किमी. लंबा **वाराणसी-कोलकाता एक्सप्रेस-वे** (06 लेन) जिसकी अनुमानित लागत 20 हजार करोड़ रुपए है, 591 किमी. लंबा **गोरखपुर-सिलीगुड़ी एक्सप्रेस-वे** (06 लेन) जिसकी लागत 32 हजार करोड़ रुपए है।

वर्ष 2017 में आई योगी सरकार ने प्रदेश की सड़कों का कायाकल्प करने के उद्देश्य से सड़कों को गड्ढा मुक्त करने का संकल्प लिया, जिसके तहत 3,49,274 किमी. सड़कों को गड्ढा मुक्त किया गया व 14,471 किमी. सड़कों के चौड़ीकरण एवं सुदृढ़ीकरण का कार्य किया गया। प्रदेश सरकार की ओर से एक नई पहल के रूप में **डॉ. ए.पी.जे. अब्दुल कलाम गौरव-पथ** नामक योजना का प्रारंभ वर्ष 2017 में किया गया, जिसका उद्देश्य प्रदेश के मेधावी छात्र/छात्राओं के नाम पर सड़कों का नामकरण किया जाना था, अर्थात् इस पथ पर उस क्षेत्र के मेधावी छात्रों का नाम लिखा जाता है, ताकि प्रदेश के अन्य छात्र भी प्रेरणा पा सकें। वर्ष 2017 में 24 मेधावी छात्रों के नाम 'गौरव पथ' पर जोड़े गए थे, इसी प्रकार वर्ष 2018-19 में, 2019-20 में व 2020-21 में क्रमशः 89, 33 व 15 मेधावी छात्रों के नाम सड़कों पर लगी शिलापट्टिका पर लिखे गए।

प्रदेश सरकार का एक और विजन प्रदेश में सड़कों के संजाल को विस्तारित करते समय पर्यावरण पर भी विशेष ध्यान देना रहा है। अतः प्रदेश के 75 जिलों के सभी 175 खंडों में **'हर्बल मार्ग'** का चयन करते हुए 27,893 हर्बल पौधे रोपित किए जा चुके

हैं। अर्थात् जिन सड़कों को 'हर्बल सड़क' के रूप में चुना गया है, उन सड़कों के दोनों ओर हर्बल पौधे, जैसे-आँवला, पीपल, नीम, सहजन और जामुन आदि प्रजातियों के पौधे लगाए गए हैं। साथ ही सड़कों के किनारे 'पनकटे' के निर्माण को भी मंजूरी दी गई है, ताकि वर्षा के समय पानी गिरते ही पनकटों के माध्यम से पानी, सड़क के नीचे चला जाए और सड़कें क्षतिग्रस्त होने से बच जाएँ।

प्रदेश सरकार ने खराब सड़कों की मरम्मत करने के लिए पी.डब्ल्यू.डी. को सिंगल यूज वेस्ट प्लास्टिक का प्रयोग करने के पायलट प्रोजेक्ट को हरी झंडी दे दी है, जिसके तहत प्रदेश के 9 जिलों-आगरा, प्रयागराज, बरेली, गोरखपुर, झाँसी, कानपुर नगर, लखनऊ, मेरठ और वाराणसी के एक-एक मार्ग को चिह्नित कर, वेस्ट प्लास्टिक के उपयोग से सड़क की मरम्मत की जा रही है। इस विधि से एक ओर सड़कें मजबूत होंगी तो दूसरी ओर वेस्ट प्लास्टिक का भी उपयोग हो सकेगा।

प्रदेश में आई योगी सरकार ने अपने 5 सालों के कार्यकाल में सड़क निर्माण से अल्प विकसित क्षेत्रों का जो ट्रांसफॉर्मेशन किया है, वह अन्य राज्यों के लिए प्रेरणा का स्रोत है। सड़कों के निर्माण ने प्रदेश के विकास के साथ-साथ लोगों की जीवन शैली, पर्यटन, औद्योगिक व वाणिज्यिक गतिविधियों को भी सकारात्मक रूप से प्रभावित किया है। प्रदेश को मजबूत, टिकाऊ, विस्तारित, हर्बल सड़कें देकर योगी सरकार ने कनेक्टिविटी के क्षेत्र में क्रांतिकारी परिवर्तन किया है।

प्रदेश की चमचमाती सड़कें और उस पर फर्राटा भरती गाड़ियों ने सरकार का ध्यान सड़क दुर्घटनाओं में होने वाली मौतों के डरावने आँकड़ों पर भी केंद्रित किया है। आँकड़ों की मानें तो सड़क दुर्घटना के मामले में प्रदेश का कानपुर जिला 5वें और राजधानी लखनऊ छठे स्थान पर हैं। सड़क दुर्घटना होने के मुख्य कारण हैं-वाहनों की तेज गति, मोबाइल फोन का प्रयोग, शराब का सेवन एवं विपरीत दिशा में वाहन चलाना। उक्त समस्याओं के निदान हेतु लोक निर्माण विभाग द्वारा महत्त्वपूर्ण मार्गों पर साइन बोर्ड लगाने हेतु स्वीकृति दी गई है तथा दुर्घटना संभावित क्षेत्रों, तीव्र मोड़, गति सीमा, स्कूल एवं आबादी इत्यादि से संबंधित सूचना बोर्ड लगाए गए हैं, साथ ही विभाग के अभियंताओं को सड़क सुरक्षा प्रशिक्षण देने की कवायद तेज की है।

यशस्वी मुख्यमंत्री योगी आदित्यनाथ जी ने प्रधानमंत्री के स्वप्न **उड़े भारत का आम नागरिक** अर्थात् **उड़ान योजना** को साकार रूप देने व रीजनल कनेक्टिविटी को बढ़ावा देने के उद्देश्य से प्रदेश में वायु परिवहन के क्षेत्र में विकास का ब्लू प्रिंट तैयार कर लिया है और उसे अमली जामा पहनाने का कार्य प्रगति पर है। उत्तर प्रदेश राज्य भारत का पहला ऐसा राज्य बनने जा रहा है, जहाँ 5 अंतरराष्ट्रीय हवाई अड्डे होंगे।

उत्तर प्रदेश राज्य के 5 अंतरराष्ट्रीय हवाई अड्डे

1. लखनऊ
2. वाराणसी
3. कुशीनगर
4. अयोध्या
5. जेवर (ग्रेटर नोएडा)

लखनऊ, वाराणसी व कुशीनगर हवाई अड्डे पर वर्तमान में अंतरराष्ट्रीय विमान सेवाएँ शुरू हो चुकी हैं, जबकि इस वर्ष अयोध्या व जेवर से भी अंतरराष्ट्रीय विमान सेवाएँ शुरू करने की तैयारी है। प्रदेश में बढ़ती वायु कनेक्टिविटी के चलते उत्तर प्रदेश, उत्तर भारत का पहला राज्य बन गया है, जहाँ 5 अंतरराष्ट्रीय हवाई अड्डे हैं। उत्तर प्रदेश के बाद केरल व तमिलनाडु राज्य हैं, जहाँ चार-चार अंतरराष्ट्रीय हवाई अड्डे हैं।

चित्रकूट हवाई अड्डा

प्रदेश के चित्रकूट जिले में विंध्य पर्वत श्रेणी की देवांगना पहाड़ी पर लगभग 260 एकड़ भूमि पर भारत के सबसे सुंदर एयरपोर्ट का निर्माण किया जा रहा है, जिसकी अनुमानित लागत 92 करोड़ रुपए है।

देश का सबसे बड़ा हवाई अड्डा : जेवर एयरपोर्ट

ग्रेटर नोएडा के जेवर में बनने वाले भारत के सबसे बड़े एयरपोर्ट के लिए स्विट्जरलैंड की कंपनी ज्यूरिख एयरपोर्ट इंटरनेशनल ए.जी. की टीम कार्य कर रही है। इस एयरपोर्ट के पहले चरण को 2020 में दुनिया के '100 रणनीतिक ग्लोबल इंफ्रास्ट्रक्चर प्रोजेक्ट' में शामिल किया गया था जिसके चलते अमेरिका के न्यूयॉर्क शहर में आयोजित 13वें ग्लोबल इंफ्रास्ट्रक्चर लीडरशिप फोरम में उ.प्र. सरकार को आमंत्रित किया गया।

यह एयरपोर्ट एशिया का दूसरा सबसे बड़ा हवाई अड्डा होगा। 30 हजार करोड़ रुपए के निवेश से बन रहे इस प्रोजेक्ट से एक लाख से अधिक लोगों को रोजगार मिलेगा। इस एयरपोर्ट के निर्मित होने से नोएडा, ग्रेटर नोएडा, गाजियाबाद और यमुना एक्सप्रेस-वे के करीब नए उद्योग स्थापित होने से एक लाख करोड़ रुपए का निवेश आने की संभावना है। इससे प्रदेश की अर्थव्यवस्था को तेज रफ्तार मिलेगी।

कुशीनगर में अंतरराष्ट्रीय हवाई अड्डा

महात्मा बुद्ध के निर्वाण स्थल कुशीनगर में अंतरराष्ट्रीय हवाई अड्डा बनकर तैयार हो गया है। 24 जून, 2020 को केंद्रीय मंत्रिमंडल ने इसे अंतरराष्ट्रीय हवाई अड्डा घोषित कर दिया।

कुशीनगर बौद्ध धर्म के 4 सर्वाधिक महत्त्वपूर्ण तीर्थस्थलों में से एक है। यहाँ प्रतिदिन कई देशों, प्रमुख रूप से थाईलैंड, कम्बोडिया, जापान, म्यांमार से सैकड़ों श्रद्धालु पूजा-अर्चना करने आते हैं।

अयोध्या में श्रीराम इंटरनेशनल हवाई अड्डा

अयोध्या अंतरराष्ट्रीय हवाई अड्डा

केंद्र सरकार ने अयोध्या में अंतरराष्ट्रीय एयरपोर्ट बनाने के प्रदेश सरकार के प्रस्ताव को मंजूरी दे दी है। केंद्रीय नागरिक उड्डयन मंत्रालय ने अयोध्या हवाई अड्डे के निर्माण हेतु 250 करोड़ रुपए मंजूर किए हैं। अयोध्या में हवाई अड्डे के निर्माण हेतु जमीन अधिग्रहण के साथ ही रजिस्ट्री का काम लगभग पूरा हो गया है। जल्द ही हवाई अड्डे का निर्माण कार्य प्रारंभ हो जाएगा। यह पहल निश्चय ही अयोध्या के टूरिज्म को और अयोध्या आने वाले श्रद्धालुओं के आवागमन को सहज और सरल बनाएगी।

प्रदेश सरकार का विजन आगामी 2-3 वर्षों में प्रदेश में 20 और हवाई अड्डे तैयार करने का है। वर्तमान में लखनऊ, वाराणसी, प्रयागराज, चित्रकूट, कानपुर, आगरा, अयोध्या, सहारनपुर, गाजियाबाद, ललितपुर, झाँसी, बरेली, मेरठ, गोरखपुर, ग्रेटर नोएडा, कुशीनगर आदि जिले राष्ट्रीय हवाई कनेक्टिविटी में आ गए हैं, जिसके चलते प्रदेश में प्रतिदिन 63 उड़ानें, यात्रियों के लिए उपलब्ध हैं।

❑

उत्तर प्रदेश अर्थव्यवस्था की सुदृढ़ होती नई दिशाएँ

उत्तर प्रदेश राज्य, जनसंख्या में विश्व के चौथे सबसे बड़े राष्ट्र इंडोनेशिया के लगभग बराबर है। इतने बड़े राज्य को अतीत की स्याह परछाईं से मुक्त कराकर सामाजिक सुरक्षा, शांति और सौहार्द के साथ पूरी क्षमता से विकास के पथ पर अग्रसर कराना आसान नहीं था, परंतु 19 मार्च, 2017 को योगी आदित्यनाथ जी के नेतृत्व में गठित सरकार ने जो चतुर्दिक प्रगति की यात्रा प्रारंभ की, उससे उत्तर प्रदेश को वैश्विक पहचान मिली। यह सब संभव हुआ साफ नीयत, स्पष्ट नीति एवं दृढ़ निश्चय वाले नेतृत्व के चलते।

आजादी के बाद से उत्तर प्रदेश कृषि और औद्योगिक क्षेत्र में देश के प्रमुख राज्यों में शुमार होता था। कानपुर, वाराणसी, गोरखपुर, आगरा, बरेली, मुरादाबाद, मेरठ, सहारनपुर आदि नगर मिलों और कारखानों के लिए जाने जाते थे। हस्तशिल्प उद्योग प्रदेश की पहचान थी, जिससे लाखों परिवारों को रोजगार मिलता था। प्राचीन उच्च नैतिक मूल्यों में रचे-बसे इस प्रदेश को जैसे किसी की नजर लग गई। उत्तर प्रदेश विकास की पटरी से उतरने लगा। इसका दुष्प्रभाव यह रहा कि बड़े व्यापारी, उद्योगपति एवं प्रतिभासंपन्न लोग प्रदेश के बाहर पलायन करने लगे क्योंकि बीमारू प्रदेश में उन्हें अपना भविष्य नहीं दिख रहा था। अपहरण, माफियाओं का बोलबाला, महिलाओं-बालिकाओं के प्रति बढ़ते अपराध, सांप्रदायिक दंगों तथा बेरोजगारी की वजह से प्रदेश से पलायन, औद्योगिक शहरों का उजड़ना मानो उत्तर प्रदेश की नियति बन गई थी। कानून व्यवस्था को पटरी पर लाना, समाज को अपराधीकरण और माफिया से मुक्त कराकर, खस्ताहाल में पहुँच गए उत्तर प्रदेश को आर्थिक रूप से एक मजबूत राज्य के रूप में स्थापित करना वर्तमान प्रदेश सरकार ने अपना उद्देश्य बना लिया और इस दिशा में निम्नलिखित प्रयास किए-

योगी काल में प्रदेश की कानून व्यवस्था

योगी आदित्यनाथ सरकार के शपथ लेते ही माताओं-बहनों के मान-सम्मान को ठेस पहुँचानेवालों के गिरेबान पर पुलिस के कठोर हाथ कसने लगे, अवैध बूचड़खानों के किवाड़ों पर ताले लगने लगे, अपराधी थानों में समर्पण की तख्ती लेकर खुद हाजिर होने लगे। योगी सरकार के कानून एवं व्यवस्था का डंका बजा, तो पूर्वी और पश्चिमी उत्तर प्रदेश में दशकों से फलता-फूलता माफिया तंत्र और गुंडातंत्र भूमिगत हो गया या प्रदेश के बाहर चला गया, क्योंकि यह प्रदेश अब उनके लिए काल-गृह से कम नहीं रह गया था।

प्रदेश में सी.ए.ए. कानून के विरोध में राज्य-व्यवस्था छिन्न-भिन्न करने का दुस्साहस करनेवाले असामाजिक तत्त्वों के हिंसक हथकंडों से जिस मुखरता से योगी जी व उनके प्रशासन तंत्र ने मुकाबला किया, वह आश्चर्यचकित करनेवाला है। निजी संपत्तियों व राजकीय संपत्तियों को नुकसान पहुँचानेवाले अवांछित तत्त्वों को चिह्नित कर, नुकसान की भरपाई कराने की जो नई अवधारणा योगी सरकार ने अपनाई, वह निश्चित ही प्रदेश की कानून-व्यवस्था को अक्षुण्ण बनाए रखने में मील का पत्थर साबित हुई है और आगे भी होती रहेगी। योगी सरकार की 'जीरो टॉलरेंस' की नीति ने सामान्य जन-मानस को यह विश्वास दिला दिया है कि प्रदेश में अपराधियों, विशेषकर संगठित अपराधियों व माफियाओं को बख्शा नहीं जाएगा व उनके विरुद्ध कठोर से कठोर कार्रवाई की जाएगी। वर्ष 2019 की एनसीआरबी की रिपोर्ट के अनुसार, महिलाओं के विरुद्ध अपराध पर सजा दिलाने में उत्तर प्रदेश देश में प्रथम स्थान पर है, जो स्वतः ही प्रदेश सरकार की सशक्त होती कानून-व्यवस्था की स्थिति को दर्शाता है।

योगी सरकार की परिवहन सुधार नीति

क्षेत्रफल की दृष्टि से चौथे बड़े राज्य उत्तर प्रदेश में परिवहन सुधार अपरिहार्य हो चुका था, अतः योगी सरकार ने अपने कार्यकाल में प्रदेश को **एक्सप्रेस-वे**, **एफएनजी सड़क** (फरीदाबाद-नोएडा-गाजियाबाद एक्सप्रेस-वे, जो हरियाणा के फरीदाबाद को उत्तर प्रदेश के नोएडा व गाजियाबाद से जोड़ेगा) तथा **पेरीफेरल सड़कों** का अद्वितीय संजाल तैयार किया है। विश्वस्तरीय फ्रंट कॉरिडोर का निर्माण, मल्टी मॉडल ट्रांसपोर्टेशन हब की स्थापना, उत्तर प्रदेश की सामाजिक-आर्थिक व्यवस्था को ऊर्जा देने का कार्य कर रही है। प्रदेश में दस शहरों:- 1. नोएडा, 2. लखनऊ, 3. गाजियाबाद, 4. कानपुर, 5. आगरा, 6. मेरठ, 7. गोरखपुर, 8. वाराणसी, 9. प्रयागराज, 10. झाँसी में मेट्रो की स्थापना का कार्य प्रगति पर है और इनमें से दो जिलों-लखनऊ व नोएडा में मेट्रो अपनी सेवाएँ सुचारु रूप से देना प्रारंभ कर चुकी है। गोरखपुर, प्रयागराज व मेरठ जैसे जिलों में मेट्रो रेल परियोजना के स्थान पर लाइट मेट्रो के संचालन का प्लान साकार रूप ले रहा है। लाइट मेट्रो तीन से चार कोच वाली एसी ट्रेन होती है, जो सड़कों के समानांतर जमीन पर ही होती है। एक रिपोर्ट के मुताबिक 3 कोच की मेट्रो में 300 यात्री यात्रा कर सकते हैं।

योगी सरकार द्वारा श्रम सुधार का प्रारंभ

उत्तर प्रदेश राज्य को निवेशकों के लिए आकर्षण का केंद्र बनाने हेतु योगी सरकार ने एक ओर आधारभूत संरचना पर भारी-भरकम निवेश किया, तो वहीं दूसरी ओर श्रम क्षेत्र में भी समय व आवश्यकतानुसार संरचनात्मक परिवर्तन किए हैं। इन श्रम सुधार परिवर्तनों में प्रदेश सरकार ने तकनीक का भी प्रयोग कर निवेशकों की समस्याओं को न्यून करने का प्रयास किया है, जो निम्नवत् है:-

- प्रदेश में ऑनलाइन एकीकृत पंजीकरण सुविधा को लागू करना।
- प्रदेश में निवेशकों द्वारा फैक्टरी लगाने के लिए जमीन की खोज करने में समय व पूँजी व्यय करने की आवश्यकता नहीं, क्योंकि योगी सरकार ने केंद्र सरकार के **लैंड बैंक पोर्टल** पर प्रदेश में जमीन की उपलब्धता को सुनिश्चित कर संपूर्ण जानकारी पोर्टल पर डाल दी है। परिणामस्वरूप निवेशकों को प्रदेश में पारदर्शी रूप से जमीन की उपलब्धता सुनिश्चित हो रही है।
- प्रदेश में भवन-निर्माण के लिए आवश्यक अनुमति तीव्रता से मिल रही है।
- प्रदेश सरकार द्वारा निवेशकों के हितों का ध्यान रखते हुए **उद्योग मित्र पोर्टल** का प्रारंभ किया गया। यह पोर्टल पारदर्शिता और सुविधा के नए मापदंड गढ़ रहा है।
- प्रदेश सरकार ने **'लैंड बैंक'** की स्थापना कर भू-माफियाओं के चंगुल से 66 हजार हेक्टेयर भूमि मुक्त करवाई जिसे लैंड बैंक में अधिसूचित किया गया है। अब यह जमीन प्रदेश के विकास हेतु प्रयोग की जाएगी।

योगी सरकार के नेतृत्व में औद्योगिक हब बनता उत्तर प्रदेश

योगी सरकार का कार्यकाल प्रदेश के विकास के लिए **स्वर्णिम युग** के रूप में स्थापित हो रहा है, ऐसा कहने के निम्न आधार हैं:-

- गौतमबुद्ध नगर में इलेक्ट्रॉनिक पार्क, कपड़ा उद्योग, फिल्म सिटी, मोबाइल फैक्ट्रियाँ, वाहनों के पुरजे बनाने का उद्योग, मीडिया हब और शिक्षण संस्थाएँ स्थापित की जा रही हैं।
- योगी सरकार ने प्रदेश में **क्विक इंवेस्टमेंट प्रमोशन नीति** लागू कर निवेश प्रक्रिया को सरल, पारदर्शी व आकर्षक बनाया है, जिसके चलते जर्मनी की जूता कंपनी वॉन वेलेक्स (Von wellx) ने यहाँ 300 करोड़ रुपए का निवेश किया।
- कोरिया जैसे बड़े निवेशक देशों ने अपना **कोरियन चेंबर ऑफ कॉमर्स** का कार्यालय भी नोएडा में खोल दिया है।

- उत्तर प्रदेश राज्य में **'डिफेंस कॉरिडोर'** में 50 हजार करोड़ का निवेश आया है।
- गौतमबुद्ध नगर जिला प्रदेश का सबसे उत्कृष्ट औद्योगिक निवेश वाला जिला बनकर उभरा है।
- राज्य में औद्योगिक विकास को गति देने के लिए **इनवेस्टर्स समिट** का आयोजन किया गया, जो बेहद सफल रहा। परिणामस्वरूप उत्तर प्रदेश की अर्थव्यवस्था एक ट्रिलियन डॉलर के अपने लक्ष्य को प्राप्त करने में तेजी से अग्रसर हो रही है।
- उत्तर प्रदेश में औद्योगिक निवेश लाने को लेकर सरकार के किए गए प्रयासों का नतीजा है कि आज प्रदेश में सबसे ज्यादा निवेश इलेक्ट्रॉनिक मैन्युफैक्चरिंग में आया है। उदाहरणस्वरूप वर्ल्ड ट्रेड सेंटर ने 10 हजार करोड़ रुपए, वीवो मोबाइल्स ने 7,429 करोड़ रुपए, ओपो मोबाइल्स इंडिया प्राइवेट लिमिटेड ने 2000 करोड़ रुपए, होलीटेक इंडिया प्राइवेट लिमिटेड ने 1,772 करोड़ रुपए, सनबोडा इलेक्ट्रॉनिक इंडिया प्राइवेट लिमिटेड ने 1,500 करोड़ रुपए, केएचवाई इलेक्ट्रॉनिक्स इंडिया प्राइवेट लिमिटेड ने 358 करोड़ और लिआनचुआंग (एलसीई) ने 281 करोड़ रुपए का निवेश गौतमबुद्ध नगर में किया है।
- उत्तर प्रदेश में **इलेक्ट्रॉनिक मैन्युफैक्चरिंग** क्षेत्र में निवेश के बाद दूसरा सर्वाधिक निवेश रिन्यूअल एनर्जी क्षेत्र को प्राप्त हुआ है। प्रदेश में 18 कंपनियों द्वारा कुल 15 हजार 963 करोड़ रुपए का निवेश रिन्यूअल एनर्जी के क्षेत्र में किया गया है। इसका प्रत्यक्ष उदाहरण है-मिर्जापुर जिले में ढाई सौ करोड़ रुपए का निवेश **एमप्लस एनर्जी सॉल्यूशंस प्राइवेट लिमिटेड** द्वारा किया जाना।
- प्रदेश में तीसरे नंबर पर निवेश टेलीकॉम क्षेत्र को प्राप्त होता है। हाल ही में टेलीकॉम क्षेत्र की दो कंपनियों में (i) रिलायंस जिओ इंफोकॉम लिमिटेड ने 10 हजार करोड़ रुपए और (ii) बीएसएनएल ने 5 हजार करोड़ रुपए का निवेश कर, प्रदेश को रिन्यूअल एनर्जी क्षेत्र को बढ़ावा दिया है।
- गौतमबुद्ध नगर में भारत की सबसे बड़ी फिल्म सिटी के निर्माण हेतु 1000 एकड़ भूमि आवंटित की गई है। यह फिल्म सिटी 10 हजार करोड़ की लागत से निर्मित हो रही है।

योगी सरकार का स्थानीय उद्योगों को बढ़ावा

राज्य में बड़े औद्योगिक निवेश को आकर्षित करने के साथ-साथ मुख्यमंत्री जी ने छोटे कारोबारियों के हितों को भी केंद्र में रखा। लॉकडाउन होने पर जब लाखों गरीब मजदूर

रोजगारविहीन हो गए तो मुख्यमंत्री योगी आदित्यनाथ ने उच्चाधिकारियों के साथ होने वाली अपनी हर बैठक में रोजगारविहीन हुए श्रमिकों को रोजगार मुहैया कराने के विषय पर मंथन किया। उनके ऐसे प्रयासों से ही लाखों श्रमिकों को $MSME_S$ सेक्टर में सर्वाधिक रोजगार मिला। अब उत्तर प्रदेश सरकार के इस प्रयास की देशभर में सराहना हो रही है। यह कहा जा रहा है कि योगी सरकार ने छोटे उद्योगों से रोजगार देने का बड़ा लक्ष्य साधा है और योगी सरकार के इस मॉडल को देश के अन्य राज्यों में भी लागू किया जाना चाहिए। सूबे में श्रमिकों को रोजगार मुहैया कराने के मामले में योगी सरकार की **एक जनपद-एक उत्पाद योजना (ODOP) गेम चेंजर साबित हुई है।**

प्रदेश सरकार के नेतृत्व में पर्यटन उद्योग का विकास

पर्यटन स्थलों के आधार पर उत्तर प्रदेश राज्य सर्वाधिक समृद्ध राज्य है। इसलिए प्रदेश सरकार ने पर्यटन क्षेत्र को बढ़ावा देने हेतु योजनाबद्ध तरीके से इस क्षेत्र में कार्य करना प्रारंभ किया है, जो निम्नलिखित है:–

- धार्मिक स्थानों और मंदिरों के नवीनीकरण एवं विकास पर विशेष ध्यान।
- अयोध्या, मथुरा, काशी, प्रयागराज, गोरखपुर, झाँसी, चित्रकूट जैसे धार्मिक स्थलों का विकास कर इन स्थानों की अर्थव्यवस्था को पुनः उन्नत करना।
- बौद्ध सर्किट, रामायण सर्किट, महाभारत सर्किट, शक्ति पीठ सर्किट, अध्यात्म सर्किट, जैन व सूफी सर्किट में पर्यटन सुविधाओं का विकास किया गया है।
- उत्तर प्रदेश में कुंभ के आयोजन को इतनी भव्यता से आयोजित किया गया कि वह अपने आप में धार्मिक अर्थव्यवस्था के विस्तार के लिए विश्वस्तर पर एक मिसाल बन गया।

उत्तर प्रदेश राज्य की उपलब्धियाँ : एक दृष्टि में

- वर्ष 2015-16 में उत्तर प्रदेश **ईज ऑफ डूइंग बिजनेस** सूचकांक में 14वें स्थान पर था, जबकि वर्तमान में **दूसरे स्थान पर** आ गया है।
- राज्य की सकल जीडीपी 10.90 लाख करोड़ रुपए से बढ़कर 21.73 करोड़ रुपए पर पहुँच गई है।

- उत्तर प्रदेश की प्रति व्यक्ति आय 2015-16 में 45 हजार रुपए थी, जो वर्तमान में बढ़कर 95 हजार रुपए हो गई है।
- वर्तमान में प्रदेश की अर्थव्यवस्था महाराष्ट्र के बाद दूसरे स्थान पर है, जिसे आगामी 5 वर्षों में बढ़ाकर, प्रदेश को देश की 'नंबर वन अर्थव्यवस्था' बनाना है।

जिस प्रकार से विश्वस्तर पर उत्तर प्रदेश, उद्योगों की स्थापना का केंद्र बन रहा है, इससे प्रतीत होता है कि वह दिन दूर नहीं, जब उत्तर प्रदेश अपनी 23 करोड़ आबादी और बड़ी भौगोलिक भूमि के कारण विशाल बाजार व्यवस्था का केंद्र बनकर सीधे चीन को टक्कर दे सकेगा। योगी आदित्यनाथ जी के सफल नेतृत्व व प्रधानमंत्री मोदी के मार्गदर्शन में उत्तर प्रदेश **'डबल इंजन'** वाले विकास के फलस्वरूप तीव्र गति से आगे बढ़ेगा, इसमें कोई संदेह नहीं।

❑

उत्तर प्रदेश के अन्नदाता : खाद, खरीद, सिंचाई और खेती में आत्मनिर्भरता के पथ पर अग्रसर

कृषि, भारतीय अर्थव्यवस्था की मजबूत नींव है। कृषि के बूते ही भारतीय अर्थव्यवस्था वर्ष 2007–08 में आए वैश्विक आर्थिक संकट की चपेट में आने से बच सकी और जब पूरे विश्व में कोरोना महामारी ने हड़कंप मचाया, तब उद्योग व सेवा प्रधान शहरों ने कृषि-किसानी का हाथ थामा। **रिवर्स माइग्रेशन** की दिल दहलाने वाली अनसुनी कहानियों को गाँवों ने ही शरण दी। वर्ष 2020–21 की वार्षिक जीडीपी वृद्धि दर–7.2% के स्तर पर पहुँच गई थी, जो आजादी के बाद की सबसे खराब स्थिति है। यह स्थिति और भी नाजुक हो सकती थी, परंतु कृषि व संबद्ध क्षेत्रों की सकारात्मक 3.4% की वृद्धि दर ने भारतीय अर्थव्यवस्था को लड़खड़ाने से काफी हद तक बचा लिया।

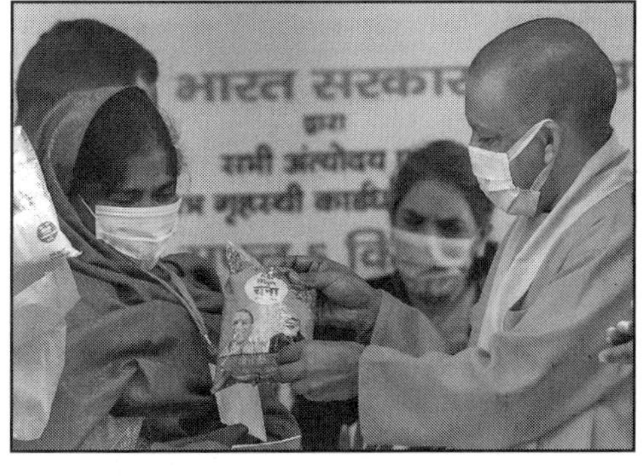

किसानों की मेहनत, रिकॉर्ड तोड़ उत्पादन व सरकारी अनाज खरीद के चलते केंद्र सरकार ने कोविड-19 के नकारात्मक प्रभावों से सर्वाधिक प्रभावित होने वाले अति संवेदनशील वर्ग के लिए **प्रधानमंत्री गरीब कल्याण अन्न योजना** प्रारंभ की, जिसमें प्रति परिवार निःशुल्क राशन वितरित करने का प्रावधान किया गया। इस प्रकार केंद्र सरकार ने आम जनता का सरकार पर से भरोसा उठने नहीं दिया और संवैधानिक रूप से कल्याणकारी अर्थव्यवस्था होने के अपने दायित्वों का बखूबी निर्वहन किया।

भारत में कृषि केवल पेट की भूख मिटाने, रोजगार देने, आय का स्रोत होने, उद्योगों के लिए कच्चे माल को उपलब्ध कराने व खाद्यान्न आपूर्ति का साधन मात्र नहीं है, बल्कि हमारी संस्कृति का अटूट हिस्सा है। यही कारण है कि देश के विभिन्न राज्यों में कृषि **पर्व** के रूप में बड़े हर्षोल्लास के साथ मनाया जाता है। देश में यह कृषि पर्व अलग-अलग नामों व अलग-अलग कारणों से मनाए जाते हैं, जैसे-पोंगल (दक्षिण भारत विशेषकर तमिलनाडु में), ओणम (केरल में), बैसाखी (पंजाब व हरियाणा में) व बीहू (असम में)। इन कृषि त्योहारों में कृषक, उनके परिवार जन व समाज के अन्य लोग भी बढ़-चढ़कर हिस्सा लेते हैं। ये त्योहार अन्नदाता किसानों की सुख-समृद्धि व उनके प्रकृति के प्रति आभार व प्रेम को दर्शाने का सबसे अच्छा माध्यम हैं। ये त्योहार हमें किसानों की मेहनत, उनके त्याग व निष्काम कर्म की भावना के प्रति सम्मान करने का सुनहरा अवसर देते हैं।

आँकड़ों की मानें तो जब से केंद्र में मोदी सरकार (वर्ष 2014 से अबतक) व प्रदेश में योगी सरकार (वर्ष 2017 से अब तक) ने सत्ता सँभाली है, तब से लेकर आज तक कृषि क्षेत्र में संरचनात्मक परिवर्तनों की बाढ़-सी आ गई है। केंद्र सरकार ने अन्नदाता किसानों की वर्तमान ही नहीं, भविष्य की भी समस्याओं व आवश्यकताओं को ध्यान में रखते हुए-**प्रधानमंत्री सिंचाई योजना, कुसुम योजना, प्रधानमंत्री कृषि बीमा योजना, मृदा स्वास्थ्य कार्ड योजना, प्रधानमंत्री किसान सम्मान निधि योजना व इंद्रधनुष क्रांति** का शुभारंभ किया है। निश्चित ही इन योजनाओं का परिणाम है कि देश में विश्व के सबसे बड़े राष्ट्रीय खाद्य सुरक्षा अधिनियम 2013 को सफलतापूर्वक संचालित किया जा रहा है।

कृषि मानसूनी जुआ है, जिसके चलते देश व प्रदेश के अन्नदाताओं की स्थिति बहुत ठीक नहीं है तो वहीं दूसरी ओर किसानों की ऋणग्रस्तता उन्हें और अधिक असहाय बना देती है। प्रदेश के मुख्यमंत्री योगी आदित्यनाथ ने अन्नदाताओं के इस दर्द को समझा और किसानों की परेशानियों को दूर करने में जुट गए। इसका पहला संकेत प्रदेश सरकार ने अपनी पहली कैबिनेट मीटिंग के दौरान प्रदेश के 86 लाख से अधिक किसानों का 31 मार्च, 2016 तक का 1 लाख रुपए मूल्य का फसली ऋण माफ कर दिया। इस फैसले से प्रदेश सरकार पर करीब 36 हजार करोड़ रुपए का

अतिरिक्त व्यय भार पड़ा। परन्तु इस निर्णय के तहत प्रदेश के 5 एकड़ तक के सभी किसानों का बकाया फसली कर्ज माफ हो जाने से प्रदेश के किसानों को ऋणग्रस्तता की स्थिति से उबरने में व्यापक स्तर पर सहायता मिली। प्रदेश की योगी सरकार इस बात से भली-भाँति परिचित थी कि प्रदेश में ऋणग्रस्तता का मुख्य कारण किसानों द्वारा साहूकार, महाजन व रिश्तेदारों (देशी बैंकर्स) से लिया गया उधार है जो गैर-संस्थागत ऋण की श्रेणी में आता, जिसके चलते एक ओर किसान उच्च ब्याज दर (संस्थागत स्रोत के सापेक्ष बहुत अधिक) के जाल में फँस जाते है तो वहीं दूसरी ओर सरकार द्वारा दी जाने वाली ब्याज सब्सिडी के लाभ से वंचित रह जाते हैं। उक्त स्थिति से प्रदेश के किसानों को बाहर निकालने के उद्देश्य से योगी सरकार ने किसानों को कृषि उपज बढ़ाने हेतु 3 लाख 92 हजार करोड़ रुपए के संस्थागत फसल ऋण वितरित किए गए। यह स्थिति प्रदेश सरकार की किसानों के प्रति उनकी संवेदनशीलता को दिखाती है, क्योंकि योगी सरकार भी इस ध्येय वाक्य से सहमत है कि **''सब कुछ इंतजार कर सकता है, परंतु कृषि नहीं।''** इस वाक्य को मूलमंत्र बनाकर प्रदेश सरकार ने किसानों की समस्याओं के निराकरण के कार्यों को उच्च प्राथमिकता दी।

किसानों के लिए खाद की उपलब्धता

योगी आदित्यनाथ जी के मुख्यमंत्री बनने से पूर्व ही वे किसानों के हित में सोचते व कार्य करते थे। सांसद होने के दौरान 1998 से वे गोरखपुर में खाद कारखानों के लिए निरंतर संघर्षरत रहे और संसद के प्रत्येक सत्र में इसके लिए माँग करते रहे। वर्ष 2014 में केंद्र में मोदी सरकार के गठन से उनके संघर्षों को मंजिल मिलना प्रारंभ हुई। 22 जुलाई, 2016 को प्रधानमंत्री मोदी ने गोरखपुर में नए खाद कारखानों का शिलान्यास किया। वर्ष 2017 में मुख्यमंत्री बनने पर योगी आदित्यनाथ जी ने भी इस दिशा में तेजी से काम कराया और अंततः नवंबर 2021 में इस कारखाने से परीक्षण उत्पादन प्रारंभ हो गया। इस खाद कारखाने से 12.7 लाख मीट्रिक टन नीम कोटेड यूरिया का प्रतिवर्ष उत्पादन होता है, जिसके चलते देश की सकल खाद आयात पर निर्भरता में कमी आएगी। देश में निर्मित यह खाद एक ओर गुणवत्तापूर्ण, सस्ती व पर्यावरण हितैषी होगी तो वहीं दूसरी ओर सरकार का खाद सब्सिडी व्यय घटाने में सहायक होगी।

प्रदेश में खाद्यान्न खरीद की स्थिति

माननीय मुख्यमंत्री जी ने सत्ता सँभालने के पहले दिन ही यह संकेत दे दिए थे कि वे नाम के नहीं, बल्कि सचमुच के धरतीपुत्र हैं, इसलिए किसानों को उनकी फसल का सही मूल्य दिलाने के लिए लागत मूल्य का डेढ़ गुना एमएसपी दिए जाने की व्यवस्था की। वर्ष 2017 में प्रदेश सरकार ने धान व गेहूँ की रिकॉर्ड तोड़ खरीद की तथा प्रदेश सरकार हर वर्ष अपने ही बनाए हुए रिकॉर्ड को तोड़ रही है। प्रदेश सरकार ने पहली बार चना, मक्का, सरसों, उड़द और मूँग की दाल की खरीद न्यूनतम समर्थन मूल्य के आधार पर की।

विगत 5 वर्षों में प्रदेश सरकार ने धान की कुल 275 लाख मीट्रिक टन व गेहूँ की 219 लाख मीट्रिक टन की रिकॉर्ड खरीद की। वर्ष 2020-21 में सरकार ने 66.83 लाख मीट्रिक टन धान तथा 1.06 लाख मीट्रिक टन मक्का की खरीद की, जो निर्धारित लक्ष्य से डेढ़ गुना अधिक था। वर्ष 2020-21 में सरकार ने 56.41 लाख मीट्रिक टन गेहूँ की खरीद की।

प्रदेश सरकार ने बिचौलियों से किसानों को बचाने के उद्देश्य से 100 मंडियों को ऑनलाइन किया। इन मंडियों में किसान सीधे तौर पर अपना उत्पाद बेच सकते हैं। ऑनलाइन बिक्री करने के लिए यूनीफाइड लाइसेंस कर शुल्क 1 लाख रुपए से घटाकर 10 हजार रुपए कर दिया गया है। प्रदेश सरकार ने 45 कृषि उत्पादों को मंडी शुल्क से छूट दी और 27 मंडियों का आधुनिकीकरण किया साथ ही मंडी परिषद् के कामकाज को एक नई संस्कृति देने हेतु वर्षों से मंडी को अपने कब्जे में रखने वाले बिचौलियों और आढ़तियों को बाहर कर किसानों को सीधे मंडी से जोड़ दिया गया। साथ ही **मंडी शुल्क को 2% से घटाकर किसानों के हित में 1% किया है।** प्रदेश सरकार ने मंडी परिसरों के बाहर के व्यापार को पूरी तरह लाइसेंस व मंडी शुल्क से मुक्त कर दिया है, ताकि किसान अपना उत्पाद कहीं भी और किसी भी व्यापारी को अपनी कीमत पर तत्काल बेच सकें। प्रदेश की 27 मंडियों को राइपविंग चैंबर, कोल्ड चैंबर और आधुनिक सुविधा के लिहाज से विकसित करते हुए आधुनिक किसान मंडी के रूप में विकसित किया जा रहा है। परिणामस्वरूप घाटे की पहचान बन चुकी मंडी समितियाँ अब न सिर्फ लाभ कमा रही हैं, बल्कि किसानों के आत्मनिर्भर बनाने के अभियान की अहम कड़ी साबित हो रही हैं। मंडी परिषद् के आँकड़ों के अनुसार वित्तीय वर्ष 2018-19 में मंडी परिषद् की कुल आय 1,822 करोड़ रुपए थी, जो वित्तीय वर्ष 2019-20 में बढ़कर 1,997 करोड़ रुपए तक पहुँच गई। वित्तीय वर्ष 2020-21 में कोरोना महामारी के बावजूद दिसंबर 2020 तक मंडी समितियों की आय 802 करोड़ रुपए तक पहुँच चुकी थी।

प्रदेश सरकार व सिंचाई व्यवस्था

भारतीय मान्यता रही है कि कृषि को वर्षा जल के भरोसे नहीं छोड़ा जाना चाहिए। अतः राजा का कर्त्तव्य है कि सिंचाई के लिए तालाब और नहरें बनवाए। उत्तर प्रदेश में सिंचाई व्यवस्था बदहाल थी, जिससे प्रदेश के किसान, उनका उत्पादन, उत्पादकता व आय, नकारात्मक रूप से प्रभावित होती थी। योगी आदित्यनाथ जी द्वारा राज्य का शासन सँभालते ही इस दिशा में विशेष ध्यान दिया गया और राज्य में 15 प्रमुख सिंचाई परियोजनाओं को दिसंबर 2021 तक पूरा करने का खाका तैयार किया गया, जिसमें से काफी कुछ पूर्ण हो

चुकी हैं। प्रदेश सरकार ने 46 वर्षों से लंबित **बाण सागर परियोजना** को पूर्ण कर लिया है, साथ ही 8 अन्य लघु और मध्यम श्रेणी की बाँध परियोजनाएँ पूर्ण कर ली गई हैं, जिससे 3.77 लाख हेक्टेयर खेतों की सिंचाई क्षमता में वृद्धि हुई है। प्रदेश में सिंचाई की नई तकनीक को बढ़ावा देते हुए सरकार ने 50 लाख किसानों को **ड्रिप व स्प्रिंकलर सिंचाई योजना** से लाभान्वित किया। 2.97 लाख से अधिक किसानों को **मुफ्त बोरिंग योजना** का लाभ पहुँचाया। प्रदेश में 100 करोड़ की लागत से 10 हजार कृषि तालाब बनाने का लक्ष्य उत्तर प्रदेश सरकार द्वारा निर्धारित किया गया, ताकि प्रदेश में सिंचाई की बारहमासी सुविधा उपलब्ध हो सके तथा वर्षा के जल को तालाबों में एकत्रित कर, वर्षा जल को अपव्यय होने से रोका जा सके। ग्रामीण क्षेत्रों में सिंचाई सुविधाओं को बढ़ावा देने के लिए प्रदेश सरकार ने अपने वार्षिक बजट 2021-22 में पर्याप्त धन की व्यवस्था की है, जैसे-केंद्रीय गंगा नहर के लिए 1,137 करोड़ रुपए, राजघाट नगर परियोजना के लिए 976 करोड़ रुपए, सरयू नहर के लिए 610 करोड़ रुपए, पूर्वी गंगा नहर के लिए 271 करोड़ रुपए और केन-बेतवा लिंक नहर परियोजना के लिए 104 करोड़ रुपए का प्रावधान किया है। प्रदेश सरकार ने धसान नदी पर अर्जुन सहायक सिंचाई परियोजना, जिसकी कुल लागत 2600 करोड़ रुपए है, का प्रारंभ किया। यह योजना प्रदेश के सबसे पिछड़े क्षेत्र बुंदेलखंड के बाँदा, महोबा और हमीरपुर जिले के 168 गाँवों के 1.50 लाख किसानों को सिंचाई की सुविधा प्रदान करेगी। इस परियोजना के पूरा होने के बाद करीब 4 लाख लोगों को शुद्ध पेयजल मिलेगा। साथ ही 15,000 हेक्टेयर क्षेत्र को सिंचाई की सुविधा प्राप्त हो सकेगी।

प्रदेश में ट्यूबवेल परियोजना : एक दृष्टि में

उत्तर प्रदेश राज्य पूरे देश में सर्वाधिक ट्यूबवेल आधारित सिंचाई व्यवस्था को अपनाने वाला राज्य है। अतः उत्तर प्रदेश की योगी सरकार ने वर्ष 2021-22 के लिए महत्त्वपूर्ण ट्यूबवेल परियोजनाओं का बृहद प्रस्ताव तैयार किया है, जिसका विवरण निम्नवत् है-

- प्रदेश भर में लगभग 261 निष्क्रिय ट्यूबवेल की बहाली करना, जिसकी अनुमानित लागत 283.26 करोड़ रुपए है। इससे 26,100 हेक्टेयर की सिंचाई क्षमता में वृद्धि होने के साथ-साथ 18 हजार किसानों को लाभ प्राप्त होगा।
- प्रदेश के 73 जिलों में 286 करोड़ रुपए की अनुमानित लागत से 76,098 हेक्टेयर क्षेत्र की सिंचाई क्षमता वाले 6600 नलकूपों का आधुनिकीकरण किया जा रहा है जिससे 70 हजार किसानों को लाभ प्राप्त होगा।

- प्रदेश के 30 जिलों के अँधेरे क्षेत्रों में 173 करोड़ रुपये की लागत से 569 निष्क्रिय सरकारी नलकूपों का पुनर्विकास किया गया है जिससे 56,900 हेक्टेयर क्षेत्र में सिंचाई सुविधा पहुँचने से 39,800 किसानों को सीधा लाभ पहुँचा है।
- प्रदेश सरकार ने राज्य के सर्वाधिक सूखाग्रस्त क्षेत्र बुंदेलखंड के किसानों को लाभ पहुँचाने के उद्देश्य से खराब हो चुके 75 राजकीय नलकूपों की बहाली की है जिससे 7500 हेक्टेयर क्षेत्र की सिंचाई क्षमता बढ़ने से 5250 किसानों को प्रत्यक्ष लाभ पहुँचा है।
- बाँदा, हमीरपुर, झाँसी और जालौन में कुल 1650 हेक्टेयर सिंचाई क्षमता वाले नए नलकूपों से 1600 किसान लाभान्वित हुए हैं।

प्रदेश सरकार द्वारा कृषि विकास हेतु अन्य पहल

गन्ना किसानों के हित में प्रदेश सरकार : उत्तर प्रदेश में अब एथेनॉल के जरिए गन्ने को **'ग्रीन गोल्ड'** बनाया जाएगा। गन्ने से एथेनॉल बनाने के लिए 54 परियोजनाएँ और लगाई जाएँगी, जिसमें से 27 परियोजनाएँ पूरी हो गई हैं। प्रदेश सरकार की इस पहल से 25 लाख से अधिक किसानों को लाभ होगा, क्योंकि अब गन्ना किसानों को गन्ने का भुगतान पाने के लिए ज्यादा इंतजार नहीं करना होगा, और किसान, गन्ने की फसल बोने से संकोच नहीं करेंगे। प्रदेश सरकार ने गन्ना किसानों को कागज की परची देने के स्थान पर उनके रजिस्टर्ड मोबाइल नंबर पर एसएमएस के द्वारा परची उपलब्ध कराने की सुविधा प्रारंभ की है। यह पहल पेपरलेस इकोनॉमी को बढ़ावा देगी तथा किसानों को परची खोने जैसी समस्याओं से निजात दिलाएगी। प्रदेश सरकार ने लगभग 45 लाख गन्ना आपूर्तिकर्ता किसानों को समय से एसएमएस के माध्यम से गन्ना परची उपलब्ध कराने की उपलब्धि हासिल की है। ऑनलाइन पोर्टल **www.caneup.in** एवं **ई-गन्ना** ऐप के माध्यम से सर्वे, कैलेंडर, परची और भुगतान संबंधी सूचना प्रदेश के गन्ना किसानों को समय पर उपलब्ध कराई जा रही है। एंटरप्राइज रिसोर्स प्लानिंग से परची निर्गमन के कार्य में पूरी पारदर्शिता लाई गई है। 167 सहकारी गन्ना समितियों के वित्तीय लेन-देन, कृषि निवेशों का वितरण, किसानों को ऋण एवं अनुदान वितरण एवं गन्ना मूल्य भुगतान आदि को पारदर्शी बनाया गया है। प्रदेश के 44.40 लाख कृषकों ने 'ई-गन्ना' ऐप डाउनलोड किया है और 16.48 करोड़ बार किसानों ने **www.caneup.in** वेबसाइट पर सूचना को देखा है।

प्रदेश के गोरखपुर जिले में स्थित **पिपराइच,** बस्ती जिले में स्थित **मुंडेरवा** और मेरठ जिले में स्थित **रमाला चीनी मिलों** का आधुनिकीकरण किया गया। कोरोना काल में प्रदेश सरकार ने 91 चीनी मिलों को लॉकडाउन के समय सेनेटाइजर बनाने का लाइसेंस दिया। ताकि एक ओर सेनेटाइजर की आपूर्ति बनी रहे तथा दूसरी ओर रोजगार के अवसर बने रहें।

गन्ना किसानों को विभिन्न पेराई सत्र से प्रदेश सरकार द्वारा किया गया भुगतान निम्नवत् है-

वर्ष (पेराई सत्र)	प्रदेश सरकार द्वारा गन्ना किसानों को भुगतान
2007-12	57,132.25 करोड़ रुपए
2012-17	1,06,126.25 करोड़ रुपए
2017-22	1,56,479.25 करोड़ रुपए

उक्त आँकड़ों से स्पष्ट होता है कि वर्ष 2017-22 तक की अवधि में योगी सरकार के प्रथम कार्यकाल में गन्ना किसानों को पेराई सत्र में अब तक कुल 1,56,479.25 करोड़ रुपए का भुगतान किया गया है जो वर्ष 2012 से 2017 के मध्य व 2007 से 2012 के मध्य किए गए गन्ना मूल्य भुगतान से क्रमशः 56,353 करोड़ व 99,437 करोड़ रुपए अधिक था।

इसी क्रम में पेराई सत्र 2021-22 में गन्ना ढुलाई कटौती दर 8.35 रुपए/क्विंटल निर्धारित की गई थी, जिसे कृषि लागत एवं मूल्य आयोग द्वारा बढ़ाकर 11.20 रुपए/क्विंटल निर्धारित किया गया जिससे गन्ना किसानों को 2.85 रुपए/क्विंटल का प्रत्यक्ष लाभ प्राप्त हुआ।

वर्तमान पेराई सत्र 2021-22 में अब तक प्रदेश संचालित 119 चीनी मिलों में 330.78 लाख टन गन्ने की पेराई एवं 32.14 लाख टन चीनी का उत्पादन किया जा चुका है। गत 4 पेराई सत्रों यथा 2017-18, 2018-19, 2019-20 व 2020-21 में प्रदेश की चीनी मिल द्वारा 4289 लाख टन गन्ने की रिकॉर्ड पेराई कर 475.68 लाख टन चीनी का रिकार्ड उत्पादन किया गया। उक्त आँकड़े प्रदेश में गन्ना किसानों और उन्हें मिलने वाले भुगतानों की बेहतर होती स्थिति को स्पष्ट करते हैं, जिसका परिणाम है-प्रदेश में गन्ना व चीनी उत्पादन के बेहतर होते रिकॉर्ड।

प्रदेश सरकार द्वारा योजनाओं का सफल क्रियान्वयन: प्रदेश सरकार ने किसानों के हित में केंद्र सरकार द्वारा संचालित की जा रही योजनाओं में श्रेष्ठ प्रदर्शन किया है, जैसे-**प्रधानमंत्री किसान सम्मान निधि योजना,** के अंतर्गत उत्तर प्रदेश के 2 करोड़ 55 लाख 77 हजार से अधिक किसानों को अब तक 42,565 करोड़ रुपए से अधिक हस्तांतरित किए जा चुके हैं। इस योजना के क्रियान्वयन में उत्तर प्रदेश को देश में सर्वश्रेष्ठ राज्य के रूप में सम्मानित किया गया है। **प्रधानमंत्री फसल बीमा योजना** के अंतर्गत प्रदेश में अब तक 2 करोड़ 21 लाख 95 हजार किसानों का पंजीकरण करते हुए 2,756 लाख किसानों को 2376 करोड़ रुपए की क्षतिपूर्ति का भुगतान

किया गया है। **प्रधानमंत्री किसान मानधन योजना** में बीमित किसान (पुरुष एवं स्त्री) के लिए 60 वर्ष की आयु पूरी करने पर 3 हजार रुपए की मासिक पेंशन की व्यवस्था है। प्रदेश में अब तक 2 लाख 52 हजार 239 लाभार्थियों को इसका लाभ दिया जा चुका है। प्रदेश सरकार ने 3.76 करोड़ से अधिक **मृदा स्वास्थ्य कार्ड** एवं 1 करोड़ 66 लाख **किसान क्रेडिट कार्ड** वितरित किए हैं।

प्रदेश सरकार के मार्गदर्शन में प्रदेश की उत्पादन क्षमता : उत्तर प्रदेश राज्य को आर्थिक रूप से सशक्त बनाने के लिए प्रदेश की नींव कहे जाने वाले किसान व कृषि क्षेत्र में युद्धस्तरीय प्रयास योगी सरकार के सत्ता में आते ही प्रारंभ किए गए, जिसका परिणाम है कि प्रदेश खाद्यान्न गेहूँ, आलू, हरी मटर, आम, आँवला और दुग्ध उत्पादन में देश में नंबर वन राज्य है। इसके अतिरिक्त प्रदेश गन्ना, चीनी, एथेनॉल एवं सेनेटाइजर उत्पादन में लगातार चौथी बार देश में प्रथम स्थान पर रहा।

प्रदेश सरकार द्वारा कृषि यंत्रों का वितरण : किसानों को नवीनतम यांत्रिक आविष्कारों का लाभ मिले, इसके लिए सरकार ने 158 करोड़ रुपए का अनुदान देते हुए दलहन और तिलहन किसानों को साढ़े चालीस हजार कृषि यंत्र वितरित किए।

प्रदेश में नवीन कृषि प्रौद्योगिकी : जैविक खेती को प्रोत्साहन देने के लिए प्रदेश सरकार ने मंडलीय मंडियों में जैविक उत्पादों की बिक्री के आउटलेट शुरू किए और जल्द ही जिला स्तरीय मंडियों में भी प्रदेश सरकार ऐसे आउटलेट स्थापित करेगी। प्रदेश सरकार ने **'इंडो-इजराइल वाटर प्रोजेक्ट'** पर **बुंदेलखंड क्षेत्र के विकास के लिए** एम.ओ.यू. हस्ताक्षरित किए, साथ ही, प्रदेश सरकार ने शासकीय भवनों पर रूफ टॉप वाटर हार्वेस्टिंग प्रणाली की स्थापना का कार्य भी प्रारंभ किया। प्रदेश के जिन क्षेत्रों में वर्षा कम होती है, वहाँ पर मौसमी सब्जियों की खेती को प्रोत्साहन देने के लिए 20 हजार सोलर पंप लगवाए गए हैं। साथ ही 2 से 3 हॉर्स पावर के सोलर पंप पर 70% व 5 हॉर्स पावर के सोलर पंप पर 40% के अनुदान की व्यवस्था प्रदेश सरकार ने की है। इस प्रयास से सोलर पंप में सूर्य ऊर्जा का बेहतर इस्तेमाल संभव हो पाएगा, तो दूसरी ओर ऊर्जा की बचत व सिंचाई की स्थायी व्यवस्था हो सकेगी।

❑

उत्तर प्रदेश अर्थव्यवस्था के विकास का इंजन : ओडीओपी योजना (स्वरोजगार के सृजन का गढ़ता अवसर)

'सबका साथ, सबका विकास' सिर्फ नारा नहीं, संकल्प है और इस संकल्प में सभी का भरोसा भी जुड़ चुका है। भरोसा बड़ी चीज है, और यह तभी हासिल होता है, जब समग्रता में विकास हो और विकास का लाभ बिना भेदभाव के पूरी पारदर्शिता के साथ पात्रता के मुताबिक सबको मिले। इसलिए सबका विकास बिना किसी तुष्टीकरण के होना चाहिए। पिछली सरकारों की कार्यशैली और सोच जगजाहिर है। विकास के बाबत उनकी सोच एकांगी तथा जाति, क्षेत्र, मजहब तक ही सीमित थी। लिहाजा जो थोड़ा-बहुत विकास हुआ, वह भी उनकी सीमित सोच के अनुसार ही रहा। उनकी इसी कार्यशैली और सोच के कारण अर्थव्यवस्था खस्ताहाल थी। योगी सरकार के सत्ता में आने के बाद सबसे बड़ी चुनौती इसे पटरी पर लाने और स्थानीय स्तर पर रोजगार के अधिक-से-अधिक अवसर उपलब्ध कराकर प्रदेश का समग्र विकास करने की थी। ऐसा सूक्ष्म, लघु एवं पारंपरिक उद्योगों के जरिए ही संभव था।

उत्तर प्रदेश में इसकी बेहद संपन्न परंपरा रही है। हर जिले के एक या इससे अधिक उत्पाद वहाँ की पहचान रहे हैं। इसके लिए इन पारंपरिक उद्योगों को अर्थव्यवस्था की मुख्य धारा में लाना था। इनसे जुड़े लोगों का हुनर निखारना था, ताकि इनके उत्पाद कीमत

और गुणवत्ता में प्रतिस्पर्धी बनें। जापान और थाईलैंड जैसे छोटे देश पूरी दुनिया में **एक स्थान, एक उत्पाद** के लिए चर्चित हैं, जहाँ छोटे और मध्यम उद्योग विकसित हुए हैं, सबका एप्रोच कलस्टर (समूह) का ही रहा है। समूह के नाते वॉल्यूम का लाभ मिलता है। वॉल्यूम के नाते कच्चे माल की उपलब्धता आसान होती है। बाजार खुद चलकर उत्पादकों के पास आता है। बिचौलियों की भूमिका खत्म होने से लाभ भी बढ़ जाता है। इन सब विचारों के साथ योगी सरकार ने 24 जनवरी, 2018 को **एक जनपद, एक उत्पाद योजना** की घोषणा की। सरकार के इस योजना के प्रयास से लाखों छोटे-बड़े कारीगरों को उद्यमी बनने का मौका मिला। छोटे उद्यमी कारोबार बढ़ाकर मध्यम उद्यमी बने।

योजना के प्रारंभ से लेकर अब तक 41,472 कारीगरों को प्रशिक्षण मिला और 7,585 कारीगरों व छोटे उद्यमियों को बैंक से जोड़ा गया। ओडीओपी के नाते प्रदेश में सबका ध्यान एमएसएमई की ओर गया। एमएसएमई सेक्टर एक 'गेम चेंजर' के रूप में उभरा। प्रदेश के निर्यात में पिछले 5 सालों में हुई 40 प्रतिशत वृद्धि में ओडीओपी की महत्त्वपूर्ण भूमिका है। प्रदेश से निर्यात होने वाले विभिन्न उत्पादों में लगभग 80 प्रतिशत ओडीओपी उत्पाद ही हैं। योजना में जहाँ एक ओर स्थानीय पारंपरिक कारीगरों को प्रशिक्षण, टूलकिट व ऋण की सुविधा दी जा रही है, वहीं समूहों में जहाँ पर बड़े निवेश की आवश्यकता है वहाँ कॉमन फैसिलिटी सेंटर (सी.एफ.सी.) भी बनाए जा रहे हैं। इससे इन इकाइयों को अपने उत्पादन व गुणवत्ता को सुधारने में मदद मिलेगी।

इस योजना के अभिलक्षणों को उदाहरणस्वरूप निम्न प्रकार से समझा जा सकता है–जैसे–जानवरों की हड्डी से बनने वाला बटन संभल जिले का ओडीओपी है। वहाँ के कारीगर बटन बनाकर उसे फिनिशिंग के लिए चीन भेजा करते थे और वहाँ से फिनिश्ड उत्पाद आने पर उसे निर्यात किया करते थे। इससे लागत और समय दोनों बढ़ जाते थे। कोरोना के दौरान प्रधानमंत्री नरेंद्र मोदी की 'आत्मनिर्भर भारत' की अपील के बाद इन कारीगरों से बात की गई। इनके लिए उस मशीन की व्यवस्था संभल में ही कराने की स्वीकृति दे दी गई, इससे इनकी लागत घटेगी। मशीन पर नियंत्रण होने के नाते गुणवत्ता भी सुधरेगी। समय से आपूर्ति के नाते देश-विदेश में साख भी बेहतर होगी।

इसी तरह लकड़ी के उत्पाद सहारनपुर का ओडीओपी है। वहाँ के लकड़ी के कारीगरों के पास सीजनिंग प्लांट नहीं है। वह सीजनिंग के लिए लकड़ियों को जयपुर व अन्य स्थानों पर भेजा करते हैं। ओडीओपी योजना में इनके लिए सीजनिंग प्लांट स्वीकृत कर दिया गया है, जिसे वह स्वयं चलाएँगे। ऐसे ही अनगिनत उदाहरण हैं जिससे कि ओडीओपी योजना के उत्पादों की गुणवत्ता सुधारने, उत्पादों को बेहतर बनाने तथा लागत कम करने में राज्य सरकार सहायता कर रही है। ऐसे प्रयासों से विकास की गंगा पूरे प्रदेश में बहेगी। परंपरागत पेशे से जुड़े हुनरमंद शिल्पकारों, हस्तशिल्पियों की कला का संरक्षण एवं संवर्धन हो रहा है तथा स्थानीय स्तर पर रोजगार के अवसर बढ़ रहे हैं। इस संबंध

में सरकार का नजरिया समग्रता में है। मकसद है परंपरागत हुनर को संरक्षण एवं संवर्धन देने के साथ युवाओं को स्वावलंबी बनाना, कम पूँजी, कम निवेश एवं न्यूनतम जोखिम में स्थानीय स्तर पर रोजगार के अवसर उपलब्ध कराना।

बाजार और हुनरमंदों के साथ सरकार

1. प्रदेश सरकार ओडीओपी से जुड़े परंपरागत हुनर को निखारने और हुनरमंदों की सभी समस्याओं को दूर करने का पूरी प्रतिबद्धता से प्रयास कर रही है। इसके तहत परंपरागत हुनर को निखारने के लिए प्रशिक्षण से लेकर कच्चा माल और बाजार उपलब्ध कराने तक हर स्तर पर उनके साथ सहयोगी की भूमिका में खड़ी है।
2. इसके लिए पहले हर जिले के एक खास उत्पाद को चिह्नित कर उसकी बेहतरी के लिए हर जिले का एक्शन प्लान तैयार किया गया। उद्योग संबंधित हुनर से जुड़े लोगों के बीच जाकर उनसे उनकी समस्याओं की जानकारी लेकर उनको दूर किया गया। उनकी सभी समस्याएँ एक छत के नीचे हल हों, इसके लिए हर जिले में **'कॉमन फैसिलिटी सेंटर' (सीएफसी)** बनाने का काम भी चल रहा है।
3. ओडीओपी के उत्पाद गुणवत्ता और दाम में देश और दुनिया के इसी तरह के उत्पादों की तुलना में कीमत और गुणवत्ता में प्रतिस्पर्धी हों इसके लिए सर्वाधिक जरूरत संबंधित विधा के शिल्पकारों को तकनीक से जोड़ते हुए उनको प्रशिक्षण देने की थी। सीएफसी से यह समस्या दूर हो जाएगी।
4. कई जगहों पर उत्पाद तैयार करने के लिए कच्चे माल की समस्या थी। मसलन मिट्टी के बरतन और अन्य सजावटी सामान बनाने वालों की सबसे बड़ी समस्या मिट्टी की थी। सरकार ने इसके लिए 'माटी कला बोर्ड' का गठन कर इस समस्या को दूर कर दिया। इसके तहत अब तय समय के दौरान मिट्टी के उत्पाद तैयार करने वाले लोगों को गाँव के पोखरे का निःशुल्क पट्टा दे दिया जाएगा। उत्पाद बनाने और उसे शीघ्र और एक समान पकाने के लिए इलेक्ट्रिक चाक, फर्नेस (भट्टियाँ) और पगमिल भी दिए जा रहे हैं। इसी तरह **विश्वकर्मा श्रम सम्मान योजना** के तहत अलग-अलग हुनर से जुड़े लोगों को प्रशिक्षण के साथ टूलकिट भी दिए जा रहे हैं।
5. प्रशिक्षण हासिल करनेवाले खुद स्वावलंबी बनें और स्थानीय स्तर पर और लोगों को रोजगार दे सकें इसके लिए 'ओडीओपी मार्जिन मनी योजना' के तहत उनको 20 लाख रुपए तक की सब्सिडी दी जा रही है। पैसा प्राप्त करने में बैंक की प्रक्रिया बाधक न बने इसके लिए कुछ बैंकों से सरकार ने करार भी किया है। आने वाले समय में इससे और बैंकों को भी जोड़ा जाएगा।

6. गुणवत्ता और दाम में प्रतिस्पर्धी उत्पाद तैयार करने के बाद अमूमन बिचौलियों के कारण परंपरागत हुनर से जुड़े लोगों को अपने उत्पाद का वाजिब दाम नहीं मिल पाता। बिचौलियों से मुक्त ऐसा बाजार उपलब्ध कराने के लिए भी सरकार ने कई प्रयास किए हैं। 'ओडीओपी मार्केटिंग डेवलपमेंट स्कीम' के तहत ई-कॉमर्स वेबसाइट पर ऑन बोर्डिंग के लिए 10 हजार रुपए तक की आर्थिक मदद दी जाती है। जानी-मानी ई-कॉर्मर्स वेबसाइट अमेजन पर ओडीओपी के हजारों उत्पाद बिक्री के लिए उपलब्ध हैं। अब तो सरकार के पास **ओडीओपी मार्ट** के नाम से अपनी वेबसाइट भी है।

मेला, प्रदर्शनी और महोत्सव में जाने पर 75 फीसद की प्रतिपूर्ति की व्यवस्था

आज का दौर बाजार का है, अतः इस दौर में जो दिखेगा, वही बिकेगा। विभिन्न जिलों के ऐसे उत्पाद देश और दुनिया के प्रमुख मेलों और प्रदर्शनियों में दिखें, इसके लिए ओडीओपी मार्केटिंग डेवलपमेंट योजना के तहत स्थानीय, राष्ट्रीय और अंतरराष्ट्रीय प्रदर्शनियों में भाग लेने के लिए इच्छुक उत्पादकों को सीधे उनके खाते में 75 फीसद प्रतिपूर्ति की भी व्यवस्था है। ऐसे आयोजनों का संबंधित लोगों को पता चले। इसके लिए एक कैलेंडर भी तैयार किया जा रहा है।

1. जिओग्राफिकल इंडीकेशन (GI) किसी उत्पाद को वहाँ का खास उत्पाद बना देता है। इस खासियत के नाते उनकी माँग बढ़ जाती है और अच्छे दाम भी मिलते हैं। अब तक 14 उत्पादों का जीआई पंजीकरण हो चुका है और अन्य के लिए प्रयास जारी है।
2. जीआई के दायरे में एक या इससे अधिक जिले हो सकते हैं। अगर एक ही उत्पाद के लिए कई जिलों को जीआई मिली हो और ये जिले एक-दूसरे से लगे हों तो बल्क उत्पादन के जरिए इसकी संभावना और बढ़ जाती है। सिद्धार्थनगर का काला नमक चावल इसी में से एक है। इसे एक कृषि जलवायु क्षेत्र में आने वाले बस्ती, संत कबीर नगर, सिद्धार्थनगर, देवरिया, महराजगंज, गोरखपुर, बलरामपुर, गोंडा, बहराइच और श्रावस्ती के लिए जीआई मिला है। ऐसे और भी उत्पाद हैं।

आज केंद्र सरकार भी ओडीओपी योजना की मुरीद है। आम बजट में इसकी चर्चा की गई। कुछ महीने पहले केंद्र सरकार ने खेतीबाड़ी के बाबत ओडीओपी की एक सूची जारी की है। पिछली दीपावली की अपेक्षा इस बार जिस तरह चीन की बजाय स्वदेशी दीयों और लक्ष्मी-गणेश की प्रतिमा की धूम रही, उसके पीछे भी ओडीओपी की ही महत्त्वपूर्ण भूमिका रही। यह इस बात का भी सबूत है कि योजना अच्छी हो, उसे प्रचार मिले तो बहुत कुछ बेहतर हो सकता है। यह योजना आत्मनिर्भर भारत की बुनियाद है।

ओडीओपी योजना में महिलाओं की भागीदारी

प्रदेश की सबसे सफल एवं महत्त्वाकांक्षी योजना 'एक जनपद एक उत्पाद' (ओडीओपी) के जरिए ऐसा कार्य किया जा रहा है, जो कि देश के अन्य राज्यों के लिए मिसाल बन रहा है। इस योजना से राज्य के आर्थिक विकास के साथ ही युवाओं के लिए रोजगार बढ़े हैं। ओडीओपी का उद्देश्य पारंपरिक, हस्तशिल्प आधारित और स्थानीय उद्योगों को बढ़ावा देना है। इसके लिए नए उद्योगों को स्थापित करने से लेकर मौजूदा उद्योगों को ऋण देने और उनकी मार्केटिंग को राज्य सरकार बढ़ावा देती है। यह अभिनव योजना उत्तर प्रदेश में एमएसएमई क्षेत्र को बढ़ावा देने के लिए शुरू की गई थी। ओडीओपी योजना के तहत राज्य सरकार लघु उद्योगों को बढ़ाने के लिए कलाकारों को 350 करोड़ रुपए के लोन के साथ ही मुफ्त प्रशिक्षण और जरूरी साजो-सामान उपलब्ध करा रही है। ओडीओपी योजना के तहत अब तक करीब 1000 नए युवाओं को प्रशिक्षित कर उद्योग से जोड़ा जा चुका है। उत्तर प्रदेश के एटा के घुँघरुओं का देश और विदेश में सालाना औसत व्यापार 100 करोड़ रुपए पार कर गया है। मौजूदा दौर में 10000 से ज्यादा लोग घुँघरू और घंटी उद्योग से सीधे तौर पर जुड़े हुए हैं।

वर्तमान आर्थिक चुनौतियों के बावजूद, राज्य सरकार ने अगले तीन वर्षों में एमएसएमई के निर्यात को दोगुना करने का फैसला किया है, जो 2.40 लाख करोड़ रुपए के आँकड़े को छू सकता है। वित्त वर्ष 2018-19 और 2019-20 के दौरान, यूपी से एमएसएमई का निर्यात क्रमशः लगभग 1.14 लाख करोड़ रुपए और 1.20 लाख करोड़ रुपए रहा।

ओडीओपी की अहम भागीदारियाँ

- अमेजन, फ्लिपकार्ट व ई-बे पर ओडीओपी उत्पाद घरेलू व अंतरराष्ट्रीय बाजारों में उपलब्ध हैं।
- एनएसई व बीएसई ओडीओपी इकाइयों को पूँजी बाजार से जोड़ रही हैं।
- ओडीओपी उत्पादों के मानकीकरण के लिए 'क्वालिटी काउंसिल ऑफ इंडिया' से करार।
- शिल्पियों व उत्पादक इकाइयों के वित्तीय पोषण के लिए बैंक ऑफ बड़ौदा से समन्वय।
- इकाइयों व शिल्पियों को सुविधाजनक ऋण उपलब्ध कराने के लिए सिडबी व स्टेट बैंक का साथ।
- स्वयं सहायता समूहों को और अधिक लाभ पहुँचाने के लिए 'राज्य आजीविका मिशन' से संबद्धीकरण।
- डिजाइनिंग व पैकेजिंग में सुधार के लिए निफ्ट रायबरेली व इंडियन इंस्टीट्यूट ऑफ पैकेजिंग का साथ।

उत्तर प्रदेश क्षेत्रफल की दृष्टि से देश का चौथा बड़ा राज्य है, जो देश के कुल क्षेत्रफल के 7.3% भू-भाग पर स्थित है। वर्ष 2011 की जनगणना के अनुसार,

प्रदेश में 19.98 करोड़ जनसंख्या निवास करती है, जो देश की कुल आबादी का 16.5% है। अर्थव्यवस्था के आकार के अनुसार, राज्य का देश में तीसरा स्थान है। एमएसएमई (सूक्ष्म, लघु, मध्यम उद्योग) क्षेत्र राज्य की अर्थव्यवस्था में विशेष भूमिका अदा करता है तथा पूँजी निवेश, उत्पादन एवं रोजगार में सार्थक योगदान देता है। लगभग 46 लाख, 8% एमएसएमई इकाइयों के साथ उत्तर प्रदेश देश में प्रथम स्थान पर है। यह क्षेत्र न केवल उत्तर प्रदेश, बल्कि संपूर्ण देश में कृषि क्षेत्र के बाद दूसरा सबसे बड़ा रोजगार प्रदान करने वाला क्षेत्र है। उत्तर प्रदेश हस्तशिल्प के निर्यात, प्रसंस्कृत खाद्य, इंजीनियरिंग का सामान, कालीन, रेडीमेड गारमेंट्स एवं चमड़ा उत्पादों के क्षेत्र में देश में अग्रणी प्रदेश रहा है।

उत्तर प्रदेश से किए जाने वाले हस्तशिल्प उत्पादों का निर्यात देश के कुल हस्तशिल्प निर्यात का 44% है। इसी प्रकार कालीनों के 39% व चमड़ा उत्पादों के 26% कुल निर्यात के साथ यह योगदान और भी सार्थक सिद्ध होता है। उत्तर प्रदेश देश के कुल निर्यात का 4.73% भाग वहन करता है। प्रदेश के अधिकतर जनपद एक अथवा एक से अधिक विशिष्ट उत्पाद तैयार करते हैं।

ओडीओपी योजना के अंतर्गत सरकार द्वारा किए जा रहे प्रयास

- स्थानीय शिल्प का संरक्षण एवं विकास/कला और क्षमता का विस्तार।
- आय में वृद्धि एवं स्थानीय रोजगार का सृजन (रोजगार हेतु पलायन में भी कमी होगी)।
- उत्पाद की गुणवत्ता में सुधार एवं दक्षता का विकास।
- उत्पादों की गुणवत्ता में बदलाव (पैकिंग व ब्रांडिंग द्वारा)।
- उत्पादों को पर्यटन से जोड़ा जाना (लाइव डेमो तथा काउंटर सेल-उपहार एवं स्मृतिकाओं द्वारा)।
- क्षेत्रीय असंतुलन द्वारा उत्पन्न होने वाली आर्थिक विसंगतियों को दूर करना।
- राज्य स्तर पर ओडीओपी के सफल संचालनोपरांत इसे राष्ट्रीय व अंतरराष्ट्रीय स्तर पर उठाना।

ओडीओपी योजना के अंतर्गत सरकार द्वारा किए जा रहे कार्य

- प्रसार, हितधारक, कुल उत्पादन, निर्यात, कच्चे माल की उपलब्धता एवं प्रशिक्षण की व्यवस्था आदि पर एक बृहद् डेटाबेस तैयार करना।
- उत्पादन, विकास व उत्पाद के विपणन की संभावनाओं पर शोध करना।
- उत्पाद के विकास पर एक सूक्ष्म योजना तैयार करना, मार्केटिंग विस्तार और संबंधित शिल्पकार व श्रमिकों को रोजगार व आय वृद्धि हेतु अतिरिक्त अवसर प्रदान करना।
- उत्पादों के प्रचार-प्रसार हेतु जनपद, राज्य, राष्ट्रीय व अंतरराष्ट्रीय स्तर पर व्यवस्था करना।
- नई व मौजूदा इकाइयों को आर्थिक सहायता जारी रखने के लिए भारत सरकार द्वारा संचालित मुद्रा, पीएमईजीपी, स्टैंडअप योजनाओं तथा उत्तर प्रदेश सरकार

द्वारा संचालित **मुख्यमंत्री युवा स्वरोजगार योजना** तथा **विश्वकर्मा श्रम सम्मान योजना** से आवश्यक समन्वय स्थापित करना एवं आवश्यकतानुसार नई योजनाओं को प्रारंभ करना,

- सहकारी एवं स्वयं सहायता समूहों का गठन करना।
- शिल्प एवं तकनीकी विभाग द्वारा सामान्य व तकनीकी प्रशिक्षण उपलब्ध करवाना।

1. **अमरोहा: वाद्य यंत्र (ढोलक) :** अमरोहा उत्तर-पश्चिमी उत्तर प्रदेश में, मुरादाबाद के निकट स्थित एक छोटा-सा कस्बा है। अमरोहा का नामकरण 'आम' व 'रूहा' (मछली की एक प्रजाति, जो यहाँ बहुतायत से पाई जाती है) के नाम पर हुआ है। यह छोटा-सा कस्बा मुख्य रूप से ढोलक व तबला निर्माण के लिए प्रसिद्ध है। यहाँ पर अनेकों लघु इकाइयाँ हैं,जो ढोलक व अन्य बीटिंग वाद्य यंत्रों के निर्माण में संलग्न हैं। इन यंत्रों के खोखले ब्लॉक्स के निर्माण के लिए आम व शीशम की लकड़ी का प्रयोग किया जाता है, जिन्हें बाद में जानवरों के चमड़े से मढ़ा जाता है। इनमें से अधिकतर पर बकरी की चमड़ी का प्रयोग होता है। अमरोहा से ये वाद्य यंत्र पूरे देश में, यहाँ तक कि विदेशों में भी भेजे जाते हैं। अमरोहा के कुछ अन्य उद्योगों में सूत (धागे) व कपड़ों, हथकरघा, मिट्टी के बरतन बनाना तथा खांडसारी उद्योग शामिल हैं। द्वितीय स्तरीय उद्योगों में कालीन निर्माण व लकड़ी पर नक्काशी शामिल हैं। अमरोहा में लगभग 300 से अधिक छोटी इकाइयाँ हैं, जो ढोलक के निर्माण से संबंधित हैं। इन इकाइयों से लगभग 1000 कारीगरों को रोजगार मिलता है। सामाजिक विकास के कारण इस वाद्य यंत्र के प्रयोग को विस्तार मिला है।

ढोलक

2. **अमेठी: मूँज उत्पादन:** अमेठी अपने जनपद का एक बड़ा कस्बा व नगरपालिका परिषद् है। यह रायपुर-अमेठी के नाम से भी जाना जाता है। रायपुर, अमेठी के राजा से संबंधित है, जो राम नगर में निवास करते थे। उनके पूर्वज रायपुर फुलवारी में रहा करते थे, जहाँ पुराना किला अभी भी मौजूद है। उत्तर प्रदेश के अमेठी के तराई क्षेत्रों में प्राकृतिक रूप से बहुवर्षीय मूँज घास पाई जाती है। मूँज से विभिन्न प्रकार के गृह

मूँज उत्पादन

उपयोगी एवं सजावटी सामानों का विनिर्माण बिना किसी मशीनी उपकरण के हाथ से किया जाता है। मूँज से बने सामानों में मौनी (डलिया), डेलरी, मुद्ढा, कैरी बैग, रस्सी, पेन स्टैंड, फुट मैट, कुरसी, मेज आदि प्रमुख हैं, जनपद के लगभग तीस हजार स्थानीय लोग मूँज से बने विभिन्न प्रकार के सामानों के विनिर्माण में संलग्न हैं।

3. **अलीगढ़: ताले एवं हार्डवेयर :** अलीगढ़ उत्तर प्रदेश का एक महत्त्वपूर्ण व्यापारिक केंद्र है और पूरे देश में 'तालों के शहर' के नाम से ख्यात है। कच्चे माल व ऊर्जा की सरल उपलब्धता के कारण अलीगढ़ एक व्यापार कुशल केंद्र के रूप में उभरा। अलीगढ़ के ताले पूरे विश्व में निर्यात किए जाते हैं। सन् 1880 में इंग्लैंड के एक व्यापारी ने जॉनसंस के नाम से यहाँ छोटे पैमाने पर तालों के निर्माण का कार्य प्रारंभ किया। आज, इस शहर में हजारों निर्माता, निर्यातक व आपूर्तिकर्त्ता हैं, जो पीतल, ताँबा, लोहा व एल्युमीनियम उद्योगों से जुड़े हैं। ताला निर्माण की प्रक्रियाएँ विभिन्न औद्योगिक इकाइयों में पूरी की जाती हैं। अलीगढ़ में बहुत से मशहूर स्थल हैं। अलीगढ़ का किला, खेरेश्वर मंदिर व तीर्थ धाम मंगलायतन मंदिर आदि उनमें से प्रमुख हैं। यहाँ ताले, कैंचियाँ, छुरियाँ, सरौंते आदि बनाने के कारखाने हैं, साथ ही अलीगढ़ में पैडलॉक, डोरलॉक, साइकिल लॉक, मल्टीपरपज लॉक आदि बनाए जा रहे हैं। यहाँ तालों व हार्डवेयर का कार्य घरों से लेकर सूक्ष्म, लघु एवं मध्यम इकाइयों में भी हो रहा है, जिले में वर्तमान में 9,898 पंजीकृत इकाइयाँ हैं।

ताले एवं हार्डवेयर

4. **अंबेडकर नगर: हैंडलूम व पावरलूम वस्त्र उत्पाद :** अंबेडकर नगर में पावरलूम व हैंडलूम से वस्त्र विनिर्माण का कार्य किया जाता है, जो पीढ़ियों से चला आ रहा है। जनपद का टांडा क्षेत्र इसके लिए विशेष रूप से प्रसिद्ध है। वस्त्र विनिर्माण कार्य में स्थानीय हस्तशिल्प तकनीकी का प्रयोग भी किया जाता है। टांडा क्षेत्र में तो लगभग प्रत्येक परिवार इस कार्य में लगा हुआ है। अपनी स्थानीय विशेषताओं के कारण क्षेत्र में विनिर्मित वस्त्र 'टांडा कपड़ा' के नाम से भी प्रसिद्ध हैं।

हैण्डलूम व पावरलूम वस्त्र उत्पाद

5. **आगराः चमड़े के उत्पाद :** आगरा जनपद का मुख्यालय आगरा यमुना नदी के किनारे पर बसा उत्तर प्रदेश का प्रमुख ऐतिहासिक नगर है, यह संपूर्ण विश्व में ताजमहल के लिए विशेष रूप से प्रसिद्ध है। आगरा जनपद में चमड़े से निर्मित फुटवियर, बेल्ट, पर्स आदि के निर्माण का कार्य होता है। इस कार्य हेतु कच्चा माल मुख्यतः कानपुर, कोलकाता, चेन्नई, ताइवान, चीन आदि से प्राप्त होता है। इसके अलावा आगरा का पेठा एवं दालमोठ तथा संगमरमर की कलात्मक वस्तुएँ भी विश्वप्रसिद्ध हैं।

चमड़े का उत्पाद

6. **आजमगढ़ः काली मिट्टी की कलाकृतियाँ :** आजमगढ़ का औद्योगिक आधार बहुत मजबूत नहीं है, परंतु जनपद का कृषिकीय आधार बहुत मजबूत है। जनपद का एक पुरातन उद्योग, बरतन उद्योग अभी भी यहाँ के लोगों के आर्थिक जीवन में अपना महत्त्वपूर्ण योगदान देता है। आजमगढ़ के निजामाबाद क्षेत्र में एक विशेष प्रकार की मिट्टी, जिसे 'काली मिट्टी' कहा जाता है, से विभिन्न कलाकृतियाँ बनाई जाती हैं। जनपद में **ब्लैक पॉटरी** से विनिर्मित मिट्टी के बरतन, सुराही, फूलदान आदि प्रमुख हैं। इन कलाकृतियों की भारत में ही नहीं, अपितु विदेशों में भी अत्यधिक माँग है।

काली मिट्टी की कलाकृतियाँ

7. **इटावाः वस्त्र उत्पाद :** इटावा उत्तर प्रदेश के दक्षिण पश्चिम में बसा एक जनपद है, यह जनपद का मुख्यालय भी है। इटावा, कानपुर मंडल का एक भाग है। उत्तर दिशा में यह फर्रुखाबाद एवं मैनपुरी जनपदों से घिरा है, इसकी पश्चिमी सीमा आगरा जनपद की बाह तहसील की सीमा को छूती है। पूर्व में यह जनपद औरैया से जुड़ा है तथा दक्षिण में जालौन जनपद से घिरा है। इटावा में वस्त्र विनिर्माण का कार्य

वस्त्र उत्पाद

काफी मात्रा में किया जाता है। वस्त्रों पर स्थानीय हस्तशिल्प तकनीकी का प्रयोग करते हुए विभिन्न पैटर्न वाले हाथ के औजारों द्वारा छपाई का कार्य किया जाता है। कारीगरों द्वारा डिजाइन कपड़ों में बेडशीट, कुशन कवर, गमछा (अंगोछा) आदि तैयार किए जाते हैं। यहाँ के छपे हुए डिजाइन वाले कपड़ों की अत्यधिक माँग रहती है।

8. **प्रयागराजः मूँज उत्पाद :** प्रयागराज भारत के प्राचीन नगरों में से एक है। यह तीन नदियों गंगा, यमुना व अदृश्य सरस्वती के संगम पर स्थित है। प्रयागराज का संगम तट, प्रत्येक 6 वर्ष पर आयोजित होने वाले कुंभ मेले व प्रत्येक 12 वर्ष पर आयोजित होने वाले महाकुंभ मेले का गवाह है, जहाँ पूरी धरती पर सबसे अधिक श्रद्धालुओं का जमावड़ा होता है। प्रयागराज (इलाहाबाद) के नैनी क्षेत्र में सरपत (मूँज) से संबंधित शिल्प का कार्य होता है। मूँज स्थानीय स्तर पर ही उपलब्ध हो जाता है। यहाँ मूँज से विभिन्न प्रकार के गृह उपयोगी एवं सजावटी सामानों का निर्माण किया जाता है। मूँज से बने सामानों में टोकरी, मौनी (डलिया), डेलरी, मुद्ढा, कैरी बैग, रस्सी, पेन स्टैंड, फुट मैट, कुरसी मेज आदि प्रमुख हैं। मूँज के विभिन्न उत्पादों में रंगों का प्रयोग भी होने लगा है।

मूँज उत्पाद

9. **उन्नावः जरी-जरदोजी :** जरी-जरदोजी कढ़ाई हस्तशिल्प की एक अत्यंत समृद्ध परंपरा है। मूलरूप से सोने के तारों से की जाने वाली जरदोजी कढ़ाई भारतीय जीवन शैली में समृद्धि को अभिव्यक्त करती है। उन्नाव जरी-जरदोजी कढ़ाई हस्तशिल्प के लिए प्रसिद्ध है। उन्नाव कई ऐतिहासिक इमारतों और संरचनाओं को लिए एक ऐतिहासिक शहर है। 'कानपुर-लखनऊ काउंटर मैग्नेट एरिया' के अंतर्गत आने की वजह से उन्नाव का एक नया उपग्रह शहर ट्रांस

जरी-जरदोजी

गंगा सिटी विकसित किया जा रहा है, ताकि उन्नाव को एक प्रमुख औद्योगिक और आधारभूत केंद्र के रूप में विकसित किया जा सके। उन्नाव को 'लिहाफ' (रजाई) के मुद्रण और रँगाई के लिए भी जाना जाता है।

10. **औरैयाः दूध प्रसंस्करण :** 17 सितंबर, 1997 को इटावा जनपद से दो तहसीलें औरैया और बिधूना अलग की गईं और औरैया जनपद की स्थापना की गई। उत्तर प्रदेश सरकार द्वारा चिह्नित औद्योगिक रूप से पिछड़े जनपदों में औरैया भी शामिल है। इस जनपद में मात्र दो कस्बे ऐसे हैं जहाँ पर मुख्य उद्योग स्थापित हैं, वे हैं डिबियापुर और औरैया। इस क्षेत्र के और इलाके निकटवर्ती जनपदों फर्रुखाबाद, मैनपुरी, आगरा, ग्वालियर और कानपुर के साथ बहुत पुराने समय से कार्यरत हैं। औरैया का उत्तर प्रदेश में पशुपालन में अग्रणी स्थान है, यह शुद्ध देशी घी के उत्पादन के लिए प्रसिद्ध है। औरैया से देशी घी की आपूर्ति पंजाब, पश्चिम बंगाल, आंध्र प्रदेश, तमिलनाडु, मुंबई आदि में की जाती है।

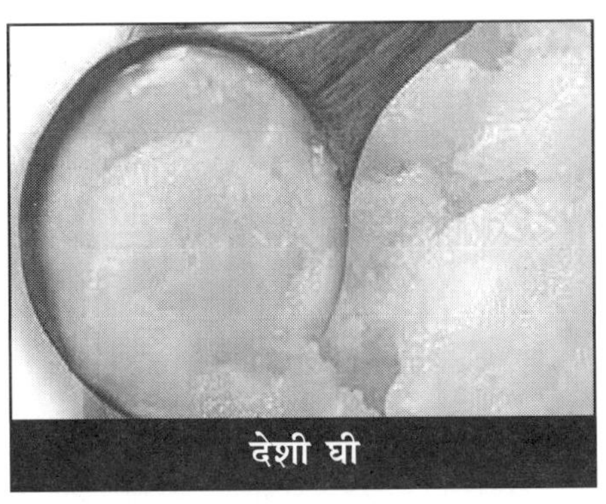
देशी घी

11. **जलेसर (एटा): घुँघरू, घंटी:** एटा के जलेसर कस्बे का ऐतिहासिक महत्त्व है, यहाँ मुख्य रूप से पीतल के घुँघरू, घंटी बनाने का कार्य किया जाता है। घुँघरू व घंटी बनाने में कच्चे माल के रूप में मिट्टी, शीरा, सफेद पाउडर व पीतल धातु का प्रयोग किया जाता है। एटा उत्तर प्रदेश का एक जनपद तथा अलीगढ़ मंडल का भाग है। एटा के चारों ओर अलीगढ़, फर्रुखाबाद, मैनपुरी, फिरोजाबाद, महामाया नगर तथा कांशी राम नगर स्थित हैं। इस जनपद के निवासियों की आजीविका का मूल स्रोत कृषि है। यहाँ स्थित **जलेसर एक ऐतिहासिक कस्बा** है, जो पूर्व में **मगध नरेश जरासंध की राजधानी था।**

घुँघरू, घंटी

12. **कन्नौजः इत्र :** कन्नौज **'इत्र नगरी'** के नाम से प्रसिद्ध है। यह नगर सम्राट् **हर्षवर्धन और बाद में प्रतिहारों की राजधानी** रहा। इत्र का व्यवसाय और नक्काशी

इत्र

का काम यहाँ सबसे अधिक होता है। राजा जयचंद के किले के अवशेष यहाँ पाए जाते हैं, पुरातत्त्व, कला व संस्कृति का केंद्र कन्नौज अपने इत्र की सुगंध के लिए संपूर्ण भारत में प्रसिद्ध है। जिले में 'सुगंध एवं सुरस' विकास केंद्र वर्ष 1991 से कार्यरत है। इस संस्था में इत्र से संबंधित सभी आयामों का कार्य किया जाता है जिसमें सुगंधित पौधों की खेती, प्रसंस्करण, प्रशिक्षण, आदि प्रमुख हैं। वर्तमान में यहाँ बड़ी संख्या में इत्र उत्पादक इकाइयाँ कार्यरत हैं।

13. **पुखरायाँ (कानपुर देहात) जस्ते के बरतन** : 23 अप्रैल, 1981 को कानपुर जिले को दो भागों में बाँटकर कानपुर नगर व कानपुर देहात बनाया गया जो कि कानपुर मंडल के अंतर्गत आता है। जिले में रानिया, जैनपुर, झींझक, रसूलाबाद और डेरापुर नामक पाँच औद्योगिक क्षेत्र हैं। कानपुर देहात जनपद का पुखरायाँ क्षेत्र बरतनों के उत्पादन के लिए जाना जाता है। पुखरायाँ में एल्युमीनियम के भगौने, टंकी, चम्मच, केतली, स्टील की बाल्टी, थाली, गिलास, चम्मच, प्रेशर कुकर आदि के निर्माण की इकाइयाँ कार्यरत हैं। यहाँ के बरतन उत्तर प्रदेश के विभिन्न शहरों–कालपी, उरई, झाँसी, हमीरपुर, बाँदा, कानपुर, औरैया, इटावा आदि में विक्रय के लिए जाते हैं।

जस्ते के बरतन

14. **कानपुर नगरः चमड़े का उत्पादन** : उत्तर प्रदेश का सबसे बड़ा शहर होने के नाते, कानपुर को अपने सफल सूती वस्त्र उद्योग के लिए एक समय में उत्तर भारत के **'मैनचेस्टर'** के रूप में जाना जाता था और आज भी इसे वाणिज्यिक और औद्योगिक गतिविधियों का मुख्य केंद्र माना जाता है। कानपुर नगर भारत में चमड़ा उद्योग का सबसे बड़ा केंद्र रहा है। यहाँ चमड़े से निर्मित फुटवियर, बेल्ट, पर्स, चमड़े के वस्त्र, घोड़े की जीन आदि के निर्माण का कार्य होता है। देश से कुल चमड़े

चमड़े का उत्पादन

एवं चमड़े से बनी वस्तुओं के निर्यात में अकेले कानुपर नगर की भागीदारी लगभग 20 प्रतिशत से अधिक है। यहाँ बनने वाले लेदर उत्पाद विभिन्न देशों, विशेषकर अमेरिका व यूरोपीय देशों को निर्यात किए जाते हैं।

15. **कासगंजः जरी-जरदोजी :** जिला कासगंज पूर्व में कांशी राम नगर के नाम से जाना जाता था। 17 अप्रैल, 2008 को कासगंज, पटियाली और सहवार तहसीलों को एटा जिले से अलग कर गठित किया गया था। शुरुआत में, जिले का नाम राजनेता कांशी राम के नाम पर रखा गया था। कासगंज जनपद में जरी-जरदोजी मुगलकाल से ही प्रचलित है। साथ ही कशीदाकारी, हाथ की कढ़ाई, मूँगा-मोती, रेशम आदि का कार्य भी काफी पहले से ही हो रहा है। हाथ से की गई कशीदाकारी व मूँगा-मोती के कार्य का अपना विशिष्ट स्थान है। यहाँ के जरी-जरदोजी के उत्पादों की माँग राष्ट्रीय व अंतरराष्ट्रीय स्तर पर है।

जरी-जरदोजी

16. **कुशीनगरः केले के रेशे से बने उत्पाद :** कुशीनगर (कुसीनगर, कुसीनारा, कासिया और कसिया बाजार के नाम से भी जाना जाने वाला जिला), एक तीर्थयात्रा शहर है। **महाकाव्य रामायण में वर्णित भगवान राम के पुत्र कुश के नाम पर इस जिले का नाम पड़ा था।** यह भी माना जाता है कि जिले में अधिक मात्रा में 'कुश' नामक एक प्रकार की घास पाई जाती है, इसलिए जिले को 'कुशीनगर' नाम दिया गया था। कुशीनगर जनपद में केले की खेती बहुतायत में होती है। केले के रेशों से बने 'बनाना फाइबर' का प्रयोग मजबूत धागा एवं बैग निर्माण के कार्यों में किया जाता है। केले के तने के अवशेष भाग का उपयोग जैविक खाद के निर्माण में किया जाता है। यह उत्पाद जहाँ एक ओर 'इको फ्रेंडली' है, वहीं यह किसानों द्वारा निष्प्रयोज्य घोषित कर फेंके गए केले के तने का सदुपयोग भी करता है।

केले के रेशे से बने उत्पाद

17. **कौशांबीः खाद्य प्रसंस्करण (केला) :** कौशांबी जिला 4 अप्रैल, 1997 को इलाहाबाद जिले से बनाया गया था। बौद्ध ग्रंथों में कौशांबी/कोसांबी नाम के दो कारण

दिए गए हैं। पहला कि यह शहर ऋषि कुसुम्बा (कुसुंभा) के आश्रम के पास ही स्थित था और दूसरा शहर में व उसके आसपास बड़े पैमाने पर मार्गोसा पेड़ (कोसमारुखा) पाए जाते हैं। पाली में शिलालेखों के साथ अशोक के स्तंभ सहित कई आकर्षक स्थल हैं। कौशांबी उत्तर प्रदेश का एक कृषि प्रधान जिला है। जहाँ केले की खेती बहुतायत में हो रही है। यहाँ केले की विभिन्न खाद्य प्रसंस्करण इकाइयों द्वारा केले के विभिन्न उत्पाद यथा-चिप्स, नमकीन, सौंदर्य प्रसाधन आदि तैयार किए जाते हैं।

खाद्य प्रसंस्करण

18. **गाजियाबादः यांत्रिक उत्पाद :** गाजियाबाद में चीनी, रंग-रोगन, दवाएँ, काँच की वस्तुएँ, पोटरीज, वनस्पति घी, इलेक्ट्रॉनिक्स आदि के कारखाने हैं। यहाँ का भारत इलेक्ट्रॉनिक्स लिमिटेड, केंद्र सरकार का प्रमुख औद्योगिक प्रतिष्ठान है। गाजियाबाद में इंजीनियरिंग उद्योगों की बहुलता है। गाजियाबाद जिले में ऑटोमोबाइल स्पेयर पार्ट्स, शुगर मिल, मशीनरी पार्ट्स, लिफ्ट, फोर्जिंग आदि की इकाइयाँ हैं। यहाँ से मशीनरी पार्ट्स व मशीन का निर्माण एवं निर्यात किया जाता है। जनपद की विभिन्न फोर्जिंग इकाइयों द्वारा रोल्स, गियर्स, शाफ्ट्स, स्टील-ट्यूब्स आदि का निर्माण किया जाता है। यांत्रिकी उत्पाद के क्षेत्र में यह उत्तर प्रदेश का अग्रणी जिला है।

यांत्रिक उत्पाद

19. **गाजीपुरः वॉल हैंगिंग्स-जूट :** गाजीपुर पूर्वी उत्तर प्रदेश का एक जिला है जिसकी स्थापना सन् 1818 में हुई थी। गाजीपुर शहर जिला मुख्यालय है। यह जनपद वाराणसी मंडल के पूर्व भाग में स्थित है। यह पूर्व दिशा में बलिया एवं बिहार राज्य, पश्चिम दिशा में जौनपुर, वाराणसी एवं आजमगढ़, उत्तर दिशा में मऊ एवं बलिया तथा दक्षिण दिशा में चंदौली की सीमाओं से जुड़ा हुआ है। गाजीपुर जिले में जूट

वॉल हैंगिंग्स-जूट

वॉल हैंगिंग्स का कार्य परंपरागत रूप से होता है। स्थानीय हस्तशिल्पियों द्वारा निर्मित जूट के वॉल हैंगिंग्स, जो किसी पेंटिंग से कम नहीं, का निर्यात भी होता है। यहाँ गुलाबजल तथा चीनी भी बनाई जाती है।

20. **गोरखपुर: मिट्टी के बरतन टेराकोटा :** गोरखपुर उत्तर प्रदेश के प्रमुख एवं बड़े जिलों में से एक है, जो गोरखपुर मंडल के अंतर्गत आता है। गोरखपुर शहर जिले का प्रशासनिक मुख्यालय भी है। गोरखपुर उत्तर प्रदेश के पूर्वी हिस्से में आता है, जो भारत एवं नेपाल की सीमा से नजदीक है। यह जिला राज्य के उत्तर-पूर्व क्षेत्र में स्थित है साथ ही देवरिया जिले से सटा हुआ है एवं आजमगढ़ जिले की दक्षिणी सीमा से भी जुड़ा हुआ है। टेराकोटा एक विशेष प्रकार का मृत्तिका शिल्प है। इस शिल्प का शैल अलंकरण, प्राकृतिक रंग एवं अभिनव आकृतियों के साथ प्रयोग जैसी विशेषताएँ इस कला को दूसरी टेराकोटा कलाओं से पृथक् करती हैं। गोरखपुर जनपद में इसके निर्माण हेतु कच्चे माल के रूप में स्थानीय मिट्टी का प्रयोग किया जाता है। इसमें प्राकृतिक रंग डालने के लिए एक अन्य कत्थई रंग की मिट्टी मिलाई जाती है।

मिट्टी के बरतन

21. **गोंडा: खाद्य प्रसंस्करण (दाल):** गोंडा जिला देवीपाटन मंडल का प्रशासनिक केंद्र है। यह जिला मुख्यालय भी है। गोंडा उत्तर दिशा में श्रावस्ती, उत्तर-पूर्व दिशा में बलरामपुर एवं सिद्धार्थनगर, पूर्व दिशा में बस्ती जिला, दक्षिण दिशा में फैजाबाद, दक्षिण-पश्चिमी दिशा में बाराबंकी एवं उत्तर-पश्चिमी दिशा में बहराइच जिलों की सीमाओं से जुड़ा हुआ है। दो नदियाँ सरयू एवं घाघरा इस जिले से होकर गुजरती हैं, जिस कारण जिले की मृदा उद्यानिक फसलों एवं अनाज हेतु उपयुक्त है। गोंडा के किसान दाल, धान, मक्का, गन्ना आदि की फसलें बोते हैं। दाल नकदी फसल की श्रेणी में आती है। इस जिले में दाल से विभिन्न प्रकार के खाद्य पदार्थों का उत्पादन परंपरागत तरीके से किया जाता है।

दाल

22. गौतमबुद्ध नगरः सिले-सिलाए वस्त्र : उत्तर प्रदेश के गौतमबुद्ध नगर को **'सिटी ऑफ अपैरल'** के नाम से भी जाना जाता है। इस जिले में 2500 से अधिक रेडीमेड गारमेंट की इकाइयाँ स्थापित हैं जिनमें लाखों लोगों को रोजगार मिला हुआ है। यहाँ से तैयार रेडीमेड गारमेंट्स का निर्यात किया जाता है। इस कार्य से जुड़े लोगों को कुशल बनाने के लिए यहाँ एक अपैरल ट्रेनिंग सेंटर की स्थापना की गई है।

सिले-सिलाए वस्त्र

23. चित्रकूटः लकड़ी के खिलौने : चित्रकूट उत्तर प्रदेश के बाँदा व मध्य प्रदेश के सतना जिले की सीमा पर बसा है। अनेक पौराणिक आख्यानों से जुड़ा चित्रकूट अत्यंत पवित्र हिंदू तीर्थ के रूप में जाना जाता है। **महाकवि कालिदास** ने अपनी अमर कृति **'मेघदूतम्'** की रचना यहीं की थी चित्रकूट 'चित्र' और 'कूट' दो शब्दों से मिलकर बना है। चित्र से तात्पर्य है विभिन्न रंगों वाले दृश्य और कूट से तात्पर्य पर्वत से है। जनपद चित्रकूट में वन क्षेत्र होने के कारण लकड़ी की पर्याप्त उपलब्धता है। यहाँ के हस्तशिल्पी लकड़ी के खिलौने बनाते हैं, जो काफी आकर्षक होते हैं, ये खिलौने प्रदेश के विभिन्न जनपदों में बिक्री हेतु तथा विभिन्न मेलों व प्रदर्शनियों में भेजे जाते हैं।

लकड़ी के खिलौने

24. चंदौलीः जरी-जरदोजी : चंदौली जनपद का गठन 1997 में वाराणसी जनपद को काट कर किया गया था। यह वाराणसी मंडल का ही एक भाग है। यह जनपद भारत के सकल घरेलू उत्पाद में अपने गेहूँ और चावल के उत्पादन से महत्त्वपूर्ण योगदान देता है। इस जनपद के लोगों की आजीविका का मुख्य साधन कृषि है तथा गेहूँ व चावल यहाँ की प्रमुख फसलें हैं। जरी-जरदोजी कढ़ाई हस्तशिल्प की एक अत्यंत समृद्ध परंपरा है, चंदौसी

जरी-जरदोजी

के गोपालपुर, दलुहीपुर, सतपाखेरी, सिकंदरपुर, कटेसर आदि क्षेत्रों में साड़ियों में जरी का कार्य हस्तशिल्पियों द्वारा किया जाता है। यहाँ पर जरी कला वाराणसी से आई है।

25. **जालौनः हस्त निर्मित कागज :** जौनपुर जिला वाराणसी मंडल के उत्तर-पश्चिम भाग में स्थित है। गोमती और बसुही नदियों ने जिले को लगभग चार बराबर हिस्सों में विभाजित किया है। जौनपुर में मिट्टी मुख्य रूप से चिकनी, रेतीली और लोमी होती है। जौनपुर जिला अक्सर बाढ़ की आपदा से प्रभावित होता है, यही कारण है कि यहाँ खनिजों की कमी है। जालौन जिले में यमुना नदी के किनारे कालपीनगर स्थित है, यहाँ दशकों से कपड़े की कतरन, रद्दी कागज आदि से हैंड मेड पेपर बनाने का कार्य होता है, जिसका उपयोग ऑफिस फाइल, कैरी बैग, विजिटिंग कार्ड, शादी कार्ड आदि बनाने में किया जाता है। यहाँ के हस्त-निर्मित कागज काफी आकर्षक होते हैं।

हस्त निर्मित कागज

26. **मडियाहूँ (जौनपुर): ऊनी दरी :** जौनपुर जिला वाराणसी मंडल के उत्तर-पश्चिम भाग में स्थित है। गोमती और सई नदियों ने जिले को लगभग चार बराबर हिस्सों में विभाजित किया है। जौनपुर में मिट्टी मुख्य रूप से चिकनी, रेतीली और लोमी होती है। जौनपुर जिला अक्सर बाढ़ की आपदा से प्रभावित होता है, यही कारण है कि यहाँ खनिजों की कमी है। कुछ जगहों पर खुदी चट्टानों को जलाकर चूना पत्थर उत्पन्न किया जाता है। रेत और कंकड़ से प्राप्त चूना पत्थर भवन-निर्माण के कार्य में उपयोग किया जाता है। पूर्वी उत्तर प्रदेश का यह नगर शर्की राजाओं की राजधानी रहा है, जौनपुर जनपद के मडियाहूँ तहसील क्षेत्र में ऊनी दरी बनाने का कार्य पारंपरिक तरीके से सदियों से होता रहा है, यहाँ के सैकड़ों परिवार ऊनी दरी बनाने के कार्य में लगे हैं, यहाँ के शिल्पियों द्वारा निर्मित दरियों का निर्यात भी किया जाता है।

ऊनी दरी

27. **झाँसीः कोमल खिलौने :** झाँसी उत्तर प्रदेश का एक ऐतिहासिक शहर है। यह पाहुज और बेतवा नदी के मध्य बुंदेलखंड क्षेत्र में स्थित है एवं उत्तर प्रदेश की दक्षिणी सीमा में बुंदेलखंड के 'गेटवे' के रूप में जाना जाता है। झाँसी सड़कों व

रेल नेटवर्क के माध्यम से प्रदेश के अन्य सभी प्रमुख शहरों से जुड़ा हुआ है। राष्ट्रीय राजमार्ग विकास परियोजना ने झाँसी के विकास में समर्थन किया है, जिससे शहर में बुनियादी ढाँचे और अचल संपत्ति के विकास की अचानक वृद्धि हुई है। केंद्र सरकार ने यहाँ ट्रांसफार्मर फैक्टरी (भेल) स्थापित की है। वर्तमान में झाँसी जनपद में कोमल खिलौनों की कई इकाइयाँ स्थापित हैं, कोमल खिलौने बनाने में पॉली क्लाथ, नाइलैक्स क्लॉथ, फाइबर (रूई) आदि का प्रयोग कच्चे माल के रूप में किया जाता है। देश के विभिन्न महानगरों में यहाँ के बने कोमल खिलौने भेजे जाते हैं।

कोमल खिलौने

28. देवरिया: सजावटी उत्पाद : देवरिया उत्तर प्रदेश का एक जनपद तथा गोरखपुर मंडल का भाग है। देवरिया जनपद पुराने गोरखपुर से कटे कुछ भागों को मिलाकर 16 मार्च, 1946 को अस्तित्व में आया। देवरिया जनपद में घरों की सजावट हेतु झूमर, झालर, परदे, कॉस्मेटिक, चादरों की कढ़ाई एवं बुनाई आदि का कार्य किया जाता है। यह उत्पाद स्थानीय बाजारों के साथ-साथ अन्य सीमावर्ती जिलों तथा बिहार आदि में भेजे जाते हैं।

सजावटी उत्पाद

29. पीलीभीत: बाँसुरी : पीलीभीत का कुल क्षेत्रफल 3,504 वर्ग किमी तथा अधिकांश क्षेत्र वनीय है। वर्तमान में जिले की 78,478 हेक्टेयर भूमि वनीय है। शारदा नहर जिले की प्रमुख नहर मानी जाती है, जबकि अन्य इसकी उप-नहर मानी जाती हैं। जिले में नहरों की कुल लंबाई 938 किमी है। यहाँ पर प्रमुख रूप से गन्ने का उत्पादन किया जाता है, जिस कारण मझोला, पूरनपुर, बीसलपुर एवं पीलीभीत में चार चीनी मिलें स्थापित हैं। जनपद पीलीभीत की बाँसुरी देश-विदेश में प्रसिद्ध है। बाँसुरी बनाने का कच्चा माल असम से आता है। पीलीभीत बाँसुरी उत्पादन करने वाला देश का अकेला जिला है।

बाँसुरी

30. प्रतापगढ़: खाद्य प्रसंस्करण (आँवला): 'आँवला' प्रतापगढ़ जिले की विशिष्ट पहचान है। प्रतापगढ़ आँवला के उत्पादन में प्रदेश का अग्रणी जिला है। यहाँ की खाद्य प्रसंस्करण इकाइयों में आँवले से विभिन्न प्रकार के उत्पाद, यथा-मुरब्बा, अचार, जेम, जेली, लड्डू, बर्फी, कैंडी, जूस, पाउडर, सुपारी, च्यवनप्राश, चूर्ण आदि तैयार किए जाते हैं। आँवला के अतिरिक्त जनपद में अमरूद व आम का उत्पादन भी प्रचुर मात्रा में होता है।

आँवला

31. फतेहपुर: बेडशीट: फतेहपुर उत्तर प्रदेश का एक जनपद है। यह प्रशासनिक रूप से इलाहाबाद मंडल का एक भाग है। यह जनपद इलाहाबाद एवं कानपुर के मध्य में स्थित है। इस जनपद की उत्तरी सीमा गंगा व दक्षिणी सीमा यमुना नदी द्वारा सीमित है। यहाँ पर स्टील पाइप, बरतन, स्टील फर्नीचर, बटन, पुली तथा माप एवं तौल से संबंधित उत्पाद बनाए जाते हैं। इन सामानों के उत्पादन की इकाइयाँ बहुधा नगरीय क्षेत्रों में स्थित हैं तथा बहुत से लोगों को रोजगार प्रदान करती हैं। फतेहपुर जनपद बेडशीट के लिए प्रसिद्ध है। यहाँ की कई टेक्सटाइल इकाइयाँ बेडशीट के निर्माण में संलग्न हैं। यहाँ के उत्पादों की भारतीय व अंतरराष्ट्रीय बाजारों में एक विशेष पहचान है। यहाँ की डिजाइनर चादरों की अत्यधिक माँग होती है।

बेडशीट

32. फर्रुखाबाद: ब्लॉक प्रिंटिंग : फर्रुखाबाद उत्तर प्रदेश का एक जनपद है तथा प्रशासनिक रूप से कानपुर मंडल का भाग है। फर्रुखाबाद जनपद दो टाउनशिप से मिलकर बना है, फर्रुखाबाद एवं फतेहगढ़ । यहाँ पीतल के बरतनों के कारखाने, शीत भंडार और तेल की मिलें हैं। ताँबे-पीतल के बरतन, परदे, साड़ी-छींटों आदि की छपाई यहाँ अच्छी होती है। आलू, तंबाकू और खरबूजों के लिए भी यह नगर प्रसिद्ध

ब्लॉक प्रिंटिंग

है। जनपद में लकड़ी व पीतल के प्रिंटिंग ब्लॉक बनाकर रजाई के कवर, साड़ी, सूट, दुपट्टा, स्टोल एवं शॉल पर ब्लॉक प्रिंटिंग की जाती है। यहाँ ब्लॉक प्रिंटिंग से बने सामानों की माँग पूरे देश के साथ-साथ अमेरिका, ब्राजील, एशिया व यूरोपीय देशों में भी होती है।

33. **फिरोजाबाद: काँच उत्पाद :** फिरोजाबाद उत्तर प्रदेश का एक जनपद तथा जनपद मुख्यालय है। यह जनपद आगरा प्रशासनिक मंडल का एक भाग है। फिरोजाबाद जनपद काँच उद्योग के लिए पूरे विश्व में विख्यात है। यह जनपद उत्तर में एटा, पूर्व में इटावा तथा मैनपुरी एवं दक्षिण-पश्चिम में आगरा के साथ सीमाएँ बनाता है। यह जिला **'काँच की चूड़ियों'** के लिए अपनी विशिष्ट पहचान बना चुका है। यहाँ भारत में सबसे अधिक काँच की चूड़ियाँ, सजावटी काँच की वस्तुएँ, वैज्ञानिक उपकरण, बल्ब आदि बनाए जाते हैं। जनपद के हस्तशिल्पियों द्वारा माउथ ब्लोइंग प्रक्रिया के माध्यम से काँच के उत्पाद मुख्यत: हैंडक्राफ्ट, लालटेन, किचनवेयर, क्रिसमस ट्री आदि बनाए जाते हैं। माउथ ब्लोइंग प्रक्रिया इस जिले के कारीगरों का परंपरागत तरीका है।

काँच उत्पाद

34. **अयोध्या (फैजाबाद): गुड़ :** अयोध्या सरयू नदी के किनारे लखनऊ से लगभग 130 किमी पूर्व में बसा उत्तर प्रदेश का एक जनपद है। अयोध्या जनपद में गन्ना शोधन तथा तिलहनों से तेल निकालने के बहुत से संयंत्र लगे हैं। यह जिला बाराबंकी, गोंडा, बस्ती, अंबेडकर नगर एवं सुल्तानपुर जनपदों से घिरा है। अयोध्या जिले में गुड़ के विनिर्माण का कार्य परंपरागत रूप से पीढ़ियों से चला आ रहा है। जनपद की कुल कृषि योग्य भूमि के 20 प्रतिशत भाग पर गन्ने की खेती की जाती है, जो गुड़ के लिए प्रमुख कच्चा माल है। यहाँ गन्ने से गुड़ तैयार किया जाता है। गुड़ से अन्य उत्पाद, यथा-शक्कर, गुड़ व तिल की गजक, लड्डू, चिक्की, गुड़ काजू का लड्डू आदि भी यहाँ तैयार किए जाते हैं।

गुड़

35. **बदायूँ: जरी-जरदोजी :** बदायूँ बरेली मंडल का एक जनपद है। 11 दिसंबर, 1949 से पूर्व यह एक स्वतंत्र रियासत था। बदायूँ जनपद 5,168 वर्ग किमी क्षेत्रफल में

जरी-जरदोजी

फैला है, इसमें 6 तहसील व 18 विकास खंड हैं। पूरे जनपद के 5,20,039 हेक्टेयर क्षेत्रफल में से 6,899 हेक्टेयर भाग वनाच्छादित है। बदायूँ अपने जरी-जरदोजी उत्पादों के लिए प्रसिद्ध है। यहाँ जरी-जरदोजी का कार्य एक कुटीर उद्योग है, जिसमें जनपद के लगभग 35 प्रतिशत परिवार लगे हैं। बदायूँ में जरी-जरदोजी का यह कार्य रेशम, करदाना मोती, कोरा कसब, मछली तार, नग, मोती, टीकी, ट्यूब, चाँदला, जरकन नूरी, दबका डोरी के गुल्ले, गोल्डन चेन, नक्काशी आदि द्वारा किया जाता है। स्थानीय स्तर पर इस कार्य को 'कारजोबी' के नाम से भी जाना जाता है।

36. **बरेली: जरी-जरदोजी :** बरेली उत्तर प्रदेश का एक महानगर है। यह जनपद रामगंगा नदी के किनारे स्थित है बरेली मंडल का मुख्यालय फर्नीचर और जरी का एक मुख्य केंद्र भी है। लखनऊ, कानपुर व आगरा के बाद बरेली उत्तर प्रदेश का चौथा जनपद है जहाँ सी.एन.जी. फ्यूल स्टेशन हैं। बरेली उत्तर प्रदेश का 7वाँ तथा देश का 50वाँ बड़ा महानगर है। बरेली में जरी-जरदोजी का कार्य वस्त्रों पर किया जाता है। जरी वस्त्र सोने, चाँदी तथा रेशम या तीनों प्रकार के तारों के मिश्रण से तैयार किया जाता है। यहाँ जरी-जरदोजी के शिल्प से जुड़ी अनेक सूक्ष्म एवं लघु इकाइयाँ कार्य कर रही हैं। बरेली में जरी-जरदोजी शिल्प के अंतर्गत ड्रेस मेटेरियल, जैकेट, सूट, साड़ी, लहँगा, देवी-देवताओं के परिधान, दुपट्टे, हैंडबैग आदि तैयार किए जाते हैं।

जरी-जरदोजी

37. **बलरामपुर: खाद्य संस्करण (दाल):** बलरामपुर उत्तर प्रदेश का एक जनपद व नगरपालिका परिषद् है। यह राप्ती नदी के किनारे स्थित है। बलरामपुर में खाद्य प्रसंस्करण का कार्य प्रभावी रूप से होता है। औद्योगिक प्रगति के अतिरिक्त बलरामपुर प्रचुर मात्रा में रेत आपूर्ति करता है, जो भवन व अन्य निर्माण कार्यों में

दाल

बहुत सहायक है। बलरामपुर की मिट्टी कृषि कार्यों के लिए सर्वथा उपयुक्त है। बलरामपुर जनपद एक तराई क्षेत्र है। इस जनपद के किसानों द्वारा नकदी फसल के रूप में छोटी मसूर प्रचुर मात्रा में उगाई जाती है। यहाँ छोटी दाल मिलें स्थापित हैं। यहाँ की मसूर दाल की गुणवत्ता उत्तम होने के कारण प्रदेश के अन्य जनपदों व राज्यों में भी इसकी माँग है।

38. **बलिया: बिंदी :** बलिया नगर, जनपद मुख्यालय व महर्षि भृगु के जन्म स्थान के रूप में जाना जाता है। बलिया जनपद में बोली जानी वाली भाषाएँ हिंदी व भोजपुरी हैं, बलिया का मनियर विकास खंड बिंदी उद्योग का केंद्र है। बिंदी को स्थानीय भाषा में 'टिकुली' कहा जाता है। बलिया जिले के अन्य स्थानों पर भी बिंदी कुटीर उद्योग संचालित है। यहाँ डिजाइनर बिंदी तैयार की जाती है। बलिया से बिंदी का व्यापार मुंबई, कोलकाता, दिल्ली, कानपुर, वाराणसी, गोरखपुर आदि में किया जाता है।

बिंदी

39. **बस्ती: काष्ठ शिल्प :** बस्ती नगर लखनऊ से 180 किमी पूर्व में घाघरा एवं अमी नदियों के मध्य स्थित है। इस जनपद की मुख्य उपजों में गन्ना, तिलहन, कपास, धान तथा गेहूँ इत्यादि हैं। यहाँ पर उपलब्ध मुख्य खनिज रेत है, जो घाघरा, कुवानी एवं मनोरमा नदियों से प्राप्त की जाती है। जहाँ तक बस्ती जनपद की प्राकृतिक वन संपदा का प्रश्न है, यह सागौन, हल्दू, शीशम, तिबाऊ, महुआ, बाँस, नीम, जामुन और आम इत्यादि से समृद्ध है। बस्ती जिले में काष्ठ शिल्प का कार्य बहुतायत में होता है। यहाँ लकड़ी से निर्मित वस्तुओं में सोफा सेट, बेड, श्रृंगारदानी आदि प्रमुख हैं काष्ठ शिल्प के लिए कच्चे माल की उपलब्धता स्थानीय स्तर पर हो जाती है।

काष्ठ शिल्प

गेहूँ के डंठल की कलाकृतियाँ

40. **बहराइच: गेहूँ के डंठल की कलाकृतियाँ:** बहराइच देवीपाटन मंडल के उत्तर-पूर्व भाग में स्थित है। बहराइच के उत्तर में नेपाल के साथ अंतरराष्ट्रीय सीमा है। बहराइच जनपद की अर्थव्यवस्था मुख्यत: कृषि पर आधारित है। इस क्षेत्र

की मुख्य फसलों में गेहूँ, चावल, गन्ना, दालें एवं सरसों शामिल हैं। रेशम-कीट पालन जनपद के अन्य व्यवसायों में से एक है। जनपद में कुल वनाच्छादित भूमि का क्षेत्रफल 67,926 हेक्टेयर है जो जनपद के कुल क्षेत्रफल का 13.97% है। बहराइच जिला हस्तशिल्प निर्माण कला-क्षेत्र में गेहूँ के डंठल से बनी कलाकृतियों में एक पहचान बना चुकी हैं। इन कलाकृतियों की विशेषता यह है कि गेहूँ के डंठल से कपड़े के फ्रेम पर बनी चित्राकृतियाँ ज्यों-ज्यों पुरानी होती जाती हैं। उनमें गेहूँ के डंठल की सुनहरे रंग की चमक बढ़ती जाती है।

41. **बागपतः घरेलू सजावटी सामानः** बागपत उत्तर प्रदेश का एक कृषि समृद्ध जनपद है। यह बागपत जिले का प्रशासनिक मुख्यालय है। उत्तर प्रदेश के 75 जनपदों में से एक बागपत, बहुत-सी छोटी और बड़ी औद्योगिक इकाइयों का केंद्र भी है। अपने बहुत से पर्यटन स्थलों के अतिरिक्त बागपत जनपद की होम फर्निशिंग कामों के लिए पूरे देश में ख्याति है। बागपत के खेकड़ा क्षेत्र में स्थापित हैंडलूम/पावरलूम द्वारा निर्मित परदे, किचन टॉवल, टेबल कवर, कुशन, होम फर्निशिंग उत्पाद, प्लेसमेंट आदि प्रसिद्ध हैं। यहाँ निर्मित घरेलू सजावटी सामानों को अन्य जिलों व राज्यों को भेजा जाता है।

घरेलू सजावटी सामान

42. **बाराबंकीः हथकरघा उत्पादः** बाराबंकी में महाभारत काल की महत्ता के कई स्थल अभी भी मौजूद हैं। यहाँ के कुंतेश्वर महादेव मंदिर के बारे में कहा जाता है कि इसकी स्थापना पांडवों की माता कुंती ने की थी। इस मंदिर के निकट ही एक पारिजात का वृक्ष व काँवरिया महादेव स्थित हैं। बाराबंकी जनपद फैजाबाद मंडल का एक भाग है। इस जनपद में पाए जाने वाले खनिजों में रेत प्रमुख है जो नदी के किनारे बसे क्षेत्रों में प्रचुरता से पाई जाती है। बाराबंकी जिले में हथकरघे से कपड़ा बुनाई का कार्य होता है। सूती कपड़ों की माँग अधिक होने के कारण परंपरागत तकनीक से तैयार हथकरघा उत्पादों की अत्यधिक माँग है। बाराबंकी में हजारों की संख्या में बुनकर हथकरघे पर कपड़ा बुनाई का कार्य कर रहे हैं।

हथकरघा उत्पाद

43. बाँदा: शज़र पत्थर शिल्प : बाँदा उत्तर प्रदेश के बुंदेलखंड क्षेत्र में स्थित एक जनपद है, जिसकी समृद्ध ऐतिहासिक परंपरा पुरातन काल से जुड़ी है। यह जनपद मुख्यत: अपने शजर पत्थरों के लिए जाना जाता है, जिनका प्रयोग आभूषण निर्माण में तथा ऐतिहासिक खजुराहो व कालिंजर गुफाओं के निर्माण में हुआ है। भागन एवं यमुना नदी के किनारे बसे इस जनपद में रेत प्रचुर मात्रा में उपलब्ध है जो भवन निर्माण के लिए सर्वथा उपयुक्त है। बाँदा नगर के पश्चिम भाग में बहने वाली 'केन' नदी से शजर पत्थर प्राप्त होता है। शजर पत्थर को खोजने से लेकर इसे तराशने का कार्य अत्यधिक श्रमसाध्य है। इस पत्थर में प्राकृतिक रूप से मिलने वाली फूल-पत्तियों की छवि इसे अत्यंत आकर्षक बनाती है। इसके प्रयोग से उत्कृष्ट स्तर की कलाकृतियाँ बनाई जाती हैं।

शज़र पत्थर शिल्प

44. नगीना (बिजनौर): काष्ठ शिल्प : बिजनौर जनपद मुरादाबाद मंडल के उत्तर-पश्चिमी किनारे पर स्थित है। गंगा नदी की गहरी जलधारा जनपद की पश्चिमी सीमा निर्धारित करती है, जिसके पीछे अन्य नगर सहारनपुर, मुजफ्फरनगर तथा मेरठ स्थित हैं। गंगा नदी के साथ-साथ पश्चिम तक यह खादर क्षेत्र फैला है। बिजनौर जिले का 'नगीना' कस्बा विश्व में 'गहना' शब्द से प्रसिद्ध है। यह कस्बा वुड कार्विंग के लिए पूरे विश्व में **वुड क्राफ्ट सिटी** के नाम से प्रसिद्ध है। नगीना के हस्तशिल्पियों द्वारा पारंपरिक लकड़ी के उत्पाद बनाए जाते हैं। इन उत्पादों पर नक्काशी देखते ही बनती है। पीतल की छोटी-छोटी मूर्तियाँ, फूल-पत्तियाँ आदि जड़कर नक्काशी की जाती है।

काष्ठ शिल्प

चीनी मिट्टी के बरतन

45. खुर्जा (बुलंदशहर): चीनी मिट्टी के बरतन : बुलंदशहर उत्तर प्रदेश राज्य के बुलंदशहर जिले का नगरपालिका बोर्ड है एवं इस जिले का प्रशासनिक मुख्यालय भी है। यह शहर दिल्ली राष्ट्रीय राजधानी

क्षेत्र (एनसीआर) का हिस्सा है और इसके अंतर्गत लगभग 7,795 हेक्टेयर के वन क्षेत्र शामिल हैं। बुलंदशहर जनपद के खुर्जा में फिरोजशाह तुगलक के समय से परंपरागत रूप से चीनी मिट्टी के बरतनों के निर्माण का कार्य हो रहा है, सिरेमिक पॉट्स पर ब्लू आर्ट यहाँ की पॉटरी की विशेषता है। जनपद में पॉटरी उद्योग की लगभग 350 इकाइयाँ कार्यरत हैं।

46. **मऊ: वस्त्र उत्पाद :** मऊ उत्तर प्रदेश का एक जनपद है, जो आजमगढ़ मंडल का भाग है। मऊ नगर इसका जिला मुख्यालय है। यह घाघरा नदी (सरयू) के तट पर स्थित एक छोटा औद्योगिक नगर है। इसे विगत रूप से मऊ नाथ भंजन के नाम से जाना जाता था तथा यह वाराणसी से 90 किलोमीटर की दूरी पर स्थित है। वस्त्र उत्पादन में मऊ जनपद का उत्तर प्रदेश में विशेष स्थान है। इस जनपद में घर-घर में करघे लगे हुए हैं, जिनके माध्यम से साड़ी, लुंगी, सूट आदि का उत्पादन हो रहा है। यहाँ पर स्थानीय हस्तशिल्पियों द्वारा जरी यार्न से साड़ियों पर अत्यंत सुंदर कलाकृतियाँ उकेरी जाती हैं। साड़ी बुनाई के अतिरिक्त जरी कार्य एवं कशीदाकारी का कार्य भी मऊ में होता है।

वस्त्र उत्पाद

47. **मथुरा: स्वच्छता संबंधी उपकरण :** मथुरा उत्तर प्रदेश का एक जिला है, जो यमुना नदी के तट पर स्थित है। यह आगरा मंडल का भाग है तथा मथुरा नगर इसका जिला मुख्यालय है। मथुरा उत्तर-पूर्व में अलीगढ़, दक्षिण-पूर्व में हाथरस, दक्षिण में आगरा, पश्चिम में राजस्थान तथा उत्तर-पश्चिम में हरियाणा से घिरा हुआ है। मथुरा हिंदुओं का महत्त्वपूर्ण तीर्थ स्थल है तथा इसे भगवान श्रीकृष्ण का जन्मस्थल भी माना जाता है। सप्तमहापुरियों में मथुरा की गणना होती है। यहाँ पीतल की मूर्तियाँ श्रृंगार की वस्तुएँ, हाथ का कागज, पत्थर की वस्तुएँ और पेड़े बनाए जाते हैं, मथुरा जिला बाथरूम फिटिंग्स के लिए प्रसिद्ध है। यहाँ पर कोर मेकिंग विधि एवं सैंड डाई कास्टिंग विधि के द्वारा अत्यंत सुंदर बाथरूम फिटिंग्स का निर्माण किया जाता है।

स्वच्छता सम्बन्धी उपकरण

48. **महराजगंज: फर्नीचर :** महराजगंज उत्तर प्रदेश का एक जिला है जो गोरखपुर मंडल का एक भाग है। इस जिले को 2 अक्तूबर, 1989 को गोरखपुर जिले से विभाजित

कर एक अलग जिले के रूप में स्थापित किया गया। यह जिला प्रदेश के उत्तर-पूर्व कोने में स्थित है। इस जिले के उत्तर में नेपाल, पूर्व में कुशीनगर, दक्षिण में गोरखपुर तथा पश्चिम में सिद्धार्थनगर एवं 'संत कबीर नगर' स्थित हैं। महराजगंज जनपद के काफी बड़े भू-भाग पर वन क्षेत्र है, इस कारण जनपद में फर्नीचर उद्योग काफी विकसित है। महराजगंज के कुशल कारीगरों द्वारा यहाँ उपलब्ध कच्चे माल का प्रयोग कर बेड, सोफा, कुरसी, दरवाजे, डाइनिंग टेबल, ड्रेसिंग टेबल आदि बनाए जाते हैं, यह जिला उत्कृष्ट कोटि के फर्नीचर निर्माण के लिए प्रदेश में प्रसिद्ध है।

फर्नीचर

49. **महोबाः गौरा पत्थर शिल्प :** महोबा उत्तर प्रदेश का एक छोटा जिला है, जो चित्रकूट मंडल का भाग है। महोबा शहर इस जिले का मुख्यालय है। महोबा बुंदेलखंड क्षेत्र में स्थित है। यह जिला **खजुराहो,** लौंडा, कुलपहाड़, चरखारी, **कालिंजर,** ओरछा व झाँसी जैसे कई ऐतिहासिक स्थलों के समीप स्थित है। यह जिला 11 फरवरी, 1995 को हमीरपुर जिले से विभाजित होकर एक अलग जिले के रूप में स्थापित हुआ। महोबा जिला गौरा पत्थर शिल्प के लिए जाना जाता है। गौरा पत्थर प्राकृतिक रूप से मुलायम होता है। इसे टुकड़ों में काट-काटकर विभिन्न प्रकार के कलात्मक सामान तैयार किए जाते हैं।

गौरा पत्थर शिल्प

50. **मिर्जापुरः कालीन :** मिर्जापुर उत्तर प्रदेश के दक्षिणी जिले में से एक है जो मिर्जापुर मंडल का भाग है। मिर्जापुर नगर इसका जिला मुख्यालय है। यह जिला उत्तर में संत रविदास नगर व वाराणसी, पूर्व में चंदौली, दक्षिण में सोनभद्र तथा उत्तर-पूर्व में इलाहाबाद जिले से घिरा हुआ है। यह जिला विंध्याचल में स्थित विंध्यवासिनी मंदिर के लिए प्रसिद्ध है। जनपद मिर्जापुर का कालीन व दरी उद्योग देश में ही नहीं,

कालीन

अपितु पूरे विश्व में अपना विशिष्ट स्थान रखता है। यह जनपद अच्छे कालीनों, कंबलों तथा रेशमी कपड़ों के लिए प्रसिद्ध है। यहाँ ताँबे, काँसे तथा अन्य धातुओं के बरतन भी बनाए जाते हैं, हाथ से बनी कालीन अपनी कलात्मकता के लिए प्रसिद्ध है। यह कालीन प्राकृतिक ऊन से बनाई जाती है। तथा इसकी रँगाई पक्की होती है। बारीक डिजाइन केवल परंपरागत तरीके से हाथ से बनी कालीन में ही पाया जाता है।

51. **मुजफ्फरनगरः गुड़ :** मुजफ्फरनगर जनपद उत्तर प्रदेश के सहारनपुर मंडल का एक हिस्सा है। मुजफ्फरनगर शहर जिला मुख्यालय भी है। यह जिला राष्ट्रीय राजधानी क्षेत्र (एनसीआर) का हिस्सा है। जिला मुजफ्फरनगर उत्तर प्रदेश के उत्तरी भाग में स्थित है। मुजफ्फरनगर मेरठ के दक्षिण एवं सहारनपुर के उत्तर के बीच स्थित है। पश्चिमी छोर पर इस जिले को यमुना नदी हरियाणा के पानीपत एवं करनाल जिले की थाणेश्वर तहसील से अलग करती है एवं पूर्व दिशा में गंगा नदी बिजनौर तहसील एवं मुजफ्फरनगर को एक-दूसरे से अलग करती है। उत्तर प्रदेश का मुजफ्फरनगर जिला एक कृषि प्रधान जिला है जहाँ गन्ने का उत्पादन अत्यधिक होता है। मुजफ्फरनगर जिले में वर्षों से परंपरागत रूप से गुड़ का उत्पादन किया जाता है, यहाँ का बना गुड़ अन्य राज्यों, विशेषकर राजस्थान, गुजरात, हरियाणा आदि भेजा जाता है।

गुड़

52. **मुरादाबादः धातु शिल्प :** मुरादाबाद उत्तर प्रदेश का एक जनपद है, जो मुरादाबाद मंडल का भाग है। मुरादाबाद नगर इसका जिला मुख्यालय है। यह भारत की राजधानी नई दिल्ली से 167 किलोमीटर की दूरी पर रामगंगा नदी के किनारे स्थित है तथा कृषि वस्तुओं के व्यापार का केंद्र है। कलई किए गए पीतल के बरतनों के लिए भी यह नगर प्रसिद्ध है। मुरादाबाद **पीतल नगरी** के रूप में विख्यात है। मुरादाबाद में पीतल के उत्पादों पर मुगलक।लीन भित्तिचित्रों की नक्काशी के साथ-साथ हिंदू देवी-देवताओं का चित्रण भी कुशलतापूर्वक किया जाता है। जनपद के हस्तशिल्पी 'सैंड कास्टिंग' तकनीक का प्रयोग करके धातु उत्पादों की ढलाई करते

धातु शिल्प

हैं। यहाँ पीतल उद्योग की घरेलू इकाइयों के अतिरिक्त धातु उत्पादों का उत्पादन करने वाली निर्यातोन्मुखी इकाइयाँ भी स्थापित हैं।

53. **मेरठः खेल का सामान** : मेरठ जिला मेरठ मंडल का एक भाग है। मेरठ नगर इसका जिला मुख्यालय है। यह जिला उत्तर में मुजफ्फरनगर, दक्षिण में गाजियाबाद, बुलंदशहर व गौतम बुद्ध नगर, पूर्व में बिजनौर एवं ज्योतिबाफुले नगर तथा पश्चिम में बागपत जिले से घिरा हुआ है। मेरठ जिला खेलकूद सामग्री निर्माण में अग्रणी जिला है, यह जालंधर (पंजाब) के बाद खेलकूद सामग्री निर्माण में देश में दूसरा स्थान रखता है। यहाँ उत्पादित क्रिकेट गेंद, बैट सहित अन्य खेलकूद सामग्री देश के साथ-ही-साथ विदेशों में भी विख्यात है।

खेल का सामान

54. **मैनपुरीः तारकशी कला** : मैनपुरी उत्तर प्रदेश का एक जिला है, जो आगरा मंडल का एक भाग है। मैनपुरी नगर जिला मुख्यालय है। यह जिला उत्तर प्रदेश के पश्चिमी क्षेत्र में दक्षिण-पश्चिमी क्षेत्र की ओर स्थित है। यह उत्तर में एटा, पूर्व में फर्रुखाबाद व कन्नौज, दक्षिण में इटावा तथा पश्चिम में फिरोजाबाद जिले से घिरा हुआ है। मैनपुरी में शीशम की लकड़ी पर पीतल के तार से विशिष्ट कलात्मक कार्य किया जाता है। इस कला को 'तारकशी कला' के नाम से जाना जाता है। इस कला का प्रयोग ज्वैलरी बॉक्स, नाम पट्टिका एवं अन्य सजावटी सामानों पर होता है।

तारकशी कला

55. **रामपुरः पैचवर्क** : रामपुर जनपद की अर्थव्यवस्था का एक बड़ा भाग कृषि पर आधारित है। रामपुर में भूमि बहुत उपजाऊ है और इस कारण वहाँ औद्योगिक समूहों का प्रचलन कम है। रामपुर के मुख्य उद्योगों में गन्ना प्रसंस्करण इकाइयाँ, जरी, कढ़ाई कार्य, कपड़ा बुनाई, प्लाईवुड से संबंधित तथा कृषि संयंत्र बनाने वाले उद्योग हैं। यह भारतीय नगरों यथा-लखनऊ,

पैचवर्क

फर्रुखाबाद, चेन्नई एवं भोपाल में बहुत लोकप्रिय हैं। रामपुर का मुख्य हस्तशिल्प पैचवर्क का कार्य है यह कपड़ों पर किया जाता है। यहाँ के कारीगर पैचवर्क एवं जरीवर्क की कला में दक्ष हैं।

56. **रायबरेली: काष्ठ शिल्प :** रायबरेली जनपद का गठन सन् 1858 में अंग्रेजी सरकार ने किया था। मान्यता है कि इसकी स्थापना भर वंश ने की थी तथा ये भरौली अथवा बरौली के नाम से जाना जाता था जो कि कालांतर में बरेली हो गया। उपसर्ग राय के बारे में कहा जाता है कि ये राही का अपभ्रंश है, जो कि एक ग्राम है और यहाँ से 5 किमी दूर स्थित है। ये भी मान्यता है कि उपसर्ग राय, यहाँ पर बसी कायस्थ जातियों के समूह को लक्षित करता है, जो नगर पर काफी समय तक शासनरत रहे। रायबरेली जिले में लकड़ी के कार्य बहुतायत में किए जाते हैं। लकड़ी के कार्यों में दरवाजे, चौखट, पलंग, बेड, खिलौने आदि प्रमुख हैं, जिन्हें कलात्मक रूप से बनाया जाता है।

काष्ठ शिल्प

57. **लखनऊ: चिकनकारी एवं जरी-जरदोजी:** लखनऊ शहर, लखनऊ जनपद एवं लखनऊ मंडल का प्रशासनिक मुख्यालय है। वर्तमान में लखनऊ उत्तर प्रदेश की राजधानी है। लखनऊ हमेशा से ही बहुसांस्कृतिक शहर माना जाता रहा है। लखनऊ को अपने वास्तविक नाम के अतिरिक्त **नवाबों का शहर** भी कहा जाता है। इस जनपद को विश्व स्तर पर इसके चिकनकारी कार्य के लिए जाना जाता है। लखनऊ अपने **परंपरागत चिकनकारी एवं जरी-जरदोजी शिल्प के लिए विश्वप्रसिद्ध है।** चिकनकारी जहाँ सुई व विभिन्न प्रकार के धागों से कपड़ों पर की जाने वाली कढ़ाई है, वहीं जरी-जरदोजी कपड़ों पर सुनहरे व रुपहले तारों, सितारों तथा अन्य सामग्रियों से की जाने वाली कढ़ाई है। चिकनकारी एवं जरी जरदोजी को **जी.आई. (GI) टैग प्राप्त** हो चुका है तथा यह **लखनऊ एंब्राइडरी** के रूप में अपनी पहचान बनाए हुए है।

चिकनकारी

58. लखीमपुर खीरीः जनजातीय शिल्प : लखीमपुर खीरी उत्तर प्रदेश का एक जिला है। इस जिले की सीमाएँ नेपाल से जुड़ी हुई हैं। जिले का मुख्यालय लखीमपुर शहर में स्थापित है। लखीमपुर खीरी में देश का सबसे प्रख्यात **'दुधवा नेशनल पार्क'** स्थापित है, जो पर्यटन के दृष्टिकोण से उत्तर प्रदेश के लिए काफी महत्ता रखता है। यह उत्तर प्रदेश का एकमात्र नेशनल पार्क है। लखीमपुर खीरी जनपद में थारू जनजाति पाई जाती है। थारू जनजाति द्वारा परंपरागत तरीके से थारू क्राफ्ट, जिसमें बटुए, टोपी, चप्पल व सजावटी सामान का उत्पादन किया जाता है। थारू जनजाति द्वारा अपने उत्पादों को निकटस्थ दुधवा नेशनल पार्क तथा विभिन्न प्रदर्शनियों में प्रतिभाग कर बेचा जाता है।

जनजातीय शिल्प

59. ललितपुरः जरी सिल्क साड़ी : ललितपुर जिला उत्तर प्रदेश का एक प्रमुख जिला है। यहाँ का भौगोलिक क्षेत्र 5,039 वर्ग किमी. है। यह जिला उत्तर प्रदेश के झाँसी जिले से उत्तर-पूर्व दिशा में एक सँकरे कॉरिडोर से जुड़ा हुआ है। इसके पूर्व में टीकमगढ़, दक्षिण में सागर एवं पश्चिम में अशोकनगर एवं शिवपुरी जिले पड़ते हैं। क्षेत्र में निर्माण के दृष्टिकोण से खनिज की उपलब्धता पर्याप्त रूप से मौजूद है। ललितपुर जनपद की जरी सिल्क साड़ियाँ विश्वप्रसिद्ध हैं। यहाँ की जरी सिल्क साड़ियाँ अपनी खूबसूरत उकेरी गई बूटियों तथा डिजाइन के लिए जानी जाती हैं। जनपद में जरी सिल्क साड़ियों के 400 से अधिक बुनकर हैं।

जरी सिल्क साड़ी

रेशम उत्पादन

60. वाराणसीः रेशम उत्पादन : वाराणसी या बनारस, (काशी के रूप में भी जाना जाता है) दुनिया के सबसे पुराने आवासीय शहरों में से एक है। हिंदू पौराणिक कथाओं में वाराणसी का महत्त्व अद्वितीय है। वाराणसी (काशी) हिंदुओं के लिए कई सालों से परम तीर्थ स्थान रहा है। हिंदुओं का मानना है कि वाराणसी

की भूमि पर जिन लोगों की मृत्यु होती है, वे जन्म और पुनर्जन्म के चक्र से मुक्त हो जाते हैं। माना जाता है कि वाराणसी की गंगा में प्राणियों के पापों को धोने की शक्ति है। वाराणसी **रेशमी कपड़ों (विशेषकर बनारसी साड़ी) जरी के काम तथा काँसे के बरतनों के लिए प्रसिद्ध है।** यहाँ लकड़ी के खिलौने, हाथी दाँत के सामान, रेशम पर जरी का काम, लाख की चूड़ियाँ, जर्दा, तंबाकू तथा इत्र अधिक बनाए जाते हैं, वाराणसी की बनारसी सिल्क साड़ियाँ सदियों से भव्यता और कुलीनता का प्रतीक हैं। बनारसी साड़ी की देश में ही नहीं, अपितु विश्व में भी अत्यधिक माँग है।

61. **शामलीः रिम एवं धुरा :** मुजफ्फरनगर जिले से अलग स्थापित शामली जनपद चीनी/गुड़ के लिए राष्ट्रीय स्तर पर प्रसिद्ध है। शामली की भूमि काफी उपजाऊ है, जिसके चलते जिला काफी विकसित एवं समृद्ध माना जाता है। यह जनपद उत्तर प्रदेश के उत्तरी भाग में स्थित है। नवंबर से मार्च तक इस जिले की जलवायु की स्थिति पश्चिमी उत्तरी हवाओं के कारण साल के बाकी दिनों से काफी बेहतर रहती है। शामली रिम एवं धुरा निर्माण के लिए विश्वविख्यात है। जनपद में निर्मित रिम एवं एक्सेल की माँग देश में ही नहीं, अपितु विदेशों में भी है। यहाँ रिम एवं धुरा बनाने के लिए इकाइयों में परंपरागत तकनीक का प्रयोग किया जाता है।

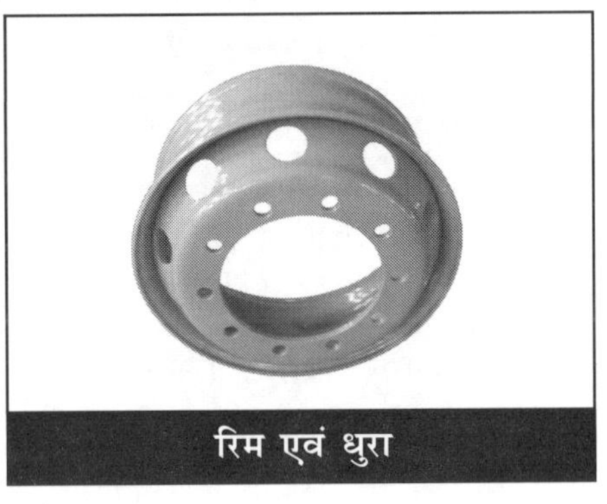
रिम एवं धुरा

62. **शाहजहाँपुरः जरी-जरदोजी :** जिला शाहजहाँपुर उत्तर प्रदेश राज्य के बरेली मंडल का एक हिस्सा है। इस शहर की स्थापना वर्ष 1647 में की गई थी एवं मुगल शासक शाहजहाँ के नाम पर इस जिले का नामकरण किया गया था। शासन अधिसूचना के अनुसार शाहजहाँपुर की स्थापना सन् 1813 में ब्रिटिश सरकार द्वारा की गई थी। पूर्व में यह बरेली जिले का ही एक हिस्सा था। शाहजहाँपुर शहर ही इसका जिला मुख्यालय भी है। शाहजहाँपुर में जरी-जरदोजी का कार्य प्रमुखता से वस्त्रों पर किया जाता है। शाहजहाँपुर में जरी-जरदोजी शिल्प के अंतर्गत ड्रेस मेटेरियल, सूट, साड़ी, लहँगा, हैंडबैग, पर्स, जूते, चप्पल, टोपी, गाउन आदि तैयार किए जाते हैं। यहाँ सूत की दरियाँ भी निर्मित होती हैं।

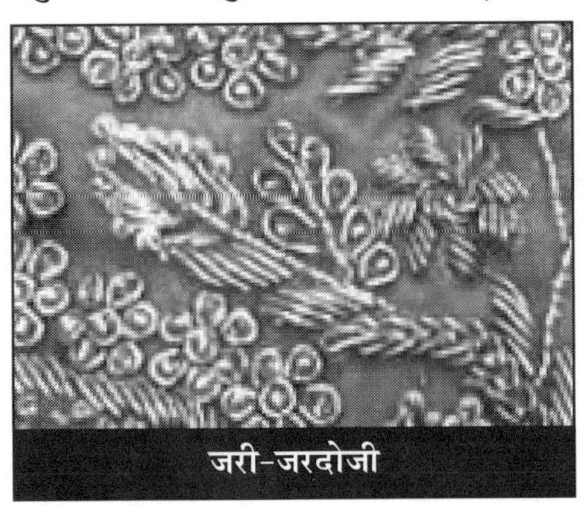
जरी-जरदोजी

63. **श्रावस्ती: जनजातीय शिल्प :** श्रावस्ती जिला गोंडा एवं बहराइच जिलों से बना एक नवनिर्मित जनपद है। श्रावस्ती का जिला मुख्यालय भिनगा नगर है। श्रावस्ती जिला देवीपाटन मंडल का हिस्सा है। इस जिले की सीमाएँ बलरामपुर, गोंडा एवं बहराइच जनपदों से जुड़ी हुई हैं। भिनगा राज्य की राजधानी लखनऊ से लगभग 175 किमी दूर स्थित है। उत्तर पूर्व भारत का यह जिला राप्ती नदी के समीप स्थित है। श्रावस्ती बौद्ध तीर्थयात्रियों एवं जैन तीर्थयात्रियों के लिए प्रमुख धार्मिक स्थल है। जनपद में थारू जनजाति द्वारा परंपरागत तरीके से थारू क्राफ्ट, जिनमें चादर, गिलाफ, मेजपोश, महिलाओं के सूट का उत्पादन किया जाता है। यहाँ पैचिंग के द्वारा कढ़ाई की जाती है।

जनजातीय शिल्प

64. **सहारनपुर: काष्ठ शिल्प :** वर्ष 1997 में सहारनपुर जिले को सहारनपुर डिवीजन का दर्जा प्राप्त हुआ। जिले में मौजूद प्रमुख खनिज चूना पत्थर (लाइमस्टोन) है। यहाँ की भौतिक स्थिति एवं जलवायु परिस्थिति सहारनपुर जिले की स्थलाकृति को बेहतर बनाने में खास भूमिका निभाती है, जिसके चलते इस जिले को देश में पर्यावरण के दृष्टिकोण से काफी महत्ता दी जाती है। सहारनपुर काष्ठ शिल्प के लिए विश्वप्रसिद्ध है। यहाँ पर हस्तशिल्पियों द्वारा लकड़ी पर सुंदर डिजाइन व नक्काशी की जाती है, जो देखते ही बनती है। कच्चे माल के रूप में मुख्यत: शीशम व आम की लकड़ी का प्रयोग किया जाता है। यहाँ के काष्ठ शिल्प उत्पादों की विदेशों में भी काफी माँग है।

काष्ठ शिल्प

सींग एवं अस्थि उत्पाद

65. **संभल: सींग एवं अस्थि उत्पाद :** संभल उत्तर प्रदेश राज्य का एक प्रमुख जिला है, जिसका जिला मुख्यालय भहजोई नगर है। 28 सितंबर, 2011 को उत्तर प्रदेश के तीन नए जिलों की घोषणा की गई, जिनमें से एक संभल भी था। पूर्व में इसका नाम भीमनगर था। उत्तर दिशा में यह जिला अमरोहा जनपद तथा दक्षिण

दिशा में गाजियाबाद, बुलंदशहर एवं गौतमबुद्ध नगर जिलों से जुड़ा हुआ है। संभल अपने सींग एवं अस्थि उत्पाद के लिए प्रसिद्ध है। इन उत्पादों हेतु कच्चा माल मृत पशुओं से प्राप्त होता है। जनपद के हस्तशिल्पियों द्वारा सींग व हड्डी के विभिन्न कलात्मक एवं सजावटी सामान निर्मित किए जाते हैं।

66. **सिद्धार्थनगरः खाद्य प्रसंस्करण (काला नमक चावल):** 29 दिसंबर, 1988 को सिद्धार्थनगर जिले की स्थापना हुई थी एवं इसका जिला मुख्यालय नौगढ़ है। इस जिले की सीमाएँ नेपाल से जुड़ी हुई हैं। नदी के तट से सिलिका रेत को खनिज के तौर पर इकट्ठा किया जाता है। इस जिले की भूमि का अधिकांश हिस्सा उपजाऊ है एवं यहाँ पर चावल, गेहूँ, सरसों एवं आलू की फसलों की खेती प्रमुख रूप से की जाती है। यहाँ पर प्रमुख रूप से काला नमक चावल प्रसिद्ध है। सिद्धार्थनगर जनपद में काला नमक चावल का उत्पादन किया जाता है। यह चावल खुशबूदार व मुलायम होता है। पकाते समय व पकने के बाद इसकी खुशबू चारों ओर फैल जाती है।

काला नमक चावल

67. **सीतापुरः दरी :** सीतापुर, जैसा कि इसके नाम से ही विदित है, राजा विक्रमादित्य ने इसे भगवान राम की पत्नी सीता के नाम पर बसाया था। यह स्थान प्राचीन, मध्य एवं आधुनिक इतिहास से संबंधित है। यह सूफियों एवं पैगंबरों की धरती है। इस पावन धरती पर ऋषि वेदव्यास द्वारा पुराणों की रचना की गई। हिंदू मतानुसार, पाँच धाम यात्रा तब तक पूर्ण नहीं मानी जाती, जब तक नीमसार अथवा नैमिषारण्य के दर्शन नहीं कर लिये जाते। नैमिषारण्य सीतापुर का एक प्राचीन धार्मिक स्थल है। सीतापुर सूती व ऊनी दरियों के लिए प्रसिद्ध है। यहाँ पर दरियाँ विभिन्न डिजाइनों में कलात्मक तरीके से बनाई जाती हैं। यहाँ निर्मित दरियों का निर्यात जापान, इटली, फ्रांस, ब्राजील, डेनमार्क आदि देशों में भी किया जाता है।

दरी

68. **सुल्तानपुरः मूँज उत्पाद :** सुल्तानपुर जनपद गोमती नदी के किनारे बसा है तथा यह फैजाबाद प्रशासनिक मंडल का एक भाग है। यह क्षेत्र शताब्दियों तक क्रमिक

उत्तर भारतीय राज्यों का भाग रहा है। इस जनपद का लिखित इतिहास ब्रिटिश काल से उपलब्ध है। यह जनपद हिंदू व बुद्ध संस्कृति का एक केंद्र रहा है। यहाँ के दर्शनीय स्थलों में विक्टोरिया मंजिल, क्राइस्ट चर्च व चमनलाल पार्क प्रमुख हैं। इस जनपद में अनेकों मंदिर व महल हैं। सुल्तानपुर में मूँज से विभिन्न प्रकार के गृह उपयोगी एवं सजावटी सामानों का निर्माण किया जाता है। मूँज से बने सामानों में टोकरी, मौनी (डलिया), डेलरी, मुढ्ढा, कैरी बैग, रस्सी, पेन स्टैंड, फुट मैट, कुरसी, मेज आदि प्रमुख हैं, मूँज निर्मित उत्पाद इको-फ्रेंडली होते हैं। मूँज के विभिन्न उत्पादों में रंगों का प्रयोग भी होने लगा है।

मूँज उत्पाद

69. **सोनभद्रः कालीन :** सोनभद्र विंध्याचल पर्वत श्रृंखला के दक्षिण पश्चिम में स्थित है। यह जनपद 4 मार्च, 1989 को जनपद मिर्जापुर के कुछ भागों को काटकर बनाया गया था। यह उत्तर प्रदेश का दूसरा सबसे बड़ा नगर है। सोनभद्र नगर खनिजों एवं वन संसाधनों से समृद्ध है, हालाँकि यहाँ के लोगों की आजीविका का मुख्य साधन कृषि ही है। यहाँ पर कृषि, वन व खनिज आधारित यथा चूना, पत्थर, ईंट, मोजेक टाइल्स, स्टोन क्रशिंग एवं संगमरमर पत्थरों से संबंधित संसाधनों के विकास की प्रबल संभावना है। यह अपने विशिष्ट उत्कृष्ट डिजाइनों वाले कालीन के उत्पादन के लिए भी प्रसिद्ध है। यहाँ की हाथ से बनी कालीन अपनी कलात्मकता के लिए प्रसिद्ध है। यह कालीन प्राकृतिक ऊन से बनाई जाते हैं तथा इनकी रँगाई पक्की होती है। बारीक डिजाइन केवल परंपरागत तरीके से हाथ से बने कालीन में ही पाया जाता है।

कालीन

पीतल के बरतन

70. **संत कबीर नगरः पीतल के बरतन :** संत कबीर नगर जिला उत्तर प्रदेश के बस्ती मंडल का एक हिस्सा है। यहाँ का जिला मुख्यालय खलीलाबाद शहर है। वर्ष 1997 में उत्तर प्रदेश के पूर्वी क्षेत्र में संत कबीर नगर जनपद की स्थापना की गई थी। इस जिले का नामकरण प्रख्यात संत कवि कबीर के नाम पर हुआ था, जो

जिले के **मगहर नगर** में निवास करते थे। संत कबीर नगर का 'बखीरा' ब्रासवेयर क्राफ्ट कला का जीवंत उदाहरण है। यहाँ उद्यमी व हस्तशिल्पी अपने कुशल हाथों से पीतल के विभिन्न प्रकार के कलात्मक बरतनों व सजावटी सामानों का निर्माण करते हैं। यहाँ के प्रमुख पीतल उत्पादों में लोटा, कटोरा, थाली, गिलास, पतीली, बटुली, जग, कलश, घंटी आदि प्रमुख हैं।

71. **भदोहीः कालीन :** भदोही जनपद का गठन 30 जून, 1994 को उत्तर प्रदेश के 65वें जनपद के रूप में वाराणसी जनपद के कुछ भागों को काटकर हुआ था। भदोही का पूर्व नाम संत रविदास नगर था। यह जनपद कालीन **'दरी' कला के** लिए दूर दूर तक विख्यात है। पूरे दक्षिण **एशिया में हाथ द्वारा निर्मित कालीन का यह एक मुख्य केंद्र है,** इसीलिए इस जनपद को **कालीन नगरी** के नाम से भी जाना जाता है। भदोही अपने विशिष्ट उत्कृष्ट डिजाइनों वाले कालीन के उत्पादन के लिए विश्वप्रसिद्ध है। यहाँ लगभग एक लाख करघों पर कालीन बुनाई का कार्य होता है तथा 500 से अधिक निर्यातक इकाइयाँ स्थापित हैं।

कालीन

72. **हमीरपुरः जूती :** हमीरपुर जनपद उत्तर प्रदेश राज्य के चित्रकूट धाम मंडल का एक भाग है। हमीरपुर जनपद मुख्यालय भी है जिसमें 4 तहसीलें हमीरपुर, मौदहा, राठ एवं सरिला हैं। इस जनपद में 7 विकास खंड गोहन्द, कुरारा, मौदहा, मुसकारा, राठ, सरिला एवं सुमेरपुर हैं। यह जनपद यमुना एवं बेतवा नदियों के संगम पर स्थित है। बेतवा नदी के किनारे पर पाई जानी वाली खुरदुरी रेत प्रदेश के अन्य भागों में निर्यात की जाती है। जनपद हमीरपुर के सुमेरपुर में काफी लंबे समय से चमड़े की जूती का विनिर्माण कार्य किया जा रहा है। यह कार्य यहाँ के कारीगरों द्वारा हाथ से किया जाता है। यहाँ की जूतियाँ अपनी कलात्मक डिजाइनों के लिए जानी जाती हैं।

जूती

73. **हरदोईः हथकरघा उत्पादः** जन सामान्य में प्रचलित अवधारणा के अनुसार हरदोई जनपद **हिरण्यकश्यप** से संबंधित है। इसका वर्तमान नाम अपने पूर्व नाम 'हरिद्रोही'

का अपभ्रंश है। बहुत पुरातन समय से यहाँ जरी और जरदोजी के शिल्पकारों का एक समूह कार्यरत है। बहुत से कारीगर इस कला से जुड़कर अच्छी आय प्राप्त कर रहे हैं व अपनी जीवनशैली को उन्नत कर रहे हैं। हरदोई जिले में हथकरघे से कपड़ा बुनाई का कार्य होता है। यहाँ के मल्लावां क्षेत्र में प्लेन कपड़ों की बुनाई बुनकरों द्वारा की जाती है। यहाँ के लगभग 5000 बुनकरों द्वारा लुंगी, गमछा, शर्टिंग का उत्पादन किया जाता है।

हथकरघा

74. **हाथरसः हींग प्रसंस्करण :** हाथरस उत्तर भारत के ब्रज परिक्षेत्र के अंतर्गत आता है एवं अपने औद्योगिक साहित्य एवं सांस्कृतिक कलाओं के लिए प्रख्यात है। पुराणों एवं ऐतिहासिक कथाओं के अनुसार यह जिला महाभारत के समय से स्थापित है। ब्रिटिश शासनकाल के दौरान हाथरस औद्योगिक केंद्र माना जाता था। यहाँ पर प्रमुख रूप से कपास, चाकू, हींग एवं देसी घी के उत्पादों के उद्योग स्थापित थे। **हींग उत्पादन में** हाथरस का विशिष्ट स्थान है। यहाँ पर हींग उत्पादन का कार्य काफी लंबे समय से बड़े पैमाने पर किया जा रहा है, यहाँ से कच्चा हींग विभिन्न देशों, यथा-अफगानिस्तान, तजाकिस्तान, उज्बेकिस्तान आदि देशों में निर्यात किया जाता है।

हींग

75. **हापुड़ः घरेलू सजावटी सामानः** हापुड़ जनपद उत्तर प्रदेश के राष्ट्रीय राजधानी क्षेत्र के जनपद के रूप में स्थापित है। इस जनपद के दिल्ली तथा गाजियाबाद के निकट बसे होने के कारण विकास की बहुत संभावनाएँ हैं। जनपद का स्तर प्राप्त करने के बाद यहाँ की अवस्थापना में सुधार हुआ है। हापुड़ स्टेनलेस स्टील के पाइप निर्मित करने, सिलाई मशीनों,

घरेलू सजावटी सामान

लकड़ी एवं कागज के उत्पादों के एक बड़े केंद्र के रूप में जाना जाता है। **हापुड़ जिले का पिलखुवा क्षेत्र 'पावरलूम नगरी' के नाम से विख्यात है।** यहाँ घरेलू सजावटी सामानों का बृहद् पैमाने पर उत्पादन होता है, जिनमें परदे, किचन, टॉवल, प्लेसमेंट, टेबल कवर, कुशन्स आदि विश्वविख्यात हैं। यहाँ ब्लॉक प्रिंटिंग के माध्यम से बेडशीट आदि का निर्माण भी किया जाता है।

''वोकल फॉर लोकल''

❑

उत्तर प्रदेश में बिजली, पानी व स्वच्छता अभियान हेतु समग्र प्रयास

किसी देश या प्रदेश के विकास का मूल्यांकन इस आधार पर होना चाहिए कि उस देश/प्रदेश की सरकार ने अपनी जनता तक मूलभूत सुविधाओं की पहुँच किस हद तक सुनिश्चित की है? रामराज्य की संकल्पना को व्यवहार में लाने की कोशिश करती केंद्र व उत्तर प्रदेश की सरकार ने बिजली, पानी व स्वच्छता जैसे आम जनता के सरोकार से जुड़े मुद्दों को अपने मैनिफेस्टो में स्थान देकर यह स्पष्ट करने का प्रयास किया है कि 'विकास' को आधार बनाकर राजनीति करने से न केवल देश की आर्थिक उन्नति होती है, बल्कि क्षेत्रवाद, संप्रदायवाद, जातिवाद, भाषावाद, नक्सलवाद व आतंकवाद जैसी बातों व ऐसी दूषित मानसिकता रखने वालों तथा ऐसे तत्त्वों का समर्थन करनेवाले लोगों की संख्या में कमी आती है, जिसके परिणामस्वरूप देश/प्रदेश में शांति, प्रसन्नता व राष्ट्रीय सौहार्द को बल मिलता है। संक्षेप में कहा जाए तो देश/प्रदेश के विकास का मार्ग, आम जनता की मूलभूत जरूरतों को पूरा करने और उन तक आम जनता की आसान पहुँच सुनिश्चित करने से होता है। इस बात को आधार बनाकर केंद्र सरकार संपूर्ण भारत में मूलभूत सुविधाओं की उपलब्धता बढ़ाने के संबंध में ऐसा मॉडल तैयार कर रही है, जो सतत व समावेशी विकास पर आधारित हो, जैसे-बिजली तक पहुँच सुनिश्चित कराने हेतु **पं. दीनदयाल उपाध्याय ग्राम ज्योति योजना** (वर्ष 2014), शुद्ध पेयजल की आपूर्ति सुनिश्चित कराने हेतु **जल-जीवन मिशन**

(वर्ष 2019) व महात्मा गाँधी के स्वच्छ भारत के सपने को साकार करने हेतु **स्वच्छ भारत अभियान** (वर्ष 2014) का प्रारंभ आदि। केंद्र सरकार के इस विकास मॉडल का अनुसरण उत्तर प्रदेश की योगी सरकार भी कर रही है, जिसके चर्चे प्रदेश के लोगों के बीच खासा लोकप्रिय हो रहे हैं। योगी सरकार, उत्तर प्रदेश को एक ऐसा प्रदेश बनाने की ओर अग्रसर है, जहाँ हर घर में बिजली, शुद्ध पेयजल की आपूर्ति व स्वच्छता जैसी सभी सुविधाएँ उपलब्ध हों ताकि योगी सरकार के शासन में आम जनता को कोई असुविधा न हो।

बिजली उपलब्धता को घर-घर पहुँचाती योगी सरकार

जब उत्तर प्रदेश में मार्च, 2017 में भारतीय जनता पार्टी की सरकार बनी तो उनके सामने सबसे बड़ी चुनौती यह थी कि गर्मी शुरू हो रही थी और लगभग हर शहर/कस्बे में बिजली कटौती होना आम बात थी। ग्रामीण क्षेत्रों में बिजली की स्थिति और अधिक खस्ताहाल में थी, अर्थात् बिजली आपूर्ति भगवान भरोसे थी। 18 घंटे बिजली आपूर्ति के दावे जो पूर्व सरकारें करती थीं, वह सिर्फ हवाई जुमले निकले, सच्चाई इससे बिल्कुल विपरीत थी। बिजली का हाल यह था कि अगर सुबह लाइट आती तो पूरी रात अँधेरे में काटनी पड़ती और यदि आधी रात के बाद बिजली आती भी तो सूर्य की लालिमा बिखरने से पहले ही चली जाती, मानो यह कह रहा हो कि सूरज के उजाले में बिजली का क्या काम? प्रदेश में व्याप्त बिजली संकट से एक ओर ग्रामीण क्षेत्रों में ट्यूबवेल को बिजली न मिलने से सिंचाई कार्य बाधित हो रहा था, तो वहीं दूसरी ओर शहरों में, औद्योगिक इकाइयों को बिजली के अभाव में चलाना असंभव था।

इन चुनौतीपूर्ण परिस्थितियों में योगी सरकार ने दो महत्त्वपूर्ण क्षेत्रों पर ध्यान केंद्रित किया। ***पहला,*** राज्य की विद्युत् उत्पादन क्षमता को बढ़ावा देना और बिजली चोरी को रोककर शहरों-गाँवों में निर्बाध विद्युत् आपूर्ति सुनिश्चित करना; ***दूसरा,*** बिजली विभाग में फैले भ्रष्टाचार को खत्म करना। योगी सरकार द्वारा बिजली उत्पादन व बिजली चोरी जैसी समस्याओं पर नकेल कसने के लिए निम्न प्रयास किए गए:-

- सभी शहरों में भूमिगत तार बिछाने का काम तेजी से किया जा रहा है, जिसका उद्देश्य 'कटिया प्रथा' को पूर्णतः समाप्त करना है।
- शहरों में जर्जर हो चुके बिजली के तारों को, जो कभी भी किसी अप्रिय घटना को दावत दे सकते थे, उन्हें मजबूत व टिकाऊ केबल तारों से बदला गया है।
- सरकार ने तारों को बदलने के साथ ही आवश्यकता अनुरूप बिजलीघर की स्थापना का कार्य किया है, ताकि निर्बाध बिजली का प्रवाह बना रहे।

- केंद्र सरकार की **पं. दीनदयाल उपाध्याय ग्राम ज्योति योजना** के तहत हर गाँव तक एक हजार दिनों में विद्युत् आपूर्ति सुनिश्चित करने का महत्त्वाकांक्षी लक्ष्य तय किया गया है।
- **सौभाग्य योजना** के तहत हर घर को बिजली से जोड़ने की योजना के क्रियान्वयन में उत्तर प्रदेश सरकार भी बढ़-चढ़कर हिस्सा ले रही है।
- राज्य में कुल विद्युत् उत्पादन बढ़ाना सरकार की प्राथमिकता में रहा है और योगी आदित्यनाथ की इस सरकार ने पिछली सरकार के मुकाबले अब तक 4000 मेगावाट अधिक बिजली का उत्पादन किया है और इस प्रकार प्रदेश की कुल विद्युत उत्पादन क्षमता करीब 27 हजार मेगावाट हो गई है।

- राज्य सरकार के प्रयासों से बिजली उत्पादन क्षमता में होने वाली वृद्धि से निजी और व्यावसायिक कनेक्शन देने में तेजी आई है।
- राज्य सरकार ने बिजली कनेक्शन में लेटलतीफी को दूर करने के लिए **झटपट पोर्टल** की शुरुआत की है, जिसमें घरेलू कनेक्शन व 20 किलोवाट तक के व्यावसायिक कनेक्शन दिए जाते हैं। योगी सरकार का यह पोर्टल कितना सफल हुआ, उसका अंदाजा इस बात से लगाया जा सकता है कि इस पोर्टल के द्वारा अब तक 12 लाख कनेक्शन दिए जा चुके हैं।
- योगी सरकार ने **निवेश मित्र पोर्टल** का प्रारंभ किया, जिसका उद्देश्य औद्योगिक व व्यावसायिक कनेक्शन की उपलब्धता में तेजी लाना था।
- सरकार ने **एकमुश्त समाधान योजना** के अंतर्गत उन घरेलू व नलकूप किसानों को राहत पहुँचाई जो किसी दुश्वारी के चलते बिजली बिल जमा नहीं कर पाए थे योगी सरकार की इस योजना का लाभ 36.10 लाख घरेलू व नलकूप किसानों ने उठाया।
- योगी सरकार ने **किसान आसान किस्त योजना** के माध्यम से 3 लाख किसानों को 24 किस्तों में बिल जमा करने की राहत दी।
- कृषि कार्यों के लिए दिए जा रहे **बिजली कनेक्शन को जीएसटी से मुक्त रखा, जिस पर पूर्व में 18% जीएसटी वसूली जाती थी।**
- कोरोना काल में उद्योग-धंधों पर लॉकडाउन की मार ने उद्यमियों पर बिजली बिल के बोझ को बढ़ा दिया था, अतः योगी सरकार ने नीतिगत फैसला लेते हुए कोविड-19

की पहली लहर के दौरान औद्योगिक व व्यावसायिक उपभोक्ताओं का एक महीने का तय शुल्क माफ कर दिया। साथ ही लॉकडाउन की अवधि में बिल न जमा कर पानेवाले 1 लाख 93 हजार व्यावसायिक व घरेलू उपभोक्ताओं का सरचार्ज भी माफ किया।

उक्त कार्यों के अतिरिक्त, योगी सरकार द्वारा बिजली की उपलब्धता बढ़ाने हेतु जो प्रयास किए गए हैं आज उसी का परिणाम है कि प्रदेश में विकास की क्रांति चहुँमुखी दिशा में हो रही है। योगी सरकार का विजन- **"ऊर्जा क्षेत्र में उत्तर प्रदेश राज्य को सशक्त बनाना था।"** उनके इस विजन की सफलता का अंदाजा इस बात से लगाया जा सकता है कि अब उत्तर प्रदेश के शहरों में औसतन 23 घंटे से अधिक व गाँवों में 17 घंटे से अधिक बिजली आपूर्ति क्षमता विकसित की जा चुकी है। योगी सरकार के ऊर्जा क्षेत्र में किए गए बुनियादी सुधारों का परिणाम है कि आज प्रदेश में गर्मियों के मौसम में शायद ही कोई शहर होगा, जहाँ से नियमित बिजली कटौती की खबर आती हो। योगी सरकार ने बिजली जैसे मूलभूत सुविधा वाले क्षेत्र में सुधार कर यह स्पष्ट कर दिया है कि अब प्रदेश ऊर्जा जैसी जरूरतों के लिए आम जनता को और अधिक इंतजार नहीं कराएगी।

प्रदेश सरकार के बिजली आपूर्ति, वितरण, उपलब्धता व क्षमता वृद्धि के आँकड़े : एक दृष्टि में

- जिला मुख्यालयों में 24 घंटे, तहसील मुख्यालयों में 22 घंटे और ग्रामीण क्षेत्रों में 18-20 घंटे बिजली आपूर्ति।
- सौभाग्य योजना के तहत 1.43 करोड़ घरों को निःशुल्क विद्युत कनेक्शन।
- उजाला योजना के अंतर्गत 2 करोड़ 60 लाख 81 हजार 668 LED बल्बों का वितरण, जिससे विद्युत माँग में सालाना 700 मेगावाट की कमी तथा 3385 मिलियन यूनिट बिजली 1355 करोड़ रुपए की बचत।

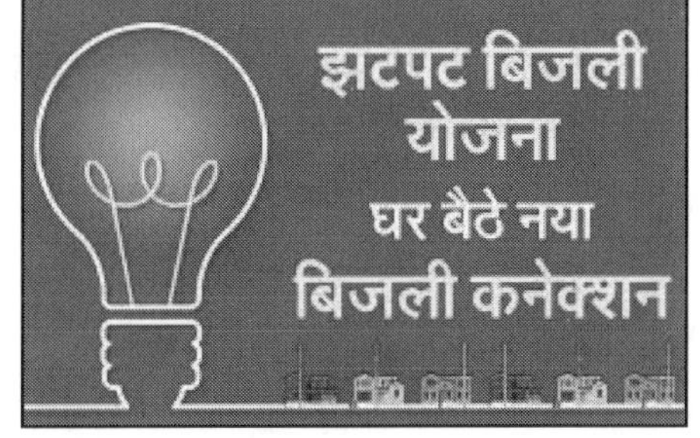

- किसानों और गरीबों को सस्ती बिजली देने के लिए 12,500 करोड़ रुपए की सालाना सब्सिडी दिए जाने का प्रावधान किया गया है तथा किसानों को अब 1.20 रुपए प्रति यूनिट मूल्य पर बिजली उपलब्धता सुनिश्चित की जा रही है।
- ग्रामीण एवं शहरी क्षेत्रों में ट्रांसफार्मर खराब होने पर क्रमशः 48 एवं 24 घंटे के अंदर मरम्मत/नए ट्रांसफार्मर की स्थापना का कार्य किया गया है।
- बुंदेलखंड के किसानों को बिजली बिल के फिक्स चार्ज में 50% से 75% तक की छूट दी गई है।

नई सौर ऊर्जा नीति की ओर कदम बढ़ाती योगी सरकार

ऊर्जा, विकास का इंजन है, चाहे वह परंपरागत ऊर्जा स्रोतों से प्राप्त हो या गैर-परंपरागत ऊर्जा स्रोतों से। बात बस इतनी है कि लगातार परंपरागत ऊर्जा स्रोतों का प्रयोग होने से उन पर दबाव बढ़ रहा है, साथ ही पर्यावरण संबंधी समस्याएँ भी बढ़ रही हैं। जिस प्रकार से दिन-प्रतिदिन ऊर्जा आवश्यकताएँ बढ़ रही हैं, उस अनुपात में परंपरागत ऊर्जा स्रोतों से आपूर्ति होना संभव नहीं है। अत: गैर-परंपरागत ऊर्जा स्रोतों की ओर प्रस्थान करना समझदारी है और इस समझदारी की ओर केंद्र की मोदी सरकार व उत्तर प्रदेश की योगी सरकार तेजी से बढ़ रही है। जहाँ एक ओर केंद्र सरकार इंटरनेशनल सोलर एलाइंस के माध्यम से सौर ऊर्जा के क्षेत्र में नए आयाम गढ़ रही है, तो वहीं दूसरी ओर उत्तर प्रदेश सरकार **नई सौर ऊर्जा नीति** का अनुसरण कर रही है, जिसके अंतर्गत निम्न कार्य किए जा रहे हैं:-

- प्रदेश सरकार ने 1535 मेगावाट सौर ऊर्जा उत्पादन हेतु 7500 करोड़ रुपए के प्रस्ताव स्वीकृत किए।
- प्रदेश में 420 मेगावाट क्षमता की 24 सौर परियोजनाएँ संचालित की गई हैं।
- सौर ऊर्जा इकाई की स्थापना पर स्टांप शुल्क में शत-प्रतिशत छूट देने की व्यवस्था की गई है।
- 235 मेगावाट क्षमता के सोलर रूफटॉप स्थापित किए गए हैं।
- **पं. दीनदयाल उपाध्याय सोलर स्ट्रीट लाइट योजना** के तहत ग्रामीण बाजारों में 25,569 सोलर स्ट्रीट लाइट लगाई गई।
- **मुख्यमंत्री समग्र ग्राम्य विकास योजना** में चयनित राजस्व ग्रामों में 13,791 सोलर में स्ट्रीट लाइट संयंत्रों की स्थापना की गई।
- 19,579 सोलर पंप सिंचाई की स्थापना की गई।
- जैव ऊर्जा उद्यम प्रोत्साहन नीति के अंतर्गत 2492 करोड़ रुपए का निजी निवेश आमंत्रित किया गया।
- 720 करोड़ रुपए की लागत से 180 मेगावाट क्षमता की सौर ऊर्जा उत्पाद इकाइयाँ स्थापित।
- बुंदेलखंड में 4 हजार मेगावाट क्षमता की सौर परियोजनाएँ संचालित की जा रही हैं।
- वाणिज्य भवनों में ऊर्जा बचत हेतु **ऊर्जा संरक्षण भवन संहिता-2018** लागू की गई।
- गरीब, ग्रामीण परिवारों के घरों में 1 लाख 80 हजार सोलर पावर पैक संयंत्र स्थापित किए गए।
- प्राथमिक विद्यालयों में अब तक 3400 **सोलर आर.ओ. वॉटर संयंत्र** की स्थापना की गई।
- ग्रामीण क्षेत्रों में मार्ग प्रकाश व्यवस्था हेत 24,777 सोलर स्ट्रीट लाइट लगाई गईं।

प्रदेश की आम जनता को 'हर घर नल का जल' उपलब्ध कराने में तत्पर योगी सरकार

स्वच्छ पेयजल की आपूर्ति आम जनता का बुनियादी हक है। बावजूद इसके उत्तर प्रदेश के बुंदेलखंड क्षेत्र का हाल-बेहाल है। यह क्षेत्र अपनी भौगोलिक स्थिति के कारण पर्याप्त वर्षा न प्राप्त कर पाने का दंश तो झेल ही रहा है, साथ ही प्रदेश की पूर्ववर्ती सरकारों की अनदेखी के कारण गरीबी, सूखे व जलसंकट से अभिशप्त माना जाता है। बुंदेलखंड क्षेत्र का हाल यह है कि पीने का पानी लाने के लिए वहाँ की महिलाओं को कई किलोमीटर पैदल चलकर जाना पड़ता है। कई गाँवों में तो पानी की अपर्याप्तता के चलते कोई अपनी बेटी भी यहाँ ब्याहना नहीं चाहता। हर साल खेत सूखते हैं, फसलें बरबाद होती हैं, किसान ऋण के मकड़जाल में स्वयं को और अधिक फँसा पाते है। बुंदेलखंड क्षेत्र से पलायन होने का बहुत बड़ा कारण पेयजल की आपूर्ति का न होना है।

बुंदेलखंड की रूखी-सूखी व बिना रंग वाली इस तस्वीर पर सुनहरे रंग भरने के लिए योगी सरकार तत्परता से कार्य कर रही है। इस क्रम में **हर घर नल योजना,** बुंदेलखंड वासियों के लिए सौगात बनकर आई है। इस योजना का श्रेय मा. प्रधानमंत्री जी को जाता है, क्योंकि उन्होंने अपने लोकसभा चुनाव के लिए प्रचार अभियान के दौरान यह वादा किया था कि जल संबंधी मुद्दों से निपटने के लिए **एकीकृत मंत्रालय** का गठन करेंगे। इस वादे को पूरा करते हुए केंद्र सरकार ने 'जल संसाधन और पेयजल एवं स्वच्छता मंत्रालयों' को मिलाकर **जल शक्ति मंत्रालय** बनाया। इस मंत्रालय ने प्रधानमंत्री जी के विजन **हर घर नल** और **हर घर जल** पहुँचाने हेतु **जल जीवन मिशन** प्रारंभ किया, जिसके तहत वर्ष 2024 तक सभी ग्रामीण घरों में नल से पेयजल उपलब्ध कराने का लक्ष्य रखा गया है। इस लक्ष्य पूर्ति में राज्य सरकारें, जल शक्ति मंत्रालय के साथ मिलकर कार्य करेंगी। उत्तर प्रदेश सरकार, केंद्र की मोदी सरकार के विजन को पूरा करने व प्रदेश को पेयजल आपूर्ति सुनिश्चित कराने के लिए कटिबद्ध है। अतः प्रदेश के मुख्यमंत्री योगी आदित्यनाथ जी ने झाँसी के ग्राम मुराहा से **हर घर नल का जल** योजना का शुभारंभ करते हुए कहा कि-**"यह योजना वीर भूमि बुंदेलखंड**

में विकास व खुशहाली का नया सूर्योदय है।" इस क्रम में बुंदेलखंड में 2,185 करोड़ रुपए की 12 पेयजल परियोजनाओं के निर्माण का शुभारंभ किया गया, जो बुंदेलखंड की बदलती तस्वीर का परिचायक है।

योगी सरकार की प्रदेश में साफ-सफाई क्रांति

प्रधानमंत्री जी ने लाल किले से (वर्ष 2014) देशवासियों को स्वतंत्रता दिवस की बधाई दी तो एक शपथ स्वयं भी ली और देशवासियों को भी दिलाई- **स्वच्छ भारत, स्वस्थ भारत।** कथनी व करनी के मध्य कोई अंतर न रह जाए इसलिए स्वच्छता के इस जन-अभियान की अगुवाई प्रधानमंत्री जी ने स्वयं झाड़ू लगाकर की। प्रधानमंत्री ने ऐसा करके 'स्वच्छ भारत अभियान' को पूरे राष्ट्र में जन-आंदोलन का रूप दिया। ऐसे में उत्तर प्रदेश सरकार कहाँ पीछे रहने वाली थी, योगी सरकार ने भी उत्तर प्रदेश को गंदगी मुक्त प्रदेश बनाने हेतु **स्वच्छ उत्तर प्रदेश, स्वस्थ उत्तर प्रदेश** नामक अभियान प्रारंभ किया, जिसका उद्देश्य प्रशासन और जनभागीदारी के सामूहिक प्रयासों से उत्तर प्रदेश को गंदगी और बीमारियों से मुक्त कराना है। इस अभियान के तहत उत्तर प्रदेश सरकार प्रदेश को स्वच्छ, सुंदर व हरित प्रदेश बनाने हेतु निम्नलिखित कार्यों को अपने अंजाम तक पहुँचा रही है-

- योगी सरकार ने उत्तर प्रदेश में गंगा किनारे के 1627 गाँवों को खुले में शौचमुक्त किया।
- वर्तमान में प्रदेश के 75 जिले खुले में शौचमुक्त घोषित किए जा चुके हैं।

- प्रदेश सरकार ने न केवल व्यक्तिगत घरेलू शौचालयों का निर्माण कराया, अपितु सामुदायिक शौचालयों के निर्माण कार्य पर जोर दिया।
- प्रदेश सरकार ने महिलाओं की सड़क माध्यम से यात्रा सुलभ कराने हेतु हाई-वे व एक्सप्रेस-वे में एक नियमित दूरी के बाद रेस्ट एरिया बनवाया, जहाँ महिलाएँ लंबी यात्रा के दौरान होने वाली परेशानियों से निपट सकें।
- योगी सरकार ने नगरीय क्षेत्र में महिलाओं की सुरक्षा व स्वास्थ्य को ध्यान में रखते हुए **4500 पिंक टॉयलेट** निर्मित करवाए।
- वर्तमान में, सरकार डोर-टू-डोर कूड़ा कलेक्शन के कार्य में तेजी लाकर, आम जनता को स्वच्छता के प्रति जागरूक कर रही है और इस प्रकार नगर-निकायों के

12,007 वार्डों में से 11,913 वार्डों को इस सुविधा में जोड़ा है, ताकि सड़कों पर कचरे के ढेर न लगें और न ही बेजुबान पशुओं को इस कचरे को खाना पड़े।

कुंभ में स्वच्छता का बना रिकॉर्ड

इलाहाबाद कुंभ में शौचालय व्यवस्था

कुंभ, मात्र मेला, लोक पर्व, आस्था व पौराणिक कथाओं का अक्स नहीं, अपितु यह एक ऐसा आयोजन है, जो भारत के महान खगोलिक ज्ञान को वैज्ञानिकता प्रदान करता है। यूनेस्को द्वारा वैश्विक सांस्कृतिक धरोहर के रूप में घोषित कुंभ पर्व को उत्तर प्रदेश के मुख्यमंत्री योगी आदित्यनाथ ने उसके पौराणिक और वैज्ञानिक आधारों के अनुरूप भव्य एवं दिव्य बनाने में कोई कसर नहीं छोड़ी। वर्ष 2019 के प्रयाग कुंभ को उन्होंने अपनी अद्‌भुत दूरदृष्टि और प्रबंध कौशल से इतनी कुशलता से प्रबंधित किया कि पूरे विश्व ने दाँतों तले उँगली दबा ली। इस महाकुंभ में अब तक के सर्वाधिक लगभग 24 करोड़ श्रद्धालुओं ने स्नान किया, फिर भी कोई अफरा-तफरी नहीं, कोई परेशानी नहीं, कोई अप्रिय घटना नहीं घटी। इन सब उपलब्धियों की जितनी प्रशंसा की जाए वह कम है, परंतु कुंभ को पवित्र, मंगलकारी व स्वच्छ बनाने में योगी सरकार व कुंभ आयोजन कमेटी ने जो मॉडल अपनाया है, वह दर्शाता है कि कार्य की संस्कृति कैसी होनी चाहिए? प्रदेश की योगी सरकार ने कुंभ मेले में स्वच्छता पर विशेष ध्यान दिया। शुरुआत नगर से की गई। नालों को या तो बंद कर दिया गया या फिर उनका शोधित जल ही गंगा-यमुना में छोड़ा गया। **नमामि गंगे योजना** के तहत सीवरेज ट्रीटमेंट प्लांट तथा उससे संबंधित पंपिंग स्टेशन का निर्माण किया गया। नालों के गंदे पानी को नई तकनीक से शोधित किया गया। इससे गंगा और यमुना में होने वाले जल प्रदूषण पर काफी हद तक स्थिति नियंत्रित हुई। 'नमामि गंगे' की इस योजना पर 1,671 करोड़ रुपए खर्च किए गए। 'नमामि गंगे' परियोजना के अंतर्गत 177 किलोमीटर सीवर पाइप लाइन बिछाई गई। नगर के जिन इलाकों में अभी तक सीवर लाइन नहीं पहुँची थी, उन गलियों में सीवर लाइन को पहुँचाया गया। गंगा तट को साफ रखने के लिए अभियान चलाकर कार्य को पूरा किया गया। मेले में स्वच्छता बनी रहे, इसके लिए पहली बार

20 हजार डस्टबिन लगाए गए। कुंभ मेले में 1 लाख, 22 हजार शौचालय बनाए गए तथा सफाई कर्मियों की पूरी फौज मेला क्षेत्र में तैनात की गई ताकि कुंभ की पवित्रता पर कोई आँच न आने पाए। धन्य हैं ऐसे कर्मयोगी जिन्होंने कुंभ आयोजन-2019 में **स्वच्छता की संस्कृति** की **स्थापना कर यूनेस्को को बता दिया** कि-''**कुंभ मेले को वैश्विक सांस्कृतिक धरोहर घोषित कर उनसे कोई त्रुटि नहीं हुई।**''

❑

अध्याय 14

खाद्य प्रसंस्करण के क्षेत्र में सशक्त होता उत्तर प्रदेश

''पृथिव्यां त्रीणि रत्नानि जलमन्नं सुभाषितम्''

(अर्थात् पृथ्वी पर तीन ही रत्न हैं-जल, अन्न और सुन्दर वचन)

अन्नदाता किसानों की आय दोगुना करने का लक्ष्य, सरकार की किसानों के प्रति संवेदनशीलता को दर्शाता है, परंतु इस बात पर भी ध्यान आकर्षित करता है कि सर्वाधिक रोजगार सृजन करने वाले क्षेत्र व देश की कुल श्रमशक्ति का करीब आधा (आर्थिक समीक्षा 2021-22) कृषि पर निर्भर होने के बावजूद भी, यह क्षेत्र उद्योग व सेवा क्षेत्र के मुकाबले जीवीए में अपना सीमित योगदान ही कर पाता है, ऐसा क्यों? साथ ही जीवीए में कृषि का सीमित योगदान एक और समस्या की ओर इशारा करता है, और वह है-किसानों को उनके उत्पादों की कम कीमत मिलना, जिसे बढ़ाए जाने की जरूरत है और यह संभव होगा कृषि विपणन और मूल्यवर्धन के मामलों में और ज्यादा प्रयासों की बदौलत।

भले ही कृषि क्षेत्र का जीवीए में योगदान सेवा व उद्योग क्षेत्र से कम है, लेकिन एक सत्य यह भी है कि कोरोना महामारी के काल में जब सभी क्षेत्र नकारात्मक वृद्धि दर दिखा रहे थे, तब कृषि ही एक ऐसा क्षेत्र था, जो लगातार विकास कर रहा था। सांख्यिकी मंत्रालय के आँकड़े इस बात को प्रमाणित करते हैं–

वित्तीय वर्ष	कृषि, वानिकी व मत्स्य पालन क्षेत्र में वृद्धि दर (आधार वर्ष 2011-12 के अनुसार)
2019-20	4.3%
2020-21	3.6%
2021-22	3.9%

उक्त आँकड़े यह स्पष्ट करते हैं कि यह क्षेत्र असंख्य संभावनाओं व क्षमता से भरा क्षेत्र है, बस आवश्यकता इस बात की है कि–इस क्षेत्र को विकास के नए नजरिए से देखा जाए।

बढ़ती प्रौद्योगिकी, बाजारवाद व उपभोक्तावाद के इस दौर से कोई अछूता नहीं। यही कारण है कि कृषि क्षेत्र भी धीरे-धीरे ही सही, अपना स्वरूप बदल रहा है। वर्तमान में युवाओं के मध्य एग्रोप्रन्योरिज्म, कृषि स्टार्टअप व खाद्य प्रसंस्करण उद्योगों के प्रति सकारात्मक दृष्टिकोण आया है। इसी का परिणाम है कि जब कोरोना महामारी के दौर में देशव्यापी लॉकडाउन लगाया गया था, उस समय कई युवा कृषि स्टार्टअप्स ने ऑनलाइन ऑर्डर पर घर-घर ताजे फल, सब्जियाँ व अन्य कृषि उत्पादों को पहुँचाने के कार्य को अपना प्रोफेशन बनाया जिससे एक ओर किसानों के उत्पादों की बिक्री व माँग बढ़ी तो वहीं दूसरी ओर उपभोक्ताओं को सोशल डिस्टेंसिंग के नियमों का उल्लंघन किए बिना खाद्य आपूर्ति श्रृंखला का लाभ मिलता रहा। गाँव से शहरों तक कृषि उत्पादों की यह पहुँच देश में कृषि स्टार्टअप्स के विकास में क्रांति ला रही है। कृषि स्टार्टअप्स की सफलता दो बातों पर निर्भर करती है-***पहला***, कृषकों को उत्पादन हेतु प्रेरित करना व ***दूसरा***, कृषि उत्पादों को अपव्यय होने से बचाना। इन दोनों समस्याओं का एक ही हल है- **खाद्य प्रसंस्करण उद्योग**। इस उद्योग में इतनी क्षमता व संभावनाएँ हैं, जिसके चलते यह उद्योग देश को कृषि उत्पादों के तैयार माल अर्थात् कृषि मैन्युफैक्चरिंग उत्पाद के क्षेत्र में अग्रणी बनाकर न केवल घरेलू अपितु वैश्विक पटल पर प्रसंस्कृत कृषि उत्पादों की आपूर्ति के सबसे बड़े केंद्र के रूप में स्थापित कर सकता है। इस क्षेत्र में नए कीर्तिमान गढ़ने के लिए, देश के चौथे सबसे बड़े क्षेत्रफल वाले सूबे उत्तर प्रदेश को खाद्य प्रसंस्करण उद्योग में खासी दिलचस्पी लेनी होगी। उत्तर प्रदेश राज्य में खाद्य प्रसंस्करण उद्योग की अपार संभावनाएँ हैं क्योंकि यह राज्य भौगोलिक रूप से बहुत समृद्ध है। उदाहरणस्वरूप नदियों द्वारा लाई गई उपजाऊ मिट्टी से निर्मित विशाल मैदान, पर्याप्त मानसून की उपलब्धता व सभी ऋतुओं की मौजूदगी आदि। उक्त भौगोलिक समृद्धि के चलते उत्तर प्रदेश गेहूँ, आलू, हरी मटर, आम,

आँवला व गन्ने के उत्पादन में देश का अग्रणी राज्य है। गन्ने के उत्पादन के चलते प्रदेश एथेनॉल उत्पादन में भी अग्रणी राज्य बन गया है। इस प्रकार प्रदेश में कृषि उत्पादों के मूल्यवर्धन में खाद्य प्रसंस्करण उद्योग की खासी भूमिका है। एक ओर जहाँ यह किसानों के लिए ज्यादा कमाई के रास्ते खोलता है, वहीं दूसरी ओर विनिर्माण की गति तेज करने और रोजगार के नए मौके पैदा करने में भी अहम भूमिका निभाता है। इसी क्रम में प्रदेश सरकार ने कृषि क्षेत्र में नए अवसर तलाशने और प्रदेश के सकल घरेलू उत्पाद में कृषि क्षेत्र का योगदान बढ़ाने हेतु 'खाद्य प्रसंस्करण उद्योगों' के विकास, उसकी क्षमता में वृद्धि तथा वर्तमान ही नहीं, भविष्य में आने वाली चुनौतियों पर रणनीति बनाकर कार्य करना प्रारंभ कर दिया है।

उत्तर प्रदेश खाद्य प्रसंस्करण उद्योग नीति-2017

उत्तर प्रदेश के किसान सामान्यत: पारंपरिक खेती करते हैं, जिसके चलते उनकी आय सीमित व अल्प रहती है। इसे देखते हुए प्रदेश सरकार ने बागवानी, सब्जियों एवं मसालों की खेती पर ध्यान देना शुरू किया। इसी क्रम में खाद्य प्रसंस्करण उद्योग के नियोजित विकास हेतु प्रदेश सरकार ने **उत्तर प्रदेश खाद्य प्रसंस्करण उद्योग नीति, 2017** लागू की। जिसमें बागवानी के विकास हेतु पूँजीगत अनुदान, गुणवत्ता एवं प्रमाणीकरण, बाजार विकास, अनुसंधान एवं विकास पर जोर दिया गया। इसके अतिरिक्त निर्यात प्रोत्साहन को ध्यान में रखकर प्रदेश में नए उद्योगों की स्थापना हेतु अनेक रियायतें एवं छूट प्रदान की गई हैं। खाद्य प्रसंस्करण इकाई की स्थापना के लिए प्रदेश सरकार ने ऑनलाइन वेब पोर्टल लॉन्च किया है, जिसमें आवेदक ऑनलाइन आवेदन कर सकते हैं। वेब पोर्टल में आए सभी आवेदनों पर राज्य स्तरीय इंपावर्ड कमेटी विचार-विमर्श कर स्वीकृति प्रदान करती है। यह व्यवस्था प्रदेश में पारदर्शिता व गुड गवर्नेंस का अच्छा उदाहरण प्रस्तुत कर रही है। खाद्य प्रसंस्करण उद्योग नीति 2017 में प्रदेश सरकार 375 बड़ी इकाइयों की स्थापना करेगी, साथ ही सही उद्यम लगाने के लिए किसानों और उद्यमियों के प्रशिक्षण की व्यवस्था करेगी, ताकि आगामी 5 वर्षों में 2 लाख उद्यमियों व किसानों को प्रशिक्षण देकर रोजगार सृजन में तीव्रता लाई जा सके।

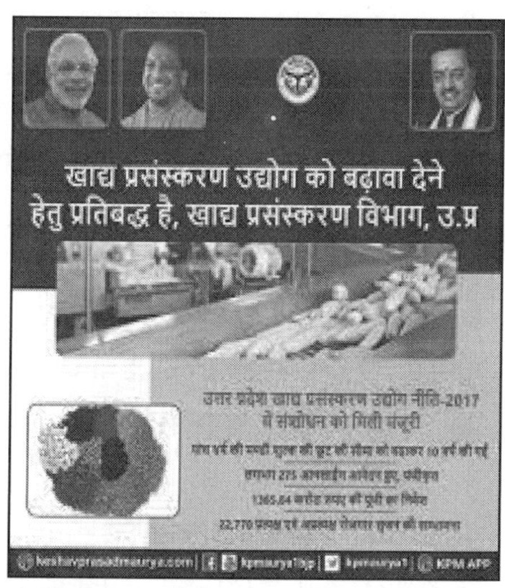

प्रदेश सरकार द्वारा खाद्य प्रसंस्करण क्षेत्र में चतुर्दिक विकास हेतु खाद्य प्रसंस्करण उद्यमिता विकास प्रशिक्षण, ढाबा, फास्ट फूड रेस्टोरेंट प्रशिक्षण, गुणवत्ता नियंत्रण, हाईजीन प्रशिक्षण, खाद्य प्रसंस्करण प्रशिक्षण, विधायन आदि विषयों से संबंधित योजनाएँ लागू की जा रही हैं। इन योजनाओं का परिणाम है कि प्रदेश में खाद्य प्रसंस्करण के क्षेत्र में निवेश बढ़ा है साथ ही लोगों को प्रत्यक्ष व अप्रत्यक्ष रूप से रोजगार प्राप्त हो रहा है।

खाद्य प्रसंस्करण उद्योग की राह में बढ़ता उत्तर प्रदेश

प्रदेश में खाद्य प्रसंस्करण उद्योगों के वर्गीकरण का आधार निम्नवत् है:-

(i) **रेडी टू कुकः** उदाहरण-पैक्ड सूप, ओट्स, डिब्बा बंद मीट।

(ii) **रेडी टू ईटः** उदाहरण-फलों के जूस, अचार, जैम।

(iii) **प्रसंस्कृत फल व सब्जियाँः उदाहरण** - ग्रीन वैली मटर।

उक्त आधार कृषि उत्पादों के मूल्य-वर्धन व उनके जीवन काल में आश्चर्यचकित रूप से परिवर्तन कर देते हैं, इसी जादूगरी का नाम 'खाद्य प्रसंस्करण' है, जो उद्योग के रूप में अपार संभावनाएँ लिए हुए है। यह उद्योग कृषकों की आय में वृद्धि करने, कृषि उत्पादों को अपव्यय होने से बचाने तथा खाद्य आपूर्ति श्रृंखला को बढ़ाकर, खाद्य मुद्रास्फीति को नियंत्रित करने में सहायक है। खाद्य प्रसंस्करण उद्योग का मुख्य उद्देश्य प्रौद्योगिकी के प्रयोग को कृषि क्षेत्र से जोड़ना है। इसके लिए प्रदेश सरकार ने **खाद्य प्रसंस्करण प्रौद्योगिकी संस्थान, लखनऊ** की स्थापना की है, जो इस उद्योग को तकनीकी रूप से कुशल कर्मचारियों की उपलब्धता कराने में सहायक होगा। खाद्य प्रसंस्करण उद्योग की सफलता इस बात पर निर्भर करती है कि इन उद्योगों के लिए प्रशिक्षित व तकनीक कुशल कर्मचारियों की उपलब्धता निर्बाध बनी रहे, इसलिए प्रदेश सरकार ने राज्य के 18 में से 10 मंडलों में **राजकीय खाद्य विज्ञान प्रशिक्षण केंद्रों** के माध्यम से शिक्षित बेरोजगारों को खाद्य विज्ञान संबंधी प्रशिक्षण दिए जाने की व्यवस्था की है। प्रदेश सरकार ने इस क्षेत्र को और अधिक सफल बनाने के लिए राज्य के 75 जिलों में वहाँ के घरेलू क्षेत्र में उपलब्ध फलों को, जो खाद्य प्रसंस्करण उद्योगों के लिए बाजार आधारित वस्तुओं की उपलब्धता बढ़ाने में सहायक हो सकते हैं, के लिए **फल संरक्षण एवं प्रशिक्षण केंद्रों** की स्थापना की है। प्रदेश सरकार द्वारा चलाया जा रहा **खाद्य प्रसंस्करण उद्यमिता विकास प्रशिक्षण कार्यक्रम** प्रदेश के बेरोजगार युवक-युवतियों को खाद्य प्रसंस्करण

का प्रशिक्षण देकर उन्हें उद्योग स्थापित करने के लिए प्रेरित करता है। प्रदेश सरकार ने **प्रधानमंत्री फार्मलाइजेशन ऑफ फूड प्रोसेसिंग** के तहत छोटे उद्योगों को आर्थिक सहायता पहुँचाने का कार्य किया है, अर्थात् खाद्य उद्योग में अपना काम शुरू करने के लिए यह योजना आर्थिक सहायता देगी।

प्रदेश फल उत्पादन विशेषकर आम, अमरूद व आँवले के उत्पादन में नित नए रिकॉर्ड बनाता है, अतः प्रदेश सरकार ने प्रदेश की फल उत्पादन क्षमता को फूड प्रोसेसिंग उद्योग में परिवर्तित कर, फल उत्पादकों की आय में वृद्धि करने का मसौदा तैयार किया है, जिसके अंतर्गत राज्य सरकार **फल पट्टी** विकसित करने का कार्य कर रही है। **आम फल पट्टी** जनपद सहारनपुर, मेरठ, बागपत, बुलंदशहर, अमरोहा, प्रतापगढ़, वाराणसी के 31 विकासखंडों को आच्छादित करती है। **अमरूद फल पट्टी** जनपद कौशांबी एवं बदायूँ के 6 विकासखंडों को शामिल करती है तथा **आँवला फल पट्टी** जनपद प्रतापगढ़ के 2 विकासखंडों को शामिल करती है। इन फल पट्टियों का विकास, प्रदेश में फल प्रसंस्कृत उद्योगों को बढ़ावा देने में सहायक होगा।

फूड प्रोसेसिंग उद्योग का हब बनता उत्तर प्रदेश

योगी सरकार की पहल के चलते अब प्रदेश में खाद्य प्रसंस्करण के कार्यों के लिए निवेश बढ़ा है, जिसमें मुख्य रूप से देश ही नहीं विदेशी निवेशक भी निवेश कर रहे हैं। सरकार से मिली जानकारी के अनुसार, प्रदेश में बीते चार वर्षों में 9105.58 करोड़ रुपए की लागत वाली 139 फूड प्रोसेसिंग यूनिट राज्य में स्थापित करने के प्रस्ताव आए हैं, जिनमें से 101 फूड प्रोसेसिंग फैक्ट्रियों में उत्पादन कार्य प्रारंभ हो गया है तथा शेष 33 यूनिट की स्थापना पर तेजी से कार्य चल रहा है। सरकार का दावा है कि 101 फूड प्रोसेसिंग यूनिट की स्थापना पर 4074.02 करोड़ रुपए की लागत आई है। इन फूड प्रोसेसिंग फैक्ट्रियों ने प्रदेश के युवाओं को रोजगार के नए अवसर दिए हैं।

प्रदेश में फूड प्रोसेसिंग यूनिट की स्थिति

- एसएलएमजी बेवरेजेस प्राइवेट लिमिटेड द्वारा लखनऊ में 300 करोड़ रुपए की लागत से फूड प्रोसेसिंग यूनिट की स्थापना।
- बीएल एग्रो द्वारा बरेली में 160 करोड़ रुपए की लागत से स्थापित फूड प्रोसेसिंग यूनिट की स्थापना।
- ऑर्गेनिक इंडिया प्राइवेट लिमिटेड द्वारा बाराबंकी में 55 करोड़ की लागत से स्थापित फूड प्रोसेसिंग यूनिट।

फूड प्रोसेसिंग का उद्घाटन

- पतंजलि आयुर्वेद लिमिटेड द्वारा गौतमबुद्ध नगर में 2,118 करोड़ रुपए का निवेश, पेप्सिको द्वारा मथुरा में 514 करोड़ रुपए का निवेश, हल्दीराम स्नैक्स प्राइवेट लिमिटेड द्वारा गौतमबुद्ध नगर में 490 करोड़ रुपए का निवेश फूड प्रोसेसिंग यूनिट में किया जा रहा है।

प्रदेश द्वारा फूड प्रोसेसिंग यूनिट हेतु आधारभूत संरचना के विकास में तेजी

उत्तर प्रदेश सरकार, प्रदेश को खाद्य प्रसंस्करण उद्योग का हब बनाने हेतु इस उद्योग के लिए आवश्यक आधारभूत संरचना के विकास हेतु निम्न कार्य कर रही है–

- उत्तर प्रदेश में शीतगृहों के निर्माण पर जोर।
- पैक हाउस और प्याज भंडारगृहों का निर्माण।
- आटा चक्की की स्थापना।
- अलीगढ़, बरेली, बुलंदशहर, कानपुर देहात, जौनपुर व मथुरा में दूध से बने उत्पादों की गुणवत्ता तथा पैकेजिंग पर जोर।
- औरैया और कासगंज में घी उत्पादन हेतु यूनिट स्थापना पर जोर।
- कुशीनगर में केले के चिप्स, बस्ती, गोरखपुर और सिद्धार्थनगर में काला नमक चावल व पश्चिमी और मध्य उत्तर प्रदेश में मक्के की खेती के विकास ने प्रदेश सरकार को इन जनपदों में खाद्य प्रसंस्करण इकाइयों की स्थापना में तेजी लाने के लिए प्रेरित किया है।

❑

उत्तर प्रदेश : रक्षा क्षेत्र में बढ़ते कदम

अधर्म पर धर्म की विजय को स्थापित करनेवाले श्रीराम व श्रीकृष्ण की जन्मभूमि रही। उत्तर प्रदेश, अब देश के विकास में एक नई भूमिका निभाने को तैयार है। भारत कई दशकों से रक्षा उपकरणों एवं हथियारों के लिए रूस, अमेरिका, फ्रांस जैसे देशों पर निर्भर रहा है, जो भारत की संप्रभुता व सामरिकता पर आघात है। वर्ष 2020-2021 के आँकड़ों के अनुसार वैश्विक हथियार आयात में भारत का हिस्सा 17.2 प्रतिशत है और यह दुनिया के शीर्ष हथियार खरीदने वाले देशों में आता है। इसके बाद सऊदी अरब, मिस्र, ऑस्ट्रेलिया और चीन हैं। विदेशी कंपनियों पर निर्भरता घटाने और रक्षा क्षेत्र में आत्मनिर्भर बनाने के उद्देश्य से केंद्र सरकार ने वित्तीय वर्ष 2018-19 में देश में दो डिफेंस इंडस्ट्रियल कॉरिडोर बनाए जाने की घोषणा की थी। जिनमें से एक तमिलनाडु और दूसरा उत्तर प्रदेश में प्रस्तावित था, जिसके अंतर्गत यह लक्ष्य रखा गया है कि वर्ष 2025 तक भारत 1.75 लाख करोड़ रुपए की रक्षा सामग्री का उत्पादन कर लेगा। इस डिफेंस कॉरिडोर के निर्माण से भारत अपनी जरूरत के 90% रक्षा उपकरण अपनी ही धरती पर उत्पादन करने की क्षमता प्राप्त कर लेगा साथ ही वर्ष 2024 तक भारत अपने रक्षा निर्यात के 5 अरब डॉलर के सुखद लक्ष्य तक पहुँच जाएगा।

प्रधानमंत्री नरेंद्र मोदी द्वारा दी गई 'रक्षा औद्योगिक गलियारे' की संकल्पना से भारत सामरिक स्वतंत्रता के स्वर्णिम युग में प्रवेश कर गया है, अर्थात् जो भारत कभी रक्षा उपकरणों का आयात करता था, अब वही भारत रक्षा उपकरणों के निर्यात की राह पर

आगे बढ़ रहा है। भारत की इस उन्नति में उत्तर प्रदेश राज्य की भूमिका महत्त्वपूर्ण होगी। उत्तर प्रदेश **'औद्योगिक गलियारे'** के तहत प्रदेश के 6 जिलों यथा-आगरा, अलीगढ़, कानपुर, लखनऊ, चित्रकूट व झाँसी को चुना गया है।

उत्तर प्रदेश रक्षा औद्योगिक गलियाराः एक दृष्टि में

रक्षा औद्योगिक गलियारा, सरकार का एक महत्त्वाकांक्षी प्रोजेक्ट है, जिसके महत्त्वपूर्ण बिंदु निम्नवत् हैं:-

- **रक्षा औद्योगिक गलियारे का अर्थः** रक्षा गलियारा एक 'तय क्षेत्र' होता है, जिसमें कई शहर शामिल होते हैं। इन शहरों में सेना के काम आने वाले सामान के निर्माण के लिए उद्योग विकसित किए जाते हैं। कई कंपनियाँ इस परियोजना में निवेश के माध्यम से जुड़ती हैं। कॉरिडोर के निर्माण व संचालन के लिए **पब्लिक सेक्टर**, **प्राइवेट सेक्टर** व **एमएसएमई कंपनियाँ** मिलकर कार्य करती हैं। इस कॉरिडोर में वे सभी औद्योगिक संस्थान भी शामिल होते हैं, जो सेना के सामानों के निर्माण से संबंधित होते हैं। कॉरिडोर बनने के बाद यहाँ पर हथियारों से लेकर वरदी तक का निर्माण किया जाता है।
- **रक्षा औद्योगिक गलियारे में निवेशः** फरवरी 2020 में लखनऊ में आयोजित 'डिफेंस एक्सपो' के दौरान रक्षा उत्पादन से जुड़ी 68 देशी और विदेशी कंपनियों ने रक्षा गलियारे में निवेश के लिए 50 हजार करोड़ रुपए के एमओयू किए थे।
- **रक्षा औद्योगिक गलियारे में भूमि अधिग्रहणः** सरकार के अनुसार उत्तर प्रदेश रक्षा गलियारे के लिए अभी तक कुल 1,654 हेक्टेयर जमीन की पहचान की गई है। इसके तहत 1086 हेक्टेयर जमीन झाँसी के लिए प्रस्तावित है। इसके बाद चित्रकूट के लिए 102 हेक्टेयर, अलीगढ़ के लिए 78 हेक्टेयर, कानपुर के लिए 175 हेक्टेयर और लखनऊ के लिए 67 हेक्टेयर जमीन प्रस्तावित है। इसमें से 1403 हेक्टेयर जमीन या तो खरीद ली गई है, या कंपनी को हस्तांतरित कर दी गई है।
- **रक्षा औद्योगिक गलियारा में देश-विदेश की कंपनियों का रुझान व भू-आवंटन की प्रगतिः** देश-विदेश की रक्षा क्षेत्र से जुड़ी कंपनियाँ, इस महत्त्वाकांक्षी परियोजना में निवेश हेतु उत्सुक हैं, जिसका परिणाम है कि अलीगढ़ नोड में फैक्टरी लगाने के लिए 29 कंपनियों ने अपने प्रस्ताव सरकार को सौंपे हैं और इसके लिए जमीन उपलब्ध कराने का आग्रह किया। इसी प्रकार लखनऊ में 11, झाँसी में 6 और कानपुर में 8 निवेशकों ने फैक्टरी लगाने के लिए जमीन उपलब्ध कराने का आग्रह किया है। 'उ.प्र. एक्सप्रेस-वे इंडस्ट्रियल डेवलपमेंट अथॉरिटी' (यूपीडा) ने विभिन्न कंपनियों

से मिले प्रस्तावों को आगे बढ़ाते हुए अलीगढ़ नोड में 19 अंतरराष्ट्रीय कंपनियों को 55.4 हेक्टेयर भूमि आवंटित की। इसी प्रकार कानपुर क्षेत्र में दो कंपनियों को 4 एकड़ तथा झाँसी में एक कंपनी को 15 एकड़ भूमि आवंटित की है।

उत्तर प्रदेश रक्षा औद्योगिक गलियारे में निवेश करने वाली प्रमुख कंपनियाँ और उनके द्वारा किए जा रहे निवेश की एक सूची निम्नवत् है:–

निवेशकर्ता कंपनियों के नाम	निवेश की राशि (करोड़ रुपए में)	भू–आवंटन
एंकर रिसर्च लैब एलएलपी	550	10 हेक्टेयर भूमि
सिंडिकेट इनोवेशन इंटरनेशनल	150	10 हेक्टेयर भूमि
जय साई अनु ओवरसीज	100	4.5 हेक्टेयर भूमि
मिल्कर डिफेंस प्रा.लि.	98.25	4.0 हेक्टेयर भूमि
टैक्ट्रिक्स ऑप्टो डायनामिक	40	2.0 हेक्टेयर भूमि

उक्त के अलावा नित्य क्रिएशन इंडिया, पीबीएम इंसोलेशन प्रा.लि., दीप एक्सप्लो इक्विपमेंट प्रा.लि., वेरीविन डिफेंस प्रा.लि., एडवांस फायर एंड सेफ्टी, क्रिमसन एनर्जी एक्सपोर्ट, पी–2 लॉजीटेक तथा कोबरा इंडस्ट्रीज को भी फैक्टरी लगाने के लिए जमीन उपलब्ध करा दी गई है।

उत्तर प्रदेश डिफेंस कॉरिडोर में निर्मित रक्षा सामग्रियाँ

- ब्रह्मोस एयरोस्पेस, उत्तर प्रदेश रक्षा गलियारे में ब्रह्मोस मिसाइल बनाने जा रही है, जिसकी आगामी 3 वर्षों में 100 से अधिक ब्रह्मोस मिसाइल बनाने की योजना है।
- हिंदुस्तान एयरोनॉटिक्स लिमिटेड (HAL) ने 19 सीटर यात्री विमान निर्मित किया है, जिसका नाम 'डोर्नियर–228' है। इस विमान को एयरफोर्स और कोस्टगार्ड के लिए इस्तेमाल किया जाता था, परंतु अब HAL ने इसे सिविल उड़ान के लिए तैयार किया है, जिसे उत्तर प्रदेश सरकार खरीदेगी। इसकी अधिकतम रफ्तार 333 किलोमीटर प्रति घंटा है।

- 'K-9 वज्र' नामक तोप का निर्माण एल एंड टी नामक कंपनी ने दक्षिण कोरिया की हथियार निर्माता कंपनी 'हानवा' के सहयोग से किया है। इस तोप की मारक क्षमता 28 से 38 किमी. तक है।

- डिफेंस कॉरिडोर में निर्मित रक्षा उत्पादों में गोला-बारूद, तोप व बंदूक जैसे उपकरणों का निर्माण होगा। इन उपकरणों के बनने के बाद यहाँ उनके परीक्षण हेतु अलग से फील्ड फायरिंग रेंज स्थापित किए जाने का प्रावधान है।

रक्षा औद्योगिक गलियारे की प्रगतिः यह औद्योगिक गलियारा भारत की रक्षा उपकरणों के आयात पर निर्भरता को कम करने के साथ-साथ प्रदेश में निवेश, रोजगार, औद्योगीकरण, प्रौद्योगिकी का प्रयोग व प्रति व्यक्ति आय जैसे आधारभूत मुद्दों को सुलझाने में भी सहायक होगा। इसलिए इस रक्षा औद्योगिक गलियारे को उत्तर प्रदेश राज्य की प्रगति का नया सूचक माना जा रहा है, जिसकी प्रगति के चर्चे निम्न प्रकार से हैं:–

- 14 सितंबर, 2021 को इस गलियारे के अलीगढ़ नोड का उद्घाटन प्रधानमंत्री नरेंद्र मोदी जी के करकमलों से हुआ।
- 13 नवंबर, 2021 को इस रक्षा गलियारे की पहली निजी रक्षा निर्माण इकाई का उद्घाटन केंद्रीय रक्षा मंत्री राजनाथ सिंह ने लखनऊ नोड में किया।
- लखनऊ नोड की इस इकाई में विमान के इंजन, हेलिकॉप्टर इंजन, विमानों के लिए संरचनात्मक भागों, ड्रोन और यूएवी, पनडुब्बियाँ, अल्ट्रा-लाइट आर्टिलरी गन, स्पेस, लॉन्च वाहन आदि का निर्माण किया जाएगा।
- डिफेंस कॉरिडोर में फैक्ट्री लगानेवाले निवेशक को मात्र बिजली का कनेक्शन लेना होगा। उसके अतिरिक्त ट्रांसफार्मर आदि का खर्च सरकार की तरफ से वहन किया जाएगा।
- 'उत्तर प्रदेश डिफेंस कॉरिडोर' की सबसे खास बात यह है कि इस गलियारे का सबसे बड़ा हिस्सा बुंदेलखंड के झाँसी में स्थापित होगा अर्थात् कॉरिडोर के 60% हिस्से की स्थापना झाँसी में होगी जिसके चलते बुंदेलखंड, जो उत्तर प्रदेश राज्य का सबसे पिछड़ा क्षेत्र है, वह विकास, रोजगार, समृद्धि की दिशा में अग्रसर होगा।

उत्तर प्रदेश रक्षा औद्योगिक गलियारे की सफलता प्रदेश को न केवल औद्योगिक विकास की दृष्टि से भारत का सबसे संपन्न राज्य बना देगी, अपितु विदेशों में भी उत्तर प्रदेश राज्य की कीर्ति में वृद्धि होगी। उत्तर प्रदेश भारत जैसे विशाल देश की रक्षा उपकरणों के आयात पर निर्भरता को समाप्त कर वैश्विक संबंधों का सूत्रधार बनेगा।

"बलस्य मूलं विज्ञानम्"

(अर्थात् शक्ति का आधार विज्ञान ही है)।

❑

अध्याय 16

उत्तर प्रदेश की गतिमान अर्थव्यवस्था (1 ट्रिलियन लक्ष्य प्राप्ति के विषयगत क्षेत्र)

युग, योगी और युगपुरुषों की भूमि रहा उत्तर प्रदेश भारत की लघु अभिव्यक्ति है। यहाँ एक ओर सांस्कृतिक धरोहरों के आधुनिकीकरण का कार्य प्रगति पर है तो दूसरी ओर बाजारवाद व उपभोक्तावाद को भी विस्तार दिया जा रहा है। यह प्रदेश संभावनाओं, ऊर्जा व नवाचारी तकनीकों से गतिमान है जिसके कारण प्रदेश के मुख्यमंत्री योगी आदित्यनाथ जी ने आगामी पाँच वर्षों (2027) में उत्तर प्रदेश की अर्थव्यवस्था को 1 ट्रिलियन डॉलर बनाने का लक्ष्य निर्धारित किया है।

उत्तर प्रदेश में 1 ट्रिलियन डॉलर का लक्ष्य

लक्ष्य प्राप्ति के आधार

1 ट्रिलियन डॉलर के लक्ष्य को प्राप्त करने हेतु तीन निम्नलिखित आधार अपनाये जा सकते हैं -

1. वर्तमान व भविष्य की आवश्यकताओं को केंद्र में रखते हुए विश्वस्तरीय अवसंरचना निर्माण में निवेश।
2. कृषि व संबद्ध क्षेत्रों को नवाचारी तकनीक से जोड़ना।
3. एमएसएमई व क्षेत्रीय उत्पादों के संवर्धन व विपणन में पर्याप्त सहयोग।

उक्त के अतिरिक्त प्रदेश में डिजिटल इंफ्रास्ट्रक्चर, फिनटेक व स्टार्ट-अप पर विशेष जोर दिए जाने की आवश्यकता है।

विश्वस्तरीय आधारभूत संरचना

उत्तर प्रदेश में एक्सप्रेस-वे का फैलता जाल

उत्तर प्रदेश राज्य जनसंख्या व क्षेत्रफल दोनों ही दृष्टि में देश का अग्रणी राज्य है अतः यहाँ विश्वस्तरीय अवसरंचना का विकास करना अपरिहार्य है। वर्तमान में जिस प्रकार प्रदेश में एक्सप्रेस-वे, डिफेंस कॉरिडोर, ग्रीन फील्ड एयरपोर्ट निर्माण, मेट्रो ट्रेन, पॉड टैक्सी, लाइट मेट्रो जैसी अत्याधुनिक परिवहन सुविधाओं पर भारी-भरकम निवेश किया जा रहा है वह उद्योगों की लॉजिस्टिक कॉस्ट कम करने व मुनाफा बढ़ाने में सहायक होगा जिसके चलते प्रदेश में निवेश, रोजगार सृजन, उत्पादन, प्रति व्यक्ति आय व जीवन स्तर में सकारात्मक परिवर्तन देखने को मिलेगा। यह स्थिति प्रदेश की जीडीपी बढ़ाने के साथ-साथ गरीबी, बेरोजगारी, आय असमानता व लैंगिक असमानता जैसी सामाजिक बुराइयों से प्रदेश को मुक्त कराने में सहायक होगी।

कृषि व संबद्ध क्षेत्रों को नवाचारी तकनीक से जोड़ना

प्रदेश की भौगोलिक स्थिति कृषि अनुकूल है इसलिए उत्तर प्रदेश गेहूँ, गन्ना, आलू, कुल खाद्यान्न, आम, आँवला व अमरूद के उत्पादन में देश का प्रथम राज्य है। परंतु आज भी प्रदेश में कृषि व किसान तकनीकी रूप से पिछड़े हुए हैं। कृषि क्षेत्र के प्रत्येक इनपुट जैसे-मृदा, बीज, उर्वरक, सिंचाई, कीटनाशक दवाएँ व कृषि उपकरणों में तकनीक के प्रयोग को प्राथमिकता देने की आवश्यकता है उदाहरणस्वरूप-मृदा की गुणवत्ता जाँचने हेतु मृदा हेल्थ कार्ड, बीजों का जीन मॉडिफिकेशन कर उन्हें जलवायु हितैषी व उत्पादन एवं उत्पादकता में वृद्धि करने योग्य बनाना, उर्वरक के क्षेत्र में नीम कोटेड यूरिया व जैविक खाद्य के प्रयोग को बढ़ावा देने हेतु किसानों को जागरूक कर इन उत्पादों तक किसानों की आसान पहुँच सुनिश्चित करना, सिंचाई की नवीन विधियों जैसे ड्रिप व स्प्रिंकलर विधियों के प्रयोग को बढ़ावा देने के साथ-साथ विलुप्त होती सिंचाई की परंपरागत शैलियों जिनमें वर्षा के जल को अपव्यय होने से रोका जाता है, को वृहद स्तर पर प्रयोग में लाना, कृषि उपकरणों के निर्माण से संबंधित कंपनियों को वित्तीय सहायता, कर छूट व उदार ब्याज दरों पर ऋण की उपलब्धता की

उत्तर प्रदेश में कृषि आधारित उद्योग

सुविधा देकर नवीन कृषि उपकरणों के निर्माण व आरएंडडी को प्रोत्साहित करना ताकि किसानों तक आधुनिक कृषि उपकरणों को उपलब्ध कराने में आसानी हो सके। साथ ही कृषि उपकरणों की खरीद पर किसानों को सब्सिडी की सुविधा दिए जाने की व्यवस्था को सरल व पेपरलेस बनाने की आवश्यकता है। उक्त के अतिरिक्त किसानों को हाइड्रोपोनिक तकनीक, जीरो बजट नैचुरल फार्मिंग, क्रॉप रोटेशन, वर्टिकल फार्मिंग, कॉन्ट्रैक्ट फार्मिंग, जैविक कृषि, समेकित कृषि, सहकारी कृषि जैसी नवाचारी कृषि पद्धतियों को अपनाने पर विशेष रणनीति बनाकर कार्य करने की आवश्कता है ताकि किसान परंपरागत कृषि व्यवस्था में आधुनिकता व नवाचार को शामिल कर कृषि को लाभ का सौदा बना सकें।

कृषि के साथ पशुपालन, बागवानी, मत्स्य पालन, हॉर्टी कल्चर, सेरी कल्चर, पिसी कल्चर जैसी पूरक विधियों को अपनाकर प्रदेश में व्याप्त प्रच्छन्न बेरोजगारी व मौसमी बेरोजगारी जैसी कृषि आधारित मूलभूत समस्याओं का शमन करने में आसानी होगी। कृषि उत्पादन क्षमता में वृद्धि के बाद सरकार को द्वितीय चरण की तैयारी पर कार्य करना होगा जैसे–भंडारण, विपणन, मंडी तक आसान पहुँच, परिवहन, अनाज की खरीद व कृषि निर्यात प्रक्रिया को विविधतापूर्ण बनाना आदि।

इस संदर्भ में किसान रेल, कोल्ड स्टोरेज व वेयर हाउस निर्माण में निजी निवेश को आकर्षित करना, ई–नाम योजना के माध्यम से मंडियों का डिजिटलीकरण करना, डीबीटी से किसानों को जोड़ना, आदि महत्त्वपूर्ण कदम हैं जिनके चलते बिचौलिया मुक्त मंडी व्यवस्था तथा कृषि उत्पादों को अपव्यय होने से रोका जा सकता है जो किसानों को समृद्ध व प्रदेश को उन्नत करने में सहायक होगा।

एमएसएमई व क्षेत्रीय उत्पादों के संवर्धन व विपणन में पर्याप्त सहयोग

किसी क्षेत्र के विकास की कुंजी वहाँ की मानव पूँजी की कार्यदक्षता व क्षमता पर निर्भर करती है। बात यदि उत्तर प्रदेश की मानव पूँजी की, की जाए तो प्रदेश की क्षमता उसके हस्तशिल्प, लोक कलाओं व एमएसएमई में बसती है। ये क्षेत्र जमीन से जुड़ा क्षेत्र है जिसमें वृहद उत्पादन क्षमता, रोजगार सृजन क्षमता तथा निर्यात सृजन क्षमता मौजूद है। यही कारण है कि प्रदेश में ओडीओपी योजना, उत्पादों हेतु जीआई (GI) टैग व्यवस्था तथा एमएसएमई की वित्तीय समस्याओं को क्रेडिट गारंटी स्कीम के माध्यम से दूर करना जैसे प्रयास सराहनीय हैं। उक्त प्रयास प्रदेश के उत्पादों को न केवल राष्ट्रीय व अंतरराष्ट्रीय पहचान देंगे बल्कि हुनरबाजों को अपनी कला से जोड़े रखने हेतु प्रेरित करेंगे। जब कला, आजीविका का साधन बन जाए तो कलाकार भी अंतरमन से प्रसन्न रहता है। प्रदेश में उद्यमिता बढ़ाने, उन्हें सर्वश्रेष्ठ मार्गदर्शन देने व रियल टाइम सॉल्यूशन देने में **उद्यमिता पोर्टल** का सराहनीय योगदान रहा है। इसी क्रम में चैंपियंस पोर्टल भी प्रदेश की उद्यमिता क्षमता को प्रोत्साहित कर रहा है।

प्रदेश के युवाओं को एग्रोप्रन्योर बनने, स्टार्ट-अप्स को एंजिल इनवेस्टर्स से जोड़ने तथा फिनटेक सॉल्यूशन विकसित करने के क्षेत्र में पीपीपी मॉडल पर कार्य किया जाना प्रदेश को एक विशेष अनुभव से जोड़ेगा। यह प्रदेश में स्वरोजगार व कौशल विकास के क्षेत्र में एक क्रांतिकारी कदम होगा। वर्तमान व भविष्य की समस्याओं के समाधान के रूप में एआई तकनीक, रोबोटिक्स, क्लाउड कंप्यूटिंग जैसे अपार संभावना वाले क्षेत्रों में उत्तर प्रदेश की सरकार को युवाओं की क्षमता को बढ़ाने पर ध्यान केंद्रित करना चाहिए। यह क्षेत्र प्रदेश को मानव पूँजी संपन्न क्षेत्र में परिवर्तित कर 1 ट्रिलियन डॉलर के लक्ष्य को पूरा करेगा और भारत के 5 ट्रिलियन डॉलर के लक्ष्य को साधने में अहम भूमिका निभाएगा।

उत्तर प्रदेश में एमएसएमई

आधारभूत संरचना 1 ट्रिलियन डॉलर की लक्ष्य प्राप्ति में सहायक

किसी देश/प्रदेश की आधारभूत संरचना में परिवहन प्रणाली, ऊर्जा सुरक्षा, शिक्षा, स्वास्थ्य व आवास जैसे महत्त्वपूर्ण क्षेत्रों को शामिल किया जाता है। इन क्षेत्रों में किया गया निवेश एक ऐसे बीज के समान है जो आगे चलकर एक हरे-भरे विशालकाय वृक्ष के रूप में परिणत होता है। जैसे एक वृक्ष प्रत्यक्ष रूप से फल, फूल, लकड़ी, ऑक्सीजन, छाया व पशु-पक्षियों के निवास के रूप में लाभकारी होता है तो दूसरी ओर अप्रत्यक्ष रूप से ग्लोबल वार्मिंग व ध्वनि प्रदूषण को नियंत्रित करने, मिट्टी के कटाव को रोकने व वर्षा कराने में सहायक होता है, ठीक उसी प्रकार 'आधारभूत संरचना' में किया गया निवेश चहुँमुखी उपयोगिता से परिपूर्ण है। उदाहरणस्वरूप-विकसित आधारभूत संरचना समय व ऊर्जा की बचत करने, लॉजिस्टिक कॉस्ट को कम कर मुनाफा बढ़ाने तथा विदेशी निवेश को आकर्षित करने के साथ-साथ सामाजिक, आर्थिक, राजनीतिक व सांस्कृतिक कनेक्टिविटी को बढ़ाने में सहायक है साथ ही, दूसरी ओर आधारभूत संरचना के विकास से भारी उद्योगों, एमएसएमई व सेवा प्रदाता क्षेत्रों का भी उत्थान होता है। एक अनुमान के अनुसार आधारभूत संरचना का विकास 200 से अधिक उद्योगों के विकास को प्रभावित करता है। यही कारण है कि उत्तर प्रदेश राज्य की योगी सरकार ने प्रदेश की अर्थव्यवस्था को समावेशी मूल्यों से जोड़ने के लिए प्रदेश की आधारभूत संरचना में निवेश हेतु व्यापक

उत्तर प्रदेश में आधारभूत ढांचा

कार्यनीति बनायी है, जिसका उद्देश्य ईज ऑफ डूइंग बिजनेस के साथ-साथ ईज ऑफ लिविंग को भी सुविधाजनक बनाना है।

प्रदेश की जनसंख्या व उसकी वर्तमान व भविष्य की जरूरतों को केंद्र में रखकर योगी सरकार ने प्रदेश की आधारभूत संरचना को वैश्विक मापदंडों के आधार पर विकसित करने का रोडमैप तैयार किया गया है जिसमें सुरक्षा व सुविधा जैसे विषयों पर कोई समझौता नहीं किया गया है।

प्रदेश में सड़क नेटवर्क

सड़कें विकास की वाहक हैं। सड़कों के संजाल बिछाने के कार्य में हो रही प्रगति उत्तर प्रदेश की नई पहचान है। प्रदेश में यमुना एक्सप्रेस-वे, आगरा-लखनऊ एक्सप्रेस-वे, ईस्टर्न पेरिफेरल एक्सप्रेस-वे, दिल्ली-मेरठ एक्सप्रेस-वे पूरी तरह से चालू हैं। पूर्वांचल एक्सप्रेस-वे भी बनकर तैयार है। इसके अलावा बुंदेलखंड एक्सप्रेस-वे और गोरखपुर लिंक एक्सप्रेस-वे वर्ष 2022 तक पूरा हो जाएगा। इसी तरह गंगा एक्सप्रेस-वे और लखनऊ-कानपुर एक्सप्रेस-वे पर भी निर्माण कार्य को हरी झंडी दी जा चुकी है। दिल्ली-देहरादून एक्सप्रेस-वे का ज्यादातर हिस्सा उत्तर प्रदेश राज्य की भौगोलिक सीमा के भीतर आता है। यदि प्रदेश में एक्सप्रेस-वे की संख्या को गिना जाए तो वर्ष 2024 तक राज्य में 10 एक्सप्रेस-वे हो जाएँगे। प्रदेश में स्थित व निर्माणाधीन एक्सप्रेस-वे नित नए कीर्तिमान रच रहे हैं, जैसे-

उत्तर प्रदेश में पूर्वांचल एक्सप्रेस-वे

- भारत का **सबसे लंबा एक्सप्रेस-वे जो कार्यरत स्थिति में** है, **आगरा-लखनऊ एक्सप्रेस-वे** (302 किमी) है।
- भारत का **सबसे लंबा एक्सप्रेस-वे** जो **निर्माणधीन स्थिति** में है, **गंगा एक्सप्रेस-वे** (594 किमी) व **पूर्वांचल एक्सप्रेस-वे** (340 किमी) है।
- भारत का **सबसे चौड़ा एक्सप्रेस-वे दिल्ली-मेरठ एक्सप्रेस-वे** है जो आज के समय में **14 लेन** वाला है।
- भारत का **पहला हरित और स्मार्ट एक्सप्रेस-वे**, **ईस्टर्न पेरिफेरल एक्सप्रेस-वे** है जो **सौर ऊर्जा** के उपयोग **और वर्षा जल संचयन जैसी सुविधाओं से लैस** है।
- राज्य के कई एक्सप्रेस-वे भारतीय वायु सेना के विमानों के लिए आपातकालीन लैंडिंग और टेक ऑफ सुविधा के लिए हवाई पट्टियों से लैस हैं, जैसे-आगरा-लखनऊ एक्सप्रेस-वे और पूर्वांचल एक्सप्रेस-वे पर करीब 3.2 किमी लंबी हवाई पट्टी है और गंगा एक्सप्रेस-वे पर भी इस सुविधा को विकसित किए जाने पर कार्य किया जा रहा है।

उक्त स्थितियाँ प्रदेश में स्मार्ट कनेक्टिविटी, ढुलाई लागत में कमी व विकसित परिवहन सुविधाओं में बढ़ोतरी कर प्रदेश को सड़क नेटवर्क के क्षेत्र में देश का नंबर 1 राज्य बनाने की दिशा में अग्रसर हैं।

प्रदेश को नए कल से जोड़ती मेट्रो ट्रेन

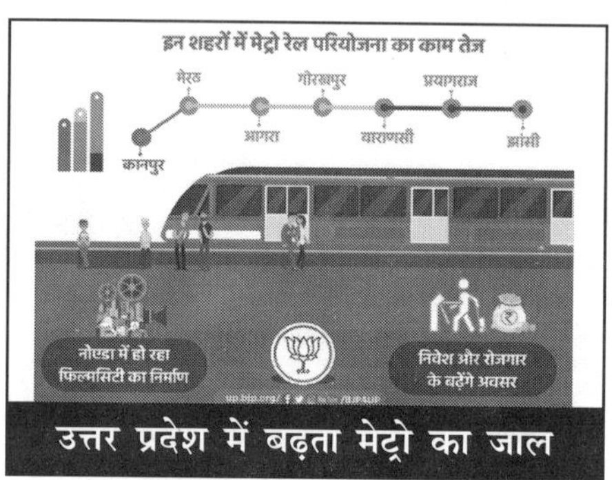

उत्तर प्रदेश में बढ़ता मेट्रो का जाल

उत्तर प्रदेश में मेट्रो ट्रेन की सुविधा आमजन को शहर के भीतर त्वरित परिवहन सेवा उपलब्ध कराने का सस्ता, सुरक्षित व पर्यावरण हितैषी पब्लिक ट्रांसपोर्ट है। लखनऊ मेट्रो, कानपुर मेट्रो, प्रयागराज मेट्रो, आगरा मेट्रो, गोरखपुर मेट्रो लाइट प्रोजेक्ट, मेरठ मेट्रो लाइट प्रोजेक्ट के माध्यम से उत्तर प्रदेश के प्रमुख जिले मेट्रो की सुविधा से जुड़कर विकास के अग्रदूत बन रहे हैं।

मेट्रो रेल प्रोजेक्ट उत्तर प्रदेश में बेहतरीन इंजीनियरिंग का नमूना पेश करता है, जिससे देश व प्रदेश के हुनरबाजों की बहुमुखी प्रतिभा को नई पहचान मिल रही है। आज मेट्रो में सफर करना आरामदायक तो है ही साथ ही, रोजगार सृजन, वायु व ध्वनि प्रदूषण पर नियंत्रण करने व सतत विकास के लक्ष्य 8, 9, 11 व 12 को प्राप्त करने में सहायक है।

मेट्रो ट्रेन जैसा सुविधाजनक पब्लिक ट्रांसपोर्ट एक ओर प्रदेश के जनमानस के लिए तो उपयोगी है ही, साथ ही सरकार के राजस्व का अच्छा स्रोत भी है।

वायुमार्ग से जुड़ती क्षेत्रीय कनेक्टिविटी

उत्तर प्रदेश में अयोध्या एयरपोर्ट का संभावित मॉडल

जब देश के प्रधानमंत्री जी ने उड़ान योजना की घोषणा की तब उनका विजन था कि देश का हवाई चप्पल पहनने वाला आम से आम नागरिक भी हवाई यात्रा कर सके, अर्थात् हवाई यात्रा की सुविधा एक वर्ग विशेष तक सीमित न रहे अपितु सभी वर्गों के लोगों के लिए वायुमार्ग से यात्रा करना उनके बजट में फिट बैठे। यह विजन दो आधारों पर कार्य करता है, ***पहला***–वायुमार्ग हेतु आधारभूत संरचना विकसित करना और ***दूसरा***–देश के सिविल एविएशन क्षेत्र में ऐसे सकारात्मक बदलाव करना, जिससे एक ओर देश की ग्लोबल कनेक्टिविटी बढ़े तो दूसरी ओर क्षेत्रीय कनेक्टिविटी का मार्ग भी प्रशस्त हो।

उत्तर प्रदेश सरकार, केंद्र सरकार के इस विजन को फलीभूत करने के उद्देश्य से प्रदेश में ग्रीन फील्ड व ब्राउन फील्ड दोनों प्रकार के एयरपोर्ट प्रोजेक्ट पर कार्य कर रही

है। वर्ष 2024 तक 5 इंटरनेशनल एयरपोर्ट के साथ उत्तर प्रदेश सबसे ज्यादा इंटरनेशनल एयरपोर्ट वाला राज्य बन जाएगा। साथ ही प्रदेश में 15 एयरपोर्ट घरेलू कनेक्टिविटी को बढ़ावा देने वाले होंगे।

उत्तर प्रदेश की योगी सरकार क्षेत्रीय वायुमार्ग कनेक्टिविटी को बढ़ाने पर जोर दे रही है, जिसका मुख्य कारण क्षेत्रीय पर्यटन को बढ़ावा देना, औद्योगिक व सेवा प्रधान राज्यों से उत्तर प्रदेश राज्य के प्रमुख जिलों को जोड़ना ताकि निवेश, रोजगार, विकसित आधारभूत संरचना व उच्च जीवन स्तर के जो अवसर उक्त राज्यों में मौजूद हैं वे उत्तर प्रदेश तक विस्तारित हो सकें। उत्तर प्रदेश के जिलों में जिस प्रकार सांस्कृतिक धरोहरों का निर्माण, उनका सौंदर्यीकरण व उन्हें आधुनिक सुविधाओं से लैस किया जा रहा है, आगामी वर्षों में उत्तर प्रदेश पर्यटन के मुख्य केंद्र के रूप में विकसित होगा, इस स्थिति में उक्त अंतरराष्ट्रीय व क्षेत्रीय कनेक्टिविटी वाले यह हवाई अड्डे प्रदेश में पर्यटकों के आगमन के प्रमुख वाहक बनेंगे।

एमएसएमई 1 ट्रिलियन डॉलर लक्ष्य प्राप्ति के अग्रदूत

कहते हैं बूँद-बूँद से सागर बनता है और इन बूँदों को सहेजते हुए उसे सागर के रूप में परिवर्तित होते देखना एक अवस्मरणीय दृश्य है। ठीक उसी प्रकार प्रदेश की योगी सरकार ने उत्तर प्रदेश की अर्थव्यवस्था को आगामी 5 वर्षों में एक ट्रिलियन डॉलर बनाने का जो सागर रूपी लक्ष्य रखा है, उसके लिए राज्य सरकार छोटी-छोटी बूँदों के रूप में अनेकों पहलें/प्रयास कर रही हैं, जिसमें से एक बूँद का नाम है-**सूक्ष्म, लघु व मध्यम उद्योग**। जब बात प्रदेश को आर्थिक रूप से सशक्त करने की हुई तब योगी सरकार ने सूक्ष्म, लघु और मध्यम उद्योगों पर भरोसा जताया। आज एमएसएमई उत्तर प्रदेश में आर्थिक विकास का नया चेहरा और भविष्य है। एमएसएमई ऐसे क्षेत्र हैं, जो बृहद उद्योगों की सहायक इकाई के रूप में कार्यरत होते हुए भी ऐसी वस्तुओं और सेवाओं का उत्पादन करते हैं, जो दैनिक उपयोग की वस्तुएँ हैं।

उत्तर प्रदेश में एमएसएमई से बढ़ता रोजगार

एमएसएमई क्षेत्र की प्रमुख विशेषता यह है कि यह क्षेत्र उत्पादन, रोजगार सृजन, निवेश को बढ़ाने, निर्यात को प्रोत्साहित करने व विदेशी मुद्रा अर्जन में सहायक होने के साथ-साथ बैंकों के एनपीए, दिवालिया व आर्थिक भगौड़े जैसे आर्थिक अपराधों से दूर, साफ छवि वाले होते हैं और लगातार अर्थव्यवस्था में अपना सकारात्मक योगदान बनाए रखते हैं। जिसे आँकड़ों के माध्यम से स्पष्ट किया जा सकता है, जैसे-

- 90 लाख एमएसएमई यूनिट की संख्या के साथ उत्तर प्रदेश देश का नंबर वन राज्य है।
- देश की कुल एमएसएमई इकाइयों में 14% योगदान उत्तर प्रदेश के एमएमएमई का है।

एमएसएमई क्षेत्र के विकास हेतु प्रदेश सरकार आधारभूत सुविधाएँ, महत्त्वपूर्ण परियोजनाएँ व अनुदानों की व्यवस्था करने के साथ-साथ आत्मविश्वासी कुशल उद्यमियों की एक नई सेना तैयार कर रही है, जो प्रदेश को 1 ट्रिलियन डॉलर की अर्थव्यवस्था बनाने में अमूल्य योगदान देंगे।

कोविड-19 महामारी के काल में जब वैश्विक लॉकडाउन लगा और कोविड की दूसरी लहर ने भारत की आर्थिक-सामाजिक व्यवस्था को क्षीण कर दिया, उस स्थिति में भी राज्य सरकार के निर्णयों की दूरदर्शिता ने एमएसएमई की आर्थिक गतिविधियों को कार्यात्मक बनाए रखने में सहायता की। **एक जिला एक उत्पाद योजना, आत्मनिर्भर भारत मिशन, मेक इन इंडिया** जैसी अहम पहलों के अतिरिक्त प्रदेश सरकार ने ऋण मेलों और सब्सिडी प्रोत्साहन जैसे वित्तीय सहयोग देकर प्रदेश के एमएसएमई क्षेत्र की उपयोगिता को बनाए रखा। यह क्षेत्र कौशल विकास और रोजगार के सुनहरे अवसर उपलब्ध कराते हुए युवाओं को उद्यमिता के गुण सिखाकर उनकी आय का एक विश्वसनीय स्रोत साबित हो रहे हैं।

प्रदेश में एमएसएमई क्षेत्र में मौजूद संभावनाओं को मूर्त रूप देने हेतु ऑनलाइन ऋण पोर्टल **साथी** का शुभारंभ किया गया, जिसके अंतर्गत 56,754 उद्यमियों को 2002 करोड़ रुपए तक के ऋण बाँटे गए जिससे एक ओर प्रदेश में रोजगार के नए अवसर बढ़ेंगे तो दूसरी ओर उत्पादन में वृद्धि होने से राज्य की जीडीपी में भी बढ़ोतरी होगी। इसके अतिरिक्त कोविड काल में राज्य सरकार ने 4 मेगा ऋण मेलों के माध्यम से बैंकों द्वारा एमएसएमई को ऋण की सुविधा उपलब्ध कराने का भी कार्य किया है, जिसका परिणाम यह हुआ कि कोविड महामारी के चलते बंद या क्षीण पड़ी एमएसएमई इकाइयों को नई ऊर्जा प्राप्त हुई तथा ऋण राशि का प्रयोग कर एमएसएमई इकाइयों ने अपनी उत्पादन, निर्यात व रोजगार सृजन क्षमता को बढ़ाने का कार्य किया। एमएसएमई विभाग ने अपनी सभी योजनाओं को जैसे-**ओडीओपी, मुख्यमंत्री युवा स्वरोजगार योजना और विश्वकर्मा श्रम सम्मान योजना** को तत्काल प्रभाव से ऑनलाइन मोड में परिणत किया ताकि लॉकडाउन व सोशल डिस्टेंसिंग के समय भी प्रवासी व अन्य लोग प्रशिक्षण और स्वरोजगार से संबंधित उक्त योजनाओं का लाभ ऑनलाइन आवेदन के माध्यम से उठा सकें।

प्रदेश का एमएसएमई क्षेत्र उन बेरोजगार युवाओं को स्वरोजगार व कौशल विकास के लिए प्रेरित करेगा, जिन्हें पूर्व में प्रच्छन्न बेरोजगार, शिक्षित बेरोजगार व मौसमी बेरोजगार की संज्ञा दी जाती थी। यह क्षेत्र युवाओं का भविष्य सँवारने के साथ-साथ राज्य की

अर्थव्यवस्था को नियोजित करने व आपूर्ति श्रृंखला को विस्तार देने के क्रम में अहम सहयोगी साबित होगा।

जीआई (GI) टैग आर्थिक विकास के इंजन

विश्व जगत् में भारतीय उत्पाद हमेशा से आकर्षण का केंद्र रहे हैं, चाहे वह यहाँ के मसाले हों, मखमल हो, रेशम के वस्त्र हों, हस्तशिल्प उत्पाद हों या फिर स्वर्ण आभूषण। ये उत्पाद व्यापार व व्यापारियों के माध्यम से विश्व के कोने-कोने तक पहुँचे और सबके दिलों में एक खास जगह बनाते चले गए। आलम यह है कि विदेशों में भारतीय उत्पादों, विशेषकर उन उत्पादों की माँग बढ़ी है जो यहाँ के भौगोलिक, हस्तशिल्प, लोक कलाओं व प्राकृतिक उत्पादों का प्रतिनिधित्व करते हैं। ऐसा इसलिए भी है कि तकनीक के जमाने में उत्पादों की नकल या उसके लगभग समरूपी उत्पाद तो निर्मित किए जा सकते हैं और किए भी जा रहे हैं, परंतु ओरिजनल उत्पादों के कद्रदान, उसकी गुणवत्ता व महत्त्व को समझने वाले लोग आज भी बड़ी संख्या में हैं। इस विषय में विचारणीय तर्क यह है कि वर्षों से जो उत्पाद एक विशेष खासियत के चलते सबका ध्यान अपनी ओर आकर्षित करने की क्षमता रखते हैं जिनकी राष्ट्रीय व अंतरराष्ट्रीय स्तर पर लगातार माँग बढ़ रही है, उन उत्पादों के विपणन, संरक्षण व आर्थिक हितों को सुरक्षित करना आवश्यक है। इसी दिशा में किए गए प्रयास का नाम **जीआई टैग** है।

भारत में जीआई टैग की आवश्यकता क्यों पड़ी? इस बारे में मानव कल्याण संघ के कार्यकारी निदेशक और महासचिव डॉ. रजनीकान्त कहते हैं कि-'भारत में शिल्पियों, बुनकरों, ऋषि मुनियों, किसानों की हजारों साल पुरानी समृद्ध विरासत, धरोहर और परंपरा है। इन्हीं विरासतों की वजह से भारत को सोने की चिड़िया कहा जाता है। लेकिन वैश्वीकरण के इस दौर में दुनिया के तमाम देश भारत पर आर्थिक अतिक्रमण करने की मंशा रखते हैं और यहाँ के उत्पादों की नकल कर, नकली सामानों को बाजार में बेचने की कार्य-योजना पर बढ़-चढ़ कर कार्य कर रहे हैं, जिससे एक ओर देश के उत्पादों की डुप्लीकेसी होने से आर्थिक क्षति तो होती ही है साथ ही देश की साख व विश्वसनीयता को भी आघात पहुँचता है। इस आघात का मौद्रिक मूल्य निकाल पाना संभव नहीं, क्योंकि यह देश की विरासत, हमारी बौद्धिक संपदा, यहाँ तक कि हमारे आत्मविश्वास को चोट पहुँचाता है। उक्त नकली सामानों से देश की धरोहर व विरासत को बचाने का **जीआई टैग** एकमात्र कानूनी हथियार है। जीआई टैग से उत्पाद के प्रोडक्शन की गारंटी उसी जियोग्राफिकल एरिया में होती है लेकिन सामान पूरी दुनिया में बेचने की आजादी होती है। इस कानून की सबसे बड़ी विशेषता यह है कि यह कानून न केवल उत्पाद बल्कि उत्पादकों के साथ न्याय करता है, और पैसे व तकनीक के बल पर शोषण करने वाली ताकतों पर नकेल लगाता है। कहते हैं कि जब से भारत ने उत्पादों को जीआई टैग देने की संस्कृति को

अपनाया है तब से भारत का पुराना गौरव धीरे-धीरे ही सही लौट रहा है। प्रतिस्पर्धा के इस युग में **'मूल्य'** व **'न्याय आधारित कार्य संस्कृति'** का यह बेहतर उदाहरण है। **वर्ल्ड इंटलैक्चुअल प्रॉपर्टी ऑर्गनाइजेशन (WIPO)** के मुताबिक **जियोग्राफिकल इंडिकेशन टैग**, एक प्रकार का लेबल होता है, जिसमें किसी प्रोडक्ट को विशेष भौगोलिक पहचान दी जाती है, ऐसा प्रोडक्ट जिसकी विशेषता या फिर प्रतिष्ठा मुख्य रूप से प्रकृति और मानवीय कारकों पर निर्भर करती है। भारत में संसद की तरफ से वर्ष 1999 में 'रजिस्ट्रेशन एंड प्रोटेक्शन एक्ट' के तहत जियोग्राफिकल इंडिकेशन ऑफ गुड्स की संकल्पना वर्ष 2003 में लागू की गई। जिसके अंतर्गत देश में जीआई टैग देने का कार्य वाणिज्य मंत्रालय के अधीन आने वाले डिपार्टमेंट ऑफ इंडस्ट्री प्रमोशन एंड इंटर्नल ट्रेड द्वारा किया जाता है। किसी उत्पाद के लिए जीआई टैग हासिल करने के लिए चेन्नई स्थित जीआई डेटाबेस में अप्लाई करना पड़ता है। ये इंटलैक्चुअल प्रॉपर्टी राइट के अधीन है। जीआई टैग प्राप्त करने के लिए कोई भी उत्पादक, संघ या निजी व्यक्ति फाइल नहीं कर सकता, इसके लिए किसी भी क्षेत्र की संस्था, सोसाइटी, को-ऑपरेटिव, ओएफपीओ आदि के द्वारा ही आवेदन किया जा सकता है। इसके अतिरिक्त बाहर की कोई संस्था स्थानीय जीआई के लिए आवेदन नहीं कर सकती। एक बार जीआई टैग का अधिकार मिल जाने के बाद 10 वर्षों तक जीआई टैग मान्य होते हैं, इसके बाद उन्हें फिर रिन्यू कराना पड़ता है।

इस आधार पर भारत के किसी भी क्षेत्र में पाए जाने वाली विशिष्ट वस्तु का कानूनी अधिकार उस राज्य को दे दिया जाता है। ये टैग जारी करने का मुख्य उद्देश्य किसी खास भौगोलिक परिस्थिति में पाई जाने वाली या फिर तैयार की जाने वाली वस्तुओं को दूसरे स्थानों पर गैर-कानूनी तरीके से उत्पादित करने से रोकना है। जीआई टैग केवल वस्तुओं को दिया जाता है न कि किसी सेवा को। देश का पहला जीआई टैग वर्ष 2004-05 में दार्जिलिंग की चाय को दिया गया था, जो अपनी अद्वितीय गुणवत्ता और प्राकृतिक स्वाद के लिए मशहूर है।

अप्रैल, 2022 तक भारत में लगभग 370 उत्पादों को जीआई टैग मिल चुका है। जीआई टैग के द्वारा वह वस्तु और उत्पाद किसी विशिष्ट क्षेत्र/ विशिष्ट स्थान का प्रतिनिधित्व करता है। जैसे-दार्जिलिंग की चाय, तिरुपति का लड्डू, कांगड़ा की पेटिंग, नागपुर का संतरा, कश्मीर का पश्मीना, कांचीपुरम की सिल्क साड़ी, कोल्हापुर की चप्पल इत्यादि।

कुल 370 अखिल भारतीय जीआई टैग में 17 जीआई टैग उत्तर प्रदेश के हैं। इन जीआई टैग द्वारा ओडीओपी की ही तरह **'वन टाउन वन जीआई टैग योजना'** लाकर इन उत्पादों का प्रबंधन, विपणन तथा संरक्षण कर इन्हें वैश्विक पहचान दिलाने का कार्य किया जा रहा है, जिससे न सिर्फ प्रदेश का आर्थिक पक्ष मजबूत होगा, बल्कि प्रदेश की धरोहर व क्षेत्रीय उत्पादों के कद में भी इजाफा होगा।

उत्तर प्रदेश के जीआई उत्पादों की सूची		
उत्पाद श्रेणी	उत्पाद का नाम	जिले के विशेष भौगोलिक स्थान
• कृषि	सुर्ख अमरूद	खुसरो बाग, प्रयागराज
• हस्त शिल्प	चिकन क्राफ्ट	चौक, लखनऊ
• कृषि	दशहरी आम	मलिहाबाद (लखनऊ)
• हस्त शिल्प	जरी साड़ी	नगरीय क्षेत्र, वाराणसी
• हस्त शिल्प	कालीन	भदोही
• हस्त शिल्प	दरी	आगरा
• हस्त शिल्प	प्रिंट	फर्रुखाबाद
• हस्त शिल्प	जरदोजी	मध्य लखनऊ
• कृषि	काला नमक चावल	सिद्धार्थनगर
• हस्त शिल्प	धातु शिल्प	मुरादाबाद
• हस्त शिल्प	काष्ठ शिल्प	सहारनपुर
• हस्त शिल्प	खुर्जा पॉटरी	खुर्जा
• हस्त शिल्प	मिर्जापुर की हस्तनिर्मित दरी	मिर्जापुर
• हस्त शिल्प	वॉल सैडलिंग	गाजीपुर
• प्राकृतिक	बलुआ पत्थर	चुनार
• कृषि	रतौल आम	बागपत
• कृषि	देशावरी पान	महोबा

जीआई टैग का महत्त्व

- वोकल फॉर लोकल और स्थानीय उत्पादों के प्रति लोगों को जागरूक करने में सहायक है।
- स्थानीय उत्पादों को राष्ट्रीय व अंतरराष्ट्रीय स्तर पर पहचान दिलाने में सहायक है।
- उत्पादों की डुप्लीकेसी को रोकने में सहायक है।
- संबंधित भौगोलिक संकेतांक उन उत्पादों की माँग में वृद्धि कर निवेश, रोजगार, उत्पादन में वृद्धि करने के साथ-साथ निर्यातित वस्तुओं में विविधता लाने में सहायक होंगे, जिससे व्यापार संतुलन व विदेशी मुद्रा भंडार जैसे आर्थिक संकेतकों में सकारात्मकता आएगी।

- भौगोलिक संकेतांक प्राप्त उत्पादों के चलते स्थानीय बाजारों को वैश्विक मंचों से जुड़ने का मौका मिलेगा।
- यह उत्पाद स्थानीय लोगों की आय बढ़ाने में सहायक होते हैं। स्थानीय स्तर पर रोजगार की उपलब्धता माइग्रेशन की प्रवृत्ति को नियंत्रित करने में सहायता करेगी।
- जीआई टैग उन उत्पादों को आकर्षण का केंद्र बनने का मौका देते हैं, जो विलुप्तता की कगार पर आ पहुँचे हैं।
- जीआई टैग समृद्ध राज्य संस्कृति का परिचायक है।
- जीआई टैग उत्पादों को कानूनी सुरक्षा प्रदान कर उनके अनधिकृत उपयोग को रोकता है।
- जीआई टैग उपभोक्ताओं के लिए वांछित लक्षणों के गुणवत्ता वाले उत्पाद प्राप्त करना आसान बनाते हैं और वे इसकी प्रामाणिकता के बारे में भी उन्हें आश्वस्त करते हैं।
- जीआई टैग प्राप्त उत्पाद देश/राज्य में आने वाले पर्यटकों की पहली पसंद होते है अर्थात् पर्यटन और जीआई टैग उत्पाद एक-दूसरे के पूरक होते हैं।

पर्यटन क्षेत्र से 1 ट्रिलियन डॉलर के लक्ष्य को मिलता सहयोग

सौंदर्यता में भव्यता व विविधता के जितने भी रूपों की कल्पना की जा सकती है, उत्तर प्रदेश की धरोहर उससे भी अधिक समृद्ध है चाहे वह विश्व धरोहर हो या फिर आध्यात्मिक, सांस्कृतिक, ऐतिहासिक व प्राकृतिक धरोहर हो। उत्तर प्रदेश की पर्यटन धरोहर इतनी विस्तृत, जीवंत व विविधतापूर्ण है कि देश व विदेश के सैलानी यहाँ खिंचे चले आते है। वर्ष 2016 में कुल पर्यटकों के आगमन के मामले में उत्तर प्रदेश देश का चौथा राज्य था, जबकि घरेलू व विदेशी पर्यटकों के मामले में उत्तर प्रदेश का स्थान क्रमशः दूसरा व तीसरा रहा। प्रदेश की पावन भूमि में हिंदू, बौद्ध व सूफी संतों की विशेष कृपा है। यहाँ राम की नगरी अयोध्या, कृष्ण की नगरी मथुरा, वृंदावन व बरसाना है। शिव की नगरी वाराणसी है जहाँ के मरघटों में स्वयं शिव भ्रमण करते हैं, बाबा गोरखनाथ की भूमि गोरखपुर व हजारों ऋषियों की तपोभूमि नैमिषारण्य (सीतापुर) है। तुलसीदास जी ने जहाँ **रामचरितमानस** की रचना की वह पुण्य स्थल चित्रकूट भी यहीं है। इसी प्रकार महात्मा बुद्ध के प्रथम अमृत वचन का आशीर्वाद सारनाथ को मिला तो उनके महापरिनिर्वाण का साक्षी कुशीनगर बना, जो उत्तर प्रदेश में ही है। सूफियों की दरगाह के लिए मशहूर आगरा, फतेहपुर सीकरी, देवा शरीफ उत्तर प्रदेश की सांस्कृतिक विविधता को और अधिक सशक्त बनाते हैं। मार्च 2017 से सनातन संस्कृति के साधक

1 ट्रिलियन डॉलर के लक्ष्य प्राप्ति में सहायक

योगी आदित्यनाथ जी ने जब मुख्यमंत्री के रूप में प्रदेश की कमान सँभाली, तब से उत्तर प्रदेश के पर्यटन को विकसित किया जा रहा है ताकि आने वाली सहस्राब्दी में यह प्रदेश पर्यटन का बेहतर हॉट-स्पॉट बन सके।

वर्तमान में उत्तर प्रदेश के नाम पर्यटन से संबंधित कई नई उपलब्धियाँ दर्ज हुई हैं, चाहे वह वर्ष 2019 में कुंभ का आयोजन हो जहाँ लगभग 24 करोड़ श्रद्धालुओं ने स्नान किया तथा 72 देशों के राजनायिक कुंभ मेले की भव्यता देखने आए और 5 हजार से ज्यादा प्रवासियों ने दिव्य कुंभ में आकर भारतीय संस्कृति से अपने जुड़ाव का प्रमाण दिया। अयोध्या में आयोजित दीपोत्सव के नाम 3 लाख से अधिक मिट्टी के दीए जलाने का लगातार दो वर्षों का रिकॉर्ड बना। वाराणसी की देव दिवाली का आयोजन हो या आठ कोसी परिक्रमा का, ब्रज की होली हो या गंगा की भव्य आरती, लेजर शो हो या रामलीला का आयोजन सब कुछ अद्‌भुत, अविस्मरणीय व आनंदित करने वाला रहा है।

पर्यटन के क्षेत्र में समृद्ध उत्तर प्रदेश को पर्यटन सर्किट में विभाजित कर विकसित करने का कार्य प्रमुखता से किया जा रहा है ताकि पर्यटकों को अपनी सुविधा व इच्छानुसार अपनी पंसद के पर्यटक स्थल का चुनाव करने में आसानी हो। प्रदेश में मौजूद प्रमुख पर्यटन सर्किट हैं- **'ब्रज सर्किट'** जिसके अन्तर्गत आगरा, मथुरा व वृंदावन के प्रमुख पर्यटन स्थलों यथा ताजमहल, फतेहपुर सीकरी, सिकन्दरा, आगरा किला, श्रीकृष्ण जन्मभूमि मन्दिर शामिल हैं। **'अवध सर्किट'** जिसके अन्तर्गत लखनऊ, बाराबंकी, सीतापुर व अयोध्या के प्रमुख पर्यटन स्थलों यथा – बड़ा इमामबाड़ा, छोटा इमामबाड़ा, देवा शरीफ दरगाह, नैमिषारण्य, चक्रकुंड, हुनमान गढ़ी, कनक भवन शामिल हैं। **'बौद्ध सर्किट'** जिसके अन्तर्गत सारनाथ, कुशीनगर, कपिलवस्तु, श्रावस्ती, कौशांबी, संकिसा के प्रमुख पर्यटन स्थल धमेक स्तूप, महापरिनिर्वाण मन्दिर, गांवरिया पुरातत्त्व स्थल, दाएन महामोंग्कोल चाय मन्दिर, अशोक स्तंभ, बिसारी देवी मन्दिर शामिल हैं। उत्तर प्रदेश सरकार धार्मिक व सांस्कृतिक स्थलों के आधुनिकीकरण पर जोर दे रही है, जिसका प्रमुख उदाहरण है 600 करोड़ रुपए की अनुमानित लागत व 5.30 लाख स्क्वायर फीट में विस्तारित काशी विश्वनाथ कॉरिडोर जो प्रदेश के पर्यटन को विश्व स्तरीय पहचान दिलाना, जहाँ से गंगा का दृश्य देखते ही बनता है। अयोध्या में बन रहा भव्य राम मन्दिर, प्रदेश के पर्यटन को नई ऊर्जा देने वाला है।

1 ट्रिलियन डॉलर के लक्ष्य प्राप्ति में सहायक पर्यटन स्थल

पर्यटन क्षेत्र एक ओर व्यक्तिगत स्तर पर पर्यटकों को आनंदित करता है तो वहीं दूसरी ओर अर्थव्यवस्था को गति देने में भी सहायक है, जैसे-परिवहन सेवाएँ, होटल सेवाएँ,

प्रशिक्षित गाइड व क्षेत्रीय लोक संस्कृति व हस्तशिल्प आदि को सकारात्मक रूप से प्रभावित करता है। प्रदेश का पर्यटन प्रदेश की आधारभूत संरचना के विकास को प्रेरित करता है, रोजगार सृजन के नए अवसर उपलब्ध कराता है, क्षेत्रीय उत्पादों, बाजारों, साफ-सफाई, लोक प्रशासन व खाने-पीने के क्षेत्र से संबंधित नीतियों, योजनाओं व कार्यक्रमों को निर्मित व क्रियान्वित करने में सहयोग करता है। पर्यटन क्षेत्र के उक्त महत्त्व को केंद्र में रखते हुए यूपी सरकार ने वर्ष 2018 में अपनी **महत्त्वाकांक्षी पर्यटन नीति, 2018** की घोषणा की, जिसका प्रमुख उद्‌देश्य प्रदेश के विभिन्न पर्यटन स्थलों पर निवेश आकर्षित कर उनके सौंदर्यीकरण व आधुनिकीकरण के कार्यों में तेजी लाना है ताकि पर्यटकों को आकर्षित किया जा सके। इस नई नीति की विशेषता पर्यटन स्थलों को पीपीपी मॉडल पर विकसित कर टूरिस्ट फ्रेंडली बनाना है। यूपी सरकार का लक्ष्य पर्यटन क्षेत्र में प्रतिवर्ष 5000 करोड़ रुपए के निवेश को आकर्षित करने के साथ-साथ हर साल 5 लाख नौकरियों का सृजन करना है। साथ ही सरकार का लक्ष्य राज्य में आने वाले विदेशी पर्यटकों के प्रतिशत में 10% और घरेलू पर्यटकों के प्रतिशत में 15% की वार्षिक वृद्धि हासिल करना है। यूपी सरकार ने पर्यटन नीति 2018 में सब्सिडी योजना को भी शामिल किया है जिसमें 50 करोड़ रुपए तक के निवेश पर 7.5 करोड़ रुपए की सब्सिडी व 50 करोड़ से अधिक रुपए के निवेश पर 10 करोड़ रुपए की सब्सिडी दिए जाने का प्रावधान किया है ताकि निजी कंपनियाँ प्रदेश में पर्यटन क्षेत्र में निवेश हेतु आकर्षित हो सकें।

प्रदेश में पर्यटन क्षेत्र को बढ़ावा देने हेतु विभिन्न पहलों पर कार्य किया जा रहा है जैसे-

- **महिला पर्यटन :** महिला पर्यटकों की सुरक्षा पर विशेष ध्यान दिया जाना।
- **विरासत होटल :** प्रदेश के विरासत भवनों को हेरिटेज होटलों के रूप में पुनर्स्थापित करना।
- **दर्शकों का बड़ा समूह :** राज्य के राष्ट्रीय उद्यानों और वन्यजीव अभयारण्यों में 1 लाख अतिरिक्त पर्यटकों को आकर्षित करने की योजना पर कार्य।
- **ईको-टूरिज्म को बढ़ावा देना :** इसके अन्तर्गत सरकार विभिन्न मेलों, महोत्सवों व त्योहारों का आयोजन कर स्थानीय उद्यमिता को बढ़ावा देने का कार्य करेगी।
- **सबसे पसंदीदा :** उत्तर प्रदेश सरकार का लक्ष्य प्रदेश को देश के सबसे पसंदीदा पर्यटक स्थल के रूप में स्थापित करना है।
- **निवेश :** उत्तर प्रदेश सरकार, पर्यटन विभाग को प्राप्त होने वाले राजस्व का प्रयोग विभिन्न टूरिस्ट सर्किटों के 20 किलोमीटर के भीतर आने वाले सभी पर्यटन स्थलों को विकसित करके करेगी।
- **स्थानीय कारीगरों को बढ़ावा देना :** स्थानीय कारीगरों, व्यंजनों, परिधानों, कलाकृतियों, साज-सज्जा के सामानों, दुर्लभ कलाओं, लोकगीत व लोक नृत्य को

पुनर्जीवित करने में योगदान देने वाले व्यक्तियों या समूहों को 5 लाख रुपए सब्सिडी के रूप में देना।

उक्त प्रयासों का प्रभाव रियल एस्टेट बाजारों पर भी देखने को मिल रहा है, जिसका प्रत्यक्ष उदाहरण विरासत भवनों को हेरिटेज होटल में परिवर्तित करना है। राज्य के हस्तशिल्प और हथकरघा उत्पादों को दिए गए जीआई टैग ने भी प्रदेश में आने वाले विदेशी पर्यटकों के बीच अपनी खास जगह बनाकर निर्यात के नए मार्ग प्रशस्त किए हैं। वास्तव में यह पर्यटक जीआई टैग उत्पादों के उपभोक्ता होने के साथ-साथ ब्रांड एंबेसडर भी होते हैं जो अपने साथ प्रदेश/देश की खूबसूरत वस्तुओं को यादगार के रूप में खरीद कर ले जाते हैं और इस प्रकार वे जहाँ रहते हैं इन उत्पादों की गुणवत्ता का बखान करते हैं, जिससे उत्पादों की माँग स्वत: बढ़ जाती है, जो आर्थिक रूप से देश/प्रदेश के उद्यमियों के लिए अच्छी स्थिति है। इसके अतिरिक्त राज्य में एक्सप्रेस-वे के निर्माण, मेट्रो संचालन, हवाई कनेक्टिविटी, स्मार्ट सिटी की सुविधाओं पर खासा जोर देने व उनके निर्माण कार्य में तेजी आने से उत्तर प्रदेश सुविधाजनक पर्यटन की दिशा में अग्रसर हो रहा है। साथ ही प्रदेश सरकार विभिन्न महोत्सवों के सफल आयोजन जैसे-लीची महोत्सव, आम महोत्सव, खादी महोत्सव एवं सिल्क एक्सपो, दीपोत्सव, काशी उत्सव, का साक्षी रहा है जिससे प्रदेश की विविधता में एकता की छवि को सकारात्मक रूप से राष्ट्रीय व अंतरराष्ट्रीय मंचों पर मजबूती मिली है।

1 ट्रिलियन डॉलर का लक्ष्य औद्योगिकीकरण से होगा संभव

1 ट्रिलियन डॉलर के लक्ष्य प्राप्ति में औद्योगिकीकरण सहायक

18वीं शताब्दी में हुई इंग्लैंड की औद्योगिक क्रांति ने पूरे विश्व में पूँजीवाद, बाजारवाद, उपभोक्तावाद, प्रतिस्पर्धावाद व नवाचारवाद के नए दरवाजे खोल दिए। जो 21वीं शताब्दी में बहुत मजबूती के साथ अर्थव्यवस्था के द्वितीयक क्षेत्र के रूप में स्थापित हो चुके हैं और अर्थव्यवस्था के प्राथमिक (कृषि एवं संबद्ध क्षेत्र) व तृतीयक (सेवा) क्षेत्र को संगठित, विस्तारित व जन उपयोगी बनाने में सहायता की। इसी क्रम में यह देखा गया है कि जिन देशों/राज्यों में द्वितीयक क्षेत्र अर्थात् औद्योगिक क्षेत्र जितना सशक्त और गतिमान रहा, वहाँ की जीडीपी, निवेश, रोजगार, प्रतिव्यक्ति आय जैसे-आर्थिक संकेत मजबूत होते गए। साथ ही सामाजिक संकेत जैसे लिंग अनुपात, गरीबी, रहन-सहन का स्तर, जनसंख्या नियंत्रण व मानव पूँजी की दक्षता आदि क्षेत्रों में भी परिणाम सकारात्मक हुए। संक्षेप में, औद्योगिकीकरण का मार्ग विकास रूपी मंजिल तक पहुँचने के सबसे सार्थक माध्यम के रूप में स्थापित हो चुका है।

उत्तर प्रदेश राज्य में औद्योगिकीकरण की अपार संभावनाएँ मौजूद हैं। आवश्यकता इस बात की है कि–राजनीतिक इच्छा शक्ति, दृढ़ संकल्प, दूरदर्शिता के साथ वर्तमान व भविष्य की आवश्यकताओं को समझते हुए सतत व समावेशी विकास की अवधारणाओं को केंद्र में रखते हुए नवाचार के माध्यम से 100 दिन, 6 माह, 1 वर्ष, 2 वर्ष व 5 वर्ष की कार्य–योजना का एक्शन प्लान तैयार किया जाए। साथ ही निर्धारित लक्ष्यों की प्राप्ति में आ रही चुनौतियों के बड़ी तत्परता के साथ समाधान के नए विकल्प खोजे जाएँ। उत्तर प्रदेश की योगी सरकार ने राज्य की अर्थव्यवस्था को 1 ट्रिलियन डॉलर बनाने हेतु प्रदेश में औद्योगिक विकास का बृहद मॉडल प्रस्तुत किया है, जो निम्नवत् है–

डिफेंस कॉरिडोर व औद्योगिक विकास

डिफेंस कॉरिडोर उत्तर प्रदेश के विकास को गति प्रदान करने की दिशा में एक बड़ी पहल है जो राज्य में 50 हजार करोड़ के निवेश व 2.50 लाख से अधिक लोगों के लिए रोजगार के नए अवसर सृजित करेगा। इस प्रोजेक्ट में निजी व विदेशी निवेशकों के साथ–साथ पात्र छोटे व मध्यम उद्यमों को भी आमंत्रित किया गया है। यूपी सरकार ने डिफेंस कॉरिडोर हेतु राज्य के 6 जिलों को सूचीबद्ध किया है जिसमें पश्चिमी उत्तर प्रदेश से आगरा व अलीगढ़, मध्य उत्तर प्रदेश से कानपुर व लखनऊ तथा बुंदेलखंड क्षेत्र से झाँसी व चित्रकूट आदि जिलों को शामिल किया गया है। उक्त 6 जिलों में सर्वाधिक भूमि अधिग्रहण झाँसी जिले से लगभग 1035 एकड़ किया गया है जो यह दर्शाता है कि विकास की आवश्यकता को चयन का आधार बनाया गया है।

4 डेटा सेंटर पार्क के निर्माण की योजना

मुख्यमंत्री योगी आदित्यनाथ जी के दूसरे कार्यकाल में उनकी अध्यक्षता में हुई कैबिनेट बैठक में प्रदेश में 15,950 करोड़ की लागत से **4 डेटा सेंटर पार्क** की स्थापना को मंजूरी दी गई। इन डेटा सेंटर का महत्त्व इस बात से लगाया जा सकता है कि इन सेंटरों में इंटरनेट मीडिया, बैंकिंग, स्वास्थ्य सेवा, यात्रा व पर्यटन एवं अन्य ट्रांजेक्शन से उत्पन्न होने वाले डेटा का संग्रहण किया जाएगा। अभी तक देश के अधिकांश डेटा को देश के बाहर संरक्षित किया जाता है जो सुरक्षा व गोपनीयता की दृष्टि से व आर्थिक आधार पर अलाभकारी है। अतः उत्तर प्रदेश सरकार द्वारा **नई डेटा सेंटर नीति, 2021** के अंतर्गत प्रदेश में ही आधुनिक डेटा सेंटर स्थापित कर महत्त्वपूर्ण आर्थिक आँकड़ों को प्रदेश में ही स्टोर व संरक्षित करने

1 ट्रिलियन डॉलर के लक्ष्य प्राप्ति में डेटा सेन्टर सहायक

की सुविधा विकसित की जाएगी। यह डेटा सेंटर पार्क युवाओं के लिए कौशल आधारित लगभग 4000 से अधिक रोजगार के अवसर सृजित करने के साथ-साथ प्रदेश सरकार के राजस्व अर्जित करने के नए आधार के रूप में विकसित होंगे।

प्रदेश में बनते एक्सप्रेस-वे औद्योगीकरण के परिचायक

वर्ष 2024 तक प्रदेश में 10 एक्सप्रेस-वे कार्यरत स्थिति में होंगे, जिससे समय व ईंधन की बचत होगी कच्चे माल को फैक्टरियों तक ले जाने व फैक्टरियों में निर्मित तैयार माल को आपूर्ति श्रृंखला के माध्यम से बाजार तक पहुँचाने में आसानी होगी। साथ ही एक्सप्रेस-वे के किनारे स्थापित की जा रही औद्योगिक इकाइयों की परिवहन लागत में कमी आने से उनके मुनाफों में बढ़ोतरी की संभावनाएँ प्रबल हो जाएँगी, जो प्रदेश को औद्योगिक हब के रूप में स्थापित करने में सहायक होगा।

प्रदेश में व्यापारिक पहलों को आसान बनाता यूपी निवेश मित्र पोर्टल

यूपी, ईज ऑफ डूइंग बिजनेस इंडेक्स में दूसरे स्थान पर पहुँच पाया है, इसका श्रेय निवेश मित्र पोर्टल को दिया जाए तो कोई अतिशयोक्ति नहीं होगी, क्योंकि इस पोर्टल पर सिंगल विंडो सिस्टम के तहत राज्य के 22 भिन्न-भिन्न सरकारी विभागों की लगभग 166 सेवाएँ, ऑनलाइन माध्यम से उपलब्ध कराई जा रही हैं, जिनमें प्रमुख हैं-विद्युत सुरक्षा, अग्नि सुरक्षा, उत्पाद शुल्क, प्रदूषण नियंत्रण बोर्ड, वजन और माप, हाउसिंग रजिस्ट्रार-फर्म, सोसाइटी और चिट्स व खाद्य सुरक्षा और औषधि प्रशासन आदि। निवेश मित्र पोर्टल को एक और बात खास बनाती है, वह है उद्यम व उद्यमिता को प्रोत्साहित करने वाली सभी योजनाओं व नीतियों का एक ही छत के नीचे मौजूद होना, जैसे-सिविल एविएशन पॉलिसी 2017, उत्तर प्रदेश सोलर एनर्जी पॉलिसी 2017, आई टी एंड स्टार्ट-अप पॉलिसी 2017, हैंडलूम, पावरलूम सिल्क, टेक्सटाइल एवं गवर्नमेंट पॉलिसी 2017, यूपी फूड प्रोसेसिंग इंडस्ट्री पॉलिसी 2017 तथा इंडस्ट्रियल इंवेस्टमेंट एंड एम्प्लायमेंट प्रमोशन पॉलिसी 2017 आदि। इस पोर्टल पर आवश्यक प्रमाण पत्रों की सूची को भी शामिल किया गया है जैसे-**एनओसी** व **लाइसेंस** आदि। साथ ही इन प्रमाण पत्रों की थर्ड पार्टी सत्यापन की सुविधा भी ऑनलाइन उपलब्ध है। इस प्रकार यह पोर्टल प्रदेश में व्यापारिक पहलों को आसान बनाने का डिजिटल सॉल्यूशन लेकर आया है। आवश्यकता इस बात की है कि इस पोर्टल को और सुविधाजनक बनाया जाए ताकि उद्यमी व व्यवसायी, व्यापार व उद्यम को बढ़ाने के विषय पर कार्य करें न कि कागजी-कार्यवाहियों के जाल में उलझकर रह जाएँ। यह उल्लेख करने की जरूरत नहीं है कि यदि व्यापार करने की प्रक्रिया को आसान, सुविधाजनक व डिजिटलीकृत बनाया जाए, तो इससे न केवल अर्थव्यवस्था में आर्थिक समृद्धि आती है बल्कि आम जन के जीवन को सुगम बनाने में भी सकारात्मक प्रभाव पड़ता है।

1 ट्रिलियन डॉलर के लक्ष्य प्राप्ति में एक्सप्रेस-वे सहायक

यूपी में इंवेस्टर्स समिट 2018 का सफल आयोजन

उत्तर प्रदेश सरकार ने वर्ष 2018 में प्रदेश के पहला इंवेस्टर्स समिट का आयोजन कर विश्व के निवेशकों के लिए प्रदेश में निवेश करने के दरवाजे खोल दिए और निवेशक भी इस समिट में 4.68 लाख करोड़ रुपए के एमओयू हस्ताक्षर कर खुले दिल से प्रदेश में उद्यमिता, उद्योग व कौशल विकास के नए युग के सहयात्री बने गए। प्रदेश द्वारा जापान, यूएसए, ब्रिटेन, कनाडा, जर्मनी और दक्षिण कोरिया सहित 10 विभिन्न देशों के निवेशकों से 7 हजार करोड़ रुपए के 50 से अधिक ऐसे निवेश प्रस्ताव प्राप्त किए गए हैं जो अपनी इकाइया उत्तर प्रदेश में स्थानांतरित करने के इच्छुक है। यूपी में निवेशकों को दिए जा रहे अनुकूल माहौल से देश के प्रमुख औद्योगिक घराने भी प्रदेश में निवेश हेतु उत्साह दिखा रहे हैं, जिसमें प्रमुख हैं-मुकेश अंबानी, रिलायंस जियो के माध्यम से 10 हजार करोड़ का निवेश प्रस्ताव, अडाणी समूह के गौतम अडाणी 35 हजार करोड़ रुपए और आदित्य बिड़ला समूह के कुमार मंगलम बिड़ला 25 हजार करोड़ रुपए के निवेश प्रस्ताव प्रदेश सरकार को भेज चुके हैं।

1 ट्रिलियन डॉलर के लक्ष्य प्राप्ति में इंवेस्टर्स समित सहायक

इस प्रकार यूपी उद्योग और उद्यमशीलता के विकास का नया पोस्टर ब्वाय बन गया है जिसका परिणाम है कि आज उत्तर प्रदेश गुजरात, तमिलनाडु जैसे औद्योगिक राज्यों को पीछे छोड़कर जीएसडीपी सूची में दूसरे स्थान पर है।

उत्तर प्रदेश में विकसित होते निवेश के नए क्षेत्र

आज उत्तर प्रदेश वर्तमान व भविष्य के उद्योगों हेतु नए निवेशकों के लिए स्वर्ग भूमि से कम नहीं। प्रदेश में रक्षा, एयरोस्पेस, वेयर हाउसिंग, डेटा सेंटर्स, विद्युत वाहन, फार्मा सेक्टर्स, इलेक्ट्रॉनिक्स, आईटी, खाद्य प्रसंस्करण, डेयरी, कपड़ा, पर्यटन और फिल्म जैसे क्षेत्रों में मौजूद वृहद संभावनाओं को साकार रूप देने की क्षमता है, जिसके लिए उत्तर प्रदेश सरकार निवेशकों को प्रदेश में अनुकूल व प्रतिस्पर्धी माहौल देने के लिए वचनबद्ध है। प्रदेश सरकार सौर ऊर्जा, जैव-ईंधन और नागरिक उड्डयन जैसे संभावित क्षेत्रों में निवेश हेतु बुनियादी ढाँचा व नीति निर्माण कार्यों में तेजी ला रही है, जिसके परिणामस्वरूप राज्य में निवेश और औद्योगीकरण की दर और गति, तेजी से बढ़ रही है।

❑

भाग–4

गृह एवं कार्मिक तथा राजनीतिक व्यवस्था

17. ई–गवर्नेंस की ओर बढ़ता उत्तर प्रदेश
18. कानून–व्यवस्था और नागरिक सुरक्षा के दम पर निर्भीक हुई प्रदेश की जनता

घटते अपराध से स्थापित हुआ कानून और व्यवस्था का राज : योगी सरकार

अध्याय 17

ई-गवर्नेंस की ओर बढ़ता उत्तर प्रदेश

"सर्वे भवन्तु सुखिनः"

(अर्थात् सभी सुखी हों, की दिशा में एक सार्थक पहल : ई-गवर्नेंस)

देश के तीसरे प्रधानमंत्री लाल बहादुर शास्त्री जब जवाहर लाल नेहरू की कैबिनेट में रेल मंत्री थे उस समय नवंबर 1956 में तमिलनाडु के अरियालुर में रेल हादसे में 142 लोगों की मौत हो गई थी। इस हादसे की नैतिक जिम्मेदारी लेते हुए शास्त्री जी ने अपने पद से इस्तीफा दे दिया और उनकी छवि ऐसे नेता की बनी, जो कुरसी के लिए लालायित नहीं थे।

उक्त सन्दर्भ को यहाँ स्थान देने का कारण यह स्पष्ट करना है कि **शासन-प्रशासन** में **'जवाबदेही'** बनाए रखना सरकार की नैतिक व मौलिक जिम्मेदारी है। समाज का प्रत्येक व्यक्ति, चुनी हुई सरकार से इस प्रकार की नैतिकता व मानवीय मूल्यों की उम्मीद करता है। ऐसी ही उम्मीद प्रदेश की जनता ने अपनी चुनी हुई सरकारों से लगा रखी थी, परंतु उन्हें लगातार निराशा ही हाथ लग रही थी। प्रदेश की जनता, पूर्व सरकारों से नाखुश थी। गंगा-जमुनी तहजीब वाला प्रदेश दंगों व महिलाओं के प्रति होने वाले अपराधों में वृद्धि के रिकॉर्ड बना रहा था, साथ ही प्रदेश में माफियाओं व दबंगों की समानांतर सरकार व्यवस्थित रूप से कार्य कर रही थी। संगठित अपराधों की जड़ें इतनी मजबूत हो चली थीं कि प्रदेश में रंगदारी, अपहरण आम बात हो गई थी, जिसके चलते प्रदेश की पुलिस का मनोबल टूट रहा था और वे बड़े अपराधियों, जिन्हें राजनीतिक संरक्षण मिला

हुआ था, उनके खिलाफ कार्रवाई करने से डरने लगी थी। इस प्रकार प्रशासन धीरे-धीरे घुटने टेकता रहा और खुलेआम भ्रष्टाचार फलता-फूलता रहा। इस माहौल में कोई बड़ा उद्योगपति या विदेशी कंपनी उत्तर प्रदेश में निवेश करने आना तो दूर, इस बारे में सोचना भी पसंद नहीं करती थीं, बावजूद इसके कि उत्तर प्रदेश, देश का सबसे बड़ा बाजार है। ठेकों में गुंडागर्दी/कमीशनबाजी आम बात हो गई थी तथा योजनाओं व टेंडरों हेतु स्वीकृत धनराशि का कुछ ही प्रतिशत धरातल पर लगता, शेष राशि भ्रष्टाचार की भेंट चढ़ जाती। आम जनता का विश्वास शासन/प्रशासन पर से डगमगाने लगा था और इस समानांतर व्यवस्था को प्रदेश के निवासी अपनी नियति मान बैठे थे।

कहते हैं-हर काली रात के बाद प्रकाश अवश्य होता है। ठीक ऐसा ही वर्ष 2017 के उत्तर प्रदेश विधानसभा चुनाव के नतीजों में हुआ। प्रदेश को मुख्यमंत्री के रूप में एक संत प्राप्त हुआ, जो भारतीय मनीषियों के श्रेष्ठ विचारों एवं आचरणों से प्रेरित था, साथ ही, सत्य एवं न्याय के प्रति कटिबद्ध था। राज्य का संचालन कैसा हो? और संचालनकर्ता की अपनी जनता के प्रति क्या जवाबदेही होनी चाहिए? इसके बारे में आचार्य चाणक्य ने कहा था- ''राज्य का मुख्य कार्य लोगों की सम्यक् सुरक्षा एवं भरण-पोषण की समुचित व्यवस्था करना है।'' इस सूक्ति से प्रेरणा पाकर मा. मुख्यमंत्री जी ने उत्तर प्रदेश प्रशासन, जिसे उल्टा प्रदेश कहने की प्रवृत्ति बन चुकी थी, को अपनी सकारात्मक सोच, टीम वर्क व तकनीक के माध्यम से पारदर्शी, जवाबदेह व लोकहितकारी बनाने की शुरुआत की। मुख्यमंत्री जी ने ई-गवर्नेंस के माध्यम से प्रदेश में जो नई पहलें प्रारंभ की हैं, उनका विवरण निम्नवत् है:-

'एक जिला एक उत्पाद' वर्चुअल मेला (2020) का आयोजन

प्रदेश सरकार ने 'एक जिला एक उत्पाद' वर्चुअल मेले का आयोजन किया, जिसका उद्देश्य प्रदेश के परंपरागत उत्पादों को अंतरराष्ट्रीय स्तर तक पहुँचाना व उद्यमियों, हस्तशिल्पकारों तथा कारीगरों को नई पहचान दिलाना था।

देश के पहले वर्चुअल मेले को प्रदेश सरकार के अभिनव प्रयोग के रूप में देखा जा सकता है, क्योंकि कोविड-19 के दौर में 700 से अधिक शिल्पकारों व विक्रेताओं ने स्टॉल लगाए, जिसमें 35 देशों के लगभग 1000 से अधिक खरीददार जुटे।

डीबीटी माध्यम से किसानों को भुगतान करने में यूपी टॉप पर

उत्तर प्रदेश की योगी सरकार प्रदेश के किसानों को बीज, अनुदान व फसल क्रय का पैसा डीबीटी के माध्यम से उनके बैंक खाते में जमा कराने में देश का अग्रणी राज्य बन गया है। प्रदेश सरकार की इस पहल से एक ओर कार्यों में पारदर्शिता बढ़ी है वहीं दूसरी ओर किसान, बैंकों की सुविधाओं से जुड़कर 'डिजिटल भारत' के मिशन को सफल बनाने में सहयोग कर रहे हैं।

उत्तर प्रदेश में फास्ट ट्रैक कोर्ट की स्थापना : एक अद्भुत पहल

महिलाओं व बच्चों के खिलाफ बढ़ते अपराध पर अंकुश लगाने व दोषियों को जल्द सजा देने हेतु योगी सरकार ने एक अहम फैसला किया, जिसके अंतर्गत पॉक्सो ऐक्ट व

बलात्कार से संबंधित वादों के शीघ्र निस्तारण हेतु प्रदेश में 218 नए फास्ट ट्रैक कोर्ट खोलने की मंजूरी दी। यह पहल सराहने योग्य है, क्योंकि ऐसे मामलों में त्वरित कार्रवाई करने से समाज में कानून के प्रति डर व अनैतिक कार्यों को न करने का संदेश जाता है।

उत्तर प्रदेश में दुनिया के पहले वर्चुअल स्कूल का उद्घाटन

25 मार्च, 2021 को बाबा भोलेनाथ की नगरी में भगवान श्रीराम के आदर्शों को दर्शाता दुनिया के पहले वर्चुअल स्कूल का उद्घाटन किया गया। **स्कूल ऑफ राम** की स्थापना का उद्देश्य-पोस्टर, वीडियो, शॉर्ट फिल्म व ग्राफिक्स की सहायता से श्रीराम के जीवन के आदर्शों को दर्शाना है ताकि लोग इन आदर्शों से प्रेरित होकर अपने जीवन में श्रीराम के आदर्शों को अपना सकें।

उत्तर प्रदेश के प्रत्येक थाने में महिला हेल्पडेस्क की स्थापना

महिलाओं के प्रति होने वाले अपराधों में वृद्धि का एक मुख्य कारण महिलाओं को अपनी शिकायत दर्ज कराने में होने वाली असुविधा है। इस असुविधा को सुविधा में परिवर्तित करने के उद्देश्य से प्रदेश सरकार ने प्रत्येक थाने में 'महिला हेल्पडेस्क' की स्थापना कर प्रत्येक थाने में महिला पुलिसकर्मी की तैनाती को अनिवार्य किया है, जिसके चलते पीड़ित महिला थाने जाकर बिना किसी संकोच के महिला हेल्पडेस्क से संपर्क कर सकती है तथा तैनात महिला पुलिसकर्मी शिकायतों को सुनने के साथ-साथ किसी भी वक्त महिलाओं की मदद के लिए भी तैयार रहेगी। योगी सरकार के इस कदम से महिलाएँ स्वयं को सुरक्षित महसूस करेंगी और उनका आत्मविश्वास भी बढ़ेगा।

अवैध विदेशी घुसपैठियों पर नकेल लगाती योगी सरकार

प्रदेश में क्राइम रेट को शून्य करने व गुड गवर्नेंस को बढ़ावा देने के लिए प्रदेश सरकार ने गाजियाबाद जिले के नंदग्राम में भारत के 12वें व प्रदेश के पहले डिटेंशन सेंटर की स्थापना कर यह संदेश दिया कि उत्तर प्रदेश राज्य में अवैध विदेशी घुसपैठियों का कोई स्थान नहीं। इन डिटेंशन सेंटर में फॉरनर्स ऐक्ट, पासपोर्ट ऐक्ट का उल्लंघन करनेवाले दूसरे देशों से आए नागरिकों को तब तक रखा जाता है, जब तक उनका प्रत्यर्पण नहीं हो जाता।

सार्वजनिक स्थलों की सुरक्षा हेतु योगी सरकार का नया फैसला

उत्तर प्रदेश के मुख्यमंत्री योगी आदित्यनाथ जी ने आम जनता, विशेषकर महिलाओं की सुरक्षा के साथ-साथ सार्वजनिक स्थलों की सुरक्षा जैसे महत्त्वपूर्ण मामलों पर बड़े फैसले लिए हैं, जिससे यह स्पष्ट है कि वे अपने कर्तव्यों का विधिवत् निर्वहन कर रहे हैं। इसी क्रम में मुख्यमंत्री जी की अध्यक्षता में 26 जून, 2020 को एक उच्च स्तरीय बैठक में **उत्तर प्रदेश विशेष सुरक्षा बल** के गठन का फैसला लिया गया, यह विशेष सुरक्षा बल राज्य के मेट्रो, एयरपोर्ट, औद्योगिक संस्थान, बैंक व वित्तीय संस्थाओं और ऐतिहासिक, धार्मिक तीर्थ स्थलों की सुरक्षा करेगा। योगी सरकार का यह फैसला प्रदेश में सुरक्षा का वातावरण विकसित करने में सहायक होगा।

संयुक्त राष्ट्र के 'वैश्विक समावेशी शहर 2025' में यूपी के शहर शामिल

योगी सरकार के सत्ता सँभालते ही यूपी के कायाकल्प की राह, जो कब से लोग निहार रहे थे, उस आशा व उम्मीद को योगी सरकार ने मानो पंख दे दिए हों। अब उत्तर प्रदेश, देश ही नहीं, विदेशों में भी सकारात्मक चर्चा का विषय बन गया है। वर्ष 2018 में उत्तर प्रदेश के दो जिलों-(i) नोएडा एवं (ii) ग्रेटर नोएडा को संयुक्त राष्ट्र संघ के वैश्विक समावेशी शहर 2025 पहल (Global Sustainable Cities 2025 Initiative) में भाग लेने हेतु चुना गया। संयुक्त राष्ट्र इन शहरों को 'यूनिवर्सिटी सिटी' का खिताब देगा। यह उपलब्धि इसलिए सराहना का विषय है, क्योंकि पूरे विश्व से मात्र 25 शहरों का चयन किया जाना था और भारत से इस प्रतियोगिता में मुंबई एवं बेंगलुरु जैसे शहर शामिल हुए थे, जिन्हें पीछे छोड़ते हुए उत्तर प्रदेश के दोनों शहरों ने बाजी मारी। संयुक्त राष्ट्र द्वारा चयनित इन 25 शहरों को **आदर्श शहरों** के रूप में विकसित किया जाएगा, जो समावेशी विकास लक्ष्यों के अनुकूल होंगे।

प्रदेश सरकार द्वारा ई-गवर्नेंस हेतु विभिन्न उपयोगी पहलें

- **शिक्षा के क्षेत्र में**
  - 4 सितंबर, 2019 को मुख्यमंत्री योगी आदित्यनाथ जी ने बेसिक शिक्षा परिषद् के स्कूलों के लिए **प्रेरणा ऐप व प्रेरणा वेब पोर्टल** लॉन्च किया। इस ऐप के जरिए स्कूल में शिक्षकों, बच्चों की उपस्थिति से लेकर मिड-डे मील व अन्य लर्निंग आउटकम की निगरानी की जा सकेगी। सरकार की यह पहल एक ओर गुणवत्तापूर्ण शिक्षा व्यवस्था को बढ़ावा देगी, तो वहीं दूसरी ओर प्रशासन में अनुशासन, उत्तदायित्व व जवाबदेहीता की भावना को विकसित करने में सहायक होगी।

- **स्वास्थ्य के क्षेत्र में**
  - 20 मई, 2020 को उत्तर प्रदेश के मुख्यमंत्री जी ने चिकित्सा शिक्षा विभाग के मोबाइल ऐप **चिकित्सा सेतु** का लोकार्पण किया, जो देश का पहला चिकित्सक प्रशिक्षण ऐप है। यह ऐप मुख्य रूप से कोविड-19 के संक्रमण से बचाव व उपचार के लिए कार्य कर रहे कोरोना वारियर्स, चिकित्सकों, पैरामेडिकल व नर्सिंग स्टाफ तथा सफाई कर्मियों आदि के लिए तैयार किया गया।

  - उत्तर प्रदेश की योगी सरकार ने आयुष मंत्रालय द्वारा विकसित किए गए **आयुष कवच** नामक मोबाइल एप्लीकेशन को लॉन्च किया। इस ऐप का प्रमुख कार्य कोविड-19 से लड़ने की प्रक्रिया में प्रतिरक्षा को बढ़ावा देने के लिए स्वास्थ्य उपचार और उपयोग के बारे में लोगों को जागरूक करना है। यह ऐप लोगों को औषधीय गुणों से भरपूर अवयवों के बारे में जानकारी देने के साथ-साथ उन्हें आयुष क्षेत्र के विशेषज्ञों से सलाह लेने का उपयुक्त माध्यम भी उपलब्ध कराता है।
- **प्रशासन के क्षेत्र में**
  - सबसे बड़ी आबादी वाले राज्य में, प्रशासन व कानून व्यवस्था को सुचारु रूप से संचालित करने में 'अफवाहों का गर्म बाजार' एक बहुत बड़ी चुनौती है, क्योंकि यह अफवाहें जंगल की आग की तरह फैलती हैं, परिणामस्वरूप राज्य में व्याप्त विविधता को सांप्रदायिक रंग देकर प्रदेश की एकता-अखंडता को कमजोर करती हैं। योगी सरकार ने इस समस्या का हल **सी-प्लान ऐप** के माध्यम से किया है। यह ऐप अफवाहों से निपटने में पुलिस के लिए सहायक सिद्ध होगा क्योंकि इस ऐप के जरिए पुलिस उन इलाकों के लोगों तक एस.एम.एस. के जरिए सही तथ्य तत्काल पहुँचाने में सफल होगी, जिन इलाकों में अफवाहों के कारण माहौल तनावपूर्ण होगा। प्रदेश सरकार की इस पहल का उद्‌देश्य तकनीक के माध्यम से त्वरित व सही सूचना उपलब्ध कराकर, अफवाहों को पनपने से रोकना है।
  - उत्तर प्रदेश प्रशासन को चुस्त-दुरुस्त बनाने में न्यायिक व्यवस्था का सशक्त होना अपरिहार्य है, इसी सोच के साथ योगी सरकार ने प्रदेश की आभासी अदालतों में सॉफ्टवेयर के जरिए मुकदमों की सुनवाई शुरू करने की पहल की है, जिसके साथ ही अब इलाहाबाद हाईकोर्ट और इसकी अन्य अदालतों में वीडियो कॉन्फ्रेंसिंग से मुकदमों की सुनवाई की जा सकेगी। इन आभासी अदालतों में बिना किसी इंटरनेट कनेक्शन के वीडियो कॉन्फ्रेंसिंग के माध्यम से कई अदालती कार्यवाहियाँ की जा रही हैं। न्याय को तकनीकी के माध्यम से सर्वसुलभ कराने वाला उत्तर प्रदेश देश का पहला राज्य बन गया है।

- **ऐप्स के माध्यम से प्रवासी श्रमिकों को लाभान्वित करती योगी सरकार**
  - कोविड काल में प्रवासी श्रमिकों की दयनीय स्थिति पर युद्ध स्तरीय कार्रवाई करते हुए प्रदेश के मुखिया मा. योगी आदित्यनाथ जी ने 8 मई, 2020 को **प्रवासी राहत मित्र** ऐप का लोकार्पण किया जिसका उद्‌देश्य अन्य प्रदेशों से उत्तर प्रदेश में आने वाले प्रवासी नागरिकों को सरकारी योजनाओं का लाभ देना, उनके स्वास्थ्य की निगरानी एवं विशेषकर उनके कौशल के अनुरूप भविष्य में नौकरी एवं आजीविका प्रदान करने में सहायता देना था।
  - कोरोना काल में लॉकडाउन के कारण उत्तर प्रदेश में वापस लौटे प्रवासी श्रमिकों को रोजगार उपलब्ध कराकर उन्हें स्वावलंबी बनाने में सहायता देने के लिए व्यावसायिक शिक्षा एवं कौशल विभाग द्वारा **आभा ऐप** अर्थात् 'आत्मनिर्भर भारत ऐप' की शुरुआत की गई, जिसके माध्यम से प्रवासी श्रमिक अपने हुनर की जानकारी इस ऐप में अपलोड कर सकते हैं साथ ही इस ऐप के माध्यम से वे कौशल प्रशिक्षण के लिए पंजीकरण भी कर सकते हैं।
- **महिला सुरक्षा के क्षेत्र में**
  - उत्तर प्रदेश राज्य सड़क परिवहन निगम ने 31 दिसंबर, 2019 को महिलाओं को समर्पित एक हेल्पलाइन, जिसका नाम **दामिनी** है, शुरू की है। यह महिलाओं की सुरक्षा के लिए एक कॉलिंग और व्हाट्सएप सेवा है।
  - मा. मुख्यमंत्री जी ने प्रदेश की जनता की सुरक्षा, सम्मान व गुणवत्तापूर्ण जीवनयापन करने हेतु निम्नलिखित हेल्पलाइन नंबर उपलब्ध कराए हैं। इन नंबरों से हम 24 घंटे सुविधा/सहायता प्राप्त कर सकते हैं–

महिला पावर लाइन	–	1090
महिला हेल्प लाइन	–	1811
मुख्यमंत्री हेल्प लाइन	–	1076
आपातकालीन पुलिस सेवा	–	112
चाइल्ड हेल्पलाइन	–	1098
स्वास्थ्य सेवा	–	102
एंबुलेंस सेवा	–	108

उक्त सरकारी पहले प्रदेश में संरचनात्मक परिवर्तनों के माध्यम से घिसे-पिटे कामकाजी तरीकों व जर्जर होती प्रशासन व्यवस्था को बदलकर उसके स्थान पर नई ऊर्जा का संचार कर रही हैं, जिसका परिणाम है-प्रदेश में बढ़ता निवेश, सरकारी सुविधाओं की जनता तक अधिकतम पहुँच, क्राइम रेट में कमी, संगठित अपराधों पर त्वरित कार्रवाई, सशक्त व सुरक्षित महिलाएँ व बेटियाँ, वीआईपी संस्कृति पर रोक आदि जिसके चलते प्रदेश का आम व्यक्ति भेदभाव रहित भयमुक्त जीवन जी रहा है, जो उसका हक है। संक्षेप में कहा जाए तो मुख्यमंत्री

योगी ने उत्तर प्रदेश की जनता की आवश्यकता के अनुरूप हर क्षेत्र में तेजी से काम करते हुए प्रदेश को, जो कभी **'बीमारू प्रदेश', 'क्राइम स्टेट'** व **'जुगाड़ू प्रदेश'** के रूप में जाना जाता था, अब उसकी नई पहचान 'ईज ऑफ डूइंग बिजनेस' में व राज्य जीडीपी में देश में दूसरे स्थान पर आने के रूप में हो गई है।

ई-पेंशन प्रणाली लागू करने वाला उत्तर प्रदेश पहला राज्य बना

किसी भी व्यवस्था को कल्याणकारी तभी कहा जा सकता है, जब लोगों को उनके अधिकार प्राप्त करने में कोई परेशानी न हो। इस नजरिए से प्रदेश में विकसित की गई **ई-पेंशन प्रणाली** को कर्मचारियों के लिए राहत भरा कदम माना जा सकता है, क्योंकि यह व्यवस्था न सिर्फ भ्रष्टाचार को खत्म करेगी, बल्कि कर्मचारियों के हितों को भी संरक्षित करेगी। उत्तर प्रदेश देश का पहला राज्य है, जहाँ यह प्रणाली लागू की गई है। ई-पेंशन प्रणाली के महत्त्व को समझने के लिए हमें प्रदेश में व्याप्त पूर्व पेंशन प्रणाली पर भी नजर डालनी होगी, ताकि यह मूल्यांकन करने में आसानी हो सके कि योगी सरकार ने ई-पेंशन प्रणाली की व्यवस्था लागू कर एक ओर बड़ी संख्या में सेवानिवृत्त होनेवाले राज्य कर्मचारियों को पीड़ा से मुक्त किया है, तो दूसरी तरफ राज्य में विभागीय कार्य संस्कृति के स्तर को भी बढ़ाने का कार्य किया है। सेवानिवृत्त होनेवाले कर्मचारियों की समस्या का सबसे बड़ा सबब उनके विभागीय साथी ही होते हैं, जो तरह-तरह की अड़चनें लगाकर उन्हें परेशान करते हैं। वे यह भी नहीं सोचते कि आज नहीं तो कल, उन्हें भी इसी समस्या का सामना करना पड़ेगा, क्योंकि वे जैसी विभागीय कार्य संस्कृति को विकसित कर रहे हैं इसके दुष्प्रभाव से वे स्वयं भी नहीं बच सकेंगे।

योगी सरकार की 'ई-पेंशन प्रणाली' लागू होने से कर्मचारियों को सेवानिवृत्त होने के बाद अपने देयकों के भुगतान और पेंशन पाने के लिए इस कार्यालय से उस कार्यालय तक चक्कर नहीं लगाने पड़ेंगे, बल्कि यह व्यवस्था पारदर्शी होगी और इसमें किसी प्रकार का मानवीय हस्तक्षेप करना संभव नहीं होगा। ई-पेंशन प्रणाली के अंतर्गत आवेदन करने पर सेवानिवृत्ति के 3 माह पहले ही उनकी पेंशन की पूरी प्रक्रिया पूर्ण हो जाएगी और पेंशन पेमेंट ऑर्डर (PPO) भी मिल जाएगा। ई-प्रणाली का एक और लाभ कार्य का पेपरलेस व कैशलेस होना है, जिसके चलते कोई भी किसी का उत्पीड़न नहीं कर पाएगा। वर्तमान में यह प्रणाली राज्यकर्मियों के लिए है, लेकिन बाद में इसके कवरेज क्षेत्र में पुलिस, शिक्षा व अन्य विभागों को भी शामिल कर लिया जाएगा, जो आवश्यक भी है, क्योंकि सेवानिवृत्ति के समय पेंशन, ग्रेच्युटी व अन्य देयकों के लिए हर विभाग में परेशान किया जाता है। सरकार द्वारा दी जाने वाली सेवाएँ 'समयबद्ध' व 'पारदर्शी' रूप से उपलब्ध कराई जाएँ तो आम जनता का सरकार पर विश्वास प्रगाढ़ होता है। कर्मचारियों को अपनी सेवानिवृत्ति के समय बिना परेशानी के सभी देयकों का भुगतान हो जाए और समय से उन्हें पेंशन मिलने लगे तो इस बड़ी सौगात से प्रदेश में जो एक व्यापक संरचनात्मक सुधार आएगा, वह है प्रदेश में सहयोगात्मक और सौहार्दपूर्ण विभागीय संस्कृति की स्थापना। ❑

अध्याय 18

कानून व्यवस्था और नागरिक सुरक्षा के दम पर निर्भीक हुई प्रदेश की जनता

अपराधग्रस्त यूपी के विषय में लोग दो प्रकार से चर्चा करते हैं-***पहला***, स्वयं प्रदेश में रहकर इस व्यवस्था का अनुभव कर रहे लोगों की आपबीती और ***दूसरा***, वे जो कभी प्रदेश आए नहीं, परंतु खस्ताहाल कानून व्यवस्था व अपराधियों के खौफ की चर्चाएँ उन्होंने सुन रखी हैं। अर्थात् यूपी का जिक्र आते ही लोगों की आँखों में अपराधग्रस्त यूपी की तस्वीर उभर आती थी। वर्ष 2017 के बाद एक बार फिर यूपी की कानून व्यवस्था खासी चर्चा में रही परंतु इस बार चर्चा में बने रहने का कारण मुख्यमंत्री योगी आदित्यनाथ की अपराधीकरण के विरुद्ध **जीरो टॉलरेंस** की नीति रही। प्रदेश सरकार ने जब कानून व्यवस्था को सुधारने का बीड़ा उठाया तो यह किसी ने न सोचा था कि जिन माफियाओं की प्रदेश में तूती बोलती थी जिनका ग्लैमर लोगों के सर चढ़कर बोलता था, जिनके सामने शासन-प्रशासन बौने प्रतीत होते थे, आज वही माफिया सरकार से खुद की जान बचाने को **त्राहिमाम** कर रहे हैं और सामाजिक ताना-बाना छिन्न-भिन्न करने वाले दंगाई स्वयं **सरेंडर** कर रहे हैं। योगी आदित्यनाथ जी ने अपने भाषण में आम जनता को इस बात का विश्वास दिलाया था कि प्रदेश में अपराधियों के लिए दो जगह हैं- पहली **जेल** व दूसरा **परलोक**। इस प्रदेश में उनका कोई स्थान नहीं। यूपी की योगी सरकार ने क्राइम कंट्रोल किया है, इसके साक्षी नेशनल क्राइम रिकॉर्ड ब्यूरो के आँकड़े हैं, जो बताते हैं कि प्रदेश

में अपराधियों के खिलाफ कार्रवाई में तेजी आई है, साथ ही कोर्ट में अपराधियों के दोष सिद्धि के मामलों में भी तीव्रता आई है और प्रदेश इस मामले में पूरे देश में पहले स्थान पर है। एनसीआरबी (वर्ष 2020) का एक और आँकड़ा जो योगी सरकार के अपराधमुक्त यूपी के लक्ष्य की प्राप्ति को पुष्ट करता है, वह है– 'देश के सभी राज्यों और केंद्रशासित प्रदेशों में अपराध के मामले में यूपी 24वें स्थान पर आता है। यानि अपराध के मामलों से यूपी से आगे 23 राज्य/के.प्र. हैं। यह उपलब्धि इसलिए भी खास है कि देश का सर्वाधिक आबादी वाला राज्य क्राइम रेट को कम करने के लिए प्रयासरत है। यह सब कोई जादू की छड़ी घुमाने से नहीं हुआ, बल्कि सशक्त व लोक कल्याण में त्वरित निर्णय लेने वाली सरकार तथा प्रदेश की जनता के प्रति अपनी जवाबदेयता निभाने वाली योगी सरकार के मार्गदर्शन में हुआ है। एनसीआरबी की रिपोर्ट इस बात पर मुहर लगाती है कि योगी सरकार ने अपराध और अपराधियों पर नकेल कसने में जो कामयाबी पाई है, वो अपराध से जुड़े हर क्षेत्र में पाई है, चाहे फिर वह लूट, डकैती व हत्या जैसे अपराध हों, या फिर महिलाओं से जुड़े।

प्रदेश में लूट, डकैती व हत्या जैसे अपराध में कमी

योगी सरकार 'अपराध मुक्त प्रदेश' के लक्ष्य को पूरा करने के लिए प्रयासरत है, जिसका परिणाम है कि प्रदेश में वर्ष 2013 के सापेक्ष लूट के मामलों में **54.5%** की कमी आई है, डकैती के मामलों में **79.9%** की कमी आई है व हत्या के मामलों में **25.1%** की कमी आई है। ये तथ्य इस बात के स्पष्ट प्रमाण हैं कि यूपी में कानून व्यवस्था की स्थिति में जबरदस्त सुधार हुआ है। निश्चित तौर पर अपराधों की संख्या में यह महत्त्वपूर्ण गिरावट योगी सरकार की ठोस कार्ययोजना और जीरो टॉलरेंस की नीति का परिणाम है।

महिला अपराधों के न्यूनीकरण में प्रदेश सरकार के नए कीर्तिमान

प्रदेश में महिलाओं के प्रति होने वाले अपराध चर्चा का विषय रहते हैं। प्रदेश में ऐसी धारणा बन गई थी कि यूपी में बहन-बेटियाँ शाम ढलने के बाद सड़कों पर घूम-टहल नहीं सकतीं। यही कारण है कि प्रदेश की महिलाएँ-शिक्षा, रोजगार, सुरक्षा, आत्मनिर्भर व महिला सशक्तीकरण जैसे मौलिक मूल्यों से वंचित हैं। प्रदेश सरकार ने महिलाओं को सुरक्षित व व्यवस्थित राज्य देने के लिए कई अहम फैसले लिए हैं, जो निम्नवत् हैं –

- प्रदेश की योगी सरकार ने **अक्तूबर 2020** में शारदीय नवरात्रि के पहले दिन **मिशन शक्ति** की शुरुआत की, जिसके माध्यम से गाँव-गाँव में जागरूकता कार्यक्रम चलाए जा रहे हैं, महिलाओं को हिंसा के खिलाफ चुप्पी तोड़ने हेतु प्रोत्साहित किया जा रहा है। साथ ही

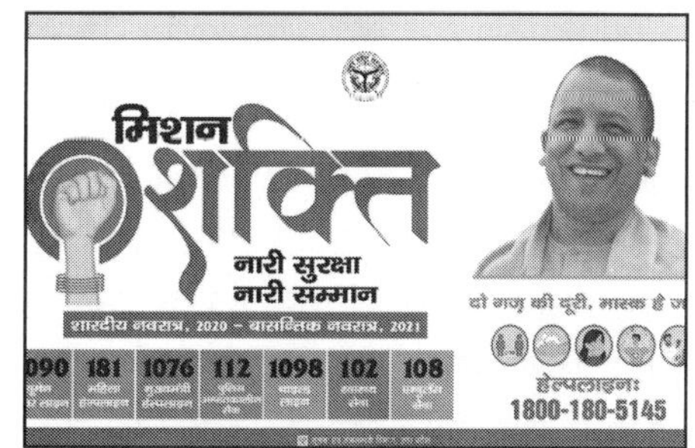

महिलाओं को सुरक्षा हेतु प्रोत्साहित किया जा रहा है। 'मिशन शक्ति' महिलाओं की सुरक्षा हेतु बनाए गए हेल्पलाइन नंबरों के बारे में उन्हें जानकारी देने का कार्य कर रही है। हर थाने में **महिला हेल्प डेस्क** स्थापित किए गए हैं, ताकि महिलाएँ निर्भीक होकर थाने आ सकें और स्वयं के साथ होने वाले शारीरिक व मानसिक उत्पीड़न की शिकायत दर्ज करा सकें। 'मिशन शक्ति' प्रदेश में महिलाओं के उत्थान हेतु योगी सरकार का एक क्रांतिकारी कदम है।

- कोर्ट में महिला संबंधी अपराधों की दोष-सिद्धि की कार्यवाहियों में यूपी देश में प्रथम स्थान पर है।
- प्रदेश सरकार ने महिला सुरक्षा को अपनी प्राथमिकता सूची में रखते हुए उनके विकास में बाधा डालने वाले तत्त्वों को एक-एक करके दूर करने का प्रयास किया और उनके लिए विशिष्ट सेवाएँ उपलब्ध कराईं जिनमें प्रमुख हैं-18 पिंक टॉयलेट, 660 स्ट्रीट लाइट, 100 पिंक स्कूटी एवं 11 एसयूवी वाहनों का बेड़ा, इन विशिष्ट सुविधाओं का प्रबंध प्रदेश सरकार ने निर्भया कोष से तैयार किया है ताकि प्रदेश की महिलाओं को आत्मसम्मान व विश्वास के साथ जीवन जीने की राह पर अग्रसर किया जा सके।

प्रदेश सरकार द्वारा माफिया राज व संगठित अपराधों पर अंकुश की रणनीति

प्रदेश सरकार ने साहस व निर्भीकता के साथ अल्प समय में उत्तर प्रदेश से संगठित अपराध व संगठित अपराधियों का सफाया किया, जिसका श्रेय अप्रतिम शौर्य का प्रदर्शन करने वाली उत्तर प्रदेश पुलिस को जाता है। सरकार की आलोचना करनेवाले लोगों ने पुलिस की अपराधियों के साथ होने वाली मुठभेड़ के ऊपर प्रश्नचिह्न लगाया, जो एक हास्यास्पद और बेबुनियाद आरोप के अतिरिक्त कुछ नहीं; क्योंकि प्रत्येक मुठभेड़ के बाद राष्ट्रीय मानवाधिकार आयोग के दिशा-निर्देश के अनुरूप वांछित कार्रवाई, जैसे न्यायिक जाँच, न्यायालय के समक्ष अंतरिम रिपोर्ट या आरोप-पत्र जैसी शर्तों को पूरा किया जाता है और न्यायालय की समीक्षा के उपरांत ही प्रकरण समाप्त किया जाता है।

माफिया और गैंगस्टर ऐक्ट के तहत की गई कार्रवाई की समीक्षा की जाय तो प्रदेश पुलिस द्वारा माफियाओं को चिह्नित कर उनके गैंग और सहयोगियों एवं अन्य कुख्यात अपराधियों के विरुद्ध अभियान चलाकर कार्रवाई हुई। राष्ट्रीय सुरक्षा अधिनियम के अंतर्गत 630 व्यक्तियों को निरुद्ध किया गया। यही नहीं गैंगस्टर ऐक्ट की धारा 14A के अंतर्गत आपराधिक कृत्यों से अर्जित की गई लगभग 18 अरब 48 करोड़ 52 लाख रुपए से अधिक की चल-अचल अवैध संपत्तियों पर शिंकजा कसते हुए ध्वस्तीकरण, जब्तीकरण

व सरकारी जमीन को अवमुक्त कराने की कार्रवाई जोर-शोर से की गई, जो अभूतपूर्व है। इससे पूर्व ऐसा कभी नहीं हुआ कि इतने बड़े स्तर पर माफिया और गैंगस्टर ऐक्ट के तहत कार्रवाई हुई हो। प्रदेश सरकार द्वारा ऐसी कार्रवाई हुई, जिससे संगठित अपराधियों की कमर टूट गई। अपराधी भारत की किसी भी जेल में हों, उन्हें उत्तर प्रदेश लाकर न्याय प्रक्रिया के समक्ष पेश करना, उनकी सहायता करनेवालों, चाहे जनता के व्यक्ति हों या पुलिस या शासन-प्रशासन के क्यों न हों, उनके ऊपर प्रभावी वैधानिक कार्रवाई की गई, जिससे यह कड़ा संदेश गया कि प्रदेश में संगठित अपराध और माफिया के प्रति किसी तरह की कोई ढिलाई स्वीकार्य नहीं होगी और अगर किसी ने उनकी सहायता करने का दुस्साहस किया तो उन्हें भी उसी प्रकार बुलडोजर से नेस्तनाबूद कर दिया जाएगा, जैसे कि इन अपराधियों की नाजायज संपत्तियों को ध्वस्त किया गया है।

प्रदेश में जघन्य अपराधों में कमी

प्रदेश सरकार और पुलिस की सक्रियता के कारण पेशेवर दक्षता और कार्यकुशलता का परिचय देते हुए कार्य-योजना के तहत अभियान चलाकर कार्रवाई की गई। अपराधी चाहे जेल के अंदर हों या बाहर, उनके ऊपर वांछित दबाव सुनिश्चित किया गया। जनभावना के आधार पर तुलना करें तो योगी सरकार के कार्यकाल में अपराधों में गिरावट सर्वत्र स्वीकार की जा रही है। अब पुलिस विभाग के परिपक्व नेतृत्व ने यह सुनिश्चित किया है कि अपराधियों का भलीभाँति पंजीकरण किया जाए, गुणवत्ता के साथ विवेचना की जाए और अपराधियों के विरुद्ध ऐसी कार्रवाई सुनिश्चित की जाए, जिससे उनकी जमानत न हो सके और वे जेल से अपना आपराधिक साम्राज्य न चला सकें।

अपराध नियंत्रण हेतु नई बीट प्रणाली

अपराधियों पर नियंत्रण रखने और उनकी सूचना प्राप्त करने के लिए **नवीन बीट प्रणाली** की व्यवस्था की गई, जिससे कानून व्यवस्था सुदृढ़ हुई और अपराधियों पर प्रभावी नियंत्रण और अंकुश लग सका।

सार्वजनिक स्थानों पर असामाजिक तत्त्वों का खुलेआम शराब पीना और हंगामा करना, विशेष रूप से महिलाओं पर छींटाकशी की घटनाएँ आम थीं, जिससे जनता में असुरक्षा की भावना व्याप्त हो गई थी। इस समस्या से निपटने के लिए सार्वजनिक स्थानों पर शराब पीने पर व्यक्तियों के विरुद्ध कार्रवाई की गई, जिसकी भूरि-भूरि प्रशंसा हुई।

सशक्त पुलिस विभाग की दिशा में बढ़ता उत्तर प्रदेश

पुलिस विभाग को सशक्त बनाने हेतु तमाम कार्यशालाएँ चलाई गईं और इन कार्यशालाओं में पुलिस विभाग के अधिकारियों और कर्मचारियों को प्रशिक्षित किया गया, ताकि वे ऐसे तत्त्वों को चिह्नित कर उनके विरुद्ध ठोस कार्रवाई कर सकें। इसके अलावा पुलिसकर्मियों को निर्भया कांड के बाद **13 क्रिमिनल लॉ अमेंडमेंट ऐक्ट** के अंतर्गत **भारतीय अपराध संहिता (IPC), आपराधिक प्रक्रिया संहिता (CPC) और साक्ष्य अधिनियम (Evidence Act)** में किए गए संशोधनों के बारे में भलीभाँति प्रशिक्षित किया गया, ताकि विवेचना की गुणवत्ता बढ़ सके और अभियुक्तों को सजा भी भलीभाँति मिल सके। जनपदों में निगरानी

प्रकोष्ठ के पुलिस अधीक्षकों ने सीधे पर्यवेक्षण में अपना परिपक्व योगदान दिया, जिससे न्यायालयों में प्रचलित अभियोगों की पैरवी, साक्ष्यों की गुणवत्ता सुनिश्चित की गई। यह प्रयास अत्यंत सफल रहा।

यूपी ने देखा पुलिस का मानवीय चेहरा

एक सफल प्रशासन तभी संभव है, जब प्रशासन की बागडोर सँभालने वाली पुलिस, अपराधियों के विरुद्ध सख्त से सख्त कार्रवाई करे, वहीं दूसरी ओर जनता का विश्वास टूटने ना दे। आम जनता पुलिस को अपना मित्र, सहयोगी व संरक्षक समझे, ना कि उनसे डरे।

कोविड-19 संक्रमण काल में पुलिस ने न केवल कानून-व्यवस्था पर ध्यान दिया अपितु जनसहयोग के नए कीर्तिमान स्थापित किए। पुलिस द्वारा जनता की सुरक्षा व सेवा के तमाम ऐसे दृष्टांत सामने आए कि पुलिसकर्मियों ने अवकाश न लेकर अपने सीमित संसाधनों में व्यक्तिगत और सामूहिक रूप से जनता को भोजन उपलब्ध कराया व उनके गंतव्य पर पहुँचाया, साथ ही चिकित्सा भी उपलब्ध कराई और इस तरह अपराध नियंत्रण के साथ-साथ जनसेवा को एक नया अर्थ दिया। कितने ही ऐसे दृष्टांत सामने आए कि पुलिसकर्मियों ने मृत्यु की दुर्भाग्यपूर्ण स्थिति में अंतिम संस्कार तक सुनिश्चित किए। इसके अतिरिक्त कांस्टेबल स्तर के कर्मचारियों ने भी प्रण लिया कि वे जब तक 5 व्यक्तियों को भोजन की पहुँच सुनिश्चित नहीं कर देते, तब तक स्वयं भोजन नहीं करेंगे। अवकाश पर न जाकर, महीनों तक 18 घंटे नियमित कार्य करके निस्संदेह प्रत्येक पुलिसकर्मी ने यह सिद्ध कर दिया कि वह वास्तव में कोरोना योद्धा हैं।

प्रदेश में पुलिस आयुक्त प्रणाली का आगाज करती योगी सरकार

उत्तर प्रदेश निवेश का केंद्र बिंदु बन रहा है। इसलिए यह आवश्यक हो जाता है कि प्रदेश के समस्त महत्त्वपूर्ण जनपदों में पुलिस आयुक्त प्रणाली लागू की जाए। 25 मार्च, 2021 को मुख्यमंत्री योगी की अध्यक्षता में हुई कैबिनेट की बैठक में इस प्रस्ताव को हरी झंडी दे दी गई। योगी सरकार ने राजधानी **लखनऊ** और **नोएडा** में **पुलिस कमिश्नर प्रणाली लागू की** और **अपर पुलिस महानिदेशक स्तर** के अधिकारी की तैनाती की। कमिश्नर प्रणाली से पुलिस अधिकारियों को मजिस्ट्रेट स्तर की शक्तियों सहित कई अन्य अधिकार मिल जाते हैं। वर्तमान में कानपुर, वाराणसी, आगरा में पुलिस आयुक्त प्रणाली लागू की जा रही है। सरकार के इस कदम की सर्वत्र प्रशंसा की जा रही है, क्योंकि यह निर्णय जनहित में लिया गया है।

तकनीक से जुड़ती यूपी पुलिस

पुलिस व्यवस्था को और अधिक लोगों के लिए अनुकूल बनाने की दिशा में प्रौद्योगिकी का बढ़ता उपयोग, उत्तर प्रदेश पुलिस की खासियत रही। अब नागरिकों को छोटी और नियमित चीजों के लिए पुलिस थाने जाने की जरूरत नहीं है उनकी मदद के लिए हेल्पलाइन नंबर विकसित किए गए। प्रौद्योगिकी का उपयोग करते हुए पुलिस अब यूपी कॉप ऐप, प्रहरी बीट पुलिसिंग ऐप और विभिन्न हेल्पलाइन से लैस सीसीटीएनएस (अपराध और आपराधिक ट्रैकिंग नेटवर्क और सिस्टम) के साथ एकीकृत हो गई है।

साइबर पुलिस थानों की स्थापना और सभी थानों में साइबर हेल्प डेस्क की स्थापना साइबर अपराधियों द्वारा लक्षित लोगों की मदद करने की दिशा में एक बड़ा कदम है। समाज के सभी वर्गों में आईटी सेवाओं, ई-कॉमर्स और अन्य ऑनलाइन सुविधाओं के उपयोग के साथ साइबर अपराध बढ़ रहे हैं। इसे देखते हुए साइबर प्रौद्योगिकी का उपयोग प्रभावी सिद्ध हुआ है।

योगी सरकार की सांप्रदायिक दंगों पर नियंत्रण की रणनीति

विविधता से भरे इस प्रदेश में घटनाओं को सांप्रदायिक रूप देकर राज्य की शांति व व्यवस्था को आतंकित करना, पूर्व सरकारों में आम बात थी, परंतु योगी सरकार ने सत्ता सँभालते ही इन सांप्रदायिक ताकतों व दरार पैदा करने वाले अर्बन नक्सलवाद को जड़ से समाप्त करने हेतु एक सधी हुई रणनीति का अनुसरण किया, जिससे सभी पंथों के अनुयायी अपने-अपने त्योहारों व कार्यक्रमों को बिना किसी विघ्न के मना सकते हैं।

CAA व NRC को लेकर एक मजहब विशेष द्वारा जो दंगे प्रयोजित किए गए थे, उन पर की गई सख्ती ऐतिहासिक रही। प्रदेश सरकार ने ऐसे अराजक तत्त्वों, जो सरकारी व निजी संपत्तियों की तोड़-फोड़ व आगजनी में लिप्त पाए गए, उन्हीं से, होने वाले नुकसान की वसूली किए जाने के आदेश दिए। मुख्यमंत्री जी स्वयं महत्त्वपूर्ण अपराधों/घटनाओं का निकट से पर्यवेक्षण करते हैं व कड़ाई बरतने के निर्देश देते हैं। मुख्यमंत्री जी के इस चुस्त-दुरुस्त रवैये से पुलिस प्रशासन का मनोबल बढ़ा है तथा वे ठोस कार्रवाई हेतु प्रेरित हुए हैं। मुख्यमंत्री जी द्वारा प्रदेश की जनता से यह वादा किया गया था कि प्रदेश भ्रष्टाचार मुक्त, भय मुक्त व दंगा मुक्त प्रदेश बनेगा। इस वादे को बड़ी मेहनत व लगन से प्रदेश सरकार पूरा कर रही है।

सत्य एवं न्याय के प्रति कटिबद्ध योगी सरकार

उत्तर प्रदेश के लिए यह सौभाग्य की बात है कि वर्तमान मुख्यमंत्री जी राजनीति का विशेष अनुभव रखने के साथ-साथ लंबे समय तक मठाधीश भी रहे हैं जिसके चलते वे न्याय, अनुशासन व वचनबद्धता के महत्त्व को समझते हैं। जब उन्हें वर्ष 2017 में मुख्यमंत्री के रूप में प्रदेश की खुशहाली व विकास की जिम्मेदारी मिली तो उन्होंने श्रेष्ठ राज्य के संचालन हेतु सभी संबंधित लोगों को स्पष्ट रूप से निर्देशित किया एवं उद्देश्यों के अनुपालन हेतु पूरी निष्ठा के साथ कई जिलों के लगातार दौरे किए एवं वीडियो कॉन्फ्रेंसिंग से सतत अनुरक्षण करते रहे। प्रदेश की सुरक्षा का दायित्व सँभाल रहे अधिकारियों द्वारा किए जा रहे श्रेष्ठ कार्यों की मुख्यमंत्री योगी जी ने सार्वजनिक मंचों से प्रशंसा की और समाज के इन हितधारकों का समर्थन करने हेतु लगातार प्रेरित किया। मुख्यमंत्री जी के प्रयासों का परिणाम है कि आज प्रदेश के अच्छे लोगों ने निर्भीक होकर समाज की खुशहाली हेतु बढ़-चढ़कर योगदान देना प्रारंभ किया है जिससे समाज को दुःख देनेवाले, अनैतिक कार्यों में लिप्त रहनेवाले अपराधी, दुष्ट प्रवृत्ति के लोग या तो सुधर गए हैं अथवा भयभीत व अनुशासित हो गए हैं।

"सत्यमेव जयते"

❑

खंड–3

योगी सरकार के 5 वर्ष 100 दिन

(सेवा, सुरक्षा और सुशासन को समर्पित 100 दिन)

दूसरी बार की पूर्ण बहुमत की सरकार ने सृजित किये शतकीय नव-निर्माण

1. कृषि एवं संबद्ध क्षेत्रों की विकास योजना : एक दृष्टि में
2. प्रदेश के राजस्व संग्रह क्षेत्र में नई पहलें
3. उत्तर प्रदेश में अवस्थापना एवं औद्योगिक विकास क्षेत्र हेतु योगी सरकार का विजन : एक दृष्टि में
4. उत्तर प्रदेश में सामाजिक सुरक्षा क्षेत्र के विकास की रणनीति : एक दृष्टि में
5. प्रदेश में चिकित्सा, स्वास्थ्य एवं परिवार कल्याण के क्षेत्र में नई दिशा
6. प्रदेश में शिक्षा क्षेत्र की बृहद् रणनीति

कृषि एवं संबद्ध क्षेत्रों की विकास योजना : एक दृष्टि में

उत्तर प्रदेश में सात चरणों में आयोजित विधानसभा चुनावों के परिणाम 10 मार्च, 2022 को घोषित हुए । यू.पी. की जनता ने विकास के मुद्दे पर तथा महिलाओं ने सशक्त कानून-व्यवस्था के चलते भाजपा पर विश्वास जताया। इस विश्वास ने प्रदेश में इतिहास रच दिया जिसके फलस्वरूप 36 वर्ष बाद किसी मुख्यमंत्री ने अपनी दूसरी पारी आरंभ करने हेतु जनता का प्रचंड आशीर्वाद प्राप्त किया।

मा. मुख्यमंत्री योगी आदित्यनाथ जी के दूसरे कार्यकाल का शुभारंभ हो चुका है और वे अपने सहयोगियों व विशेषज्ञों की टीम के साथ मिलकर तैयार किए गए संकल्प-पत्र को लेकर जनता के बीच पहुँच चुके हैं। इस संकल्प-पत्र के माध्यम से योगी सरकार ने विभिन्न क्षेत्रों के विकास हेतु कार्य-योजना की रूपरेखा जनता के समक्ष प्रस्तुत की है। अतः इस संकल्प-पत्र के कुछ अंश, जो कृषि एवं संबद्ध क्षेत्रों के विकास से संबंधित हैं, को प्रस्तुत किया जा रहा है–

संकल्प-पत्र में कृषि एवं संबद्ध क्षेत्रों के विकास हेतु कार्य-योजना का प्रारूप

•	कार्य-योजना	:	वर्ष 2022-23 में प्रदेश के 825 विकास खंडों में 1-1 एफ. पी. ओ. को चयनित फसल के आधार पर स्थापित किया गया है। फसल का चयन 100 दिनों के भीतर किया जाना अनिवार्य किया गया है।
	आवंटित राशि	:	354.75 करोड़ रुपए।

जन-मानस को लाभ	:	उक्त कार्य-योजना से लगभग 4 लाख किसान लाभान्वित होंगे, उन्हें अपनी उपज का बेहतर मूल्य प्राप्त होगा और किसानों की आय सहायक सिद्ध हो रही है। साथ ही, क्लस्टर आधारित कृषि विधा को प्रोत्साहन मिलेगा।
• कार्य-योजना	:	**'पी. एम. कुसुम योजना'** के अंतर्गत 5 वर्ष के भीतर 1 लाख सोलर पंप स्थापित करने के लक्ष्य को पूरा किया जाएगा।
आवंटित राशि	:	200 करोड़ रुपए।
• कार्य-योजना	:	बुंदेलखंड के 7 जनपदों में आगामी 5 वर्षों में प्रत्येक ग्राम पंचायत में गो-आधारित प्राकृतिक खेती के कार्यान्वयन हेतु कृषकों को प्रशिक्षित कर प्राकृतिक खेती को बढ़ावा दिया जा रहा है। यह योजना राज्य-पोषित है और अगले 100 दिनों में इस योजना का मंत्रिपरिषद् से अनुमोदन प्राप्त करके नीतिगत निर्देश निर्गत करते हुए शुभारंभ किया गया है। यह योजना कृषि विभाग, उद्यान विभाग, कृषि विश्वविद्यालय तथा कृषि विज्ञान केंद्रों में समन्वित प्रयास से कार्यान्वित की जा रही है।
आवंटित राशि	:	180 करोड़ रुपए।
जन-मानस को लाभ	:	योजना के अंतर्गत बुंदेलखंड के 7 जनपदों में 47 विकास खंडों की लगभग 47 हजार हेक्टेयर भूमि को प्राकृतिक खेती से आच्छादित कर 60 हजार कृषकों को लाभ दिया जा रहा है। इससे बुंदेलखंड क्षेत्र में निराश्रित गौवंश की समस्या का हल निकलेगा और साथ ही, प्राकृतिक खेती से प्राप्त उत्पादों को बाजार में बेहतर मूल्य प्राप्त हो सकेगा।
		नोट : केंद्र पोषित योजना **'मिशन प्राकृतिक खेती'** राज्य के 35 जनपदों में आरंभ की गई है, जिसमें लगभग 38,600 हेक्टेयर क्षेत्रफल और 50 हजार कृषकों द्वारा गो-आधारित प्राकृतिक खेती की गई है। परिणामस्वरूप कृषि लागत में कमी तथा रासायनिक खादों के उपयोग में कमी देखने को मिली है और उत्पादित उपज के अधिक मूल्य प्राप्त हो रहे हैं।

•	कार्य-योजना	:	कृषि प्रसार में तकनीकी का प्रयोग बढ़ाने के उद्‌देश्य से राष्ट्रीय कृषि विकास योजना से वित्त-पोषण प्राप्त करते हुए **राज्य कृषि प्रबंधन संस्थान, रहमानखेड़ा, लखनऊ** नामक संस्थान से प्रत्येक मंडल मुख्यालय, जनपद मुख्यालय, विकास खंड एवं कृषि विज्ञान केंद्र को जोड़ते हुए एक 'नेटवर्क' स्थापित किया जा रहा है, जिससे लगभग 1 लाख किसानों को एक साथ तकनीकी प्रशिक्षण दिए जाने की व्यवस्था की गई है।
	आवंटित राशि	:	50 करोड़ रुपए।
	जन-मानस को लाभ	:	योजना के कार्यान्वित होने के पश्चात् प्रत्येक सत्र में 1 लाख किसानों को एक साथ तकनीकी प्रशिक्षण दिया जा रहा है, अर्थात् प्रत्येक वर्ष लगभग 50 लाख किसानों को प्रशिक्षण दिए जाने की योजना है।
•	कार्य-योजना	:	प्रदेश के राजकीय कृषि प्रक्षेत्र में **नवीन प्रजातियों के बीजों** का उत्पादन एवं प्रदर्शन किया जा रहा है। ये कृषि प्रक्षेत्र **रहिमाबाद (लखनऊ)** एवं कासिमाबाद (हरदोई) में स्थापित किए गए हैं।
	आवंटित राशि	:	50 करोड़ रुपए।
	जन-मानस को लाभ	:	कृषि प्रक्षेत्रों में नई प्रजातियों के बीजों का उत्पादन बढ़ाया जा रहा है व कृषकों को नई प्रजातियों के बीजों की जानकारी दी जा रही है।
•	कार्य-योजना	:	पश्चिमी उत्तर प्रदेश के बुलंदशहर जिले में राजकीय कृषि विद्यालय में संचार एवं प्रशिक्षण सुविधाओं के विकास का लोकार्पण किया गया।
	आवंटित राशि	:	19.9 करोड़ रुपए।
	जन-मानस को लाभ	:	कृषक नवीन तकनीकों से समृद्ध होकर अपने प्रक्षेत्रों में बेहतर उत्पादन कर रहे हैं।
•	कार्य-योजना	:	लखनऊ जनपद के रहमानखेड़ा में **'सेंटर ऑफ एक्सीलेंस'** का लोकार्पण किया गया, जहाँ आवासीय व्यवस्था का सर्जन किया गया है।
	आवंटित राशि	:	17.72 करोड़ रुपए।

	जन-मानस को लाभ	:	50 अधिकारी प्रतिभागियों की और 100 कृषक/कर्मचारियों की आवासीय व्यवस्था का निर्माण हो चुका है।
•	कार्य-योजना	:	जनपद जालौन में 40 हजार क्विंटल वार्षिक क्षमता वाले **बीज प्रसंस्करण संयंत्र, भवन एवं भंडार गृह** का लोकार्पण किया गया।
	आवंटित राशि	:	7.55 करोड़ रुपए।
	जन-मानस को लाभ	:	जनपद जालौन में स्थापित इस संयंत्र से कृषकों द्वारा उत्पादित किए जा रहे बीजों के अंतर्ग्रहण में सुविधा होगी तथा उनकी आय में वृद्धि होगी।
•	कार्य-योजना	:	जनपद देवरिया में एक **कृषि संसाधन केंद्र** का लोकार्पण किया गया।
	आवंटित राशि	:	4.8 करोड़ रुपए।
	जन-मानस को लाभ	:	कृषकों को कृषि यंत्रों का प्रदर्शन एवं प्रशिक्षण दिया जा रहा।
•	कार्य-योजना	:	उत्तर प्रदेश राज्य की **19 मंडियों के आधुनिकीकरण** की योजनांतर्गत कराए जानेवाले कार्यों का लोकार्पण किया गया।
	आवंटित राशि	:	254.85 करोड़ रुपए।
	जन-मानस को लाभ	:	राज्य की 19 मंडियों के आधुनिकीकरण के चलते 'ई-नाम' परियोजना को गति मिली, जो कृषकों को मूलभूत सुविधाएँ उपलब्ध कराने के साथ-साथ कृषि विपणन की दृष्टि से उपयोगी सिद्ध हो रही है। इन मंडियों में मूलभूत सुविधाएँ विकसित होने से मंडी क्षेत्र के किसान मंडी जाकर कृषि उत्पाद बेचने हेतु प्रोत्साहित हो रहे हैं।
			नोट : उत्तर प्रदेश राज्य की 19 मंडियाँ जिनका आधुनिकीकरण किया गया है, वे हैं– 1. मुजफ्फरनगर, 2. शामली, 3. साहिबाबाद, 4. नोएडा, 5. शाहजहाँपुर, 6. पूरनपुर, 7. खैर, 8. छर्रा, 9. कासगंज, 10. मथुरा, 11. कोसी कला, 12. भोजला भरारी, 13. सीतापुर रोड, लखनऊ, 14. पलिया, 15. सुल्तानपुर, 16. बहराइच, 17. गोरखपुर, 18. सहजनवाँ, 19. देवरिया।
•	कार्य-योजना	:	राज्य में तीन उपमंडी स्थलों का लोकार्पण किया गया।
	आवंटित राशि	:	105 करोड़ रुपए।

जन-मानस को लाभ	:	राज्य में 3 उपमंडियों – यथा–1. मलिहाबाद (आम मंडी), 2. नवीन मंडी, मिश्रिख और 3. भिनगा के निर्माण से कृषक एवं व्यापारियों को मूलभूत सुविधाएँ उपलब्ध हो रही हैं, साथ ही, कृषि विपणन की दृष्टि से ये उपमंडियाँ उपयोगी सिद्ध हो रही हैं। इन उपमंडियों के निर्माण से मंडी क्षेत्र के किसानों को विक्रय हेतु बाजार उपलब्ध हो रहे हैं, जिसका लाभ क्षेत्र के किसानों को मिल रहा है।
• कार्य-योजना	:	कानपुर जिले के **चंद्रशेखर आजाद कृषि विश्वविद्यालय** में 50 कमरों के छात्रावास के निर्माण का लोकार्पण किया गया।
आवंटित राशि	:	6.6 करोड़ रुपए।
जन-मानस को लाभ	:	50 कमरों के इस छात्रावास के निर्माण से अध्ययनरत छात्र-छात्राओं को आवासीय सुविधा उपलब्ध होगी; साथ ही, कृषि एवं कृषि विज्ञान के क्षेत्र में प्रोत्साहन मिलेगा।
• कार्य-योजना	:	**'ईज आफ डूइंग बिजनेस'** के अंतर्गत **ई-मंडी** को मोबाइल ऐप पर प्रदान किए जाने की व्यवस्था की गई है। ई-मंडी में डिजिटल पेमेंट की व्यवस्था SBI के पेमेंट गेटवे से की गई है। इसके अतिरिक्त, मंडी के गेट पास को स्वतः जारी करने की व्यवस्था, मंडी शुल्क एवं विकास सेस को डिजिटल रूप में वसूल करने की सुविधा हेतु **'ई-पास'** की व्यवस्था का लोकार्पण किया गया है।
आवंटित राशि	:	3 करोड़ रुपए।
जन-मानस को लाभ	:	योजना के अंतर्गत मोबाइल ऐप, डिजिटल पेमेंट एवं 'ई-पास' के कार्यान्वयन से व्यापारियों को सहज एवं सुगम रूप से ऑनलाइन व्यापार करने में सहायता मिल रही है जिसका लाभ सीधे तौर पर प्रदेश के किसानों, व्यापारियों तथा मंडी के अन्य स्टेक होल्डर्स को प्राप्त हो रहा है।
• कार्य-योजना	:	मंडियों में किसानों को घटतौली से बचाने के उद्देश्य से मंडी परिषद् द्वारा स्थापित **वे-ब्रिज** को अपग्रेड किया जा रहा है।
आवंटित राशि	:	1 करोड़ रुपए।

जन-मानस को लाभ	:	मंडी परिषद् द्वारा स्थापित वे-ब्रिज 10 वर्ष पुराने हो गए हैं, अतः इन्हें चरणबद्ध तरीके से अपग्रेड किया जा रहा है। सर्वप्रथम 50 मंडियों में यह कार्य किया जा रहा है। इससे मंडी में आकर उत्पादन बेचनेवाले किसानों को उनके उत्पाद की सही तौल प्राप्त होगी।
		• बंजर, बीहड़ भूमि के सुधार हेतु 602 करोड़ रुपए से **पं. दीनदयाल उपाध्याय किसान समृद्धि योजना** लागू। • **पीएम किसान सम्मान निधि** से 4,700 करोड़ रुपए किसानों को हस्तांतरित, अरब तक कुल 47,265 करोड़ रुपए हस्तांतरित। • विभिन्न जनपदों में 58 कृषि कल्याण केंद्र स्थापित। • बाढ़ से बचाव हेतु 591 करोड़ की 62 परियोजनाएँ पूर्ण। • प्रदेश में 13 सहकारी बैंकों की नई शाखाएँ खोली गई। • 8 लाख कृषकों को 4635 करोड़ रुपए के फसली ऋण वितरित। • 239 राजकीय नलकूपों का आधुनिकीकरण।

❑

अध्याय 2

प्रदेश के राजस्व संग्रह क्षेत्र में नई पहलें

योगी सरकार ने अपने प्रथम कार्यकाल (2017 से 2022) में उत्तर प्रदेश राज्य, जो जीडीपी के लिहाज से देश में 14वें स्थान पर था। उसकी स्थिति को पीछे छोड़ते हुए वर्तमान में महाराष्ट्र के बाद दूसरे सर्वाधिक जीडीपी वाले राज्य के रूप में प्रदेश को स्थापित किया है। यह उपलब्धि योगी सरकार द्वारा कर राजस्व संग्रह नीति में किए गए क्रांतिकारी सुधारों का परिणाम है। इस अध्याय में योगी सरकार ने अपने दूसरे कार्यकाल हेतु जारी संकल्प-पत्र में कर राजस्व संग्रह के क्षेत्र में कौन से नए उपाय ड्राफ्ट किए हैं, इसके कुछ अंश प्रस्तुत किए जा रहे हैं, जो निम्नवत् हैं–

जी.एस.टी. के संदर्भ में योगी सरकार की नई पहल

- प्रदेश के निर्यातक व्यापारियों को प्रोत्साहित करने हेतु योगी सरकार ने जीएसटी के अंतर्गत नियमानुसार देय रिफंड के भुगतान में तेजी दिखाई है और लगभग 450 करोड़ रुपए की रिफंड धनराशि को प्रदेश के निर्यातक व्यापारियों को उपलब्ध कराने की व्यवस्था की है।
- योगी सरकार ने प्रदेश में कर-अपवंचन की रोकथाम करने तथा राजस्व-प्राप्ति की राशि में बढ़ोतरी करने के उद्देश्य से अद्यतन आईटी टूल्स के उपयोग को प्रभावी रूप से अपनाया है। इन आईटी टूल्स के प्रयोग से प्रदेश के कर राजस्व में लगभग 150 करोड़ रुपए की अभिवृद्धि सुनिश्चित की गई है।
- प्रदेश में कई ऐसे पुराने बकायेदार हैं, जिनसे पुराने वैट/बिक्री कर/व्यापार कर की वसूली की जानी है। योगी सरकार ने इस क्षेत्र में बड़ा कदम उठाते हुए ऐसे बकायेदारों

से वसूली हेतु **नई ब्याज माफी योजना** लागू की है, जिसके अंतर्गत बकायेदारों पर आरोपित ब्याज/अर्थदंड पर पूर्ण/आंशिक छूट का लाभ दिया जाता है। इस योजना के लागू होने से प्रदेश के 10 हजार व्यापारी लाभान्वित हुए हैं और इनसे 100 करोड़ रुपए की बकाया राशि वसूल की गई है।

रजिस्ट्रेशन के संदर्भ में योगी सरकार की नई पहल

- योगी सरकार द्वारा प्रारंभ की गई **स्टांप समाधान योजना** का उद्देश्य जनता को अर्थदंड के साथ ब्याज में भी छूट देकर वादों के निस्तारण में तीव्रता लाना है और सरकार के अपेक्षित राजस्व में वृद्धि करना है। स्टांप वापसी के संदर्भ में जनता को पारदर्शी व्यवस्था उपलब्ध कराने हेतु योगी सरकार ने पूरे प्रदेश में OTP आधारित स्टांप व्यवस्था लागू की है।

योगी सरकार ने आबकारी क्षेत्र में बढ़ाई निवेश संभावनाएँ

- प्रदेश में न्यूनतम 3 आसवनी इकाइयों की स्थापना को मंजूरी दी गई है। ये 3 आसवनी इकाइयाँ, यथा–1. **आर.पी. डिस्टिलरी, कानपुर देहात** में, 2. **गनेको डिस्टिलरी, बरेली** में एवं 3. **गंग डिस्टिलरी, हरदोई** में स्थापित की गई है। यहाँ 450 करोड़ रुपए के निवेश के साथ-साथ प्रत्यक्ष रूप से 750 व्यक्तियों को रोजगार दिया गया है। एथेनॉल उत्पादन से जन-मानस को ग्रीन फ्यूल उपलब्ध होगा, साथ ही विदेशों पर ऊर्जा-निर्भरता में कमी आएगी और विदेशी मुद्रा की बचत हो सकेगी।

परिवहन क्षेत्र में योगी सरकार की नई पहलें

- प्रदेश में योगी सरकार ने वाहन-जनित प्रदूषण एवं सड़क दुर्घटनाओं में कमी लाने के उद्देश्य से परिवहन वाहनों की **फिटनेस चेकिंग** की व्यापक व्यवस्था करने हेतु राज्य में निजी निवेश के माध्यम से **स्वचालित परीक्षण स्टेशनों** के विकास को प्रोत्साहित किया है। इन केंद्रों में वाहनों की ऑटोमेटिक जाँच हो सकेगी।
- योगी सरकार ने अपने दूसरे कार्यकाल में प्रदेश में चलनेवाले वाहनों की रफ्तार कुशल एवं दक्ष हाथों में सौंपने की बड़ी तैयारी की है। परिवहन विभाग को **बरेली, झाँसी** एवं **अलीगढ़** में ड्राइविंग टेस्टिंग और ड्राइविंग ट्रेनिंग इंस्टीट्यूट खोलने की जिम्मेदारी दी गई है। इन केंद्रों में टेस्ट पास करनेवाले परीक्षार्थी को ही ड्राइविंग लाइसेंस जारी किया जाएगा तथा टेस्ट पास न करनेवालों को बीच में ही रोक दिया जाएगा। इन इंस्टीट्यूट में वाहन चलाने की ट्रेनिंग के दौरान यातायात नियमों की पूरी जानकारी भी दी जाएगी। इस प्रकार, प्रणालीगत और प्रभावशाली परीक्षण के माध्यम से योगी सरकार राजमार्गों पर होने-वाली दुर्घटनाओं में कमी लाने का जन-मानस के हित में प्रयास कर रही है। उत्तर प्रदेश राज्य में खुलने जा रहे इन तीन इंस्टीट्यूट्स की एक खास बात यह है कि इन इंस्टीट्यूट्स में मैनुअल ड्राइविंग टेस्टिंग के साथ-साथ **सेंसर**

युक्त ऑटोमैटिक ड्राइविंग टेस्ट ट्रैक तैयार किए गए हैं। इन ट्रैकों पर लगे सेंसर टेस्ट देने आए परीक्षार्थी की टेस्ट देने के दौरान की जानेवाली गलती को तुरंत पकड़ लेंगे।

उक्त योजना पहले से प्रदेश में लागू परिवहन व्यवस्था में अभूतपूर्व सुधार लेकर आएगी, साथ ही राज्य सरकार पहली बार एक ही स्थान पर ड्राइविंग, टेस्टिंग एवं प्रशिक्षण की सुविधा देने जा रही है। इससे प्रदेशवासियों को दौड़-भाग करने से मुक्ति मिल सकेगी।

- योगी सरकार ने अपने दूसरे कार्यकाल में प्रदेश की परिवहन व्यवस्था का कायाकल्प करने हेतु प्रदेश के 183 बस स्टेशनों को यात्री सुविधाओं से लैस किया है तथा सभी 11,253 बसों की बॉडी की मरम्मत कराकर, उन्हें रंग-रोगन कर तथा बसों के सीट कवर व हाफ बैंक बदलने की योजना पर तीव्रता से कार्य किया है। साथ ही सभी बसों के प्रत्येक 200 किमी यात्रा के उपरांत उनकी सफाई/धुलाई की व्यवस्था पर जोर दिया है।

प्रदेश में भू-तत्त्व एवं खनिकर्म हेतु योगी सरकार की रणनीति

- उत्तर प्रदेश सरकार ने निजी भू-स्वामियों को अधिकाधिक खनन पट्टे स्वीकृत किए जाने के उद्देश्य से खनिज की उपलब्धता एवं उपयुक्तता के आधार पर पट्टों की अवधि निर्धारित करने हेतु शासनादेश जारी किए हैं, ताकि जन-मानस को सुलभ दरों पर खनिजों की उपलब्धता हो सके। खनिजों से संबंधित सेवाओं के लिए **माइन मित्र** ऐप लॉन्च किया गया है, ताकि खनिजों से संबंधित आवश्यक सूचनाएँ जन-मानस को उपलब्ध कराई जा सकें। योगी सरकार ने पर्यावरण से संबंधित अनापत्ति प्रक्रिया में तेजी लाने हेतु प्रदेश के पर्यावरण विभाग के पोर्टल को ए.पी.आई. के माध्यम से खनिक विभाग के पोर्टल **'माइन मित्र'** से जोड़ते हुए 'दर्पण' पोर्टल से जोड़ दिया है, ताकि खनन परियोजनाओं को पर्यावरण अनापत्ति की प्रक्रिया में सुगमता हो सके और समयबद्ध तरीके से खनन पट्टों का संचालन हो सके।
- प्रदेश के 2 जनपदों में कुल 9 खनिज ब्लॉक, **ललितपुर जनपद** में लौह अयस्क/स्वर्ण धातु, प्लेटिनम समूह की धातुओं के 2 खनिज ब्लॉक और **सोनभद्र जनपद** में स्वर्ण धातु, उर्वरक खनिज पोटाश, लौह अयस्क, सिलिमिनाइट के क्रमशः 3, 2, 1, 1 ब्लॉकों को कंपोजिट लाइसेंस पर स्वीकृत किए जाने हेतु ऑक्शन नोटिस जारी किया गया है। उक्त ब्लॉकों के ऑक्शन के उपरांत आवश्यक औपचारिकताएँ पूरी किए जाने पर उत्तर प्रदेश राज्य मुख्य खनिजों पर आत्मनिर्भर हो जाएगा। परिणामस्वरूप ऐसे उद्योग, जो इन खनिजों को कच्चे माल के रूप में प्रयोग करते हैं, राज्य को लगाने में आसानी होगी। साथ ही, रोजगार-सृजन करने एवं प्रदेश सरकार को राजस्व प्राप्त होने की संभावनाएँ भी बढ़ जाएँगी।

प्रदेश सरकार ने ईंट-भट्ठा स्वामियों को सुगमता देने हेतु ईंट-भट्ठों के विनिमय शुल्क को ऑनलाइन माध्यम से जमा करने की सुविधा दी है।

❑

उत्तर प्रदेश में अवस्थापना एवं औद्योगिक विकास क्षेत्र हेतु योगी सरकार का विजन : एक दृष्टि में

"नास्त्युद्यं समो बन्धुः"

(अर्थात् उद्यम के समान कोई बन्धु नहीं है।)

उत्तर प्रदेश राज्य क्षेत्रफल व जनसंख्या दोनों ही दृष्टि से देश के शीर्ष राज्यों में शामिल होता है। इसलिए प्रदेश सरकार राज्य के अवस्थापना क्षेत्र में नित नए सुधार, सेवाओं में विस्तार एवं मल्टीमॉडल कनेक्टिविटी पर खासा जोर दे रही है। किसी राज्य की अवस्थापना सुविधाएँ जितनी बृहद् होंगी, राज्य में कृषि, उद्योग एवं सेवा क्षेत्र के विकास को उतनी अधिक गति मिलेगी।

योगी सरकार ने अपने प्रथम कार्यकाल में राज्य में एक्सप्रेस-वे, हाई-वे, कॉरिडोर, मेट्रो ट्रेन, एयरपोर्ट, ई व्हीकल्स हेतु आधारभूत संरचना विकास और पिंक बस सेवाओं के माध्यम के विकास में प्रदेश को नई दिशा दी। इन कार्यों को और अधिक परिणामोन्मुखी बनाने हेतु प्रदेश की योगी सरकार ने अपने दूसरे कार्यकाल में तैयार किए गए संकल्प-पत्र में प्रदेश के **अवस्थापना एवं औद्योगिक विकास** के क्षेत्र में महत्त्वपूर्ण लक्ष्य निर्धारित किए हैं। इन लक्ष्यों की प्राप्ति हेतु निर्धारित कार्य-योजना के प्रमुख अंश निम्नवत् हैं–

प्रदेश में अवस्थापना विकास हेतु कार्य-योजना

देश के सबसे लंबे गंगा एक्सप्रेस-वे का निर्माण तीव्र गति से हो रहा है। साथ ही प्रदेश में बुंदेलखंड एक्सप्रेस-वे के मुख्य कैरिएज-वे का शुभारंभ और बलिया लिंक एक्सप्रेस-वे के कार्यान्वयन से प्रदेश में कनेक्टिविटी, निवेश एवं रोजगार सृजन, तीनों ही स्तरों पर

सकारात्मक परिवर्तन देखने को मिल रहा है। साथ ही, प्रदेश में एक्सप्रेस-वे के किनारे स्थापित किए जा रहे औद्योगिक कॉरिडोर के विकास हेतु **औद्योगिक विनिर्माण क्लस्टर्स** के चिह्नीकरण के कार्य को अंतिम रूप दिया जा चुका है। परिणामस्वरूप प्रदेश में रक्षा क्षेत्र को प्रोत्साहन मिलेगा, निवेश प्रोत्साहन के साथ-साथ रोजगार सृजन में भी तीव्रता आएगी। ग्रामीण क्षेत्रों में संपर्क मार्गों के निर्माण के लिए 2 हजार करोड़ के निवेश से 557 नवीन ग्रामीण सम्पर्क मार्गों व 77 सेतुओं का निर्माण किया जा रहा है।

प्रदेश में ग्रेटर नोएडा में 10 सार्वजनिक चार्जिंग स्टेशनों की स्थापना का कार्य तथा नोएडा जिले में 470 करोड़ रुपए की लागत से लगभग 12 परियोजनाओं को पूर्ण करने का कार्य प्रगति पर है। उक्त अवस्थापना सुविधाओं के विकास से प्रदेश की योगी सरकार प्रदेशवासियों के जीवन को गुणवत्तापूर्ण सेवाओं से जोड़ने का कार्य कर रही है। प्रदेश में नागरिक-केंद्रित सेवाओं के डिजिटलीकरण का कार्य (20 क्षेत्रों की 17 सेवाएँ) तथा **उत्तर प्रदेश पी.एम गति शक्ति राष्ट्रीय महायोजना** के पोर्टल का शुभारंभ प्रदेश सरकार के संकल्पना-पत्र में उच्च प्राथमिकता वाले क्षेत्रों में है।

प्रदेश में औद्योगिक विकास हेतु कार्य-योजना

प्रदेश की योगी सरकार ने अपने संकल्प-पत्र में प्रदेश के औद्योगिक क्षेत्रों व इंफ्रास्ट्रक्चर सुदृढ़ीकरण हेतु 100 करोड़ रुपए के **अटल औद्योगिक अवस्थापना मिशन** का शुभारंभ किया तथा सूरजपुर में **फ्लैटेड फैंसी उन्नयन** व यमुना एक्सप्रेस-वे औद्योगिक विकास प्राधिकरण क्षेत्र में मेडिकल डिवाइस पार्क के शुभारंभ के कार्य को प्राथमिकता दी है। औद्योगिक विकास से जुड़े इन कार्यों से प्रदेश में क्रमशः श्रेयस्कर अवस्थापना, दक्ष औद्योगिक क्षेत्र, निवेश प्रोत्साहन, रोजगार-सृजन तथा मेडिकल डिवाइस क्षेत्रों को प्रोत्साहन मिलेगा। इसी क्रम में योगी सरकार ने गोरखपुर जिले में गोरखपुर औद्योगिक विकास प्राधिकरण की सहायता से **प्लास्टिक पार्क एवं प्लेट फैक्टरी** परिसर की स्थापना को स्वीकृति दे दी है।

प्रदेश में एमएसएमई के विकास हेतु कार्य-योजना

प्रदेश की योगी सरकार ने प्रदेश ही नहीं, देश की रीढ़ की हड्डी कहे जानेवाले क्षेत्र MSMEs के विकास को अपने संकल्प-पत्र में विशेष जगह दी है जो निम्नवत् है-

- प्रदेश में लगभग 200 करोड़ रुपए के पूँजी निवेश से राज्य के 3 जिलों, यथा- **1. आगरा, 2. कानपुर** और **3. गोरखपुर** में फ्लैटेड फैक्टरी कॉम्प्लेक्स के शिलान्यास की योजना है, ताकि प्रदेश में नए उद्योगों, विशेषकर नॉन पॉल्युटेड श्रम आधारित उद्योगों (जैसे गारमेंटिंग इत्यादि) को अधिक-से-अधिक स्थापित करने में सहायता मिल सके। प्रदेश में 60 करोड़ रुपए के पूँजी निवेश से अलीगढ़ जिले में **नए मिनी औद्योगिक** क्षेत्र का शिलान्यास किया जा रहा है, ताकि प्रदेश में अधिक संख्या में रोजगार के अवसर सृजित हो सकें। प्रदेश सरकार ने मऊ एवं अन्य क्षेत्रों में काफी वर्षों से बंद पड़ी **कताई मिलों** के क्षेत्र को औद्योगिक क्षेत्र में परिवर्तित करने का कार्य किया है, ताकि इन क्षेत्रों में औद्योगिक विकास को गति मिल सके।

उत्तर प्रदेश के कानपुर जिले में लेदर पार्क की स्थापना की स्वीकृति दे दी गई है, जिससे उद्यमियों को वस्तु उत्पादन में सहायता मिलेगी और पर्यावरण संरक्षण में भी सहायता मिलेगी।

- प्रदेश ने **MSMEs** क्षेत्र के विकास से जुड़ी सबसे बड़ी योजना ओडीओपी के तहत 50 हजार परंपरागत लाभार्थियों/कारीगरों को प्रशिक्षण प्रदान कर 25 हजार लोगों को बैंक से ऋण एवं उन्नत टूलकिट उपलब्ध करवाकर उन्हें रोजगार के बेहतर अवसर उपलब्ध कराने पर जोर दिया है, जिससे प्रदेश में लगभग 1 लाख से अधिक रोजगार के अवसर सृजित होंगे। प्रदेश सरकार द्वारा प्रारंभ की गई मुख्यमंत्री युवा रोजगार योजना में परियोजना लागत को 25 लाख रुपए से बढ़ाकर 1 करोड़ रुपए किया गया है साथ ही इस योजना में विनिर्माण गतिविधियों के अलावा व्यापार/व्यवसाय को भी शामिल किया गया है।
- प्रदेश में MSMEs क्षेत्रों को बढ़ावा देने हेतु योगी सरकार ने नई MSMEs नीति लागू की है, जिसके अंतर्गत प्रस्तावित लाभों को GST से de-link किया जा रहा है। प्रदेश के युवाओं को उद्यमी बनाने तथा उन्हें इस प्रकार से सक्षम बनाए जाने की व्यवस्था की जा रही है कि वे स्वयं परियोजनाओं का निर्माण कर बैंक से संबंधित योजनाओं से ऋण प्राप्त कर सकें। इस हेतु **उद्यम सारथी ऐप** को व्यावहारिक बनाकर सभी महाविद्यालयों एवं तकनीकी संस्थाओं के छात्रों तक तेजी से पहुँचाने का कार्य किया जा रहा है। एक ही ऐप में सभी सूचनाएँ उपलब्ध होने से युवाओं का सरकार के प्रति विश्वास बढ़ेगा। प्रदेश से निर्यात संबंधी समस्त जानकारियों को एक ही प्लेटफॉर्म पर उपलब्ध कराने हेतु **निर्यात सारथी ऐप** विकसित किया जा रहा है। निर्यात सारथी ऐप और निर्यात नीति के सफल कार्यान्वयन से प्रदेश में निर्यात को बढ़ावा देने में सहायता मिलेगी। प्रदेश सरकार ने 3 लाख करोड़ रुपए के निर्यात के लक्ष्य को आगामी तीन वर्षों में पूरा करने पर जोर दिया है।
- योगी सरकार ने अपने दूसरे कार्यकाल के 100वें दिन, प्रदेश में बृहद् ऋण मेले के आयोजन की घोषणा की है। इस मेले में लगभग 1 लाख बेरोजगार युवक/युवतियों को सरकार की विभिन्न योजनाओं के माध्यम से ऋण उपलब्ध कराकर रोजगार के अवसर प्रदान किए जाएँगे। सरकार की वे योजनाएँ, जिनके माध्यम से ऋण उपलब्ध कराया जाएगा, वे हैं– प्रधानमंत्री स्टैंड-अप योजना, स्टार्ट-अप योजना, एक जनपद एक उत्पाद योजना, माटी कला विकास योजना, प्रधानमंत्री मुद्रा योजना, मुख्यमंत्री युवा स्वरोजगार योजना आदि।

हथकरघा एवं वस्त्रोद्योग क्षेत्र के विकास हेतु प्रदेश सरकार की रणनीति

- प्रदेश सरकार ने वर्ष 2017 में निर्मित उ.प्र. हैंडलूम, पावरलूम, सिल्क, टेक्सटाइल्स एवं गारमेंटिंग पॉलिसी-2017 के अंतर्गत 15 इकाइयों के पक्ष में 'लेटर ऑफ कम्फर्ट' निर्गत किया और धनराशि वितरण का कार्य किया। वर्ष 2017 की इस नीति में नवाचार को शामिल करते हुए इन क्षेत्रों से संबंधित इकाइयों की स्थापना

में तेजी लाने के उद्देश्य से प्रदेश की योगी सरकार ने–**नई उत्तर प्रदेश हैंडलूम, पावरलूम, सिल्क, टेक्सटाइल्स एवं गारमेंटिंग पॉलिसी 2022** की रूपरेखा तैयार की है। वर्तमान में टेक्सटाइल्स पॉलिसी के अंतर्गत 10 इकाइयों की स्थापना का अनुमोदन टेक्सटाइल पार्क के रूप में किया जाना तय हुआ है। साथ ही 3 हजार करोड़ रुपए के निवेश से 115 एक्सपोर्ट ओरिएन्टेड टेक्सटाइल औद्योगिक इकाइयों की स्थापना की जा रही है जिससे प्रदेश में वस्त्रोद्योग को गति मिलेगी और प्रदेश की अर्थव्यवस्था एवं रोजगार के अवसरों में वृद्धि देखने को मिलेगी। केंद्र सरकार की 'पीएम मित्र योजना' (मेगा इंटीग्रेटेड टेक्सटाइल एवं अपैरल पार्क) के प्रस्ताव प्रदेश सरकार ने स्वीकृत किए हैं तथा राष्ट्रीय हथकरघा कार्यक्रम के अंतर्गत प्रदेश में लखनऊ व हरदोई की 1,000 एकड़ भूमि में 10 हथकरघा क्लस्टर स्थापित करने के प्रस्ताव को प्रदेश सरकार ने भारत सरकार को प्रेषित किया है। हथकरघा बुनकरों को प्रोत्साहित करने हेतु प्रदेश सरकार द्वारा **संत कबीर राज्य हथकरघा पुरस्कार** से सम्मानित किया जा रहा है।

प्रदेश में खादी एवं ग्रामोद्योग क्षेत्र के विकास से संबंधित कार्य-योजना

- प्रदेश सरकार 1,000 लाभार्थियों को सोलर चरखा वितरित करने, 260 लाभार्थियों को दोना-पत्तल मशीनों का वितरण करने तथा 240 लाभार्थियों को पॉपकॉर्न मशीन वितरित करने की योजना पर शीघ्रता से कार्य कर रही है, ताकि आधुनिक मशीनें प्राप्त कर लाभार्थी अपने कारोबार को और अधिक तेजी से बढ़ा सकें। प्रयागराज व बुंदेलखंड क्षेत्र में भेड़ पालकों को ऊन बेचने में होनेवाली कठिनाइयों को दूर करने हेतु प्रयागराज में ऊनी धागा प्रशोधन केंद्र प्रारंभ किया जा रहा है। इस केंद्र की स्थापना से उनका ऊन खरीदकर खादी बोर्ड के कंबल कारखानों में प्रयोग किए जाने की व्यवस्था की गई है।

प्रदेश सरकार द्वारा राज्य में नागरिक उड्डयन क्षेत्र हेतु कार्यनीति

- प्रदेश सरकार ने अलीगढ़, आजमगढ़, श्रावस्ती, चित्रकूट एवं सोनभद्र जिले से कुल 5 एयरपोर्ट्स के संचालन हेतु भारतीय विमानपत्तन प्राधिकरण के साथ एमओयू पर हस्ताक्षर किए हैं। इसके अतिरिक्त, अगस्त 2022 तक कानपुर में न्यू सिविल टर्मिनल के विकास का कार्य पूरा कर लिया जाएगा। प्रदेश में अयोध्या एयरपोर्ट एवं नोएडा इंटरनेशनल एयरपोर्ट, जेवर के विकास पर युद्ध स्तर पर कार्य किया जा रहा है।

प्रदेश में आईटी एवं इलेक्ट्रॉनिक्स क्षेत्र के विकास हेतु कार्ययोजना

- प्रदेश सरकार ने समस्त विभागों और नागरिकों के डाटा एवं इंफ्रास्ट्रक्चर को सुरक्षा प्रदान करने के उद्देश्य से 'उ.प्र. साइबर सिक्योरिटी पॉलिसी' का ड्राफ्ट प्रख्यापित किया है। साथ ही, प्रदेश में स्टार्टअप नीति-2020 के अंतर्गत आईआईटी, कानपुर

एवं नोएडा परिसर में आर्टिफिशियल इंटेलीजेंस सेंटर ऑफ एक्सीलेंस की स्थापना का कार्य किया जा रहा है। प्रदेश सरकार द्वारा One Nation One Ration Card योजना के अंतर्गत 3.6 करोड़ राशन कार्डों को डिजिलॉकर पर उपलब्ध कराने का कार्य किया जा रहा है, ताकि प्रदेश के लाभार्थी देश के किसी भी क्षेत्र में राशन की उपलब्धता प्राप्त कर सकें। उ.प्र. इलेक्ट्रॉनिक्स विनिर्माण नीति के अंतर्गत कानपुर परिसर में ड्रोन सेंटर ऑफ एक्सीलेंस की स्थापना की जा रही है, ताकि प्रदेश में ड्रोन तकनीक के क्षेत्र में स्टार्ट-अप को अपने उद्यम स्थापित करने तथा व्यापक स्तर पर रोजगार सृजन करने में सहायता मिल सके। प्रदेश में नेशनल ब्रॉडबैंड मिशन के अंतर्गत प्रदेश की 3,000 ग्राम पंचायतों में इंटरनेट पहुँच सुनिश्चित किए जाने का प्रावधान किया गया है, ताकि जन-मानस को उचित दरों पर इंटरनेट उपलब्धता सुनिश्चित हो सके। प्रदेश सरकार ने एक **केंद्रीकृत मोबाइल ऐप,** जिसका नाम **उमंग मोबाइल ऐप** है, के माध्यम से राजस्व विभाग की 3 सेवाओं, कौशल श्रम विभाग की 1 सेवा तथा श्रम बोर्ड की 6 सेवाओं को उपलब्ध कराने की योजना तैयार की है। प्रदेश सरकार द्वारा प्रदेश के युवाओं को तकनीकी रूप से सशक्त बनाने के उद्देश्य से टैबलेट/स्मार्ट फोन योजना के अंतर्गत लगभग 9.74 लाख डिवाइसेज को प्रत्येक जनपद में चिह्नित छात्र/छात्राओं को वितरित किए जाने की योजना पर शीघ्रता से कार्य किया जा रहा है। प्रदेश में डेटा सेंटर पॉलिसी के तहत 4 निवेश प्रस्तावों को मंजूरी दी गई है जिसके अंतर्गत प्रदेश में 16,147 करोड़ रुपए से अधिक के निवेश के माध्यम से 4 डेटा सेंटर पार्क स्थापित किए जाएँगे जिससे चार हजार लोगों को रोजगार मिलेगा।

❑

अध्याय 4

उत्तर प्रदेश में सामाजिक सुरक्षा क्षेत्र के विकास की रणनीति : एक दृष्टि में

प्रदेश की योगी सरकार सदैव से ही अतिसंवेदनशील वर्गों, जैसे–महिलाएँ, दिव्यांग जन, अन्य पिछड़ा वर्ग, अल्पसंख्यक कल्याण एवं वक्फ और श्रमिकों को सामाजिक न्याय से जोड़ने तथा उनके अधिकारों के प्रति उन्हें जागरूक करने की दिशा में युद्ध स्तरीय प्रयास कर रही है। उक्त कार्यों को और अधिक विस्तार देने तथा लाभार्थियों को योजनाओं का लाभ शीघ्रता से प्राप्त हो सके जैसे महत्त्वपूर्ण लक्ष्यों को अमली जामा पहनाने हेतु योगी सरकार ने अपने दूसरे कार्यकाल के संकल्प-पत्र में आवश्यक सुधारों को अपनाते हुए कई रणनीतिक व योजनाबद्ध प्रयासों को सूचीबद्ध किया है। प्रदेश सरकार द्वारा सामाजिक सुरक्षा के निहितार्थ अपनाए जा रहे कार्यों की रूपरेखा के महत्त्वपूर्ण अंश निम्नवत् हैं–

प्रदेश सरकार द्वारा समाज कल्याण के क्षेत्र में किए जा रहे कार्यों की रूपरेखा

- प्रदेश सरकार ने ऐसे परिवार, जिनकी वार्षिक आय सीमा 2 लाख रुपए है, को **मुख्यमंत्री सामूहिक विवाह योजना** के अंतर्गत प्रति जोड़े को दी जानेवाली राशि को 51 हजार रुपए से बढ़ाकर प्रति जोड़ा 1 लाख रुपए कर दिया है। प्रदेश सरकार द्वारा **मुख्यमंत्री अभ्युदय योजना** के अंतर्गत सभी आय वर्ग के अभ्यर्थियों के लिए प्रतियोगी परीक्षाओं, जैसे–UPSC, UPPSC, NDA, CDS, JEE, NIIT, TET व

CLAT की तैयारी हेतु नि:शुल्क ऑफलाइन व ऑनलाइन प्रशिक्षण की कार्य-योजना सभी जनपदों में संचालित की जा रही है। इस योजना का उद्देश्य प्रदेश के उन परीक्षार्थियों, जो निजी कोचिंग केंद्रों में धनराशि खर्च करने की स्थिति में नहीं हैं, को प्रशिक्षण प्रदान करना है। इस योजना को सफल बनाने हेतु 41.5 करोड़ रुपए के आवंटन का प्रावधान किया गया है।

महिला कल्याण के क्षेत्र में योगी सरकार की रणनीतिक पहल

- प्रदेश सरकार ने प्रदेश की उन महिलाओं, जिनके पति की मृत्युपरांत वे निराश्रित हो गई हैं, के लिए **निराश्रित महिला पेंशन योजना** (1000 रुपए मासिक) के माध्यम से सभी पात्र लाभार्थियों को वर्ष 2022-23 के प्रथम त्रैमास की पेंशन राशि सीधे उनके खाते में भेजने की व्यवस्था कर दी है, जिसमें कुल 930 करोड़ रुपए की राशि का व्यय किये जाने का प्रावधान है। **मुख्यमंत्री कन्या सुमंगला योजना** के अंतर्गत छह किस्तों में दी जानेवाली कुल राशि को 15 हजार रुपए से बढ़ाकर 25 हजार रुपए प्रति लाभार्थी किए जाने की पेशकश प्रदेश की योगी सरकार ने अपने लोक कल्याण संकल्प-पत्र में की है, जिससे प्रदेश में लिंग अनुपात को बेहतर बनाने के लक्ष्य को और अधिक प्रभावी ढंग से प्राप्त किया जा सकेगा। इस योजना के अंतर्गत प्रथम त्रैमास के सभी पात्र लाभार्थियों को योजना की धनराशि ऑनलाइन अंतरित किए जाने की व्यवस्था की है। उक्त दोनों योजनाओं **निराश्रित महिला पेंशन योजना एवं मुख्यमंत्री कन्या सुमंगला योजना** के लाभों को नए पात्र लाभार्थियों तक पहुँचाने हेतु प्रदेश सरकार द्वारा जनपद एवं विकास खंड स्तर पर प्रत्येक 15 दिन के अंतराल में स्वावलंबन कैंपों का आयोजन किया जाता है। मुख्यमंत्री कन्या सुमंगला योजना में 1 लाख नवीन बालिकाएँ लाभान्वित हुई हैं अब तक कुल 13.68 लाख बालिकाएँ लाभान्वित हो चुकी हैं। उ.प्र. मुख्यमंत्री बाल सेवा योजनांतर्गत 15,406 पात्र लाभार्थियों को वित्तीय वर्ष 2022-23 की प्रथम त्रैमास की धनराशि का अंतरण सभी जनपदों में निर्धारित तिथि पर किया जाना निश्चित किया गया है। प्रदेश सरकार ने महिलाओं की सुरक्षा, संरक्षण व सशक्तीकरण संबंधी सभी सेवाओं को एक ही छत के नीचे उपलब्ध कराने हेतु **वन स्टॉप सेंटर** की स्थापना को तरजीह दी है। मिशन वात्सल्य (बाल संरक्षण सेवाएँ) किशोर न्याय (बालकों की देखरेख व संरक्षण) अधिनियम 2015 के अंतर्गत संचालित बाल देखरेख संस्थाओं की समीक्षा, किशोर न्याय बोर्डों एवं बाल कल्याण समितियों की कार्य-प्रणाली को बेहतर करने हेतु M.I.S. पोर्टल का शुभारंभ किया गया है। साथ ही इस योजना के अंतर्गत जनपद शाहजहाँपुर में राजकीय संप्रेक्षण गृह का संचालन कार्य आरंभ करने का प्रावधान योगी सरकार ने अपने संकल्प-पत्र में किया है।

दिव्यांग जन सशक्तीकरण हेतु योगी सरकार की कार्य-योजनाएँ

प्रदेश सरकार ने डॉ. शकुंतला मिश्रा राष्ट्रीय पुनर्वास विश्वविद्यालय परिसर में निम्न कार्यों को करने की अनुमति अपने संकल्प-पत्र में दी है-

(i) इस परिसर में निर्मित **कृत्रिम अंग एवं पुनर्वास केंद्र** के रिक्त पदों पर भरती की प्रक्रिया पूर्ण कर उसका संचालन प्रारंभ किया गया है, ताकि प्रदेश के सभी जनपदों के जिला दिव्यांग पुनर्वास केंद्रों एवं जिला चिकित्सालयों में कृत्रिम अंग और सहायक उपकरण आसानी से उपलब्ध कराए जा सकें।

(ii) इस परिसर में निर्मित विशिष्ट स्टेडियम के संचालन हेतु उपकरण आदि की व्यवस्था कराकर राष्ट्रीय एवं राज्य स्तरीय खेल प्रतिस्पर्धाओं का आयोजन किया जाएगा, साथ ही खेल प्रतिभाओं के संवर्धन हेतु कार्य किया जाएगा।

(iii) इस विश्वविद्यालय में ब्रेल प्रेस की स्थापना का कार्य पूर्ण किया जा रहा है, ताकि विश्वविद्यालय में स्नातक एवं स्नातकोत्तर कक्षाओं में अध्ययन करनेवाले दिव्यांग विद्यार्थियों को उच्च शिक्षा की पुस्तकें ब्रेल लिपि में उपलब्ध हो सकें। परिणामस्वरूप दिव्यांग जन के शैक्षिक पुनर्वास को सफल बनाया जा सकता है।

प्रदेश के 18 जनपदों में संचालित 'बचपन डे केयर सेंटर्स' ने गुणवत्ता के संबंध में निर्धारित ISO प्रमाणीकरण प्राप्त कर लिया है, जिसके चलते जन-मानस में विभागीय शिक्षण संस्थाओं के संबंध में सकारात्मक छवि उत्पन्न होती है और प्रत्येक संस्थान प्रमाणीकरण के लिए निर्धारित मानकों के अनुरूप अपने कार्य-व्यवहार का निर्धारण करते हैं।

प्रदेश में राजकीय ममता विद्यालय (लखनऊ), मानसिक मंदित आश्रय गृह सह-प्रशिक्षण केंद्र (लखनऊ) एवं समेकित विशेष माध्यमिक विद्यालय (आजमगढ़) हेतु निर्माणाधीन भवनों का कार्य 30 जून, 2022 तक पूर्ण कर हस्तगत करने का लक्ष्य है।

अन्य पिछड़ा वर्ग हेतु उत्तर प्रदेश सरकार की रणनीतिक पहलें

अन्य पिछड़ा वर्ग के 300 गरीब छात्रों को उच्च शिक्षा हेतु आवासीय सुविधा प्रदान करने के उद्देश्य से प्रदेश की योगी सरकार जनपद **अंबेडकर नगर, आजमगढ़** व **गोरखपुर** में निर्माणाधीन छात्रावासों को निर्धारित तिथि में पूर्ण करने की योजना पर कार्य कर रही है। साथ ही, प्रदेश सरकार ने UMANG APP (Unified Mobile App For New Age Governance) के माध्यम से पिछड़े वर्ग के कल्याण से संबंधित योजनाओं को लिंक करने का कार्य किया है। ऐसा करने का मुख्य उद्देश्य पिछड़े वर्ग के आर्थिक रूप से निर्बल व्यक्तियों की कल्याणकारी योजनाओं तक सुगमता से पहुँच सुनिश्चित करना है।

अल्पसंख्यक कल्याण एवं वक्फ के संदर्भ में प्रदेश सरकार की नीति

प्रधानमंत्री जन विकास कार्यक्रम एवं वक्फ के जन विकास कार्यक्रम के अंतर्गत अल्पसंख्यक बाहुल्य क्षेत्रों में निवास करनेवाले सभी जन-समुदायों के लिए 12 पेयजल परियोजनाएँ प्रारंभ की जा रही हैं तथा शैक्षिक अवसंरचना के विकास हेतु 15 परियोजनाएँ प्रारंभ की जा रही हैं, ताकि अल्पसंख्यक समुदायों को गुणवत्तापूर्ण पेयजल एवं शिक्षा की सुलभता हो सके। आज के प्रतिस्पर्धी युग में प्रदेश सरकार ने आधुनिक

पाठ्यक्रम पर आधारित मोबाइल ऐप विकसित कर मदरसों में पढ़नेवाले छात्र/छात्राओं को उपलब्ध कराए जाने की व्यवस्था की है, ताकि मदरसों में पढ़ने-वाले छात्र-छात्राएँ भी आधुनिक ज्ञान-विज्ञान की शिक्षा प्राप्त कर सकें। अल्पसंख्यक समुदाय के गरीबी रेखा के नीचे जीवनयापन करनेवाले अभिभावकों की पुत्री की शादी हेतु अनुदान-स्वरूप 20 हजार रुपए दिए जाने की व्यवस्था की है।

श्रम क्षेत्र हेतु योगी सरकार की पहलें

बंधुआ श्रमिकों के चिन्हांकन हेतु ऑनलाइन ट्रैकिंग प्रणाली का विकास किया गया है, ताकि उन्हें पहचान कर पुनर्वासित किया जा सके और सरकार की विभिन्न योजनाओं से जोड़कर लाभ दिया जा सके। प्रदेश में 90 रोजगार मेलों के माध्यम से 25 हजार अभ्यर्थियों को निजी क्षेत्र में नियोजित कर रोजगार के अवसर उपलब्ध कराए जा रहे हैं। साथ ही, 600 कैरियर काउंसिलिंग कार्यक्रमों के माध्यमों से 50 हजार प्रतिभागियों को काउंसिलिंग की सुविधा दी गई है। 4,000 कुशल कामगारों का **सेवा मित्र पोर्टल** पर पंजीकरण और 1,350 नागरिकों को घरेलू सेवाओं से जोड़ने का कार्य किया जा रहा है। लंबे समय से प्रदेश में चली आ रही औद्योगिक श्रमिक बस्तियों की समस्याओं के समाधान हेतु उ.प्र. औद्योगिक गृह व्यवस्था अधिनियम 1955 के अंतर्गत **राज्य परामर्शदात्री समिति** का गठन किया जा रहा है। प्रदेश सरकार द्वारा जीर्ण-शीर्ण भवनों में संचालित 32 डिस्पेंसरियों को नए किराए के भवनों में स्थापित करने का कार्य प्रारंभ किया गया है ताकि चिकित्सकों, रोगियों एवं स्टाफ के बैठने एवं कंप्यूटराइजेशन की सुविधा उपलब्ध कराई जा सके।

प्रदेश में खाद्य एवं रसद से संबंधित सुविधाओं के क्षेत्र में नई पहल

कोरोना महामारी से प्रभावित निम्न-मध्यम वर्गीय एवं गरीब परिवारों तक खाद्य व रसद सुविधाओं को PDS के अंतर्गत नेफेड के माध्यम से दाल/साबुत चना, खाद्य तेल और आयोडाइज्ड नमक के सुदृढ़ वितरण की व्यवस्था सुनिश्चित की जा रही है। प्रदेश के उचित दर विक्रेताओं की आय बढ़ाने हेतु सभी उचित दर दुकानों को **कॉमन सर्विस सेंटर** में परिवर्तित किया जा रहा है और इस हेतु उनके प्रशिक्षण तथा कार्य-योजना को मूर्त रूप दिया जा रहा है। प्रदेश सरकार ने भारतीय खाद्य निगम के गोदाम से खाद्यान्न का उठान कर सीधे उचित दर विक्रेता की दुकान तक पहुँचाने हेतु **सिंगल स्टेज डोर स्टेप डिलीवरी** की व्यवस्था सुनिश्चित की है। राष्ट्रीय खाद्य सुरक्षा अधिनियम के अंतर्गत खाद्य सुरक्षा का लाभ वंचित, आश्रयहीन तथा कचरा उठानेवाले आदि लोगों को भी प्राप्त हो सकेगा, जो पहचान-पत्र के अभाव में उक्त योजना के लाभ से वंचित थे।

❑

अध्याय 5

प्रदेश में चिकित्सा, स्वास्थ्य एवं परिवार कल्याण के क्षेत्र में नई दिशा

''आरोग्यं परमं भाग्यं स्वास्थ्यं सर्वार्थसाधनम्''
(अर्थात् निरोगी होना परम भाग्य है और स्वास्थ्य से अन्य सभी कार्य सिद्ध होते हैं।)

प्रदेश की योगी सरकार ने प्रदेश की खस्ताहाल हो चुकी 'चिकित्सा; स्वास्थ्य एवं परिवार कल्याण सेवाओं के क्षेत्र' में आधारभूत परिवर्तन लाने, सेवाओं को विस्तार देने, लोगों तक इन सेवाओं की आसान पहुँच सुनिश्चित करने तथा नवाचार व प्रौद्योगिकी के माध्यम से प्रदेश में गुणवत्तापूर्ण स्वास्थ्य सुविधाएँ उपलब्ध कराने के उद्देश्य से अपने संकल्प-पत्र में इस क्षेत्र के विकास हेतु व्यापक कार्य-नीति की रूपरेखा तैयार की है, जिसके महत्त्वपूर्ण अंश निम्नवत् हैं-

अटल बिहारी वाजपेयी चिकित्सा विश्वविद्यालय

प्रदेश में प्राथमिक स्वास्थ्य केंद्रों के लोकार्पण कार्यों में तीव्र गति

प्रदेश में निम्नलिखित जिलों में **प्राथमिक स्वास्थ्य केंद्रों** की प्रतिस्थापना एवं संचालन होने से जन-मानस को आवश्यकतानुसार व गुणवत्तापूर्ण चिकित्सकीय सुविधाएँ प्राप्त हो रही हैं-

- त्रिलोकिया एट पढुआ, लखीमपुर खीरी जनपद में
- महुलानी, सिद्धार्थनगर जनपद में
- बभनौली माफी, महराजगंज जनपद में
- सेलूमऊ, सीतापुर जनपद में
- झांझर, बुलंदशहर जनपद में

- बिजलपुर, बस्ती जनपद में
- मोहानी, कासगंज जनपद में
- कमासिन, देवरिया जनपद में
- नरमी, सीतापुर जनपद में

प्रदेश में सामुदायिक स्वास्थ्य केंद्रों के लोकार्पण कार्यों में तीव्र गति

- प्रदेश की योगी सरकार ने स्वास्थ्य सेवाओं तक सभी की पहुँच सुनिश्चित करने के उद्देश्य से सामुदायिक स्वास्थ्य केंद्रों की स्थापना एवं संचालन कार्य में तीव्रता दिखाई है। प्रदेश सरकार द्वारा सामुदायिक स्वास्थ्य केंद्रों की स्थापना एवं संचालन कार्य निम्न स्थानों पर प्रगति पर हैं—**कमासिन** (बाँदा जनपद) में, **पिपरौली** (गोरखपुर जनपद) में, **बावन** (हरदोई जनपद) में, **बेहता** (लखनऊ जनपद) में।

प्रदेश में चिकित्सा क्षेत्र से संबंधित नई पहलें

प्रदेश सरकार ने जिला चिकित्सालय, कानपुर में नशीली दवाओं के इंजेक्शन लगानेवाले उपयोगकर्त्ताओं के लिए **ओपियाड प्रतिस्थापन चिकित्सा केंद्र** का संचालन प्रारंभ किया है, ताकि ऐसे लोगों को HIV संक्रमण से बचाने हेतु जागरूक किया जा सके तथा औषधि भी उपलब्ध कराई जा सके। प्रदेश में नवजात शिशुओं की मृत्यु दर को कम करने तथा नवजात शिशुओं के स्वास्थ्य की अच्छी देखभाल करने के उद्देश्य से प्रदेश की योगी सरकार ने **न्यूबोर्न स्टैबलाइजेशन यूनिट** की संख्या 180 से बढ़ाकर 230 करने की घोषणा की है; साथ ही नवजात शिशुओं के लिए **स्पेशल न्यूबोर्न केयर यूनिट** की संख्या 86 से बढ़ाकर 89 करना प्रस्तावित किया है। प्रदेश में जटिल प्रसवों के प्रकरण में सी-सेक्शन के माध्यम से प्रसव कराने की सुविधा हेतु प्रदेश में क्रियाशील **फर्स्ट रेफरल यूनिट** की संख्या 192 से बढ़ाकर 212 करने की घोषणा को शीघ्रता से अमली जामा पहनाया जा रहा है, जो जच्चा व बच्चा दोनों के जीवन को सुरक्षित करने में मील का पत्थर साबित होगी; साथ ही प्रदेश में मातृ मृत्यु दर एवं नवजात शिशु मृत्यु दर को भी कम करने में सहायता मिलेगी। इसके अतिरिक्त अयोध्या जनपद में 50 बिस्तरों के अस्पताल के लोकार्पण तथा गौतमबुद्ध नगर के जेवर एयरपोर्ट के समीप 100 बिस्तरों वाले चिकित्सालय के शिलान्यास का कार्य प्रगति पर है। एक जिला एक मेडिकल कॉलेज के तहत हर जिले में मेडिकल कॉलेजों की स्थापना का कार्य गतिमान है। अब तक 59 मेडिकल कॉलेज संचालित, 22 मेडिकल कॉलेजों की स्वीकृति/निर्माण प्रक्रियाधीन है।

प्रदेश सरकार ने राज्य कर्मचारियों एवं पेंशनर्स को राज्य के चिकित्सालयों, मेडिकल कॉलेजों एवं 'आयुष्मान भारत' योजना के अंतर्गत सूचीबद्ध चिकित्सालयों में निःशुल्क उपचार की सुविधा उपलब्ध कराने की व्यवस्था की है, साथ ही निःशुल्क डायलिसिस की सुविधा 56 जनपदों से बढ़ाकर 62 जनपदों में उपलब्ध कराने की व्यवस्था का कार्य

प्रगति पर है। प्रदेश सरकार द्वारा संचालित 108 एंबुलेंस सेवा में पुरानी हो चुकी 812 एंबुलेंस के स्थान पर नई एंबुलेंस उपलब्ध कराई जा रही हैं, जिससे जन-सामान्य को गुणवत्तापरक एंबुलेंस सेवाएँ बिना व्यवधान के प्राप्त हो सकेंगी।

चिकित्सा शिक्षा हेतु नई पहलें

प्रदेश में चिकित्सा सुविधाओं को विस्तार देने के लिए चिकित्सा शिक्षा के क्षेत्र में प्रदेश की योगी सरकार ने व्यापक सुधार किया है, जिसमें प्रमुख है– मेडिकल सीटों में बढ़ोतरी। योगी सरकार ने MBBS में 1,300 सीटें, PG में 725 सीटें, नर्सिंग में 2,400 सीटें एवं पैरामेडिकल में 600 सीटें बढ़ाई हैं, अर्थात् कुल 5,025 सीटों की बढ़ोतरी किए जाने का प्रावधान है। प्रदेश सरकार ने अनाच्छादित जनपदों में मेडिकल कॉलेज की स्थापना करने के उद्देश्य से पी.पी.पी. मोड पर प्राइवेट मेडिकल कॉलेज की स्थापना हेतु अनुबंध निष्पादित किया है, जिसे प्रथम चरण में दो जनपदों, यथा–**महराजगंज** एवं **संभल** में निष्पादित किया जाएगा, जिससे स्थानीय स्तर पर स्वास्थ्य व्यवस्था बेहतर हो सकेगी।

बाल विकास एवं पुष्टाहार के क्षेत्र में उठाए जा रहे नए कदम

प्रदेश सरकार ने 175 करोड़ रुपए के व्यय से प्रदेश में 199 आँगनबाड़ी केंद्रों के भवनों के शिलान्यास के कार्य को पूरा करने का लक्ष्य निर्धारित किया है, ताकि इन आँगनबाड़ी केंद्रों में लक्षित लाभार्थियों को अच्छे वातावरण में सुविधाएँ उपलब्ध हो सकें। इन आँगनबाड़ी केंद्रों को मदर कम चाइल्ड वेइंग मशीन की सुविधा से लैस किया जा रहा है, ताकि लक्षित लाभार्थियों की नियमित वृद्धि की निगरानी की जा सके तथा उनके पोषण स्तर का अनुश्रवण किया जा सके। आँगनबाड़ी कार्यकर्त्री को पोषण संबंधी गतिविधियों एवं परामर्श सेवाओं तथा सभी ज़ानकारियाँ एक ही पुस्तिका में उपलब्ध कराने हेतु **पोषण मैनुअल** की व्यवस्था की गई है।

अन्य

- प्रदेश सरकार ने कोविड महामारी के नियंत्रण हेतु टीकाकरण प्रक्रिया को युद्ध स्तर पर प्रारम्भ किया था जिसका परिणाम है कि प्रदेश में 16 करोड़ से अधिक लोगों को कोरोना टीके की दोनों डोज व संपूर्ण टीकाकरण 34 करोड़ के पार जा चुका है।
- विशेष संचारी रोग नियंत्रण/दस्तक अभियान के तहत एईएस-जेई वायरस के खिलाफ सघन अभियान चलाकर इस बीमारी से होने वाली मौतों पर 95% तक नियंत्रण किया जा चुका है।

❑

प्रदेश में शिक्षा क्षेत्र की बृहद् रणनीति

''सा विद्या या विमुक्तये''

(अर्थात् विद्या वही है, जो मुक्ति प्रदान करे। वर्तमान सन्दर्भ में–सा विद्या या नियुक्तये)

प्रदेश की योगी सरकार ने प्रदेश में शिक्षा व्यवस्था के प्रत्येक स्तर, जैसे–बेसिक शिक्षा, माध्यमिक शिक्षा, उच्च शिक्षा एवं व्यावसायिक शिक्षा के क्षेत्र में नवाचार व प्रौद्योगिकी से जोड़ने हेतु नए प्रयासों का ड्राफ्ट तैयार किया है। ड्राफ्ट का मुख्य उद्देश्य प्रदेश की शिक्षा नीति को वैश्विक मानकों के आधार पर तथा भावी पीढ़ी को शैक्षिक स्तर पर बौद्धिक संपदा के रूप में विकसित करना है, ताकि देश व प्रदेश में ब्रेन ड्रेन की बढ़ती प्रवृत्ति को नियंत्रित किया जा सके।

प्रदेश सरकार की बेसिक शिक्षा के क्षेत्र में नई पहलें

प्रदेश सरकार ने शिक्षा अधिकार अधिनियम के तहत प्राथमिक शिक्षा के सार्वभौमीकरण के लक्ष्य को प्राप्त करने के उद्देश्य से परिषदीय विद्यालयों में सत्र 2022-23 में छात्र नामांकन को सत्र 2021-22 की तुलना में बढ़ाकर 2 करोड़ तक किए जाने का प्रावधान किया है। साथ ही परिषदीय विद्यालयों में पढ़ रहे समस्त छात्र-छात्राओं का शत-प्रतिशत आधार पंजीकरण किए जाने की व्यवस्था की जा रही है, ताकि समस्त अध्ययनरत छात्र-छात्राओं के आधार का सत्यापन कर उन्हें डायरेक्ट बेनिफिट ट्रांसफर के तहत लाभान्वित किया जा सके।

प्रदेश सरकार की माध्यमिक शिक्षा के क्षेत्र में नई पहलें

प्रदेश में 84 नवीन माध्यमिक विद्यालयों का संचालन, 1,060 राजकीय विद्यालयों में स्मार्ट क्लास की सुविधा तथा सोलर पैनल की स्थापना, 41 नवीन हाई स्कूल भवनों का शिलान्यास कार्य तथा 65 बालिका छात्रावासों के संचालन की व्यवस्था आदि कार्यों को योगी सरकार ने अपने दूसरे कार्यकाल में प्रस्तुत संकल्प-पत्र में जगह दी है। इसके अतिरिक्त स्कूल मैपिंग के लिए 'पहुँच', करियर काउंसलिंग के लिए 'पंख', ई-लाइब्रेरी के लिए 'प्रज्ञान', कौशल प्रशिक्षण के लिए 'प्रवीण', विद्यालयों के लिए 'पहचान' एवं संसाधन मैपिंग के लिए 'प्रोजेक्ट अलंकार' पोर्टल का विकास किया जा रहा है।

उच्च शिक्षा के क्षेत्र में प्रदेश सरकार की नई पहलें

कोविड-19 महामारी के दौरान छात्रों के भविष्य को ध्यान में रखते हुए उच्च शिक्षण संस्थानों में ऑनलाइन पठन-पाठन का कार्य शुरू किया गया। इस दौरान यह अनुभव किया गया कि ग्रामीण अंचल में निर्बाध इंटरनेट की सुविधा उपलब्ध नहीं है। इस डिजिटल डिवाइड गैप को कम करने के लिए राज्य के 120 राजकीय महाविद्यालयों में ई-लर्निंग पार्क का लोकार्पण किया जा रहा है, जहाँ वाई-फाई इंटरनेट कनेक्शन एवं उसका एक्सेस विकसित किया जा रहा है। साथ ही 87 राजकीय महाविद्यालयों में स्मार्ट क्लासेज की स्थापना हेतु 10 करोड़ रुपए का प्रावधान किया गया है। प्रदेश सरकार ने Online Sanskrit Training हेतु स्कीम को स्वीकृति दी है, जिसका उद्देश्य संस्कृत भाषा को लोक भाषा के रूप में प्रचारित करना है। प्रदेश के छात्रों के लिए बेहतर खेल सुविधाएँ उपलब्ध कराने हेतु प्रदेश के 75 राजकीय महाविद्यालयों में खेल इंफ्रास्ट्रक्चर का उच्चीकरण किए जाने का प्रावधान है। प्रदेश सरकार ने महापुरुषों एवं स्वतंत्रता संग्राम सेनानियों की जीवन-गाथाओं को शैक्षिक पाठ्यक्रम में शामिल करने पर जोर दिया है, ताकि नवयुवकों/छात्रों को उनके जीवन से प्रेरणा मिल सके तथा वे भी समाज में आदर्श प्रस्तुत कर सकें।

व्यावसायिक शिक्षा के क्षेत्र में प्रदेश सरकार की नई पहलें

प्रदेश में स्थित राजकीय आई.आई.टी. में प्रदेश सरकार की पहल से नवीन परिवर्तन किए जा रहे हैं, जैसे–Inventory Management System का विकास, डैश-बोर्ड का निर्माण, State Institute Ranking Framework (SiRF) का विकास आदि। साथ ही स्टार्ट-अप नीति के तहत प्रदेश के इंजीनियरिंग कॉलेजों एवं ए.पी.जे. अब्दुल कलाम टेक्निकल यूनिवर्सिटी में इन्क्यूबेशन सेंटर की स्थापना को मंजूरी दी गई है।

❑

खंड–4

गतिमान उत्तर प्रदेश में योजनाओं की प्रगति

डबल इंजन की सरकार ने प्रस्तुत की नेतृत्व एवं कर्मठता की नई मिसाल

1. प्रादेशिक योजनाएँ (वर्ष 2017 से 2022 तक)
2. केंद्रीय योजनाएँ (वर्ष 2017 से 2022 तक)
3. देश में अग्रणी उत्तर प्रदेश
4. उत्तर प्रदेश में प्रमुख परिपथ

अध्याय 1 प्रादेशिक योजनाएँ (वर्ष 2017 से 2022 तक)

उत्तर प्रदेश को गतिमान बनाए रखने और आर्थिक व सामाजिक उत्थान हेतु कल्याणकारी योजनाओं का प्रारंभ करने में योगी सरकार अव्वल रही है। योगी सरकार की योजनाएँ प्रदेश के सर्वांगीण विकास का द्योतक सिद्ध हो रही हैं। ये योजनाएँ प्रदेश के निवासियों की जरूरत, समय की माँग, पर्यावरणीय पक्ष, आर्थिक पक्ष व सामाजिक पक्ष के साथ-साथ मानवीय पक्षों को आधार बनाकर प्रारंभ की गई हैं। इन योजनाओं के माध्यम से योगी सरकार ने हर वर्ग तक सुविधाएँ पहुँचाने का प्रयास किया है, ताकि प्रदेश 'भारत में ईज ऑफ डूइंग' के साथ-साथ 'ईज ऑफ लिविंग' में भी अच्छा प्रदर्शन कर सके।

महिलाओं के उत्थान एवं सशक्तीकरण हेतु योजनाएँ

- **एंटी रोमियो स्क्वाड योजना :** 22 मार्च, 2017 को प्रारंभ इस योजना का उद्देश्य राज्य की महिलाओं और बहनों की सुरक्षा सुनिश्चित करना है। इसका हेल्पलाइन नंबर 1098 है।
- **भाग्य लक्ष्मी योजना :** 28 अप्रैल, 2017 को गरीब परिवार में लड़की का जन्म होने पर आर्थिक सहायता के रूप में पुत्री को 50 हजार रुपए जबकि पुत्री की माता को 5,100 रुपए दिए जाने का प्रावधान किया गया।
- **महिला कौशल विकास केंद्र योजना :** 23 मई, 2017 को वाराणसी जिले से मुख्यमंत्री योगी आदित्यनाथ ने प्रदेश की तलाकशुदा महिलाओं एवं उनके बच्चों को साक्षर तथा आत्मनिर्भर बनाने के उद्देश्य से इस योजना का प्रारंभ किया।
- **मुख्यमंत्री मेधावी बालिका शिक्षा संवर्धन योजना :** पूर्व सरकार की **कन्या विद्या धन योजना** को 6 जून, 2017 में एक नए कलेवर में पेश करते हुए योगी सरकार ने दसवीं कक्षा उत्तीर्ण करनेवाली छात्रा को 10 हजार रुपए बतौर इनाम दिए जाने का प्रावधान किया है।

- **पिंक बस योजना :** 14 जुलाई, 2017 को महिलाओं की सहूलियत को ध्यान में रखते हुए पिंक बसों का संचालन किया गया। इन बसों में केवल महिलाएँ ही यात्रा कर सकती हैं।

- **किशोरी बालिका योजना :** 14 जनवरी, 2019 को उत्तर प्रदेश सरकार ने बाल विकास सेवा एवं पुष्टाहार विभाग द्वारा स्कूल न जानेवाली 11 से 14 आयु वर्ग की 5 लाख से अधिक किशोरियों को वर्ष में 300 दिन अनुपूरक पोषण उपलब्ध कराने के उद्देश्य से **किशोरी बालिका योजना** 75 जिलों में प्रारंभ की। यह योजना इसलिए विशेष है कि राज्य के 55 जिलों में किशोरियों को पोषक आहार के रूप में मोटा अनाज, काला चना, अरहर दाल और देशी घी (450 ग्राम/माह/ किशोरी) उपलब्ध कराने की व्यवस्था की गई है और शेष 22 जिलों में किशोरियों के लिए मीठी व नमकीन दलिया के अलावा लड्डू प्रीमिक्स हर महीने में 8-9 दिन दिए जाने की व्यवस्था की गई है। उक्त पोषक आहार के अलावा किशोरियों को आयरन, कैल्शियम फोलिक एसिड, व विटामिन-सी आदि की गोलियाँ दिए जाने की व्यवस्था की गई है। योजना को सफल बनाने और अव्यवस्था को दूर करने के लिए आँगनबाड़ी में हर बालिका का हेल्थ कार्ड बनाया जाएगा और योजना की प्रगति का मूल्यांकन बाह्य एजेंसियों के माध्यम से कराया जाएगा।

- **शबरी संकल्प पोषण योजना :** 23 अक्तूबर, 2017 को **शबरी संकल्प योजना** की शुरुआत के पीछे मुख्यमंत्री योगी जी का उद्देश्य प्रदेश को आगामी 3 वर्षों में कुपोषण-मुक्त प्रदेश के रूप में स्थापित करना है। अतः सरकार ने इस योजना के प्रथम चरण में प्रदेश के सर्वाधिक कुपोषित 29 जिलों में बच्चों व महिलाओं को पौष्टिक आहार उपलब्ध कराने का प्रावधान किया है।

- **मुख्यमंत्री कन्या सुमंगला योजना :** 25 अक्तूबर, 2019 को प्रदेश सरकार ने समान लिंगानुपात स्थापित करने, कन्या भ्रूण हत्या रोकने तथा बेटियों के परिवार को आर्थिक सहायता उपलब्ध कराने के उद्देश्य से यह योजना प्रारंभ की। इस योजना का लाभ लेने के लिए तीन प्रमुख अर्हताएँ निर्धारित की गईं। **पहली,** 3 लाख वार्षिक आय वाले परिवार; **दूसरी,** अधिकतम दो बेटियों को लाभ और **तीसरी,** लाभार्थी उत्तर प्रदेश का निवासी होना जरूरी है। इस योजना में बालिकाओं की चरणबद्ध प्रगति को आधार बनाकर आर्थिक लाभ दिए जाने का प्रावधान है। जैसे–जन्म के समय 2000 रुपए की

राशि, एक वर्ष का टीकाकरण पूर्ण करने पर 1,000 रुपए, कक्षा-1 में प्रवेश के समय 2,000 रुपए, कक्षा-6 में प्रवेश के समय 2,000 रुपए, कक्षा-9 में प्रवेश के समय 3,000 रुपए, 10वीं और 12वीं की परीक्षा उत्तीर्ण कर डिग्री या दो वर्षीय अथवा उससे अधिक समय के डिप्लोमा कोर्स में प्रवेश लेने पर 5,000 रुपए अर्थात् कुल 15,000 रुपए की राशि दी जाएगी।

उक्त योजनाओं के अतिरिक्त, योगी सरकार ने रक्षाबंधन प्रोत्साहन योजना 4 अगस्त, 2017 को प्रारंभ की, जिसके अंतर्गत रक्षाबंधन के अवसर पर बसों में महिलाओं को मुफ्त यात्रा की सुविधा दी गई। 10 दिसंबर, 2019 को योगी सरकार ने महिला पी.आर.वी. (Women Police Response Vehicle) योजना का प्रारंभ किया जिसके तहत रात्रि 10 बजे से सुबह 6 बजे तक के समय में किसी संकट की स्थिति में अकेली महिला, चाहे वह गाँव की हो या शहर की, इस योजना का लाभ ले सकती है। समय-समय पर योगी सरकार सामूहिक विवाह योजना का आयोजन करती है, जिसमें निर्धन परिवारों की लड़कियों के विवाह की व्यवस्था की जाती है। योगी सरकार का यह प्रयास प्रदेश में दहेज के मामलों को नियंत्रित करने में सहायक होगा।

किसानों के संवर्धन हेतु योजनाएँ

- **फसल ऋण मोचन योजना :** 17 अगस्त, 2017 को योगी सरकार ने 1 लाख रुपए तक के कृषि ऋण माफी हेतु फसल ऋण मोचन योजना का प्रारंभ किया।
- **द मिलियन फार्मर्स स्कूल योजना :** 5 दिसंबर, 2017 को मुख्यमंत्री योगी आदित्यनाथ ने इस योजना का उद्घाटन किसानों की आय बढ़ाने के लिए उन्हें शिक्षित एवं जागरूक बनाने के उद्देश्य से किया। इस पाठशाला के जरिए प्रथम चरण में सरकार 10 लाख किसानों को मिट्टी के गिरते स्वास्थ्य के प्रति जागरूक करेगी। साथ ही, सरकार द्वारा चलाई जा रही अन्य योजनाओं के बारे में भी किसानों को जागरूक करेगी। इस योजना के तहत किसानों को हाईटेक खेती करना सिखाया जाएगा। इस योजना की प्राथमिकता किसानों को आईटी सेक्टर से जोड़ना है।
- **उत्तर प्रदेश किसान उदय योजना :** 23 दिसंबर, 2017 को बागपत जिले से किसानों की कृषि लागत कम करने के उद्देश्य से **उत्तर प्रदेश किसान उदय योजना** का

प्रारंभ किया गया, जिसके तहत प्रदेश के 10 लाख किसानों को वर्ष 2022 तक 5 और 7.5 हॉर्स पावर के एनर्जी एफिशिएंट पंप दिए जाने की व्यवस्था की गई है।

- **मुख्यमंत्री कृषक दुर्घटना कल्याण योजना :** उत्तर प्रदेश सरकार ने राज्य के किसानों के हितों को केंद्र में रखते हुए उन्हें सामाजिक सुरक्षा प्रदान करने हेतु 22 जनवरी, 2020 को कैबिनेट की मंजूरी के साथ इस योजना का प्रारंभ किया। इस योजना के अंतर्गत अगर किसी किसान की खेती करने के दौरान मृत्यु हो जाती है तो सरकार 5 लाख रुपए का मुआवजा उसके परिवार को देगी तथा 60% से अधिक दिव्यांगता की स्थिति में 2 लाख रुपए के मुआवजे की व्यवस्था करेगी।

उक्त योजनाओं के अतिरिक्त, योगी सरकार किसानों से उनके उत्पादों को खरीदने में तीव्रता दिखा रही है और DBT के माध्यम से फसल खरीद राशि उनके खाते में हस्तांतरित करने का कार्य भी कर रही है।

स्वास्थ्य क्षेत्र से संबंधित योजनाएँ

- **फर्स्ट एड योजना :** 30 मार्च, 2017 को योगी सरकार ने स्वास्थ्य सुविधाओं को विस्तार देने के उद्देश्य से फर्स्ट एड योजना प्रारंभ की, जिसके अंतर्गत सुदूर ग्रामीण क्षेत्रों में भी एंबुलेन्स फर्स्ट एड सुविधा उपलब्ध कराई जाएगी।
- **एडवांस लाइफ सपोर्ट एंबुलेंस सेवा योजना :** 13 अप्रैल, 2017 को योगी सरकार ने गंभीर मरीजों को आई.सी.यू. सुविधाओं से युक्त एंबुलेन्स निःशुल्क उपलब्ध कराने हेतु इस योजना का प्रारंभ किया।
- **ई-अस्पताल योजना :** 7 जून, 2017 को प्रदेश के जिला अस्पतालों की सुविधाएँ मरीजों को ऑनलाइन उपलब्ध कराने के उद्देश्य से मुख्यमंत्री योगी जी ने ई-अस्पताल योजना का प्रारंभ किया। साथ ही, जून 2017 में मरीजों को अच्छी सुविधाएँ प्रदान करने हेतु प्रारंभ 'मेरा अस्पताल योजना' के तहत अस्पताल योजना में शामिल प्रदेश के 30 बड़े अस्पतालों को शामिल किया गया।

प्रदेश सरकार की सदैव से कोशिश रही है कि प्रदेश में स्वास्थ्य क्षेत्र इतना सक्षम हो कि प्रदेश के निवासियों को सभी मेडिकल सेवाएँ अपने ही राज्य में उचित मूल्य व सही समय पर प्राप्त हों। इस नेक उद्देश्य से योगी सरकार स्वास्थ्य क्षेत्र में नित नए प्रयोग कर रही है, जो सफल भी हो रहे हैं।

रोजगार-सृजन कौशल विकास से संबंधित योजनाएँ

- **मुख्यमंत्री युवा स्वरोजगार योजना :** प्रदेश के 25 हजार से अधिक युवकों को स्वरोजगार उपलब्ध कराने के उद्देश्य से 'मुख्यमंत्री युवा स्वरोजगार योजना' का प्रारंभ किया गया है। इस योजना के तहत प्रदेश के 21% अनुसूचित जाति/अनुसूचित जनजाति के युवा लाभान्वित होंगे।
- **मुख्यमंत्री ग्रामोद्योग रोजगार योजना :** 25 अप्रैल, 2017 को प्रदेश के खादी एवं ग्रामोद्योग बोर्ड द्वारा प्रारंभ की गई। इस योजना का उद्देश्य युवकों को रोजगारमूलक प्रशिक्षण प्रदान करना है।
- **पं. दीनदयाल ग्रामोद्योग रोजगार योजना :** 7 सितंबर, 2017 को योगी सरकार ने ग्रामीण क्षेत्रों में बढ़ती बेरोजगारी का त्वरित एवं स्थायी समाधान निकालने के उद्देश्य से इस योजना का प्रारंभ किया। इस योजना में वित्त पोषण हेतु लाभार्थी की आयु 18 से 50 वर्ष निर्धारित की गई है।
- **मुख्यमंत्री युवा रोजगार योजना :** 24 अप्रैल, 2018 को प्रदेश के शिक्षित युवा बेरोजगारों को स्व-रोजगार के अवसर प्रदान करने के उद्देश्य से मुख्यमंत्री युवा स्व-रोजगार योजना संचालित की गई है। इस योजना का लाभ 18 से 40 आयु वर्ग के प्रदेश के शिक्षित बेरोजगार उठा सकते हैं।

उक्त योजनाओं के अतिरिक्त उद्यमिता विकास प्रशिक्षण कार्यक्रम, अन्य पिछड़ा वर्ग प्रशिक्षण कार्यक्रम, हस्तशिल्प विपणन प्रोत्साहन योजना, मुख्यमंत्री हस्तशिल्प पेंशन योजना जैसी महत्त्वपूर्ण योजनाओं के माध्यम से प्रदेश में बढ़ती बेरोजगारी को दूर करने तथा शिक्षित/प्रशिक्षित/तकनीकी व्यक्तियों को अपना उद्यम स्थापित करने में सहायता मिलेगी। परिणामस्वरूप प्रदेश की युवा शक्ति 'जॉब सर्चर' की श्रेणी से निकलकर 'जॉब प्रोवाइडर' की श्रेणी में आ खड़ी होगी।

आधारभूत सुविधाओं की उपलब्धता बढ़ाने हेतु योजनाएँ

- **खाद्यान्न उपलब्धता बढ़ाने हेतु सरकारी प्रयास :** 3 अप्रैल, 2017 को योगी सरकार ने राशन कार्ड में धाँधली को रोकने के उद्देश्य से स्मार्ट राशन कार्ड योजना प्रारंभ की, जिसके अंतर्गत चिप एवं बारकोड-युक्त राशन कार्ड की सुविधा उपलब्ध कराई गई, जो न केवल लाभार्थियों तक अनाज की उपलब्धता सुनिश्चित कराने में सहायक होगी। बल्कि तकनीक के माध्यम से भ्रष्टाचार को रोकने में भी कारगर सिद्ध होगी।

8 अप्रैल, 2017 को 'योगी अन्नपूर्णा भोजनालय' नामक योजना प्रदेश में खाद्य सुरक्षा सुनिश्चित कराने के उद्देश्य से प्रारंभ की गई। इस योजना के अंतर्गत गरीबों को 3 रुपए में नाश्ता तथा 5 रुपए में भोजन उपलब्ध कराने की व्यवस्था की गई।

4 अगस्त, 2017 को योगी सरकार ने एक अद्भुत पहल **फूड बैंक योजना** के नाम से की, जिसका उद्देश्य शादी-ब्याह में बचनेवाले भोजन को जरूरतमंद लोगों तक पहुँचाने की व्यवस्था करना है।

9 जनवरी, 2021 को मुख्यमंत्री ने जनपद चंदौली के लिए **फोर्टीफाइड राइस योजना** का शुभारंभ किया। ध्यातव्य है कि चंदौली जनपद में हुए सर्वे में बच्चों व महिलाओं में कुपोषण अधिक पाए जाने पर भारत सरकार द्वारा राज्य सार्वजनिक वितरण प्रणाली एवं मध्याह्न भोजन योजना के तहत कार्डधारकों को फोर्टीफाइड चावल वितरित कराए जाने के लिए पायलट प्रोजेक्ट के अंतर्गत उत्तर प्रदेश के चंदौली का चयन किया गया। ज्ञातव्य है कि फोर्टीफाइड राइस आयरन, विटामिन बी-12 तथा फोलिक एसिड से युक्त होता है। इससे इसका पोषक मान काफी बढ़ जाता है। इससे चंदौली जनपद में लोगों को कुपोषण तथा एनीमिया जैसी समस्याओं से निजात मिलेगी। ध्यातव्य है कि पूर्वी उत्तर प्रदेश में चावल उत्पादन में चंदौली का विशेष स्थान है। इसीलिए **चंदौली** को **'चावल का कटोरा'** भी कहा जाता है।

- **विद्युत् उपलब्धता बढ़ाने हेतु सरकारी प्रयास :** 11 अप्रैल, 2017 को 'एमनेस्टी योजना' के अंतर्गत प्रदेश सरकार ने लंबित विद्युत् भुगतान की अदायगी हेतु लोगों को प्रेरित किया। 26 अप्रैल, 2017 को प्रदेश सरकार ने अवैध विद्युत् कनेक्शन वाले उपभोक्ताओं को सुअवसर दिया कि वे **सर्वदा योजना** के माध्यम से 2 माह के भीतर अपने अवैध कनेक्शन को वैध कनेक्शन में परिवर्तित करा लें।

  प्रदेश में बिजली के इस्तेमाल को आसान बनाने के उद्देश्य से प्रदेश सरकार ने 8 जुलाई, 2017 को **सुगम संयोजन योजना** प्रारंभ की, जिसके अंतर्गत प्रदेशवासियों को प्री-पेड मीटर उपलब्ध कराए गए और 7 दिनों के भीतर बिजली कनेक्शन देने की सुविधा दी गई।

  इसी क्रम में प्रदेश में विद्युत् आपूर्ति को बढ़ावा देने के उद्देश्य से 17 दिसंबर, 2017 को उन्नाव जिले से मुख्यमंत्री योगी जी ने **सौभाग्य योजना** प्रारंभ की। इस योजना के तहत हर घर तक बिजली कनेक्शन उपलब्ध कराने तथा 24 घंटे बिजली उपलब्ध कराने का लक्ष्य निर्धारित किया गया।

25 दिसंबर, 2017 को पूर्व प्रधानमंत्री अटल बिहारी वाजपेयी के जन्मदिवस पर प्रदेश सरकार ने **प्रधानमंत्री सौभाग्य योजना** के अंतर्गत राज्य के निर्धन परिवारों को निःशुल्क बिजली कनेक्शन देने के लिए **'प्रकाश है तो विकास है'** नामक स्लोगन के साथ योजना का शुभारंभ मथुरा के दो गाँवों **लोहाबान** और **गौसाणा** से किया।

- **आवास संबंधी योजनाएँ:** प्रधानमंत्री मोदी जी द्वारा 1 जनवरी, 2021 को **प्रधानमंत्री आवास योजना (शहरी)** के अंतर्गत उत्तर प्रदेश (लखनऊ) सहित छह राज्यों में लाइट हाउस प्रोजेक्ट का शिलान्यास किया गया। इसके तहत लोगों को कम समय में गुणवत्तापूर्ण आवास उपलब्ध होंगे। ये आवास अधिक टिकाऊ, पर्यावरण अनुकूल तथा आपदा-रोधी होंगे।

24 जनवरी, 2018 को **मुख्यमंत्री समग्र ग्राम विकास योजना** का प्रारंभ किया गया। इस योजना का उद्‌देश्य प्रदेश के उन गाँवों का सर्वांगीण विकास करना है, जो आज भी विकास की मुख्यधारा से जुड़ने में पीछे रह गए हैं। ऐसे गाँवों को योगी जी ने **राजस्व ग्राम** का दर्जा दिया है। अब इन राजस्व ग्रामों को बुनियादी अवस्थापना सुविधाएँ जैसे–**बिजली, सड़क, पानी, पक्का आवास, राशन कार्ड, स्कूल, आँगनबाड़ी केंद्र** की सुविधाएँ उपलब्ध कराई जाएँगी। प्रदेश के इन गाँवों में रोजगार उपलब्ध कराने के उद्‌देश्य से राज्य सरकार महिलाओं के लिए स्वयं सहायता समूह बनाने के कार्य को गति दे रही है। देश की रक्षा में शहीद हुए सेना एवं अर्द्ध-सैनिक बलों के सैनिकों के ग्रामों को 'शहीद ग्राम' घोषित करने और उन गाँवों को जोड़ने वाले मार्ग को **गौरव पथ** कहा जाएगा।

30 जनवरी, 2018 को उत्तर प्रदेश मंत्रिमंडल द्वारा ग्रामीण क्षेत्रों गें घरों के गिर्माण के लिए **मुख्यमंत्री आवास योजना (ग्रामीण)** का शुभारंभ किया गया। यह योजना उनके लिए है, जिन्हें प्रधानमंत्री आवास योजना एवं अन्य सरकारी आवास योजनाओं का लाभ नहीं

मिला है। इस योजना के तहत पात्र लाभार्थियों को घर बनाने के लिए 1.20 लाख रुपए (नक्सली क्षेत्रों में 1.30 लाख रुपए) प्रदान किए जाएँगे।

श्रमिक वर्गों के सशक्तीकरण हेतु योजनाएँ

श्रमिकों के सशक्तीकरण हेतु उत्तर प्रदेश की योगी सरकार निम्नलिखित योजनाओं को सफलतापूर्वक संचालित कर रही है–

- 26 जून, 2017 को **सचल पालना गृह योजना** प्रारंभ की गई, जिसका उद्देश्य है मजदूरों के बच्चों की देखभाल एवं शिक्षा के लिए सुविधाएँ उपलब्ध कराना।
- योगी आदित्यनाथ जी ने उत्तर प्रदेश के श्रमिकों को देश व प्रदेश के ऐतिहासिक, धार्मिक व दर्शनीय स्थलों की यात्रा कराने के उद्देश्य से **स्वामी विवेकानंद ऐतिहासिक पर्यटन यात्रा** नामक योजना की घोषणा की जिसके अंतर्गत पर्यटन हेतु श्रमिकों को 12 हजार रुपए की राशि एकमुश्त दिए जाने का प्रावधान किया गया।
- श्रमिकों के पुत्र-पुत्रियों को, जो जिला, राज्य, राष्ट्रीय व अंतर्राष्ट्रीय खेलों में चयनित हुए हैं, उन्हें **चेतन चौहान क्रीड़ा प्रोत्साहन योजना** के माध्यम से एकमुश्त क्रमशः 10 हजार, 25 हजार, 50 हजार और 1 लाख रुपए की आर्थिक सहायता दिए जाने का प्रावधान किया गया है।

पर्यटन क्षेत्र के विकास से संबंधित योजनाएँ

उत्तर प्रदेश को देश ही नहीं, विदेशी पर्यटकों के लिए आकर्षण का केंद्र बनाने हेतु योगी सरकार प्रयासरत है। इस क्रम में **हेरिटेज आर्क व हेरिटेज वाक योजना** मील का पत्थर साबित होगी। ये योजनाएँ पर्यटन के मुख्य केंद्रों के साथ-साथ उसके चारों ओर विस्तृत क्षेत्रीय पर्यटन स्थलों, जिन्हें मुख्य पर्यटन स्थल के रूप में विकसित किया जाना प्रदेश सरकार का लक्ष्य है, पर केंद्रित है।

हेरिटेज आर्क योजना : इस योजना के अंतर्गत उत्तर प्रदेश के सांस्कृतिक, ऐतिहासिक और प्राकृतिक आयामों को नजदीक से देखने का मौका पर्यटकों को दिया गया है। हेरिटेज आर्क पर्यटकों को आगरा, लखनऊ व वाराणसी जिले में मौजूद पर्यटन स्थलों से जोड़ने के साथ-साथ इन जिलों के चारों ओर स्थित अन्य पर्यटन-स्थलों की सैर कराने की सुविधा प्रदान कराएगा। जैसे–**आगरा व उसके चारों ओर** स्थित पर्यटन-स्थल–बरसाग, बटेश्वर, इटावा की लॉयन सफारी, गोकुल, नंदगाँव, मथुरा, वृंदावन आदि। **लखनऊ एवं उसके चारों ओर** स्थित पर्यटन-स्थल–अयोध्या, बिठूर, देवाशरीफ, दुधवा नेशनल पार्क, कतर्निया घाट वन्य जीव अभयारण्य, नैमिषारण्य, नवाबगंज पक्षी विहार और **वाराणसी एवं उसके चारों**

ओर स्थित पर्यटन–स्थल–सारनाथ, विंध्याचल, सोनभद्र, चुनार, कुशीनगर, कपिलवस्तु व श्रावस्ती आदि।

हेरिटेज योजना के अंतर्गत पर्यटकों को शहर के हर उस स्थल को दिखाने, घुमाने और संबंधित स्थलों की जानकारी उपलब्ध कराने हेतु अनुभवी गाइड की व्यवस्था की गई है।

विविध वर्ग और क्षेत्र पर योजनाएँ

उत्तर प्रदेश मुख्यमंत्री बाल सेवा योजना : 29 मई, 2021 को मुख्यमंत्री योगी आदित्यनाथ द्वारा घोषित इस योजना के अंतर्गत 0 से 18 वर्ष आयु वर्ग वाले वे बच्चे, जो उत्तर प्रदेश के मूल निवासी हैं और कोविड–19 महामारी के कारण निराश्रित हुए बच्चों के भरण–भोषण, शिक्षा एवं सुरक्षा की वित्तीय सहायता प्रदान की जाएगी। सरकार द्वारा बच्चों के वयस्क होने तक उनके अभिभावक को प्रति माह 4 हजार रुपए वित्तीय सहायता देने का प्रावधान है। ऐसे बच्चे, जिनके माता–पिता, विधिक अभिभावक या आय अर्जित करनेवाले अभिभावक की मृत्यु 1 मार्च, 2020 के बाद कोविड–19 से हुई है, वे उसके पात्र होंगे। इनमें निराश्रित बालिकाओं को 18 वर्ष की आयु के पश्चात् रुपए 1,01,000 उनके विवाह के लिए प्रदान किए जाएँगे। साथ ही, ये बच्चे लैपटॉप टैबलेट की योजना में भी शामिल होंगे। प्रारंभ में इस योजना के लाभार्थी की आय रुपए 2 लाख निर्धारित थी, जिसे जून 2021 में बढ़ाकर 3 लाख रुपए किया जा चुका है। अनाथ हुए बच्चों/बच्चियों को राजकीय बालगृहों कस्तूरबा गाँधी बालिका विद्यालयों, इत्यादि में 12वीं कक्षा तक मुफ्त शिक्षा दी जाएगी तथा उनकी चल–अचल संपत्ति की सुरक्षा भी सरकार करेगी।

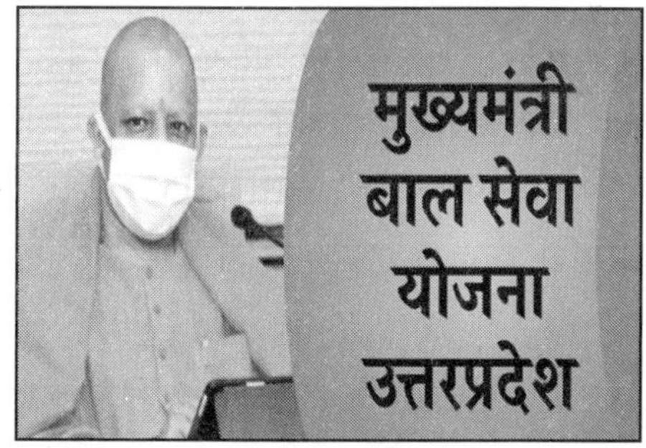

उत्तर प्रदेश कोविड इमरजेंसी वित्तपोषण योजनाः 15 मई, 2021 को प्रारंभ की गई इस योजना के अंतर्गत कोविड से संबंधित आवश्यक सामग्री के विनिर्माण की चालू इकाइयों का विस्तार कर नई इकाइयों की स्थापना पर राज्य सरकार वित्तीय सहायता प्रदान करेगी। पात्र इकाइयों को प्लांट, मशीनरी एवं यंत्रों की स्थापना हेतु कुल व्यय भार का 25% या अधिकतम 10 करोड़ रुपए तक की वित्तीय सहायता की प्रतिपूर्ति कैपिटल सब्सिडी के रूप में की जाएगी। योजना का लाभ लेने के लिए पात्र इकाइयों को किसी भी कमर्शियल बैंक या सिडबी में आवेदन करना होगा। पात्र इकाइयों के लिए रिवॉल्विंग फंड का निर्माण कर उन्हें **उत्तर प्रदेश सूक्ष्म, लघु एवं मध्यम अधिनियम 2020** के अंतर्गत 72 घंटे में एन.ओ.सी. प्रदान किया जाएगा।

शहरी प्रवासियों के लिए किफायती किराए की आवास योजना : 26 मार्च, 2021 को विधवाओं, कामकाजी महिलाओं, अल्पसंख्यकों, अनुसूचित जातियों, अनुसूचित जनजातियों तथा अन्य पिछड़े वर्ग के लोगों, छात्रों एवं शहर में रहनेवाले गरीब लोगों और शहरी प्रवासियों हेतु किफायती किराए पर आवास परिसर उपलब्ध कराया जाएगा। लाभार्थियों के लिए किराए के आवास, परिसर के निर्माण, संचालन और रखरखाव के लिए निजी व सार्वजनिक संस्थाओं की भागीदारी को बढ़ावा देने हेतु प्रधानमंत्री आवास योजना' के तहत इस योजना को संचालित किया जाएगा।

मुख्यमंत्री प्रवासी श्रमिक उद्यमिता विकास योजना : बजट 2020-21 में कोरोना महामारी के कारण देश में लागू लॉकडाउन के फलस्वरूप विभिन्न प्रदेशों से वापस आए श्रमिकों एवं कामगारों को रोजगार एवं स्व-रोजगार स्थापित करने के लिए ग्रामीण श्रमिक महिलाओं को 10 लाख रुपए तक की ऋण सहायक राशि बिना किसी ब्याज के उपलब्ध कराई जाएगी। वहीं पुरुष श्रमिकों को 4% की ब्याज से 10 लाख रुपए तक का ऋण उपलब्ध कराया जाएगा।

मुख्यमंत्री शिक्षुता प्रोत्साहन योजना : 18 फरवरी, 2020 को प्रदेश के युवाओं को उद्योगों तथा एम.एस.एम.ई. इकाइयों में ऑन जॉब प्रशिक्षण प्रदान करते हुए उन्हें निश्चित अवधि के लिए रोजगार से जोड़ना, युवाओं को रोजगार एवं स्वरोजगार से जोड़ते हुए उन्हें प्रशिक्षण के दौरान 2,500 रुपए की धनराशि केंद्र व राज्य के परस्पर सहयोग से प्रदान की जाएगी।

मुख्यमंत्री पर्यटन संवर्धन योजना : 21 जनवरी, 2020 को उत्तर प्रदेश सरकार द्वारा इस योजना को लागू किया गया। इसके अंतर्गत उत्तर प्रदेश में स्थित महत्त्वपूर्ण धार्मिक, आध्यात्मिक, प्राचीन व सांस्कृतिक आदि स्थलों का सतत विकास और संवर्धन करना। प्रत्येक विधानसभा क्षेत्र में एक पर्यटन-स्थल को विकसित किया जाएगा। पर्यटन विभाग, विधायक निधि एवं सी.एस.आर.आई. निधि से इस फंड को खर्च किया जाएगा। साथ ही, यह योजना विधायक और जिलाधिकारी की सहमति से प्रारंभ की जाएगी।

मुख्यमंत्री निराश्रित/बेसहारा गोवंश सहभागिता योजना : 6 अगस्त, 2019 को निराश्रित, बेसहारा गौवंश इच्छुक कृषकों, पशुपालकों एवं अन्य व्यक्तियों को ऐसे गौवंश सुपुर्द किए जाएँगे। योजना के पहले चरण में 1 लाख गौवंश की व्यवस्था की गई है। जिलाधिकारी द्वारा चिह्नित ऐसे कृषकों, पशुपालकों, अन्य व्यक्तियों को 30 रुपए प्रति गौवंश की दर से भरण-पोषण हेतु धनराशि बैंक खाते में हस्तांतरित की जाएगी।

मुख्यमंत्री किसान एवं सर्वहित बीमा योजना : ऐसे मुखिया या रोटी अर्जक जिनकी **आयु 18 से 70 वर्ष के मध्य** है और जो खातेदार या सह खातेदार के रूप में खतौनी में दर्ज हैं, जिनकी पारिवारिक वार्षिक आय 75 हजार रुपए से कम है, राज्य के किसानों और कमजोर वर्ग के लोगों को राज्य सरकार द्वारा वित्तीय व सामाजिक सुरक्षा उपलब्ध कराई जाएगी। पात्र मुखिया की दुर्घटनावश मृत्यु, दिव्यांगता की दशा में अधिकतम 5 लाख रुपए देने की व्यवस्था की गई है। पात्र परिवार के सदस्यों की दुर्घटना पर चिकित्सा में 25 हजार रुपए तक प्राथमिक इलाज हेतु बीमा कंपनी द्वारा प्रतिपूर्ति दी जाएगी। बी.पी.एल. परिवार भी इस योजना के पात्र हैं। इस योजना के अंतर्गत रेल, वायु, रोड से दुर्घटना, गैस रिसाव, सर्पदंश से मरना, किसी भी प्रकार से हाथ-पैर का कट जाना, जैविक एवं प्राकृतिक आपदा से दुर्घटना हो जाना, जल में डूबना, बाढ़ में बह जाना, जल जाना, जंगली जानवरों के आक्रमण से क्षतिग्रस्त हो जाना इत्यादि विषयों को इसमें शामिल किया गया है।

❑

केंद्रीय योजनाएँ (वर्ष 2017 से 2022 तक)

उत्तर प्रदेश, भारत सरकार द्वारा कार्यान्वित की जा रही प्रमुख योजनाओं को प्रदेश में सुचारू रूप से लागू करने, लाभार्थियों तक योजनाओं का लाभ पहुँचाने तथा उनके उद्देश्यों एवं लक्ष्य को पूरा करने में फिसड्डी राज्य रहा है। इस उपमा को तोड़ने का काम योगी सरकार के कार्यकाल में हुआ। दूरदर्शिता, कटिबद्धता व चहुँमुखी प्रयासों के चलते आज एक नया उत्तर प्रदेश नई उपलब्धियों के साथ नए कीर्तिमान बनाने को उत्सुक है। वर्तमान में केंद्र द्वारा संचालित योजनाओं में से 44 योजनाओं के कार्यान्वयन में प्रदेश, देश का नंबर वन राज्य है, जो सुशासन का प्रत्यक्ष प्रमाण है।

भारत सरकार की प्रमुख योजनाओं में उत्तर प्रदेश की प्रगति

प्रधानमंत्री आवास योजना

- वर्ष 2022 तक देश के कमजोर व गरीब लोगों को ग्रामीण क्षेत्रों में 3 करोड़ आवास और नगरीय क्षेत्रों में 2 करोड़ आवास देने का लक्ष्य है। उत्तर प्रदेश में ग्रामीण एवं शहरी क्षेत्रों में अब तक 44 लाख से अधिक आवास निर्मित/स्वीकृत किए जा चुके हैं ।

प्रधानमंत्री किसान सम्मान निधि

- उत्तर प्रदेश में 2 करोड़ 55 लाख 77 हजार से अधिक किसानों को अब तक 42,565 करोड़ रुपए से अधिक स्थानांतरित किए जा चुके हैं। योजना के कार्यान्वयन में उत्तर प्रदेश को देश में सर्वश्रेष्ठ राज्य के रूप में सम्मानित किया गया।

प्रधानमंत्री फसल बीमा योजना

- उत्तर प्रदेश में अब तक 2 करोड़ 21 लाख 95 हजार किसानों का पंजीकरण करते हुए 27.56 लाख किसानों को 2,376 करोड़ रुपए की क्षतिपूर्ति का भुगतान किया गया।

प्रधानमंत्री किसान मानधन योजना

- इस योजना में बीमित किसान (पुरुष एवं स्त्री) के लिए 60 वर्ष की आयु पूरी करने पर 3 हजार रुपए की मासिक पेंशन देने की व्यवस्था है। उत्तर प्रदेश में अब तक 2 लाख 52 हजार 239 लाभार्थियों को इसका लाभ दिया जा चुका है।

आयुष्मान भारत योजना

- उत्तर प्रदेश में 1.18 करोड़ गरीब परिवारों के करीब 6 करोड़ 47 लाख लोगों को 5 लाख रुपए तक का स्वास्थ्य सुरक्षा कवर प्रदान किया गया है।
- प्रदेश के सभी 75 जनपद खुले में शौच से मुक्त (ओ.डी.एफ.) हो चुके हैं।

सौभाग्य योजना

- इस योजना के अंतर्गत उत्तर प्रदेश में 1 करोड़ 41 लाख घरों को निःशुल्क विद्युत कनेक्शन दिए गए हैं।

प्रधानमंत्री उज्ज्वला योजना

- वर्ष 2022 तक गाँवों के प्रत्येक एकल परिवार को एक रसोई गैस कनेक्शन उपलब्ध कराने का लक्ष्य। उत्तर प्रदेश में अब तक 1 करोड़ 67 लाख निःशुल्क गैस कनेक्शन वितरित किए गए हैं।

जन औषधि केंद्र

- उत्तर प्रदेश में 11,004 जन औषधि केंद्र स्थापित कर गुणवत्तापूर्ण एवं सस्ती औषधियाँ उपलब्ध कराई जा रही हैं।

प्रधानमंत्री मुद्रा योजना

- इस योजना में छोटे व्यापार और उद्यम के लिए 50 हजार रुपए से 10 लाख रुपए तक की पूँजी बैंकों द्वारा ऋण के रूप में उपलब्ध कराई जाती है। उत्तर प्रदेश में 1 करोड़ 39 लाख उद्यमी लाभान्वित।

मृदा स्वास्थ्य कार्ड

- इस योजना के अंतर्गत प्रदेश में किसानों को 3.76 करोड़ से अधिक मृदा स्वास्थ्य कार्ड वितरित।

प्रधानमंत्री जनधन योजना

- इस योजना में उत्तर प्रदेश में 7 करोड़ 2 लाख खाते खोले गए। योजना के कार्यान्वयन में उत्तर प्रदेश देश में प्रथम।

अटल पेंशन योजना

- 60 वर्ष की उम्र होने पर अंशदान के अनुसार रुपए 1,000 से 5,000 प्रतिमाह तक की पेंशन। उत्तर प्रदेश के 36 लाख 60 हजार 615 लोग लाभान्वित। योजना के कार्यान्वयन में उत्तर प्रदेश को देश में प्रथम स्थान मिला।

प्रधानमंत्री लघु व्यापारी मानधन

- इस योजना के तहत 60 वर्ष की आयु होने पर लघु व्यापारी को न्यूनतम रुपए 3,000 मासिक पेंशन। प्रदेश में योजना का प्रभावी कार्यान्वयन किया जा रहा है।

अमृत योजना

- इस योजना के अंतर्गत उत्तर प्रदेश के 60 शहरों में पेयजल, सीवरेज एवं नगरीय यातायात के कार्य किए जा रहे हैं।

एम्स (AIIMS)

- भारत सरकार द्वारा देश में 22 नए एम्स और 75 नए मेडिकल कॉलेज खोलने का निर्णय। उत्तर प्रदेश में जनपद **गोरखपुर एवं रायबरेली एम्स की** स्थापना। 59 जनपदों में न्यूनतम एक मेडिकल कॉलेज क्रियाशील। 16 जनपदों में पी.पी.पी. मॉडल पर मेडिकल कॉलेज की स्थापना की प्रक्रिया प्रारंभ।

'नमामि गंगे' परियोजना

- गंगा नदी की निर्मलता एवं अविरलता के लिए 'नमामि गंगे' परियोजना के अंतर्गत उत्तर प्रदेश में 22 परियोजनाएँ पूर्ण। 24 परियोजनाओं पर तेजी से कार्य चल रहा है।

स्मार्ट सिटी

- उत्तर प्रदेश में 10 शहर भारत सरकार द्वारा तथा 7 शहर राज्य सरकार द्वारा स्मार्ट सिटी मिशन के रूप में विकसित किए जा रहे हैं।

प्रधानमंत्री जीवन ज्योति योजना

- उत्तर प्रदेश के 62 लाख 83 हजार लोग लाभान्वित। उत्तर प्रदेश का देश में दूसरा स्थान।

प्रधानमंत्री सुरक्षा बीमा योजना

- 2 लाख रुपए का जीवन बीमा कवर। उत्तर प्रदेश में 2 करोड़ 38 लाख लोग बीमित।

सांसद आदर्श ग्राम योजना

- वर्ष 2024 तक प्रत्येक संसदीय क्षेत्र में 8 गाँवों को आदर्श गाँव के रूप में विकसित करने का लक्ष्य है। उत्तर प्रदेश में योजना का तीव्र गति से कार्यान्वयन किया जा रहा है।

महिला सुरक्षा एवं विकास

- पॉक्सो से जुड़े मामलों की त्वरित सुनवाई हेतु देश में 1,023 फास्ट ट्रैक कोर्ट स्थापित करने का निर्णय। उत्तर प्रदेश में **218 फास्ट ट्रैक कोर्ट स्थापित किए** जा चुके हैं।

मिशन इंद्रधनुष

- इस योजना के अंतर्गत उत्तर प्रदेश में लगभग शत-प्रतिशत बच्चों का टीकाकरण।

प्रकाश पथ

- 2 करोड़ 60 लाख 80 हजार 668 एल.ई.डी. बल्बों का वितरण। इससे चार वर्ष में विद्युत् माँग में 2,800 मेगावाट की कमी तथा 33.85 करोड़ यूनिट बिजली एवं 1,355 करोड़ रुपए की बचत।

ऊर्जा गंगा

- इस योजना के तहत 2,050 किमी. की गैस पाइप लाइन जगदीशपुर (यू.पी.) से हल्दिया (पश्चिम बंगाल) तक बिछाई जाएगी। उत्तर प्रदेश के पूर्वांचल क्षेत्र के करीब 20 लाख परिवारों को पी.एन.जी. कनेक्शन मिलेगा।

प्रधानमंत्री ग्राम सड़क योजना

- इस योजना के अंतर्गत प्रदेश में अब तक 7,007 किमी. पक्की सड़कों का निर्माण किया गया।

कौशल भारत योजना

- उत्तर प्रदेश में लगभग 13 लाख युवाओं का पंजीकरण। 8.92 लाख युवाओं को प्रशिक्षण एवं 4.10 लाख युवा सेवा-योजित।

प्रधानमंत्री श्रमयोगी मानधन

- योजनांतर्गत संगठित क्षेत्रों के श्रमिकों को 3,000 रुपए मासिक पेंशन की सुविधा। उत्तर प्रदेश में अब तक 6 लाख 42 हजार 219 श्रमिकों का पंजीकरण।

दीनदयाल उपाध्याय ग्रामीण योजना

- ग्रामीण आजीविका को बढ़ावा देने के लिए प्रदेश में अब तक 10 लाख युवाओं को प्रशिक्षित किया गया।

स्टार्ट-अप इंडिया, स्टैंड-अप इंडिया

- योजना का उद्देश्य भारत में बिजनेस के सभी क्षेत्रों में नए उद्यमों को प्रोत्साहित करना है। अब तक उत्तर प्रदेश में 3,400 स्टार्ट-अप प्रोजेक्ट्स प्रारंभ हो चुके हैं।

प्रधानमंत्री सुकन्या समृद्धि योजना

- कन्याओं के लिए खाते खोलकर 14 साल के लिए जमा राशि संचित होती है। कन्या के 18 साल के होने पर 50 प्रतिशत धनराशि निकाली जा सकती है। 21 वर्ष पूरे होने पर परिपक्वता राशि मय ब्याज (वह राशि, जो निष्कासन के समय सरकार द्वारा निर्धारित हो) प्राप्त की जा सकती है। यह राशि करमुक्त होगी। उत्तर प्रदेश में योजना का प्रभावी कार्यान्वयन किया जा रहा है।

उड़ान योजना

- योजना का उद्देश्य मेधावी छात्राओं को स्कूलों से तकनीकी संस्थाओं तक आसानी से पहुँचाना तथा उन्हें गणित व विज्ञान की निःशुल्क ऑनलाइन कोचिंग सुविधा देकर उनको सक्षम बनाना है। प्रदेश में योजना का कार्यान्वयन किया जा रहा है।

बेटी बचाओ-बेटी पढ़ाओ

- जन–सामान्य की मानसिकता में सकारात्मक परिवर्तन लाने के उद्देश्य से वर्ष 2020–21 में कुल 1.96 लाख गतिविधियों के माध्यम से 1 करोड़ 80 लाख महिलाओं व बालिकाओं को जागरूक किया गया है।

❑

अध्याय 3 देश में अग्रणी उत्तर प्रदेश

- प्रधानमंत्री किसान सम्मान निधि योजना के कार्यान्वयन में उत्तर प्रदेश को देश में सर्वश्रेष्ठ प्रदर्शन का पुरस्कार।
- पी.एम. स्वनिधि योजना के कार्यान्वयन में उत्तर प्रदेश का देश में प्रथम स्थान।
- इंडिया स्मार्ट सिटीज अवार्ड-2020 में उत्तर प्रदेश को प्रथम पुरस्कार।
- गन्ना, चीनी, एथेनॉल एवं सेनेटाइजर उत्पादन में लगातार चौथी बार देश में प्रथम।
- 1,56,479.25 करोड़ रुपए गन्ना मूल्य भुगतान कर देश में अग्रणी।
- खाद्यान्न, गेहूँ, आलू, हरी मटर, आम, आँवला और दुग्ध उत्पादन में देश में नंबर वन।
- सौभाग्य योजना में 1 करोड़ 41 लाख घरों को निःशुल्क विद्युत् कनेक्शन देकर देश में प्रथम।
- 44 लाख से अधिक प्रधानमंत्री आवासों, ग्रामीण एवं शहरी का निर्माण/स्वीकृति प्रदान कर देश में अग्रणी।
- उज्ज्वला योजना में 1 करोड़ 67 लाख पात्र परिवारों को निःशुल्क गैस कनेक्शन देकर देश में अग्रणी।
- 2 करोड़ 94 लाख से अधिक व्यक्तिगत शौचालयों (इज्जतघर) का निर्माण कर देश में प्रथम।
- 39 करोड़ 42 लाख पौधारोपण कर रिकॉर्ड कायम किया।
- सर्वाधिक कोरोना जाँच व टीकाकरण करनेवाला राज्य।

- कोरोना काल में सर्वाधिक नि:शुल्क खाद्यान्न वितरित करनेवाला राज्य।
- सर्वाधिक सरकारी नौकरी एवं रोजगार देनेवाला प्रदेश।
- 5 नए एक्सप्रेस-वे का एक साथ निर्माण प्रारंभ कर देश में अग्रणी।
- 59 जनपदों में न्यूनतम 1 मेडिकल कॉलेज क्रियाशील तथा 16 जनपदों में पी.पी.पी. मॉडल पर मेडिकल कॉलेज की स्थापना की प्रक्रिया प्रारंभ।
- तिलहन उत्पादन में देश में प्रथम स्थान।

❑

उत्तर प्रदेश में प्रमुख परिपथ

उत्तर प्रदेश से संबंधित प्रमुख परिपथ

	परिपथ का नाम		सम्मिलित स्थल (विशेष टिप्पणी के साथ)
●	**बौद्ध परिपथ**	:	**कौशांबी** (यहाँ रहकर भगवान् बुद्ध ने कई उपदेश दिए थे), कपिलवस्तु (यहाँ गौतम बुद्ध ने अपने बचपन का अधिकांश भाग बिताया था), **संकिसा** (बौद्ध किंवदंती के अनुसार, देवलोक के भगवान बुद्ध यहीं अवतरित हुए थे। यह स्थान फर्रुखाबाद जिले में है), **श्रावस्ती** (यहाँ गौतम बुद्ध 27 वर्षों तक रहे), **कुशीनगर** (यहाँ गौतम बुद्ध ने महापरिनिर्वाण प्राप्त किया था), **सारनाथ** (गौतम बुद्ध ने ज्ञानप्राप्ति के बाद अपना पहला धर्मोपदेश यहीं दिया था)।
●	**ब्रज परिपथ**	:	**आगरा** (वैश्विक ख्याति का ताजमहल यहीं है), **वृंदावन** (यहाँ भगवान् श्रीकृष्ण ने लीलाएँ कीं, कृष्ण को समर्पित कई मंदिर), **मथुरा** (भगवान् श्रीकृष्ण का जन्म स्थान)।
●	**कृष्ण परिपथ**	:	**गोवर्धन** (यहाँ स्थित गिरिराज पर्वत को बालकृष्ण ने सात दिनों तक अपनी उँगली पर उठाए रखा था), **गोकुल** (यहाँ श्रीकृष्ण का गोपनीय रूप से पालन हुआ), **वृंदावन** (कृष्ण की लीला-स्थली), **बरसाना** (भगवान् कृष्ण की आह्लादनी राधारानी यहीं की थीं), मथुरा (श्रीकृष्ण की जन्म-स्थली), **नंदगाँव** (श्रीकृष्ण के पालक नंदजी का घर), **बलदेव** (भगवान् श्रीकृष्ण के बड़े भाई बलराम का मंदिर)।

●	रामायण परिपथ	:	**अयोध्या** (भगवान् राम की जन्म-स्थली), **चित्रकूट** (यहाँ श्रीराम ने अपने वनवास का एक बड़ा हिस्सा बिताया), **शृंगवेरपुर** (प्रयागराज जिले में स्थित इसी स्थान से श्रीराम ने गंगापार की थी)। हाल ही में नेपाल के जनकपुर को भी रामायण परिपथ में शामिल कर लिया गया है।
●	बुंदेलखंड परिपथ	:	**महोबा** (वीर योद्धा आल्हा-ऊदल से संबंधित स्थल), कालिंजर (मध्ययुगीन काल का रणनीतिक महत्त्व का स्थल, बाँदा जनपद में स्थित, यहाँ एक प्राचीन किला है), **झाँसी** (रानी लक्ष्मीबाई से संबंधित स्थल, यहाँ भव्य किला है), **चित्रकूट** (श्रीराम ने वनवास का एक बड़ा भाग यहीं बिताया), **बिठूर** (कानपुर में गंगा नदी के तट पर स्थित स्वतंत्रता संग्राम सेनानी नाना साहब से संबंधित ऐतिहासिक स्थान)।
●	विंध्य-वाराणसी परिपथ	:	**विंध्याचल** (माँ विंध्यवासिनी का मंदिर), वाराणसी (काशी-विश्वनाथ मंदिर के लिए प्रसिद्ध), **चुनार** (यहाँ का किला दर्शनीय है)।
●	अवध परिपथ	:	**नैमिषारण्य** (सीतापुर जिले में स्थित यह स्थान वैदिक काल के 88,000 ऋषियों की तपस्थली के रूप में विख्यात है), **अयोध्या-फैजाबाद** (अयोध्या भगवान् श्रीराम की जन्मस्थली है, जबकि फैजाबाद अवध के नवाबों की गद्दी थी), **देवाशरीफ** (सूफी संत हाजी वारिस अली शाह की मजार यहीं है। यह स्थान बाराबंकी जिले में है।)
●	जैन परिपथ	:	**अयोध्या** (जैन धर्म के प्रथम तीर्थंकर ऋषभनाथ, द्वितीय तीर्थंकर अजितनाथ, चतुर्थ तीर्थंकर अभिनंदननाथ एवं पाँचवें तीर्थंकर सुमतिनाथ जन्म-स्थल), **वाराणसी** (सातवें तीर्थंकर सुपार्श्वनाथ और 23वें तीर्थंकर पार्श्वनाथ का जन्म-स्थल), **श्रावस्ती** (तृतीय तीर्थंकर संभवनाथ का जन्म-स्थल), **कौशांबी** (छठे तीर्थंकर पद्मप्रभ का जन्म-स्थल), **कांकडी** (नौवें तीर्थंकर सुविधि नाथ का जन्म-स्थल), **महोबा** (गोखर पर्वत पर चट्टानों को काटकर बनाई गई 24 तीर्थंकरों की प्रतिमाओं के लिए प्रसिद्ध), **देवगढ़** (प्राचीन जैन मूर्तियों एवं शिल्प कला हेतु विख्यात स्थल)।

•	**सूफी परिपथ**	:	**जायस** (रायबरेली में स्थित सूफी संत मलिक मुहम्मद जायसी से संबंधित स्थान), **आगरा** (शिया संत काजी नूरूल्ला की मजार), **फतेहपुर सीकरी** (शेख सलीम चिश्ती की दरगाह एवं मकबरा), **देवाशरीफ** (प्रख्यात सूफी संत हाजी वारिस अली शाह का मजार), **बहराइच** (सूफी संत सैयद सालार मसूद गाजी की दरगाह), **किछौछा** (अंबेडकर नगर जिले में स्थित, यहाँ सूफी संत सैयद मखदूम अशरफ जहाँगीर सिमनानी की दरगाह है), **मगहर** (निर्वाण संत कबीर नगर में स्थित संत कबीर की निर्वाण-स्थली)।
•	**वन्यजीव-पर्यावरण परिपथ**	:	**दुधवा राष्ट्रीय उद्यान** (खीरी जिले में स्थित इस राष्ट्रीय उद्यान में बारहसिंगा, चीतल, शेर, गैंडा, बाघ, हाथी, भालू, सांभर, पांडा, अजगर एवं मगर आदि जीव मिलते हैं), **कतर्नियाघाट वन्य जीव विहार** (बहराइच जिले में स्थित इस वन्य जीव विहार में बाघ, हिरन एवं सांभर आदि जीव पाए जाते हैं), **पीलीभीत बाघ अभयारण्य** (यह अभयारण्य पीलीभीत, लखीमपुर खीरी एवं बहराइच जनपदों में विस्तारित है। प्रोजेक्ट टाइगर में शामिल बाघ अभयारण्य)।

❑

खंड–5

गतिमान उत्तर प्रदेश के बोलते तथ्य एवं आँकड़े (तुलनात्मक स्थिति)

मार्च 2017 से पूर्व एवं उसके बाद की स्थिति

आँकड़ों की गणना में अग्रणी योगी सरकार

तुलनात्मक विषयवस्तु का आधार

1. कानून-व्यवस्था
2. प्रदेश में अपराध के आँकड़े
3. शासन और प्रशासन में पारदर्शिता
4. स्वास्थ्य क्षेत्र
5. शिक्षा क्षेत्र की स्थिति
6. प्रदेश की अर्थव्यवस्था
7. एक्सप्रेस-वे (राष्ट्रीय राजमार्ग)
8. मेट्रो रेल परियोजना
9. प्रदेश में बिजली उत्पाद एवं वितरण
10. प्रदेश में किसानों की स्थिति
11. प्रदेश में रोजगार की स्थिति

गतिमान उत्तर प्रदेश के आँकड़े और तथ्य

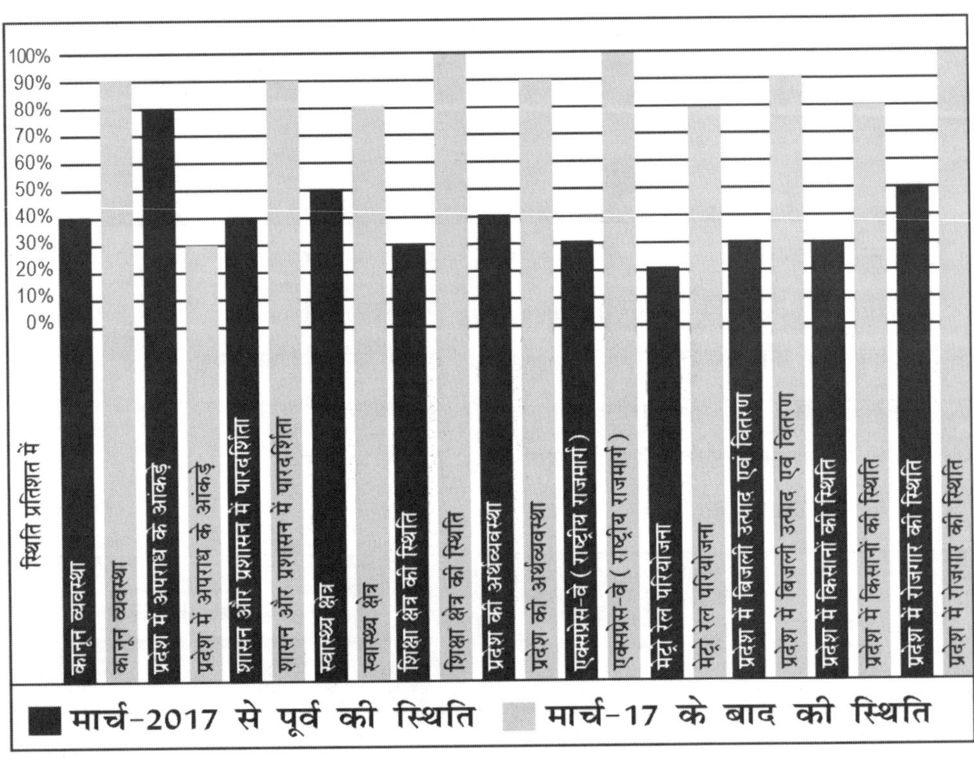

कानून-व्यवस्था

1. साइबर अपराध		
वर्ष 2017 के पूर्व की स्थिति	**वर्ष 2017 के बाद की स्थिति**	**विश्लेषण/टिप्पणी**
मात्र 2 साइबर क्राइम थाने की स्थापना की गई।	प्रदेश के सभी 18 मंडलों में साइबर क्राइम थाने की स्थापना के साथ-साथ हर थाने पर साइबर हेल्प डेस्क की स्थापना की जा रही है।	प्रत्येक जनपद में साइबर सेल एवं परिक्षेत्र में साइबर पुलिस थाना स्थापित।
2. महिला पी.ए.सी. बटालियन		
कोई व्यवस्था नहीं	प्रदेश के 3 जिलों, जैसे-1. लखनऊ, 2. गोरखपुर एवं 3. बदायूँ में महिला पी.ए.सी. बटालियन का गठन किया जा रहा है।	रानी वीरांगना अवंतीबाई लोधी, ऊदा देवी और झलकारीबाई जैसी स्वतंत्रता सेनानियों के नाम पर योगी सरकार ने अपने संकल्प-पत्र में महिला सुरक्षा हेतु पी.ए.सी. बटालियन के गठन का प्रावधान किया।

3. पुलिस कमिश्नर प्रणाली		
कोई व्यवस्था नहीं	उत्तर प्रदेश मंत्रिपरिषद् ने 13 जनवरी, 2020 को दो जिलों में पुलिस आयुक्त प्रणाली लागू किए जाने का निर्णय लिया। वे जिले हैं- 1. लखनऊ, 2. गौतमबुद्ध नगर। मार्च, 2021 में दो और जिलों में पुलिस आयुक्त प्रणाली लागू किए जाने की स्वीकृति दी गई, वे जिले हैं:–1. कानपुर नगर, 2. वाराणसी।	इस प्रणाली के लागू हो जाने से संबंधित जिले के जिला मजिस्ट्रेट की शक्तियाँ अपर पुलिस महानिदेशक स्तर के पुलिस आयुक्त को सौंप दी जाती हैं तथा संबंधित जिले/शहर में 'एकीकृत पुलिस कमांड संरचना प्रणाली' के तहत कानून व्यवस्था का संचालन किया जाता है।

4. महिला सुरक्षा एवं सशक्तीकरण		
वर्ष 2017 के पूर्व की स्थिति	**वर्ष 2017 के बाद की स्थिति**	**विश्लेषण/टिप्पणी**
महिला हेल्पलाइन सेवा 1090 का प्रारंभ (15 नवंबर, 2012), कन्या विद्या धन योजना का प्रारंभ और लक्ष्मीबाई महिला सशक्तीकरण कोष की स्थापना।	• 'विकल्प' पोर्टल (ऑनलाइन FIR की सुविधा) का प्रारंभ। • **मिशन शक्ति अभियान।** • **एंटी रोमियो स्क्वाड** का गठन। • **218 फास्ट ट्रैक कोर्ट** का गठन। • महिला एवं बाल सुरक्षा संगठन की स्थापना। 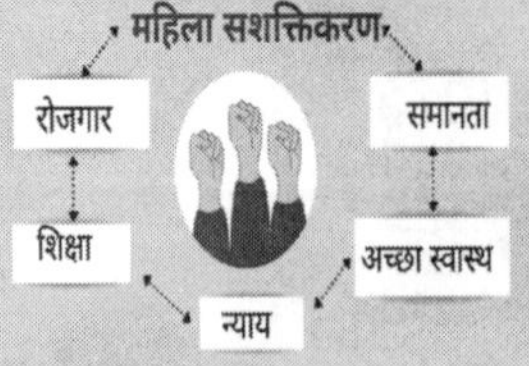 	प्रदेश सरकार ने महिला सुरक्षा व सशक्तीकरण को अपने संकल्प-पत्र में प्राथमिकता दी, जिसके चलते प्रदेश में महिला सुरक्षा को लेकर मिशन शक्ति, विकल्प पोर्टल, एंटी रोमियो स्क्वाड, फास्ट ट्रैक कोर्ट जैसी सेवाओं का प्रारंभ किया गया; साथ ही अन्य पहलें जैसे–महिला हेल्प डेस्क, पिंक टॉयलेट, पिंक बस एवं महिला पी.एस.सी. बटालियन का गठन कर, सरकार नवाचार पर आधारित नई पहलों को शीघ्रता से अपना रही है। पाँच वर्षों में 20,234 महिला आरक्षियों की भरती, प्रत्येक गाँव में महिला बीट पुलिस अधिकारी की तैनाती (58,000 गाँव)। सभी 1535 थानों पर महिला हेल्पडेस्क की स्थापना।

5. बच्चों के अधिकारों की सुरक्षा		
व्यवस्था का अभाव।	बच्चों के अधिकार, देख-रेख एवं संरक्षण के संबंध में प्रत्येक थाने में बाल कल्याण अधिकार एवं विशेष किशोर पुलिस इकाई का गठन किया गया है।	प्रदेश में बच्चों की सुरक्षा हेतु इस पहल से बच्चों के भविष्य को सुरक्षित करने और उनके मानसिक विकास को पोषण देने में सहायता मिलेगी, साथ ही उनके विरुद्ध होनेवाले अपराधों के न्यूनीकरण में कानून व व्यवस्था की महत्त्वपूर्ण भूमिका में होगी।
6. उत्तर प्रदेश-नेपाल सीमा पर सुरक्षा के पुख्ता इंतजाम		
व्यवस्था का अभाव।	प्रदेश सरकार ने उत्तर प्रदेश-नेपाल सीमा सुरक्षा को ध्यान में रखते हुए सीमा पर 8 इमीग्रेशन चेक पोस्ट स्थापित किए हैं, जिसमें से तीन चेक पोस्ट से विदेशियों को आवागमन की सुविधा दी गई है, जो इस प्रकार हैं– 1. सोनौली (महराजगंज), 2. रुपईडीहा (बहराइच), 3. गौरी फंटा (खीरी) **नोट** : चेक पोस्ट सोनौली का प्रबंधन IB (भारत सरकार) के अधीन है।	प्रदेश के 7 जनपदों, यथा– 1. पीलीभीत, 2. खीरी, 3. बहराइच, 4. श्रावस्ती, 5. बलरामपुर, 6. सिद्धार्थ नगर, 7. महराजगंज की कुल 579 कि.मी. सीमा नेपाल से लगी हुई है, जिसे सुरक्षित रखना प्रदेश सरकार की प्राथमिकता में है।

❑

प्रदेश में अपराध के आँकड़े (NCRB के आँकड़ों के अनुसार)

1. हत्या				
वर्ष 2017 के पूर्व की स्थिति		वर्ष 2017 के बाद की स्थिति		विश्लेषण/टिप्पणी
वर्ष	संख्या	वर्ष	संख्या	प्रदेश में विभिन्न कारणों से हो रही हत्याओं में लगातार गिरावट, प्रदेश सरकार की अपराध एवं अपराधियों के विरुद्ध जीरो टॉलरेंस नीति का परिणाम है।
2013	5,047	2017	4,324	
2014	5,150	2018	4,018	
2015	4,732	2019	3,806	
2016	4,889	2020	3,779	
		2021	3,229	
2. डकैती				
वर्ष	संख्या	वर्ष	संख्या	डकैती के मामलों में लगातार गिरावट हुई और योगी सरकार के प्रथम कार्यकाल की समाप्ति तक इसकी संख्या आधे से भी कम हो गई।
2013	596	2017	263	
2014	294	2018	144	
2015	277	2019	124	
2016	284	2020	120	
		2021	74	
3. बलात्कार				
वर्ष	संख्या	वर्ष	संख्या	सरकार द्वारा उठाए जा रहे सशक्त कदमों का परिणाम है कि प्रदेश में बलात्कार जैसे जघन्य
2013	3,050	2017	4,246	

2014	3,067	2018	3,946	अपराधों में कमी देखने को मिली है। साथ ही, प्रदेश सरकार ने पॉक्सो (POCSO) एक्ट, 2012 को सक्रियता से लागू किया, जिसके चलते बच्चों के प्रति होने वाले यौन उत्पीड़न, यौन शोषण और पोर्नोग्राफी जैसे अपराधों में कमी देखने को मिली है।
2015	3,025	2019	3,065	
2016	4,816	2020	2,769	
		2021	2,376	

अध्याय 3

शासन और प्रशासन में पारदर्शिता

1. ट्रांसफर व पोस्टिंग के संदर्भ में		
वर्ष 2017 के पूर्व की स्थिति	**वर्ष 2017 के बाद की स्थिति**	**विश्लेषण/टिप्पणी**
ट्रांसफर-पोस्टिंग एक व्यवसाय के रूप में स्थापित था।	ट्रांसफर-पोस्टिंग के लिए 'पारदर्शी व्यवस्था' लागू की गई।	प्रदेश में ट्रांसफर और पोस्टिंग की प्रक्रिया को अधिकारियों की कार्यक्षमता और उनकी दक्षता को आधार बनाकर किए जाने की व्यवस्था की गई है, ताकि अधिकारियों की कार्य-कुशलता में वृद्धि हो सके तथा शासन में ईमानदारी और जवाबदेही की कार्य-संस्कृति का विकास हो सके।
2. भू-माफिया के संदर्भ में		
-	एंटी भू-माफिया टास्क फोर्स एवं एंटी भू-माफिया पोर्टल का विकास किया गया। 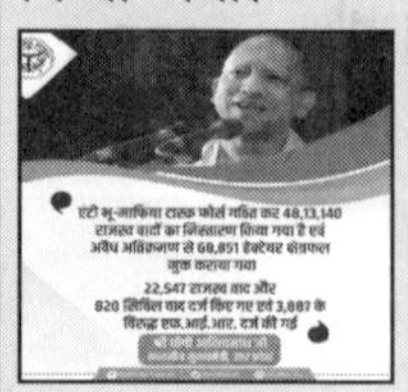 	प्रदेश सरकार ने वर्षों से भू-माफियाओं की समानांतर व्यवस्था को जड़ से समाप्त करने के उद्देश्य से यह कदम उठाया और अवैध निर्माणों पर तत्काल प्रभाव से बुलडोजर चलवाए, ताकि आम जनता-विशेषकर कमजोर वर्गों का भू-माफियाओं द्वारा होनेवाला उत्पीड़न समाप्त किया जा सके। 64 हजार 398 हेक्टेयर क्षेत्रफल भूमि को अवैध अतिक्रमण से अवमुक्त कराया गया है।

❑

अध्याय 4

स्वास्थ्य क्षेत्र

1. राष्ट्रीय परिवार स्वास्थ्य सर्वेक्षण (NFHS)		
वर्ष 2017 के पूर्व की स्थिति	**वर्ष 2017 के बाद की स्थिति**	**विश्लेषण/टिप्पणी**
• NFHS-4 के अनुसार, प्रदेश में संस्थागत प्रसव का प्रतिशत 67.8 था।	• NFHS-5 के अनुसार, प्रदेश में संस्थागत प्रसव का प्रतिशत 83.4 हो गया।	• संस्थागत प्रसव के क्षेत्र में उत्तर प्रदेश राज्य की स्थिति पहले की तुलना में बेहतर हुई है, जिसका श्रेय जच्चा-बच्चा सुरक्षा हेतु प्रारंभ की गई योजनाओं को तथा जन-जागरूकता अभियान को जाता है।
• NFHS-4 के अनुसार, प्रदेश में प्रजनन दर 2.7 थी।	• NFHS-5 के अनुसार प्रदेश में प्रजनन दर 2.4 हो गई है।	• प्रजनन दर के क्षेत्र में सुधार होने से प्रदेश की जनसंख्या को नियंत्रित करने में सहायता मिलेगी तथा महिलाओं के स्वास्थ्य पर भी सकारात्मक प्रभाव देखने को मिलेगा।

• प्रदेश में लिंगानुपात 995/ 1,000 था।	• प्रदेश में लिंगानुपात 1,017/1,000 है।	• उत्तर प्रदेश राज्य भारत के औसत लिंगानुपात (940/1,000 जनगणना 2011 के अनुसार) की तुलना में बेहतर स्थिति में पहुँच गया है।
2. प्रदेश में एंबुलेंस सेवा		
• वर्ष 2012 में अखिलेश सरकार ने दुर्घटना से लेकर प्रसव जैसे चिकित्सकीय आपात हेतु निःशुल्क एंबुलेंस सेवा का प्रारंभ किया था और यह सुविधा 108 डायल पर उपलब्ध कराई गई थी। प्रदेश में वर्ष 2017 तक कुल 1,488 एंबुलेंस संचालित थीं।	• मौजूदा समय में प्रदेश में 2,270 एंबुलेंस हैं, जो अत्याधुनिक सुविधाओं से लैस हैं। 	अत्याधुनिक सेवाओं से लैस एंबुलेंस सेवाएँ प्रदेश के सशक्त होते स्वास्थ्य क्षेत्र की परिचायक हैं। 2017 से **एडवाएँ लाइफ सपोर्ट** एंबुलेंस सेवा प्रारंभ। 3.48 **लाख रोगियों** को सेवा प्रदान की गई।
3. प्रदेश में मुफ्त इलाज एवं जाँचों की स्थिति		
–	• प्रदेश के 54 जनपदों के 55 चिकित्सालयों में डायलिसिस की निःशुल्क सुविधा उपलब्ध कराई जा रही है। • जननी शिशु सुरक्षा कार्यक्रम के अंतर्गत गर्भवती महिलाओं को निःशुल्क परिवहन, निःशुल्क जाँचें, निःशुल्क औषधि, निःशुल्क भोजन और आवश्यकता पड़ने पर निःशुल्क ब्लड ट्रांसफ्यूजन की सुविधा प्रदान की जा रही है।	प्रदेश सरकार ने स्वास्थ्य क्षेत्र में अवसंरचनात्मक सुविधाओं को बढ़ाने तथा आम जनता तक किफायती दरों पर स्वास्थ्य सेवाएँ उपलब्ध कराने का कार्य तीव्रता से किया है।

4. ई-चिकित्सा सुविधा		
ऐसी कोई व्यवस्था नहीं।	ई-संजीवनी टेलीमेडिसिन के अंतर्गत कोविड-19 महामारी के दौर में रोगियों को घर बैठे चिकित्सकों से परामर्श दिया गया। इस सुविधा के माध्यम से बिना चिकित्सालय जाए सीधे चिकित्सकों से परामर्श कर सकते हैं।	ई-चिकित्सा सुविधा कोरोना काल में सोशल डिस्टेंसिंग की व्यवस्था को बनाए रखने में मील का पत्थर साबित हुई है।
5. आयुष्मान योजना की स्थिति		
ऐसी कोई व्यवस्था नहीं।	'आयुष्मान भारत' योजना के अंतर्गत उत्तर प्रदेश के 6.5 करोड़ लोगों को निःशुल्क स्वास्थ्य बीमा कवर की सुविधा दी गई है।	'आयुष्मान भारत' योजना, विश्व की सबसे बड़ी बीमा योजना है। प्रदेश सरकार ने इस योजना को लागू कर संवेदनशील वर्गों को निःशुल्क स्वास्थ्य बीमा से जोड़ा है। प्रदेश में 1.8 करोड़ आयुष्मान कार्ड बने।
6. एम्स की स्थापना		
• प्रदेश में 6 एम्स की स्थापना की जानी थी। समाजवादी सरकार में गोरखपुर और रायबरेली में एम्स की स्थापना हेतु जमीन दी गई। • वर्ष 2013 में रायबरेली एम्स की स्थापना हुई।	गोरखपुर एम्स का उद्घाटन वर्ष 2019 में प्रधानमंत्री नरेंद्र मोदी जी द्वारा किया जा चुका है।	प्रदेश की जनता को गुणवत्ता पूर्ण स्वास्थ्य सुविधाएँ पहुँचाना प्रदेश की योगी सरकार की प्राथमिकता है, जिसे केंद्र में रखते हुए प्रदेश में एम्स की स्थापना कर रणनीतिक रूप से कार्य किया जा रहा है।
7. मेडिकल कॉलेज की स्थिति		
वर्ष 2017 से पहले प्रदेश में केवल 12 मेडिकल कॉलेज थे।	वर्ष 2017 के बाद 'एक जनपद एक मेडिकल कॉलेज योजना' के अंतर्गत प्रदेश के सभी जनपदों में कम-से-कम एक मेडिकल कॉलेज स्थापित	

	करने का कार्य प्रगति पर है। वर्तमान में प्रदेश में 65 मेडिकल कॉलेज संचालित हैं, जिनमें 35 राज्य सरकार द्वारा और 30 निजी क्षेत्र द्वारा संचालित हैं।	–
8. प्रदेश में एक्यूट इंसेफेलाइटिस सिंड्रोम (A.E.S.) मरीजों की संख्या		
A.E.S. को नियंत्रित करने में रणनीतिक प्रयासों का अभाव रहा।	वर्ष 2017 की तुलना में वर्ष 2021 में A.E.S. रोगियों की संख्या में 65% की कमी और रोगियों की मृत्यु दर में 90% की कमी आई है।	प्रदेश का गोरखपुर व कुशीनगर जिला A.E.S. का केंद्र-बिंदु था, जिस पर प्रदेश सरकार ने पूर्णतः नियंत्रण स्थापित कर लिया है।
9. प्रदेश में जापानी इंसेफेलाइटिस (J.E.) की स्थिति		
J.E. को नियंत्रित करने में रणनीतिक प्रयासों का अभाव रहा।	वर्ष 2017 की तुलना में वर्ष 2021 में J.E. के रोगियों की संख्या में 78% की कमी तथा J.E. की रोगियों की मृत्यु दर में 95% की कमी आई है।	जापानी इंसेफेलाइटिस प्रदेश में मूल रूप से नवजात शिशुओं की मृत्यु का प्रमुख कारण थी, जिस पर वर्तमान सरकार ने काफी हद तक नियंत्रण प्राप्त कर लिया है।

❑

शिक्षा क्षेत्र की स्थिति

1. विश्वविद्यालयों की स्थापना		
वर्ष 2017 के पूर्व की स्थिति	**वर्ष 2017 के बाद की स्थिति**	**विश्लेषण/टिप्पणी**
वर्ष 2012 से 2017 के बीच, प्रदेश में कुल 11 विश्वविद्यालय स्थापित किए गए, जिसमें केंद्रीय, राज्य व निजी क्षेत्र के विश्वविद्यालय क्रमशः 2, 3 व 6 हैं। जिसमें से वर्ष 2013 में स्थापित राजीव गाँधी नेशनल एविएशन विश्वविद्यालय (अमेठी) 2014 में स्थापित रानी लक्ष्मीबाई केंद्रीय कृषि विश्वविद्यालय (झाँसी) प्रमुख हैं।	वर्ष 2017 से वर्ष 2022 के बीच, प्रदेश में क्षेत्र विशेष पर आधारित विश्वविद्यालय स्थापित किए गए हैं, जिसमें प्रमुख हैं–मेजर ध्यानचंद क्रीड़ा विश्वविद्यालय (मेरठ), राष्ट्रीय विधि विश्वविद्यालय, (प्रयागराज), प्रदेश का पहला आयुष विश्वविद्यालय जिसका नाम महायोगी गुरु गोरखनाथ आयुष विश्वविद्यालय (गोरखपुर) है, अटल बिहारी वाजपेयी मेडिकल विश्वविद्यालय (लखनऊ), कुशीनगर जिले में ट्रांसजेंडर हेतु देश का पहला किन्नर विश्वविद्यालय स्थापित किया गया है, जहाँ कक्षा 1 से लेकर उच्च शिक्षा	नए विश्वविद्यालयों की स्थापना से उच्च शिक्षा में विद्यार्थियों की सहभागिता बढ़ी है साथ ही उत्तर प्रदेश उच्च शिक्षा के क्षेत्र में नए कीर्तिमान स्थापित कर रहा है। 75 नए राजकीय महाविद्यालयों की स्थापना का कार्य प्रगति पर तथा 08 महाविद्यालयों का निर्माण पूर्ण।

	तक का प्रबंध किया गया है। योगी सरकार द्वारा स्थापित किए जा रहे विश्वविद्यालयों के नाम इतिहास के पन्नों में गुम हो चुकी महान् विभूतियों के नाम पर रखे जाने की प्रथा प्रारंभ की है, जिसका प्रमुख उदाहरण है—राजा महेंद्र प्रताप सिंह राज्य विश्वविद्यालय (अलीगढ़), महाराजा सुहेलदेव राज्य विश्वविद्यालय (आजमगढ़), माँ शाकुंभरी देवी राज्य विश्वविद्यालय (सहारनपुर) आदि। ऐसा करने के पीछे योगी सरकार का मूल उद्देश्य आनेवाली पीढ़ियों को इन महान् विभूतियों के कार्यों के प्रति जागरूक करना और उनके जीवन से प्रेरणा लेना है।	
2. नकल माफिया		
सत्ता-पोषित नकल माफिया का साम्राज्य था।	5 वर्षों (2017-22) में नकल माफियाओं के काले कारनामे बंद। आज प्रदेश में हर परीक्षा शुचिता के साथ हो रही है।	प्रदेश सरकार नकल माफियाओं पर पूर्णतः अंकुश लगाने में सफल रही तथा प्रतियोगी परीक्षाओं को सुनियोजित ढंग से आयोजित

		कराने एवं उनके परिणाम घोषित करने में भी सक्रियता दिखाई है।

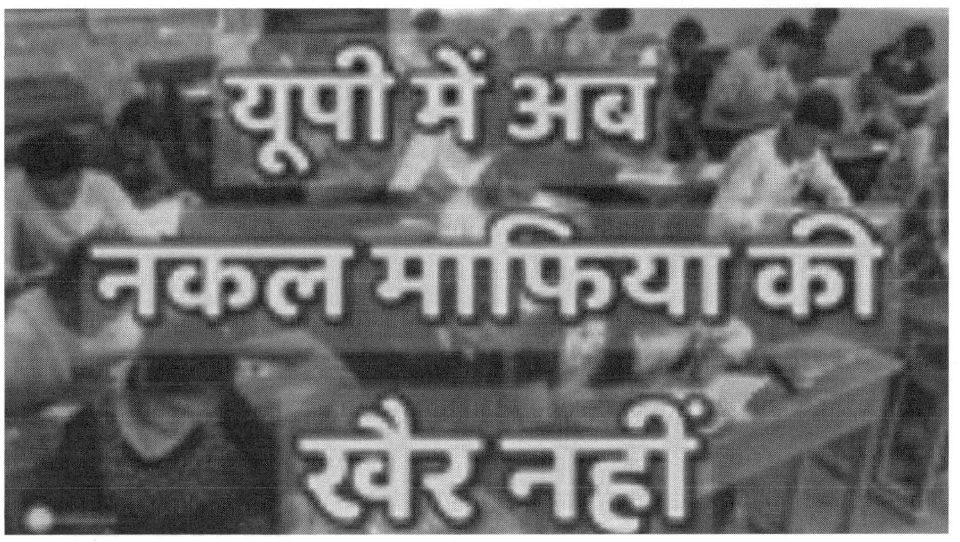

❑

प्रदेश की अर्थव्यवस्था

1. जी.डी.पी. की स्थिति		
वर्ष 2017 के पूर्व की स्थिति	**वर्ष 2017 के बाद की स्थिति**	**विश्लेषण/टिप्पणी**
वर्ष 2012 से 2017 के बीच 6.92% चक्रवृद्धि की दर से प्रदेश की जी.डी.पी. बढ़ी।	कोविड वर्ष को छोड़ दें तो प्रदेश की जी.डी.पी. की विकास दर 4.88% की दर से बढ़ी; परंतु कैग (CAG) ने वर्ष 2021 में जो रिपोर्ट प्रस्तुत की उसमें प्रदेश की जी.डी.पी. की औसत वृद्धि दर वर्ष 2015-16 एवं 2016-17 में 12.9% रही, जबकि वर्ष 2017-18 एवं 2018-19 में यह दर 13.71% रही।	प्रदेश की जी.डी.पी. को बढ़ाकर 1 ट्रिलियन डॉलर करने का लक्ष्य योगी सरकार का है।
2. उत्तर प्रदेश में इनवेस्टर्स समिट		
ऐसी कोई व्यवस्था नहीं की गई।	यू.पी. इनवेस्टर्स समिट-2018 में निवेशकों ने 4.68 लाख करोड़ रुपए के एम.ओ.यू. पर हस्ताक्षर किए।	प्रदेश में आधारभूत संरचना में तेजी से किए गए कार्यों का परिणाम और ईज ऑफ डूइंग बिजनेस सूचकांक में बेहतर प्रदर्शन के चलते प्रदेश में निवेशक, निवेश करने हेतु प्रोत्साहित हुए हैं।

3. उत्तर प्रदेश की अर्थव्यवस्था		
• वर्ष 2015-16 में उत्तर प्रदेश, देश की पाँचवीं सबसे बड़ी अर्थव्यवस्था थी। • वर्ष 2015-16 में ईज ऑफ डूइंग बिजनेस में प्रदेश 14वें स्थान पर था।	• वर्ष 2020-21 में उत्तर प्रदेश देश की दूसरी सबसे बड़ी अर्थव्यवस्था के रूप में स्थापित हो गया। • वर्ष 2020-21 में ईज ऑफ डूइंग बिजनेस में प्रदेश दूसरे स्थान पर आ गया।	• महाराष्ट्र के बाद उत्तर प्रदेश, देश की दूसरी सबसे बड़ी अर्थव्यवस्था वाला राज्य बन गया है, जिसका श्रेय प्रदेश सरकार के विजन एवं रणनीतिक दृष्टिकोण को जाता है। • ईज ऑफ डूइंग बिजनेस सूचकांक में 12 पायदान की छलाँग लगाना प्रदेश को मैन्युफैक्चरिंग हब के रूप में स्थापित करने में सहायक होगा।
4. निर्यात की स्थिति		
88 हजार करोड़ रुपए। 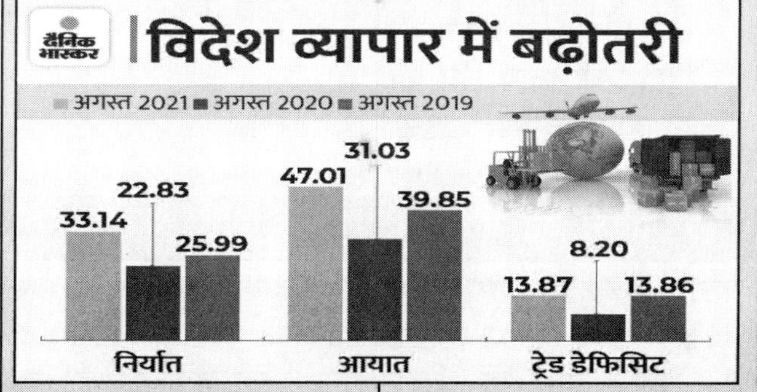 	1.56 लाख करोड़ रुपए।	प्रदेश का बढ़ता निर्यात, प्रदेश के बढ़ते निवेश, रोजगार उत्पादन एवं प्रति व्यक्ति आय का परिचायक है साथ ही स्टार्ट-अप्स, एम.एस.एम.ई., 'वन डिस्ट्रिक्ट वन प्रोडक्ट' जैसी महत्त्वपूर्ण पहलें प्रदेश के निर्यात को बढ़ाने में कारगर सिद्ध हो रही हैं।
5. प्रति व्यक्ति आय की स्थिति		
प्रदेश की प्रति व्यक्ति आय स्थिर कीमतों पर (2011-12) वर्ष 2015-16 में और 2016-17 में क्रमश: 36,973 व 40,847 थी तथा प्रचलित कीमतों पर प्रदेश	प्रदेश की प्रति व्यक्ति आय स्थिर कीमतों पर (2011-12) वर्ष 2017-18, 2018-19 व 2019-20 में क्रमश: 41,832, 43,670 व 44,618 (स्थिर कीमतों	

की प्रति व्यक्ति आय वर्ष 2015-16 व 2016-17 में क्रमशः 47,118 व 52,671 (प्रचलित कीमतों पर) थी।	पर) थी तथा प्रचलित कीमतों पर प्रदेश की प्रति व्यक्ति आय वर्ष 2017-18, 2018-19 व 2019-20 में क्रमशः 56,861, 62,652 व 65,704 (प्रचलित कीमतों पर) थी।	
6. सकल राज्य मूल्य-वर्धन में क्षेत्रवार योगदान		
• वित्तीय वर्ष 2015-16 के GSVA में प्राथमिक, द्वितीय व तृतीय क्षेत्र का योगदान क्रमशः 24.4%, 26.7% व 48.9% था। • वित्तीय वर्ष 2016-17 के GSVA में प्राथमिक, द्वितीय व तृतीय क्षेत्र का योगदान क्रमशः 23.1%, 30.6% व 46.3% था।	• वित्तीय वर्ष 2017-18 के GSVA में प्राथमिक, द्वितीय व तृतीय क्षेत्र का योगदान क्रमशः 24.1%, 27.9% व 47.9% था। • वित्तीय वर्ष 2018-19 के GSVA में प्राथमिक, द्वितीय व तृतीय क्षेत्र का योगदान क्रमशः 23.5%, 28% व 48.5% था। • वित्तीय वर्ष 2019-20 के GSVA में प्राथमिक, द्वितीय व तृतीय क्षेत्र का योगदान क्रमशः 23%, 26.8% व 50.2% था।	सकल राज्य मूल्य-वर्धन में (स्थिर कीमतों पर) तृतीयक क्षेत्र का योगदान लगातार बढ़ रहा है, जो प्रदेश को सेवा प्रधान क्षेत्र की ओर अग्रसर कर रहा है।
7. प्रदेश का बजट		
अखिलेश सरकार द्वारा वर्ष 2015-16 व 2016-17 के लिए क्रमशः 3,02,688 करोड़ और 3,46,935 करोड़ रुपए का बजट पेश किया गया।	योगी सरकार द्वारा वर्ष 2020-21, 2021-22 व 2022-23 के लिए क्रमशः 5,12,861 करोड़, 5.50 लाख करोड़ एवं 6.15 लाख करोड़ रुपए का बजट पेश किया गया।	तुलनात्मक रूप से देखा जाए तो बजट राशि में लगभग दो गुना वृद्धि की गई है, जो स्पष्ट करता है कि प्रदेश सरकार प्रदेश को विभिन्न क्षेत्रों में अग्रणी बनाने तथा कल्याणकारी योजनाओं को विस्तार देने के उद्देश्य से भारी-भरकम व्यय करने पर जोर दे रही है।

8. ग्राउंड ब्रेकिंग सेरेमनी-3 : एक दृष्टि में (3 जून 2022)		
क्षेत्र	निवेश (करोड़ रुपये में)	परियोजनाओं की संख्या
डेटा सेंटर	19,928	07
कृषि और संबद्ध उद्योग	11,297	275
आईटी और इलेक्ट्रानिक्स	7,876	26
इंफ्रास्ट्रक्चर	6,632	13
मैन्युफैक्चरिंग	6,227	27
हैंडलूम और टेक्सटाइल	5,642	46
अक्षय ऊर्जा	4,782	23
एमएसएमई	4,459	805
हाउसिंग और व्यवसायिक क्षेत्र	4,344	19
हेल्थ केयर	2,205	08
डिफेंस सेक्टर	1,774	23
वेयर हाउसिंग और लॉजिस्टिक	1,295	26
शिक्षा	1,183	06
फार्मा एवं मेडिकल सप्लाई	1,088	65
टूरिज्म और हॉस्पिटैलिटी	680	23
डेयरी	489	07
पशुपालन	224	06
फिल्म उद्योग	100	01
कुल निवेश	80,224	1406

योगी सरकार के प्रथम कार्यकाल में वर्ष 2018 में आयोजित **इनवेस्टर्स समिट** प्रदेश की राजधानी लखनऊ में सफलतापूर्वक सम्पन्न हुई, जिसमें प्रदेश सरकार ने 4.68 लाख करोड़ रुपये की निवेश परियोजनाओं के एम.ओ.यू. पर हस्ताक्षर किये थे। इस **इनवेस्टर्स समिट** में शामिल औद्योगिक परियोजनाओं के प्रथम व दूसरे चरण का भूमि पूजन समारोह (ग्राउंड ब्रेकिंग सेरेमनी–जीबीसी) हो चुका है। योगी जी के दूसरे कार्यकाल में 80 हजार करोड़ रुपये की 1406 औद्योगिक परियोजनाओं का भूमिपूजन प्रदेश के 75 जिलों में 3 जून, 2022 में प्रदेश की राजधानी लखनऊ से प्रारम्भ हुआ जिसमें प्रधानमंत्री मोदी जी ने वर्चुअल प्रतिभाग कर भूमि पूजन का कार्य सफलतापूर्वक किया। समारोह में शामिल होने के लिए देश–दुनिया के लगभग 170 प्रमुख उद्योगपति और औद्योगिक घरानों के

प्रतिनिधि लखनऊ पहुँचे थे, जिनमें प्रमुख हैं- गौतम अडाणी, कुमार मंगलम बिड़ला, निरंजना हीरानंदानी, मैथ्यू आइरिस, अनंत अंबानी।

इन्वेस्टर्स समिट-2018 के माध्यम से प्रदेश में हर क्षेत्र में निवेश आया है। जीबीसी-3 में निजी विश्वविद्यालय से लेकर डेयरी प्लांट तक की आधारशिला रखी गयी है। प्रदेश में, निवेश के इस मॉडल ने एक ओर उत्तर प्रदेश को विश्वपटल पर चर्चा का केन्द्र बनाया तो वहीं दूसरी ओर निवेश, रोजगार, उत्पादन व आधारभूत संरचना जैसी आर्थिक उपलब्धियों में भी प्रदेश को अग्रणी बनाया।

"सर्वे गुणाः काञ्चनमाश्रयन्ति"

(अर्थात् सभी गुणों का आश्रय धन-सम्पदा या सम्पत्ति [निवेश के सन्दर्भ में] ही है।)

❑

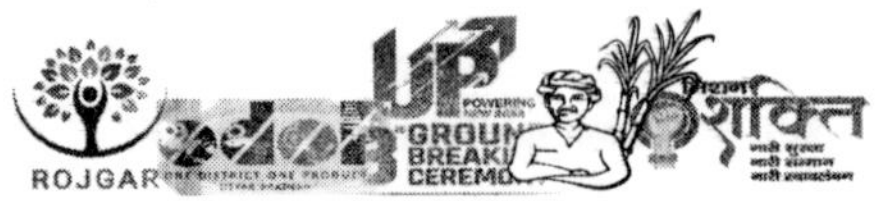

अध्याय 7

एक्सप्रेस-वे (राष्ट्रीय राजमार्ग)

1. निर्माण कार्य		
वर्ष 2017 के पूर्व की स्थिति	**वर्ष 2017 के बाद की स्थिति**	**विश्लेषण/टिप्पणी**
वर्ष 2016 में आनन-फानन में लखनऊ-आगरा एक्सप्रेस-वे का लोकार्पण अखिलेश सरकार द्वारा किया गया।	मार्च 2017 में कार्यभार सँभालने के बाद लखनऊ-आगरा एक्सप्रेस-वे के अधूरे कार्यों को योगी सरकार ने पूरा कराया।	योगी सरकार ने लगभग 302 कि.मी. लंबे लखनऊ-आगरा एक्सप्रेस-वे पर यात्री सुरक्षा को ध्यान में रखते हुए तथा यात्रा को सुगम बनाने हेतु नवीन व्यवस्थाएँ लागू कीं।
2. पूर्वांचल एक्सप्रेस-वे के संदर्भ में		
अखिलेश सरकार ने पूर्वांचल एक्सप्रेस-वे का टेंडर बिना जमीन अधिग्रहण कराए ही कर दिया था और एक्सप्रेस-वे की लागत 15,200 करोड़ रुपए बताई गई।	इसी एक्सप्रेस-वे के लिए वर्ष 2018 में संपूर्ण जमीन का अधिग्रहण करने के उपरांत मात्र 11,216-16 करोड़ रुपए की निविदा सिविल कार्यों हेतु स्वीकृत की गई।	लागत में इतने बड़े अंतर से स्वतः स्पष्ट है कि इसके पीछे की मंशा क्या थी।

3. एक्सप्रेस-वे में सिक्योरिटी स्टैंडर्ड की स्थिति		
• लखनऊ-आगरा एक्सप्रेस-वे पर मीडियन की चौड़ाई 4.5 मीटर तथा मार्ग के दोनों ओर साफ्ट शोल्डर की चौड़ाई 1.5 मीटर है। • लखनऊ-आगरा एक्सप्रेस-वे के 4.5 मीटर चौड़े मीडियन पर आई.आर.सी. की विशिष्टियों के अनुसार, ट्रैफिक की सुरक्षा हेतु सीमेंट व कंक्रीट का क्रैश बैरियर नहीं लगाया गया, जिसके चलते कई गंभीर दुर्घटनाएँ हुई हैं।	• जबकि पूर्वांचल एक्सप्रेस-वे पर मीडियन की चौड़ाई 5.5 मीटर तथा मार्ग के दोनों ओर साफ्ट शेल्डर की चौड़ाई 2.0 मीटर है। • लखनऊ-आगरा एक्सप्रेस-वे की इस कमी को संज्ञान में लेते हुए 4,000 मीटर से कम त्रिज्या वाले सभी मोड़ों पर मेटल बीम क्रैश बैरियर सुरक्षा की दृष्टि से लगवाए गए, ताकि किसी प्रकार की गंभीर दुर्घटना को होने से रोका जा सके।	• इस प्रकार, लखनऊ-आगरा एक्सप्रेस-वे की तुलना में पूर्वांचल एक्सप्रेस-वे का तटबंध 2.0 मीटर अधिक चौड़ा है। • पूर्वांचल एक्सप्रेस-वे पर मीडियन के दोनों ओर पहले से ही मार्ग की पूरी लंबाई में मैटल बीम क्रैश बैरियर लगवाए गए हैं, ताकि एक्सप्रेस-वे पर यात्रा करना सुरक्षित हो।
4. पूर्वांचल एक्सप्रेस-वे विशेष		
–	• पूर्वांचल एक्सप्रेस-वे का निर्माण आई.आर.सी. विशिष्टियों के अनुरूप किया गया है तथा इसकी गुणवत्ता का परीक्षण थर्ड पार्टी राइट्स, जो भारत सरकार का उपक्रम है, से कराया गया है। • इस पूर्वांचल एक्सप्रेस-वे पर राइडिंग क्वालिटी के मानक आई.आर.सी. की विशिष्टियों के अनुसार	पूर्वांचल एक्सप्रेस-वे की गुणवत्ता कितनी बेहतर है, उसका प्रत्यक्ष प्रमाण एक्सप्रेस-वे के लोकार्पण के समय माननीय प्रधानमंत्री जी का प्लेन एक्सप्रेस-वे पर ही उतारा गया, जो इस एक्सप्रेस-वे की गुणवत्ता को स्वतः प्रमाणित करता है।

	1,800 कि.मी./लेन रखा गया है जिसकी जाँच थर्ड पार्टी द्वारा लेजर प्रोफाइलोमीटर से कराई गई है, जिसमें राइडिंग क्वालिटी मानकों के अनुरूप पाई गई है।	
5. एक्सप्रेस-वे में शौचालय एवं पेयजल की व्यवस्था		
लखनऊ-आगरा एक्सप्रेस-वे (302 कि.मी.) पर मात्र 4 स्थानों पर शौचालय एवं पेयजल की सुविधा उपलब्ध है।	पूर्वांचल एक्सप्रेस-वे (341 कि.मी.) में प्रत्येक पैकेज में टॉयलेट ब्लॉक कम रिफ्रेशमेंट कॉर्नर का निर्माण 8 स्थलों पर किया गया है। साथ ही, प्रत्येक पैकेज में 1-1 जन सुविधा परिसर की स्थापना की जा रही है, जिसमें दिव्यांग जन, पुरुषों व महिलाओं हेतु अलग-अलग प्रसाधन की सुविधा का निर्माण कराया जाएगा।	इस प्रकार पूर्वांचल एक्सप्रेस-वे में जन सुविधा परिसरों व रिफ्रेशमेंट कॉर्नर जैसी सुविधाएँ स्थापित हो जाने से यात्रियों को विशेषकर महिलाओं व दिव्यांग जनों के लिए यात्रा करना सुविधाजनक हो जाएगा। एक्सप्रेस-वे में स्थापित उक्त सुविधाएँ प्रदेश के परिवहन तंत्र को वैश्विक मानक के अनुरूप स्थापित कर रही है।

❑

अध्याय 8

मेट्रो रेल परियोजना

1. प्रदेश में मेट्रो निर्माण की स्थिति		
वर्ष 2017 के पूर्व की स्थिति	वर्ष 2017 के बाद की स्थिति	विश्लेषण/टिप्पणी
5 सितंबर, 2017 से लखनऊ मेट्रो ने अपनी सेवाएँ ट्रांसपोर्ट नगर से चारबाग रेलवे स्टेशन (8.5 कि.मी.) तक देना प्रारंभ किया।	• गोरखपुर लाइट मेट्रो रेल परियोजना का संशोधित 'डी.पी.आर.' भारत सरकार को 5 फरवरी, 2021 को प्रेषित किया गया था, जिस पर वित्त मंत्रालय इन्वेस्टमेंट बोर्ड ने 22 नवंबर, 2021 को संस्तुति प्रदान कर दी। • लखनऊ मेट्रो रेल परियोजना फेज-1(।) का संचालन 8 मार्च, 2019 से प्रारंभ कर दिया गया। • कानपुर मेट्रो रेल परियोजना के प्राथमिक सेक्शन पर संचालन 28 दिसंबर, 2021 से प्रारंभ कर दिया गया है।	योगी सरकार का विजन प्रदेश के अन्य जिलों को भी मेट्रो ट्रेन की सुविधाओं से लैस करना है, जिसमें प्राथमिकता में निम्न मेट्रो ट्रेनें हैं– 1. कानपुर मेट्रो 2. नोएडा मेट्रो 3. गोरखपुर मेट्रो 4. आगरा मेट्रो 5. गाजियाबाद मेट्रो रीजनल रैपिड ट्रांजिट सिस्टम (RRTS) दिल्ली-गाजियाबाद मेरठ कॉरिडोर, देश की प्रथम रीजनल रेल सेवा। 26.5% कार्य पूरा।

	• आगरा मेट्रो रेल निर्माण 7 दिसंबर, 2020 से प्रगति पर है। • गाजियाबाद मेट्रो रेल विस्तारीकरण परियोजना का संचालन 8 मार्च, 2019 से प्रारंभ कर दिया गया है।	
2. वाराणसी में मेट्रो निर्माण की स्थिति		
वाराणसी मेट्रो ट्रेन का डी.पी.आर. 9 जून, 2016 को स्वीकृति हेतु भारत सरकार को प्रेषित किया गया था।	नई मेट्रो रेल नीति-2017 के अंतर्गत भारत सरकार ने वाराणसी मेट्रो ट्रेन की डिटेल्ड प्रोजेक्ट रिपोर्ट (D.P.R.) का पुन:परीक्षण करने हेतु निर्देश जारी किए। तत्पश्चात् राज्य सरकार के स्तर पर विचार-विमर्श के उपरांत वाराणसी के कैंट रेलवे स्टेशन से गोदौलिया चौराहे तक (3.82 कि.मी. लंबाई) के परियोजना के कार्यान्वयन हेतु SPV National Highway Logistics Management Ltd. को नामित किया गया है।	वर्तमान में SPV National Highway Logistics Management Ltd. परियोजना का D.P.R. तैयार कर रहा है।

❑

प्रदेश में बिजली उत्पादन एवं वितरण

1. प्रदेश में बिजली उत्पादन		
वर्ष 2017 के पूर्व की स्थिति	वर्ष 2017 के बाद की स्थिति	विश्लेषण/टिप्पणी
अखिलेश सरकार ने वर्ष 2012 से 2017 के बीच मौजूदा 7,800 मेगावाट बिजली उत्पादन क्षमता को बढ़ाकर 15,000 मेगावाट किया है।	30 अप्रैल, 2022 तक की स्थिति के अनुसार, उत्तर प्रदेश में विद्युत की कुल संस्थापित क्षमता 31,307.29 मेगावाट है। इसके अंतर्गत तापीय ऊर्जा, नवीकरणीय ऊर्जा, जल विद्युत ऊर्जा एवं परमाणु ऊर्जा का योगदान क्रमशः 25,882.14 मेगावाट, 4,483.55 मेगावाट, 501.60 मेगावाट एवं 440 मेगावाट है।	प्रदेश सरकार ने, उत्तर प्रदेश राज्य विद्युत उत्पादन निगम को आगामी दो वर्षों में निम्नलिखित तापीय संयंत्रों को स्थापित करने का लक्ष्य निर्धारित किया है। 1. ओबरा (सोनभद्र) में 1,320 मेगावाट, 2. जवाहरपुर (एटा) में 1,320 मेगावाट, 3. घाटमपुर (कानपुर देहात) में 1,980 मेगावाट और 4. पनकी (कानपुर नगर) में 660 मेगावाट आदि।

2. बिजली वितरण की स्थिति		
वी.वी.आई.पी. जिलों में कुछ घंटे बिजली आपूर्ति की जाती थी।	वर्तमान सरकार द्वारा बिना भेदभाव के जिला मुख्यालयों को 24 घंटे, तहसील मुख्यालयों को 22 घंटे एवं ग्रामीण क्षेत्रों में 18 घंटे बिजली आपूर्ति की जा रही है।	बिजली वितरण में वी.वी. आई.पी. कल्चर को पूर्णतः समाप्त कर दिया गया है।

❑

प्रदेश में किसानों की स्थिति

1. मंडियों की स्थिति		
वर्ष 2017 के पूर्व की स्थिति	**वर्ष 2017 के बाद की स्थिति**	**विश्लेषण/टिप्पणी**
राज्य में मंडी शुल्क 2% निर्धारित था। 	किसानों की सुविधा के लिए मंडी शुल्क में कटौती करते हुए उसे मात्र 1% रखा गया है। 	प्रदेश सरकार ने मंडी परिसरों के बाहर के व्यापार को पूरी तरह लाइसेंस एवं मंडी शुल्क से मुक्त कर दिया है ताकि किसान अपनी फसल को कहीं भी और किसी भी व्यापारी को बेच सकते हैं।
2. प्रधानमंत्री किसान सम्मान निधि योजना		
वर्ष 2017 के पूर्व की स्थिति	**वर्ष 2017 के बाद की स्थिति**	**विश्लेषण/टिप्पणी**
ऐसी कोई व्यवस्था लागू नहीं थी।  प्रधानमंत्री किसान सम्मान निधि	यह योजना दिसंबर 2018 से संचालित है। इस योजना के अंतर्गत प्रदेश के 2.55 करोड़ कृषकों को बैंक खाते में डी.बी.टी. के माध्यम से 42,565 करोड़ रुपए हस्तांतरित किए गए हैं।	किसानों को वार्षिक आधार पर 6,000 रुपए की आर्थिक सहायता उन्हें कृषि कार्यों को संपन्न करने में सहायता प्रदान करेगी।

❑

प्रदेश में रोजगार की स्थिति

1. रोजगार का सृजन		
वर्ष 2017 के पूर्व की स्थिति	वर्ष 2017 के बाद की स्थिति	विश्लेषण/टिप्पणी
वर्ष 2007 से 2012 के बीच बसपा सरकार में केवल 91 हजार सरकारी नौकरियाँ दी गई थीं, वहीं 2012 से लेकर वर्ष 2017 के बीच समाजवादी पार्टी की अखिलेश सरकार ने 2 लाख सरकारी नौकरियाँ युवाओं को दीं।	निजी क्षेत्र में 1 करोड़ 61 लाख युवाओं को रोजगार उपलब्ध कराए गए। 60 लाख से अधिक युवाओं को स्वरोजगार से जोड़ा गया तथा निष्पक्ष और पारदर्शी भरती प्रक्रिया अपनाकर विगत 5 वर्षों में प्रदेश के युवाओं को 5 लाख सरकारी नौकरियाँ दी गईं।	योगी सरकार ने तुलनात्मक रूप से सरकारी नौकरियों के पद को अधिक सृजित किया है, जिसमें मुख्य रूप से सर्वाधिक पदों का सृजन–पुलिस विभाग, बेसिक शिक्षा व राष्ट्रीय स्वास्थ्य मिशन हेतु किया गया है। प्रदेश सरकार युवाओं को कौशल विकास व वित्तीय सहायता उपलब्ध कराकर स्वरोजगार हेतु प्रेरित कर रही है। पारदर्शी नियुक्ति 3 लाख 50 हजार से अधिक युवाओं को संविदा पर सरकारी विभागों में रोजगार।

2. बेरोजगारी दर		
वर्ष 2017 के पूर्व की स्थिति	वर्ष 2017 के बाद की स्थिति	विश्लेषण/टिप्पणी
सेंटर फॉर मॉनीटरिंग इंडियन इकोनॉमी के आकलन के अनुसार, प्रदेश में जून 2016 में 18% बेरोजगारी दर थी।	सेंटर फॉर मॉनीटरिंग इंडियन इकोनॉमी के आकलन के अनुसार, प्रदेश में अप्रैल 2022 में 2.9% बेरोजगारी दर थी।	बेरोजगारी प्रदेश की ही नहीं, वर्तमान में देश की प्रमुख समस्याओं में से एक है। इस समस्या का निराकरण नई शिक्षा नीति–2019 को लागू करने, स्वरोजगार को प्रोत्साहित करने, एफ.डी.आई. को आकर्षित करने, एम.एस.एम.ई. क्षेत्र, स्वयं सहायता समूहों एवं कौशल विकास को प्रोत्साहित करने से दूर की जा सकती है, जिस पर केंद्र सरकार एवं प्रदेश की योगी सरकार कार्य कर रही है।

"सर्वे भवन्तु सुखिनः सर्वे सन्तु निरामया।
सर्वे भद्राणि पश्यन्तु मा कश्चिद् दुःखभाग् भवेत॥"

❑

ग्रंथ सूची

***गतिमान उत्तर प्रदेश: 5 वर्ष 100 दिन* के लेखन/संपादन में निम्नलिखित तथ्यों एवं आँकड़ों पर आधारित स्रोतों का सहयोग लिया गया है–**

1. सूचना एवं जनसंपर्क विभाग, उत्तर प्रदेश, 2020–21
2. उत्तर प्रदेश 2021: (सूचना एवं जनसंपर्क विभाग द्वारा प्रकाशित पुस्तक)।
3. सांख्यिकीय डायरी उत्तर प्रदेश–2020 (राज्य नियोजन संस्थान, नियोजन विभाग, उत्तर प्रदेश)।
4. भारत, 2021 (प्रकाशन विभाग : सूचना एवं प्रसारण मंत्रालय, भारत सरकार)।
5. दैनिक समाचार पत्रों से प्राप्त आँकड़े (दैनिक जागरण, अमर उजाला, दैनिक भास्कर, एनबीटी, हिंदुस्तान और टाइम्स ऑफ इंडिया आदि)।
6. उत्तर प्रदेश सरकार के विभिन्न मंत्रालयों/विभागों की वार्षिक समीक्षा रिपोर्ट, 2020–21
7. केन्द्र सरकार के विभिन्न मंत्रालयों/विभागों की वार्षिक समीक्षा रिपोर्ट, 2020–21
8. उत्तर प्रदेश के प्रत्येक जिले में स्थापित जिला गजेटियर कार्यालय, 2020–21
9. केंद्र सरकार के पत्र सूचना कार्यालय, 2020–21